POPULAR TRADITIONS
AND LEARNED CULTURE
IN FRANCE

FROM THE SIXTEENTH TO THE TWENTIETH CENTURY

STANFORD FRENCH AND ITALIAN STUDIES

volume XXXV

DEPARTMENT OF FRENCH AND ITALIAN
STANFORD UNIVERSITY

POPULAR TRADITIONS AND LEARNED CULTURE IN FRANCE

FROM THE SIXTEENTH TO THE TWENTIETH CENTURY

EDITED BY

MARC BERTRAND

1985
ANMA LIBRI

Stanford French and Italian Studies is a collection of scholarly publications devoted to the study of French and Italian literature and language, culture and civilization. Occasionally it will allow itself excursions into related Romance areas.

Stanford French and Italian Studies will publish books, monographs, and collections of articles centering around a common theme, and is open also to scholars associated with academic institutions other than Stanford.

The collection is published for the Department of French and Italian, Stanford University by Anma Libri.

944
P81
14 2719
Nov.1987

© 1985 by ANMA Libri & Co.
P.O. Box 876, Saratoga, Calif. 95071
All rights reserved.

LC 85-70366
ISBN 0-915838-02-8

Printed in the United States of America

Présentation

Il n'est plus nécessaire aujourd'hui de proclamer l'expansion des sciences historiques: depuis deux ou trois décennies, l'histoire sociale, des mentalités et des états de culture sont de secteurs de recherches et de publication bien établis et où se sont illustrés les historiens les plus novateurs tant en France qu'aux Etats-Unis.

Dans cette même Collection nous avions présenté, en 1977, un recueil d'études sous le titre général *Popular Culture in France*, volume où s'établissait un premier échange de vues et de méthodes entre chercheurs américains et français sur le sujet que précisait l'essai liminaire de Robert Mandrou: "Cultures populaire et savante: Rapports et contacts". Depuis lors, ce champ d'investigations s'est considérablement développé et l'approche s'est affinée. Aussi nous a-t-il paru souhaitable de reprendre le sujet, à quelques années de distance.

Traditions populaires et culture savante, de l'ancienne société à nos jours: ce thème général proposé aux collaborateurs du présent volume restait dans la ligne des "rapports et contacts" entre les deux aires culturelles. Toutefois, le fait que la majorité des études portent sur les 19e et 20e siècles tient compte de l'élargissement des recherches depuis le volume précédent. Si certaines traditions s'effacent avec la disparition de l'Ancien Régime, la culture populaire, une forme de culture populaire persiste, de l'An II à nos jours.

La longue durée sur laquelle se fondent quelques-unes des études ici présentées permettait de bien mettre au jour les associations puis les disassociations des deux cultures, surtout lorsqu'il s'agit de réflexes fondamentaux: à la mort et à ses représentations (Michel Vovelle); à la vie et aux idées — vraies ou fausses — sur sa préservation (Madeleine Lazard); aux manifestations du sacré (Clarke Garrett). De même, lorsqu'il s'agit de ce point de contact social névralgique, l'éducation, l'instruction publique, puisque c'est là que s'affrontent, durant les deux derniers siècles, une culture restreinte, élitiste mais nationalisée, et les vestiges de la diversité culturelle populaire, locale et régionale, avant le passage à la culture de masse (Laura Strumingher; Annie Lhérété; Maurice Crubellier).

D'autres textes, plus monographiques, nous restituent des moments où les deux cultures sont mises en conjonction par des intermédiaires culturels: du colporteur (Claire Krafft Pourrat) aux rédacteurs de l'*Encyclopédie* (Raymond Birn); de l'artisan parisien (Daniel Roche) au forain fin-de-siècle (Charles Rearick); du bruyant public de théâtre provincial (Alain Corbin) à l'habitué parisien en représentation (Judith Wechsler), jusqu'à l'Indien et au trappeur porteurs de rêves exotiques (Roger Mathé). Le rapprochement n'est par toujours aisé, parfois équivoque, comme en témoignerait le dialogue du populiste et du dandy, une prosopopée de Michelet et de Baudelaire (Jean Borie).

Les études portant sur la période plus contemporaine traitent tout d'abord de genres où s'élabore une nouvelle énonciation culturelle: BD, chanson, film (Christopher Pinet; Jean-Marie Apostolidès). Mais il fallait éclairer aussi le contre-courant, ces manifestations socioculturelles où s'exprime un désir collectif de préservation et de renouement avec le passé: réhabilitation de la culture occitane (Fausta Garavini; Philippe Gardy); écoute de témoignages populaires (Marc Bertrand); restauration de l'ancien dans la métropolis bétonnée (Michel de Certeau). Figures de nostalgie ou préfiguration d'une nouvelle convivialité? La question reste posée.

Marc Bertrand

Ce volume est dédié à
Robert Mandrou
et à
Marc Soriano

Contents

Le Corps montré, le corps caché: Le Regard des vivants sur le corps du mort de l'ancienne société à nos jours

MICHEL VOVELLE

Il n'est pas besoin de chercher le paradoxe pour dire que l'une des approches privilégiées du rapport des hommes à leur corps passe par le regard porté sur le cadavre. Sentie comme naturelle ou incongrue, cette présence interroge en tous temps: même si la réponse, quoi qu'on fasse, tourne toujours plus ou moins autour de "comment s'en débarrasser?"

Limité même aux sociétés occidentales du Moyen Age, disons de 1300 à nos jours, le thème, sous ses différentes implications est si démesuré que nous ne saurions ici entreprendre de le traiter dans tous ses aspects: mais je voudrais au moins en présenter la problématique, sans m'interdire quelques illustrations ponctuelles. C'est ainsi que je préluderai par un inventaire de toutes les questions que, dans le bref transit qui mène du lit d'agonie à la tombe, pose le corps mort au regard des vivants: et elles sont foule, attestant l'âpreté du problème, tel qu'il a été ressenti en tous temps.

Cet inventaire, volontairement simple, sinon naïf, conduit dans un second moment à tenter d'articuler dans un ensemble de procédures d'approche très diverses, la batterie des sources, des plus traditionnelles aux plus inattendues, qui autorisent l'investissement du corps mort par toute une série de regards croisés.

Mais le détour indispensable par les techniques de l'enquête ne doit pas masquer la problématique de fond à laquelle l'enquête conduit:

en termes de périodisation, scandant les étapes, dans le temps long, d'une modification du regard collectif, comme en termes de géographie ou de sociologie comparée, révélant l'existence d'aires culturelles contrastées. Autant de modulations qui ne peuvent manquer de conduire à un ultime questionnement à plus ample informé: à travers cette poussière d'indices, parfois "insignifiants" en apparence, à quelles hypothèses de travail, ou à quelles explications plus globales, nous renvoie l'étude de cet indicateur incongru en apparence, le corps du mort tel qu'il est perçu, et manipulé par les vivants?

Jouons la simplicité, en apparence du moins, en suivant tout à plat, sans introduire encore de dimension historique systématique, les différents épisodes qui vont de l'instant de la mort aux dernières et ultimes manipulations.

Le parcours de la mort: la toilette du corps

En se limitant strictement à ce qui concerne le corps, excluant de ce fait tout le réseau des gestes qui s'effectuent dans la chambre, dans la maison, voire dans l'espace villageois ce voyage de la mort débute pour nous à la *toilette* du mort, première étape, parmi les plus mal connues sans doute, dans nos sociétés traditionnelles. L'affirmation risque d'étonner: on dispose de toute la richesse apparente des notations des folkloristes depuis les grands ancêtres (Samter, Frazer, Van Gennep) relayés par les anthropologues actuels. Mais ces indications dans leur foisonnement même pêchent trop souvent par cette intemporalité, dont nous aurons constamment à nous plaindre. Les détails abondent qui précisent comment ce devoir est rendu tantôt par des hommes — des voisins ou des membres d'une confrérie, puis parfois le menuisier de village —, dans le cadre d'un ensemble de gestes qui s'achève à la fermeture du cercueil. Plus souvent ce sont les femmes, fréquemment des spécialistes préposées dans le monde villageois à cette charge de grande responsabilité, puisque les conditions mêmes dans lesquelles s'effectuera pour le défunt le voyage de la mort en dépendent en partie.

D'où un certain nombre de gestes spécifiques, autour de la toilette proprement dite, qui témoignent parfois de façon inattendue de cette préoccupation: ainsi la pratique de sceller, cacheter voire coudre les orifices naturels jusqu'à une date relativement avancée (certains sites savoyards par exemple). On laisse volontairement de côté, pour l'instant, les manipulations plus exceptionnelles et plus sophistiquées, qui constituent des aggressions plus violentes au cadavre: depuis le prélèvement de souvenirs ou de reliques—que l'on se souvienne de Sainte-Elisabeth de Hongrie, au 16e siècle, à qui l'âpreté des fidèles arracha cheveux, ongles, et jusqu'aux pointes des seins... Et ne parlons pas encore de ce pieux ermite des Abbruzzes, à la fin du Moyen Age, que citait Huizinga et que des villageois avides de reliques, assomment pour faire bouillir son corps et en recueillir les os. Proches et différentes, les pratiques thanalogiques officielles qui s'appliquent aux saints et aux puissants, et se développent du 13e au 14e puis au 15e siècle, remettent à des spécialistes le soin de prélever le coeur et les entrailles, pour faciliter une naturalisation d'abord rustique, puis plus sophistiquée. Sur leurs gisants de la basilique de Saint-Denis, Louis XII et Anne de Bretagne, corps nus à peine touchés encore des stigmates de la mort, présentent déjà ainsi, la trace réaliste de l'incision de leur abdomen, grossièrement recousue. Jusqu'à la première moitié du 17e siècle, dans les lignées royales françaises, le dédoublement du "tombeau du corps" et du "tombeau du coeur et des entrailles" dont on honore une abbaye, ou un lieu saint, reste une trace tangible de cette pratique à l'usage des grands.

Le tout venant, ou le quotidien, en ce qui concerne le vulgaire, nous est plus difficilement perceptible dans l'histoire. On nous dit parfois, en certains sites, comme l'Espagne médiévale, l'influence détectable de la pratique musulmane de la toilette du corps, dont on s'inspire en s'en démarquant. Mais ces gestes très intimes nous sont plus connus par la transgression ou par le scandale, que par la description minutieuse du quotidien. On découvre plutôt les "insolences" dont sont victimes les corps morts: la vocation de l'abbé de Rancé, née dit-on du traumatisme d'avoir découvert à l'improviste la tête coupée de sa maîtresse, à côté de son corps, par commodité pour l'introduire dans son cercueil; ou dans le journal du notaire parisien Barbier la mésaventure du Duc de Tresmes, irrévérencieusement surnommé "pied brûlé" par le petit peuple, car l'ivresse des chanoines parisiens qui le veillaient a provoqué un début d'incendie dans sa chapelle... ardente! Telles infractions relevées et qui font scandale restent ambiguës, qui témoignent aussi d'une familiarité physique avec le corps, ce corps autour duquel dans la civilisation traditionnelle, on danse, on chante et on boit: quitte à ce que, nous dit une thèse sur les catholiques du diocèse d'Ottawa au début de notre siècle, les veilleurs campagnards, au petit matin s'efforcent de réveiller leur mort à peine mort en lui enfilant de la goutte dans le gosier.

La présentation du corps: la quasi-nudité du suaire

De la toilette à *l'habillement* et à la *présentation du corps*, la transition est immédiate, même si la documentation pose, en les renforçant, les mêmes problèmes de lecture et d'interprétation. La scène proprement dite a été rarement représentée ou évoquée, même si l'on ne peut s'empêcher de songer à certaines séquences du roman réaliste européen, au 19e siècle: ainsi dans *Madame Bovary*. Remontant les siècles, nous rencontrons à plusieurs reprises, dans les livres d'heures français— entre 1350 et 1550, pour tailler large—qui déploient un ample corpus d'évocations de la chambre mortuaire, la représentation de la toilette funèbre, prolongée par l'enveloppement du corps dans un suaire, que parfois cousent les femmes. Mais dans plus d'un cas aussi, le drap du suaire, approximativement drapé, masque fort peu la nudité d'un corps que l'on va rendre quasi sans intermédiaire à la terre. Les figurations funéraires comme celles des danses macabres de la fin du Moyen Age, forcent ainsi à peine le trait en faisant apparaître le corps nu, ou à peine couvert de quelques voiles, comme l'image du corps mort.

Cette quasi-nudité du suaire, comme tout emballage, est confirmée, et parfois précisée par les apports pauvres mais indiscutables de l'archéologie des cimetières, et par le témoignage plus riche mais ambigu, de l'art funéraire des tombeaux. Ceux qui prospectent aujourd'hui les cimetières médiévaux, voire ceux de l'âge classique, ont appris à ne plus mépriser les frêles indices que livrent les tombes anonymes: comptant certes les bijoux, bagues, colliers, fibules, ou les patenotres qui à partir du 14e et surtout du 15e et 16e siècle, attachent les mains (protection du mort dans son voyage et peut être des vivants contre son retour) mais aussi plus modestement les épingles qui fermaient le suaire du disparu, attentifs à l'absence ou à la présence des clous d'un cercueil éventuel.

Toute une histoire matérielle du suaire se dessine ainsi en pointillés: avec ses traditions et ses modes, dont l'évolution corrige le tableau trop statique que livrent les folkloristes. Suaires anglais, simplement drapés et noués aux deux bouts, sur la tête, en oeuf de pâques, et aux pieds: encore qu'on les laisse parfois flotter par en bas, pour faciliter la résurrection... Sur les plaques de cuivre des "brasses" médiévaux, comme sur certaines tombes du 17e siècle encore, le défunt apparaît ainsi, bizarrement accoutré, tel le poète John Donne, à la cathédrale Saint-Paul à Londres, laissant pointer barbiche et moustaches en croc sous ses étranges voiles.

Mais ailleurs, de la France à la Flandre, ce sont suaires drapés et lâches que l'on peut parfois supposer épinglés, ou suaires cousus, parfois étroitement ajustés au cadavre dont ils épousent la forme, que l'on découvre sur les livres d'heures, et autres enluminures médiévales. Et l'on songe à telle illustration française qui, au 16e siècle encore, présente les religieuses de l'Hôtel Dieu de Paris cousant serrés dans leurs suaires les corps qu'elles préparent pour la sépulture.

Les enluminures italiennes, comme les prédelles toscanes ou siennoises du quattrocento, sans ignorer le suaire nous confrontent à une autre forme de présentation du corps, le plus souvent vêtu, sur le lit de parade, ou le brancard des funérailles. Ce sont, observera-t-on, personnages souvent hors du commun, de la Vierge, aux saints et aux saintes: même si Lazare dans son suaire rappelle ici comme ailleurs, le lot commun. Mais c'est bien la présentation du corps dans la tradition méditerranéenne, des péninsules ibérique et italienne comme de la France méridionale qui s'inscrit ainsi dans les funérailles "à visage découvert" de ces bénéficiaires du miracle d'un saint tels qu'on les rencontre tard encore, dans l'histoire de la peinture italienne ou espagnole, jusqu'au 17e siècle.

Corps caché ou corps montré? Plusieurs réponses nous sont ainsi offertes par l'occident de la fin du Moyen Age, répondant à plusieurs modèles anciennement enracinés.

Celle que je crois la plus fréquente jusqu'à la fin du Moyen Age, sur la base des "indicateurs" les plus massifs reste bien la quasi nudité du suaire, qui ne cherche pas encore vraiment à dérober le corps au regard des vivants. Est-elle originelle? Non sans doute, et l'on peut avec G. Duby évoquer la splendeur "baroque" des sépultures princières mérovingiennes, hommes et femmes revêtus de riches robes, parfois de tissus précieux et exotiques, parés de bijoux lourds et barbares.

Le haut Moyen Age chrétien a commencé par dévêtir les morts. Mais il s'en faut que cette affirmation simplificatrice soit sans nuances géographiques, d'une part, suivant les états sociaux de l'autre.

Dans le monde méditerranéen deux traits nuancent le tableau: le corps y est plus souvent vêtu, mais il est plus largement montré. L'habitude de l'habiller s'y maintient et progresse à partir des clercs, puis des nobles. La tradition demeure d'ensevelir prélats ou prêtres revêtus de leurs habits sacerdotaux, moines mais aussi pénitents et confrères sous la bure de leur froc. Cette pratique se diffusera à la France méridionale, de la fin du Moyen Age à l'âge classique, en restant long-temps privilège des clercs: et tel prélat de Sisteron, dans son testa-ment du début du 18e précisera encore qu'il veut être enseveli revêtu de ses ornements "à la manière italienne".

Complémentaire, plus que contradictoire avec ce premier trait, est l'habitude méridionale de montrer le corps: le tour de ville des funé-railles, dont on parlera à l'instant, se fait "à visage découvert" dans une tradition qu'on n'attendra pas les humanistes pour enraciner dans l'héritage romain. L'Espagne, sur ce point, accentue souvent le trait découvert en Italie ou en Provence: princes, clercs saints, mais aussi enfants seront peints sur leur lit de mort ou d'apparat à visage décou-vert jusqu'au coeur du 19e siècle; une pratique que l'Europe septen-trionale n'ignore pas mais à laquelle elle renoncera plus vite.

L'aire culturelle qui couvre la France septentrionale, la Flandre, l'Allemagne, les îles britanniques et la Scandinavie nous introduit plus précocement à une autre dialectique dans les jeux macabres du corps caché et du corps montré. Si, pour le commun, le suaire semble bien être le mode de présentation longtemps le plus général, le désir de renfermer le corps dans un cercueil apparait ici relativement tôt.

Du suaire au cercueil: une lente progression

On peut s'interroger sur la date de ce tournant qui tend à dérober aux vivants l'apparence du mort. Jusqu'au 12e ou au 13e siècle, les puissants ou les saints, dans leurs sarcophages de pierre, au moutier, n'ont pas impérativement besoin d'un cercueil, et les pauvres de l'en-clos paroissial semblent bien être mis le plus souvent au contact direct de la terre.

Je ne suis pas d'accord avec l'affirmation de Philippe Ariès qui date de ce tournant du 13e siècle, étape pour lui essentielle dans l'indivi-dualisation du sentiment de la mort, le désir d'enfermer le défunt dans la boite close du cercueil. L'enquête sur ce point se doit d'être pour-suivie, et sans doute nuancée fortement suivant les lieux et les états. La confrontation, pour l'instant, des données de l'archéologie des cime-tières (un minutieux comptage d'épingles et de clous) et du corpus des scènes d'enterrement sur les livres d'heures, fait incontestablement prévaloir, jusqu'à la fin du 15e au moins la tradition du retour direct à la terre: des cimetières du midi de la France (Viviers...) à ceux de la Rhénanie ou de l'Europe Centrale, l'ensevelissement dans un sim-ple suaire l'emporte souvent largement sur le cercueil. Les scènes de sépulture des livres d'heures du 15e (sur un corpus de plusieurs centaines de livres analysés) attestent que dans quatre cas sur cinq à peu près, le suaire et non le cercueil, est le mode habituel de sépulture.

Pour autant qu'on puisse introduire des nuances géographiques dans un corpus qui reste limité, il me semble bien que c'est dans l'iconographie flamande ou rhénane que se naturalise le plus précocement et le plus nettement le cercueil clos, enveloppe supplémentaire du défunt que l'on mène en terre. Et dès le milieu du 14e, c'est dans des boites hermétiques qu'une enluminure flamande connue nous montre les morts de la peste noire portés à dos d'hommes. Les textes, et les notations recueillies localement à travers des monographies fouillées, permettent dès lors des nuances: on distinguera en Rhénanie (ou ailleurs) le "Totenbrett", brancard plus que cercueil, réceptacle utilisé sur le trajet funèbre, du cercueil proprement dit, qui peut prendre des formes variées: de la boite clouée à laquelle on s'accoutumera plus tard, au tronc d'arbre évidé, tout d'une pièce (Baumsarg) dans lequel, par exemple, on ensevelira longtemps en certains lieux (diocèse de Trèves) les mères mortes en couches dans le coin du cimetière qui leur est réservé. Protégeant le mort des regards des vivants, le cercueil, cet exemple ponctuel le montre, peut aussi bien préserver les vivants du retour de certains morts impurs ou insatisfaits.

En tous cas, l'aventure qui se dessine ainsi à partir de ces prolégomènes médiévaux, de la dialectique du suaire et du cercueil, est pour moi une aventure de longue durée, qui ne s'achève pas avant le 18e siècle, et parfois le 19e siècle. Si le cercueil se répand incontestablement à l'âge classique, jusqu'à devenir une pratique générale, dans le monde rural comme dans les groupes populaires urbains, il reste un luxe longtemps inabordable pour beaucoup. Le paysan de Sivergues, en Provence, que j'ai vu au détour d'un testament léguer, au coeur du 18e, cinq sols au campanier qui sonnera la cloche et cinq sols à la vieille qui le pliera dans son suaire n'est pas, il s'en faut, un cas isolé, même s'il stipule ce que les autres passent sous silence par prétérition. Dans l'Angleterre de la Révolution industrielle—où tel pasteur londonien relate le cas de parents si pauvres qu'ils jettent à la rue les cadavres de leurs enfants morts, ou les gardent plusieurs semaines faute de pouvoir les ensevelir, comme dans la France romantique, le retour à la fosse commune devient le comble de l'abomination. Dans son roman *L'Ane mort ou la femme guillotinée*, le petit romantique Jules Janin évoque avec une complaisance un peu frelatée l'ensevelissement d'Henriette la prostituée homicide, au soir de son exé-

cution, dans la sinistre fosse commune de Clamart. De la belle chemise que son amant transi avait apportée pour l'en envelopper, il ne
restera rien au matin; les détrousseurs de sépultures seront passés par
là. Mais le corps lui-même aura disparu volé par les carabins pour
leurs dissections nocturnes. Derrière ces évocations appuyées se
profilent deux des fantasmes du 19e siècle, et de la mort urbaine populaire: la fosse commune d'une part, la morgue de l'autre, les deux
lieux où s'achève indignement l'aventure du corps, pour ceux qui n'ont
rien ou que la société rejette.

Ce n'est, toutefois, prendre qu'une vision pauvre d'une évolution
que de réduire la dialectique du corps montré et du corps caché à
celle du suaire et du cercueil, même si elle fournit la tendance, suivant le rythme d'une progression plus lente, et moins linéaire sans
doute qu'on ne l'a cru.

Tout un réseau de questions—qui ne sont point toutes annexes,
se greffent sur cette évolution. Le cercueil a progressé: et dès le 18e
siècle, de plus en plus nombreux étaient les Provençaux qui par testament demandaient à être "cloués entre quatre planches". Reste à
voir, en quel terme et quel appareil, dans quels délais aussi.

Le mort vêtu

La progression de la coutume de vêtir les morts, pour être en gros
synchrone des progrès du cercueil, n'en obéit pas moins à un rythme
propre. C'est à partir surtout de l'âge classique—17e et 18e siècles—
qu'elle s'inscrit comme une revendication généralisée dans les testaments provençaux. On a vu suivant quelle procédure d'imitation par
contact elle se répand, des clercs et des confrères, aux nobles et aux
notables hommes et femmes, puis aux petites gens. Mais cette diffusion
cesse bien vite d'être une originalité méridionale. La France septentrionale, et l'Europe du Nord en connaissent l'équivalent: le texte célèbre et suggestif qu'avait cité l'abbé Brémond de la sainte mort de
Jeanne, pauvre fille de Nivelles, emportée par une peste du 17e siècle, est sur ce point explicite: la jeune fille ne manque pas—"tant était
grande sa pudeur" de demander à être ensevelie sans qu'on lui enlève
ses vêtements.

Cette revendication va se populariser—à tous les sens du terme—
dans le monde urbain et rural, de l'âge classique à l'époque contemporaine. En fait, ce que les manuels de folklore décriront souvent
comme tradition immémoriale et enracinée, est bien souvent né entre

le 18e et le 19e siècle, ainsi dans le monde rural la coutume de conserver le costume du mariage pour le revêtir au lit de mort se diffuse-t-elle alors avec toutes ses variantes (le voile du mariage posé à côté du cadavre de la défunte) et ses curiosités (les souliers de la mère morte en couches pour qu'elle puisse revenir allaiter le nouveau-né...). Cette norme nouvelle, du costume de fête réservé aux grands passages des saisons de la vie ne s'est pas imposée sans effort: au 18e siècle encore, tel évêque de Trèves — parmi d'autres — la dénonce comme une forme de déviation profane, et beaucoup de pays — de la Rhénanie à la Suisse — qu'ils soient catholiques et plus souvent réformés, s'en tiendront à la chemise funèbre (Sterbhemd) qui remplace l'ancien suaire, mais à l'intérieur du cercueil. Toute une géographie nouvelle de la tenue funèbre, qui gagnerait à être précisée au-delà des notations impressionnistes, se dessine du 19e au 20e siècle.

Que l'habitude de revêtir les morts ait progressé en même temps que se répandait la pratique de les clore dans un cercueil, ne plaide pas sans nuances pour une dissimulation progressive du corps occulté aux regards des vivants: et la présentation du mort vêtu, introduisant à ce délai qui sépare la mort de la sépulture, conduit à la rubrique suivante, dans le parcours qui nous entraine: celle de l'exposition du défunt.

Dans les traditions germaniques mêmes — et a fortiori dans celles de la Méditerranée — le cercueil n'est clos qu'au dernier moment, parfois lorsque part le cortège funèbre, parfois au bord de la fosse même: c'est à visage découvert que dans le rituel provençal, jusqu'au début du 19e siècle, le défunt fait son "tour de ville" en une dernière exhibition publique. Mais sur les pierres tombales de la Nouvelle Angleterre il en est plus d'une qui présente une figuration du cercueil en étui de violon, ouvert au moins au niveau de la tête, pour permettre de voir le visage du défunt — voire, dans tel exemple rencontré, de la mère et de son enfant couchés côte à côte.

L'exposition du corps: le corps montré

La revendication inconsciente (ou au contraire explicite) d'être "fermé dans une caisse" n'est donc pas totalement limpide: puisqu'en même temps qu'elle était formulée, au 18e siècle notamment, on se préoccupait de n'y être pas trop rapidement bouclé, stipulant des délais à l'ensevelissement, s'il n'entre pas, à première vue, directement dans notre propos, ne peut donc en être totalement dissocié, même s'il fait jouer d'autres réseaux de considérations, notamment religieuses. On ne traîne pas dans la société traditionnelle, du moins dans le monde rural, et dans les groupes populaires. Après la veillée funèbre, le défunt s'achemine sans délais au cimetière: et l'église, de la fin du Moyen Age à l'époque classique, s'est plus d'une fois inquiétée ou plainte d'une pratique funèbre qui faisait souvent l'économie du passage au lieu du culte, en un temps où la messe corps présent n'avait rien de général. C'est en droiture, de la ferme au cimetière, que le défunt gagnait parfois sa dernière demeure, malgré les efforts du clergé pour rapatrier le cadavre au lieu du culte, moyen d'éviter la promiscuité et les gestes équivoques de la veillée funèbre à domicile, dont s'inquiétait déjà, à la veille de l'an mil, le prélat rhénan Regino Von Prüm ("fecisti saltationes? cantasti carmina jocosa?": As-tu sauté par dessus le cadavre? As-tu chanté des chansons déshonnêtes?). En ce temps, les délais les plus longs, et qui deviendront considérables, restent bien le privilège des saints, et surtout des rois, des princes et des puissants. C'est surtout à partir du 14e siècle, et principalement au 15e, que ceux-ci ont commencé à être l'objet d'une exposition durable, répondant à un rituel complexe.

Du temps des dernières croisades—voyez l'ultime voyage de la dépouille de Saint-Louis, au retour de Tunis—à celui de la guerre de cent ans, la mobilité croissante des grands impose parfois de longs délais et de longs trajets: une cause, mais pas la seule pour expliquer la multiplication des opérations thanatologiques sur le corps des puissants. S'y joint, de l'Angleterre, la plus précoce semble-t-il, à l'Allemagne et à la France (l'Italie restant semble-t-il en retard) l'emphase mise sur l'exposition du corps et le déploiement de funérailles qui s'étalent sur des jours entiers. L'exemple du cérémonial de Charles VI en France, qui marque un tournant dans les obsèques royales, en 1416, fournissant un repère commode. Nous ne nous laisserons pas entraîner à l'évocation complexe de ces nouveaux rituels dans tous leurs aspects: mais en nous restreignant même aux aventures du corps, l'affaire ne laisse pas d'être complexe, à suivre les auteurs qui ont écrit sur ce point. Le rituel royal et princier de l'exposition du corps, qui s'élabore de la fin du 12e au coeur du 15e siècle, exprime-t-il, comme l'estime Philippe Ariès, une étape dans l'escamotage d'un corps mort que l'on commence à occulter, ou comme l'écrit Giesey, le savant historien des obsèques princières françaises, est-il la fine pointe de ce "display of the corpse", cette exhibition du cadavre qui triompherait alors? La contradiction des deux lectures est d'autant plus intrigante que nos auteurs partent, en fait des mêmes éléments. Le point de départ commode peut être ce relief du tombeau sarcophage d'un des fils de Saint-Louis, à la basilique de Saint-Denis en 1260 qui nous montre les deuillants accompagnant le prince porté processionnellement, à visage découvert, sur une sorte de brancard. C'est bien d'une exposition du corps qu'il s'agit alors, à la manière italienne, dirait-on en simplifiant. Mais les choses vont de suite devenir plus complexes. L'allongement des délais à la sépulture, contraint à la fois aux manipulations thanatologiques que nous avons évoquées au passage, et à ce dédoublement de la personne royale ou princière qui triomphe en Angleterre dès la fin du 14e siècle, s'impose en France au 15e: d'un côté le corps caché cette fois, ou renfermé dans son cercueil, de l'autre, l'effigie ou comme on dit la "représentation". Sans entrer dans le détail d'une pratique à la fois complexe et passionnante, contentons-nous de rappeler les élements de l'effigie ou "représentation": un visage de cire, exprimant au vrai les traits du défunt, avec un parti pris de réalisme parfois accentué, puis un mannequin, mais revêtu des habits, du manteau royal, des bijoux, et surtout des insignes de la royauté ou de la puissance: couronne, collier, sceptre... Cette effigie à la fois réaliste et glorieuse du défunt comme paré de tout l'appareil de la puissance et de l'apparence de la vie, interroge, et peut se lire à plusieurs niveaux. On l'a présentée à un niveau politique comme l'affirmation de la continuité d'un pouvoir terrestre qui ne meurt pas—"Le roi est mort, vive le roi"—et il est certain que cette étape tient sa place dans la formation d'une idéologie royale au passage de la royauté médiévale au principat moderne qui s'élabore sous la Renaissance. Mais au-delà de ces personnages hors du commun, qui témoignent par avance d'une évolution qu'ils annoncent, on peut voir s'inscrire plus largement ce "dur désir de durer" si caractéristique des angoisses du Moyen Age finissant.

Car cette affirmation n'est pas sans ambiguïté, qui débouche sur un dédoublement de l'image du cadavre, non seulement dans le cérémonial même des funérailles, où le vrai cadavre pourrissant et l'effigie glorieuse sont superposés, voire carrément dissociés dans le cortège, mais dans la transcription du phénomène, telle que l'art funéraire du temps l'illustre.

Les gisants satisfaits

On se doute que je songe à ces gisants d'un type particulier dont le
15e et le 16e siècles ont vu la multiplication, en France, en Angleterre, en Allemagne; l'Italie là encore, à quelques exceptions près,
se refusant à cette figuration. Là où le transi, cadavre décharné et
pourrissant, plutôt que squelette aseptisé comme il deviendra plus
tard, s'impose sur les tombeaux du macabre 15e, comme un figuration fréquente, sinon majoritaire, de grands cénotaphes reproduisant
dans leur structure la double figuration du corps nu et mort dans sa
déchéance avancée, au registre inférieur, et du défunt figé dans son
intemporalité glorieuse, revêtu de tous les insignes de sa gloire terrestre: prélats, de Cambridge à Avignon (le cardinal De La Grange),
patriciens d'Augsbourg (Les Fugger), et bien sûr souverains français
en témoignent. La série des tombeaux royaux du 16e siècle, de Louis
XII à François 1er et à Henri II dans la basilique Saint-Denis en témoigne, même s'il s'y inscrit une évolution elle-même notable: le corps
nu et mort s'y trouve comme réhabilité par référence aux transis
décharnés du 15e et encore du début du 16e. C'est à la fois bien morts
(l'incision abdominale le rappelle) mais intacts et parés de ce trou-
blant sourire qui évoque — on l'a dit — autant la "petite mort" que la
grande, que les deux gisants de Louis XII et d'Anne de Bretagne nous
apparaissent dans leur nudité. Une nudité qui se fera épanouie et athlétique de François 1er à Henri II. Cet épisode de dédoublement du
cadavre, de la fin du Moyen Age au début de l'âge moderne, garde
toute sa richesse et partie de son mystère, même s'il est historique-
ment daté, et socialement très sélectif. Et je n'entreprendrai point de
trancher entre la lecture — pour simplifier — d'Ariès et celle de Giesey, persuadé que tous deux doivent avoir raison, celui qui insiste
sur l'ostension du cadavre au coeur du pathétique 15e siècle et celui
qui y voit une étape dans son occultation progressive. Mais ce n'est
certes pas un hasard si cette double figuration du mort triomphe au
moment où les morts-doubles de l'âge macabre s'ébattent en liberté,
des couples enlacés des danses macabres, aux figurations des livres
d'heures. On doit dater la fin de cet épisode: le terminus est variable
suivant les lieux et milieux culturels. Si, après Henri IV la France a
reconcé à l'exhibition de la "représentation" aux obsèques des grands,
l'Angleterre (plus "conservatrice"?) la pratiquera jusqu'aux années
1660, aux funérailles quasi royales du général Monk, et la Suède ou
la Pologne pour ses magnats, en connaîtront des formes jusqu'à la

fin du 18e siècle. Mais le vrai tournant, pour la France pourrait être symbolisé par la succession, hautement significative, des projets et des réalisations pour le gisant de Catherine de Médicis. Un premier projet, d'un italien — un Della Robia — qui avait cru bien faire en se mettant au goût français, présentait la reine nue et décharnée: on lui préféra celui de Germain Pilon qui l'évoque dévêtue encore mais gracieuse aux côtés de son époux athlétique. Et quand la mort approche pour la vieille reine, à l'horizon 1580, c'est finalement en vraie belle-mère de conte de fées qu'elle se fait statufier, couronne en tête, joufflue, maussade avec ses verrues...

Un épisode se clôt, qui nous entraîne loin: sonne-t-il incongru dans une évolution de longue durée que nous avons jusqu'alors suivie à partir d'indices plus ténus, plus anonymes, mais plus significatifs de l'aventure collective du grand nombre? Non sans doute, dans la mesure où il indique une tendance même s'il pose le problème de la dialectique qui associe et différencie à la fois comportements de masses et expressions d'élite, comme en d'autres termes celui de la signification du témoignage artistique dans une lecture anthropologique.

Revenant au problème de ce délai à l'ensevelissement, qui conditionne lourdement, on s'en rend compte désormais, celui des rapports du monde des vivants au corps des morts, je dirai que la modernité, telle qu'elle s'inscrit en ce domaine s'exprime, aux siècles classiques, en termes parfois ambigus, mais dans le cadre d'une évolution continue.

L'exposition du corps, sans prendre les dimensions qu'elle revêt chez les grands, reste pratique générale, témoignage de la familiarité maintenue entre morts et vivants: l'iconographie en témoigne continuement. Philippe de Champaigne peint un enfant mort, les Espagnols font de l'évocation au lit de mort — des saints ou des nobles — un thème constant. Avec beaucoup moins d'apparat, mais plus de valeur émotionnelle encore, peut-être, un quasi anonyme anglais, au coeur du 17e siècle, peint le lit de mort d'une mère, au chevet de laquelle un "squire" campagnard, entouré de ses enfants, semble nous prendre à témoin. Et Voltaire même, pour passer du témoignage iconographique à celui de la littérature, n'évoque-t-il pas la pratique parisienne courante au début du 18e siècle, lorsqu'il décrit dans les dernières pages de l'*Ingénu*, l'exposition de la Belle Saint-Yves, à la porte de la demeure familiale, spectacle quotidien pour les passants qui se signent machinalement, ou l'aspergent d'eau bénite?

La peur d'être enterré vif

Mais c'est pourtant au niveau de la sensibilité moyenne que le siècle des Lumières va ressentir en termes de contradiction vécue, et à la limite insupportable, les besoins d'une sensibilité renouvelée. Ceux qui requièrent dans leur testament, en nombre croissant, d'être ensevelis vêtus, et plus encore, cloués entre quatre planches, vont en même temps demander à n'y être renfermés qu'au bout d'un certain temps: 36 heures ou 48 heures, sans même aller jusqu'aux exigences de tel ecclésiastique provençal, qui sollicite d'être veillé sur son lit de mort jusqu'à ce que la puanteur incommode les assistants. Que s'est-il passé au fil du 18e siècle et singulièrement dans sa seconde partie, pour que s'enfle cette revendication qui, si elle reste élitiste dans ses formulations, n'en gagne pas moins une audience européenne? Pour la comprendre, il n'est pas inutile d'en mesurer l'ampleur: dans les testaments provençaux que j'ai étudiés, ce sont des notables—nobles, robins, clercs—et en majorité des femmes qui se font l'écho de cette demande nouvelle: on les rencontre essentiellement dans la Basse Provence occidentale des grandes villes: Marseille, Aix, Arles. Indice de la diffusion d'une idée que l'on saisit à la source, dans les textes littéraires, non sans surprise, au premier abord, lorsqu'il s'agit de l'*Encyclopédie* de Diderot et d'Alembert. L'article "Mort" du célèbre dictionnaire (ou l'un des deux articles "Mort") est pour bonne part consacré à une longue analyse sur la distinction de la mort apparente et de la mort réelle, sur les dangers des ensevelissements précipités: regorgeant de détails et d'anecdotes de moribonds ensevelis trop tôt, de mains pathétiques qui soulèvent le couvercle des cercueils prématurément fermés. Dans un discours où l'on voit les fossoyeurs imprudents s'asphyxier aux vapeurs méphitiques des sépulcres, se dessine l'image fantastique du lieu des morts, fantasme auquel le crépuscule des Lumières réservera une place de choix dans ses leit-motiv.

La France ne tient pas, dans cette crispation de sensibilité collective, une place à part: dans l'Allemagne de l'Aufklärung on a pu suivre, dans le discours très pédagogique des gazettes, la campagne des médecins, des pasteurs, ou simplement des amateurs éclairés pour lutter contre le danger des ensevelissements prématurés: une campagne qui se polarise parfois sur des thèmes ponctuels, ainsi sur les obsèques des juifs, traditionnellement fort rapides, et par là même exposées à de tels accidents. Une législation, à l'usage des chrétiens comme des juifs s'efforce d'imposer des délais raisonnables: "36 ou 48 heures". Et l'on rêve d'ingénieux dispositifs—morgues ou dépositoires que l'on expérimente en Allemagne comme en France—où les extrémités des défunts seraient reliés par une série de fils à des clochettes que le moindre mouvement ferait tinter... quand on ne propose pas des traitements héroïques—piqures, brûlures ou inhalations... à réveiller un mort, quand ils ne sont pas de nature à le confirmer dans son état!

On le voit, sans qu'il soit même besoin d'épiloguer longuement: ce corps redécouvert, de façon incongrue, alors même qu'on l'habille, qu'on l'enferme plus hermétiquement dans une caisse, et que l'on éloigne les tombeaux des agglomérations pour les édifier dans les nouveaux cimetières excentrés, ne revendique sa place aussi aggressivement que parce qu'au fond des choses, c'est le mien: c'est sa propre mort, au sens le plus physique du terme qu'appréhende et que mime à travers ces récits l'homme du 18e siècle, moins préoccupé de l'audelà, moins persuadé qu'auparavant, que la mort n'est qu'un passage à une autre vie. A l'intersection de ces deux pulsions qui ne sont peut-être contradictoires qu'en apparence, celle qui se crispe sur l'image du corps mort, et celle qui exorcise la présence du cadavre, le retour des idées noires à la fin du 18e, témoigne des contradictions d'une sensibilité qui n'est pas en paix avec elle-même.

Dans cette progression à la fois analytique et chronologique qui nous a fait passer de la toilette du corps, à ce qui l'enveloppe, au cercueil qui l'enferme, à l'ultime tour de ville qui le montre et aux délais même de l'ensevelissement qui met fin à cette exhibition posthume, le 19e siècle, prolongé au 20e représente incontestablement une étape essentielle.

Une enveloppe de plus: le caveau familial

C'est d'abord un degré de plus franchi dans l'escalade de ces enveloppes successives qui reçoivent le cadavre, et à la fois le conservent et le dérobent au regard. J'entends par là que le privilège des princes et des grands d'un sépulcre durable qui dérobe leur dépouille aux injures du temps, quoi qu'en ait déjà écrit Malherbe:

> Et dans ces grands tombeaux où leurs âmes hautaines
> Font encore les vaines
> Ils sont mangés des vers...

va se trouver comme démocratisé, partiellement du moins, par l'institution même du cimetière, dont ce n'était pas, à première vue, la vocation.

Même s'il a gardé, dans l'Europe nord-atlantique et dans le monde anglo-saxon, une réelle présence, sans être toutefois préservé de l'invasion de la pierre, le cimetière nécropole tel que l'Occident l'invente et le perfectionne de 1840 à 1880 et au-delà, va substituer au mythe originel du retour à la nature le cadre contraignant d'une ville des morts, où s'investit le rêve de soustraire durablement le corps au cycle biologique et aux injures du temps. Nous commençons à décrypter par le menu l'histoire institutionnelle et sociale de ces cimetières du 19e siècle: d'évidence il s'y passe quelque chose, le plus souvent entre 1840 et surtout 1860 et 1880, quand les concessions perpétuelles, support du caveau de famille, grignotent de façon souvent spectaculaire, sur les plans, la place réservée aux concessions temporaires et à la fosse commune redoutée.

Alors même que chez les nouveaux entrepreneurs de pompes funèbres — *undertaker* anglais de l'époque victorienne, *funeral directors* américains — l'industrie des cercueils, doublés, plombés, monumentaux, vulgarise à l'usage des nouvelles bourgeoisies l'embaumement réservé autrefois aux grands, et que les *caskets* américains sont copiés en Angleterre, puis sur le continent, la chapelle funéraire et le tombeau de famille franchissent un pas décisif, devenant l'aboutissement posthume rêvé d'une aventure familiale.

Ce rêve de momification familiale à la fois dérisoire et grandiose, s'intègre dans notre propos comme un des éléments d'un système qui renouvelle complètement la vision du corps mort par les vivants. Parallèlement, une thanatologie à l'usage sinon de tous, du moins d'un grand nombre, fait son apparition, à partir des Etats-Unis, où la guerre de Sécession, avec les transferts et rapatriements de corps qu'elle a entraînés, a été une stimulation essentielle à l'activité des spécialistes des traitements thanatologiques. Le long voyage ferroviaire posthume de la momie de Lincoln jusqu'au lieu ultime de sa sépulture, serait le symbole même des débuts de cette nouvelle aventure.

Si les pratiques de conservation du corps prennent très vite aux Etats-Unis une importance démesurée qui contribuera à la captation du cadavre par le *funeral home* et aux nouvelles formes d'exhibition posthume du 20e siècle, il convient toutefois de dire que ce modèle n'est pas encore reçu dans un vieux continent, où l'Angleterre même ne s'y convertit qu'avec réticences, et discrétion. Mais au vrai, on ne saurait plus parler alors d'un modèle, mais de plusieurs modèles, parfois contradictoires, et qui cohabitent tant bien que mal.

Triomphe général du corps caché et préservé tout à la fois: certes, mais ce n'est pas sans résistances, ni sans contradictions.

Le corps caché: résistances et conservation des traditions

L'exhibition au lit de mort persiste tant que la mort demeure aventure familiale collective: même si la famille bourgeoise tend, en se repliant sur elle-même et en imposant son modèle, à faire reculer la rencontre au lit de mort des voisins, des confrères du quartier. Cette invasion d'étrangers attirés par le spectacle (ou par l'exemple) de la mort qui scandalisait si fort Chateaubriand en 1800 en Rome, au lit d'agonie de sa maîtresse, Madame de Beaumont. Dans le cercle de famille même, le groupe des participants semble se restreindre, c'est du moins ce que nous dit la statistique dressée sur des milliers d'ex-votos méridionaux, où l'enfant se fait rare au rang des spectateurs, comme si l'on commençait à souhaiter lui éviter ce spectacle.

Etape de transition à coup sûr: car le rassemblement familial au lit de mort reste un des leit-motiv de la littérature romanesque, comme il se rencontre dans les grandes compositions sculptées des cimetières de Gênes, de Vienne, ou d'autres lieux. Mais c'est que ce siècle accroît les contrastes, sociaux comme géographiques. Même si la pratique du tour de ville à visage découvert, subsistant dans le Midi profond des péninsules et des îles, disparaît dès la première moitié du siècle de la Provence, comme rejetée par un sentiment nouveau de décence bourgeoise, c'est progressivement; et des conservatoires de pratiques anciennes s'inscrivent ainsi sur le terrain.

Comme il est des régions, ou des pays conservateurs, il est aussi des groupes sociaux gardiens de gestes du passé. Et c'est sans étonnement qu'on les recontre aux deux bouts, dirait-on, de l'échelle sociale. Dans l'ancienne aristocratie princière, l'exhibition du mort reproduit tard dans le siècle—voyez les chapelles ardentes de Louis II de Bavière ou de Milan de Serbie—des fastes baroques qui prolongeaient eux-mêmes un gestuel de la fin du Moyen Age.

A l'inverse, c'est dans les sociétés rurales que les folkloristes commencent alors à inventorier, avant qu'elles n'agonisent, qu'ils rassemblent le trésor des traditions vivantes qui gravitent autour du corps mort, de l'agonie, à la veillée funèbre et au-delà.

Là où la bourgeoisie met soigneusement sous clefs la collection de ses morts dans ses tombeaux de famille, le charnier breton reste jusqu'à la fin du siècle (on le voit encore sur les photos du début du 20e siècle) le lieu d'une familiarité communautaire avec les cadavres et les ossements, suivis dans leur cycle, de la décomposition dans la terre, à leur regroupement ultérieur dans l'édifice villageois.

Ce qui se dit du monde rural à partir de l'exemple breton, peut se transposer sans peine à certaines sociétés urbaines de ces conservatoires méridionaux dont nous parlions à l'instant: s'ils ne datent pas d'hier — nés du 17e au 18e — c'est bien alors que de grands charniers comme ceux des capucins de Naples, de Rome, ou de Palerme, le plus représentatif peut être, prolongent le dialogue familier des morts et des vivants.

Comment s'en débarrasser? naissance de la crémation

En contrepoint de ces résistances de l'ancienne exhibition des morts au contact des vivants, on ne peut s'étonner que cette époque de l'unanimité rompue, soit également celle qui a commencé à rêver du moyen le plus radical d'éliminer le cadavre, par le moyen de la crémation. Certains y avaient songé, sous la Révolution française, parmi les urbanistes visionnaires qui planifiaient la cité de l'avenir. Mais c'est au tournant des années 1870 à 1880, à partir surtout de l'Angleterre, que la pratique recevra droit de cité, à l'issue d'une campagne longue et dure où ne manquèrent pas les épisodes tragicomiques: William Price, l'étonnant personnage à la fois druide, végétarien et partisan de l'union libre, à la mort de l'enfant — modestement prénommé Jésus-Christ — qu'il avait fait à sa logeuse, a été poursuivi pour l'avoir incinéré: la Cour lui accordera le dédommagement symbolique d'un farthing, reconnaissant le caractère licite de la pratique. Cela ne veut pas dire que celle-ci ait cause gagnée: à la veille de la première guerre mondiale, c'est par quelques milliers seulement que se compteront en Angleterre, où la pratique est cependant la plus développée, les cas de crémation. C'est le vingtième siècle, dans sa marche, qui verra se développer la crémation jusqu'aux taux élevés qui sont actuellement les siens dans l'Europe septentrionale réformée: soit autour de 30%, voire plus, des îles britanniques à la Scandinavie et l'Allemagne. Mais on note que les Etats-Unis se sont montrés rétifs à l'innovation, ce qu'il serait un peu court sans doute d'expliquer par la défensive victorieuse des *funeral directors* soucieux de défendre leur service après vente. L'Europe catholique — c'est pourtant à Florence que s'était tenu le Congrès inaugural qui avait vu la naissance du mouvement — a vu l'extension de l'incinération limitée à un très bas niveau par l'interdit de l'Eglise catholique jusquà une date très récente, mais plus largement aussi par la prégnance de la tradition culturelle qui s'associe au catholicisme — pratiqué ou non.

Les morts ne sont point partis en fumée, à la fin du 19e siècle, quel qu'ait pu être le développement ultérieur de la crémation dans l'Europe réformée. Mais le jeu ambigu du corps montré ou du corps caché a pris au 20e siècle une coloration nouvelle qu'il est commode de résumer à partir du modèle américain, dans la mesure où il a donné la tendance, suivi — avec des nuances spécifiques — par l'Europe septentrionale, voire par l'ensemble des sociétés libérales.

"The American way of death"

Tels que les sociologues ou les essayistes nord-américains nous l'ont fait connaître à partir des années cinquante — de Jessica Mitford, à l'Evelyn Waugh du "Cher disparu" — , le statut de corps mort dans le cadre du "tabou" qui pèse sur le dernier passage dans la société actuelle répond à plusieurs séries de conditionnements nouveaux. Il ne peut s'empêcher, d'abord, de refléter la moindre familiarité avec la mort qui caractérise nos sociétés contemporaines. Il est devenu banal de rappeler que l'adulte du second 20e siècle a beaucoup moins de chances que ses aînés d'avoir été en contact direct avec la mort des parents et des proches. Outre le recul de la mortalité, le développement de la mort hospitalière devenue largement majoritaire, dans nos sociétés comme dans la société américaine, a joué un rôle essentiel dans cette évacuation du cadavre de la vue des vivants.

La pratique du *funeral parlor* dans la société américaine, conjointe à la généralisation des pratiques thanalogiques non seulement de naturalisation, mais de préparation du cadavre, a fait le reste: conduisant à ces scènes dont les Européens ont souri avant de s'apercevoir que la contamination les gagnait, où les auteurs américains évoquent le cocktail d'adieu dans le salon du *funeral parlor*, sous la présidence d'un mort, habillé, maquillé, disposé parfois dans l'attitude la vie sur un fauteuil, de façon à ne point troubler la quiétude d'une assistance pour laquelle l'image de la mort est devenue définitivement incongrue. Solution par l'absurde du problème que nous avons suivi au fil de cet essai, le mort est présent, mais revêtu des apparences de la vie, maintenu par artifice au rang des vivants.

Le *drive-in funeral home* dont on parlait aux Etats-Unis en 1977 et qui offrait à l'automobiliste pressé la possibilité d'entrevoir le corps du cher disparu à travers une vitre, en même temps qu'il signait le livre qui lui était présenté, n'était que la forme somme toute rationalisée et fonctionnelle d'adaptation du système aux rythmes de la vie américaine d'aujourd'hui.

L'Europe a jusqu'à ce jour refusé les formes les plus extrêmes du modèle américain: ainsi les préparations les plus sophistiquées du cadavre pour masquer l'apparence de la mort. Mais les mêmes causes conduisent aux mêmes effets: la levée du corps hâtive à la morgue d'un hôpital est devenue dans majorité des cas le dernier regard furtif que jettent les vivants sur le corps d'un mort dont ils n'ont pas partagé les derniers combats.

Dans cette évanescence progressive, le rêve même de la civilisation bourgeoise, de pérenniser dans le caveau de famille la présence du corps renfermé dans ses enveloppes successives, s'effrite à son tour. Dans les cimetières que nous étudions, le caveau de famille amorce depuis les années soixante un repli marqué. La pression des structures institutionnelles y est sans doute pour quelque chose, en un monde où la place mesurée fait éliminer très fréquemment les concessions perpétuelles pour une généralisation des concessions à temps... Mais les structures sociales d'une société de brassage démographique généralisé ne sont pas pour rien non plus dans la fin des retrouvailles posthumes du caveau familial.

Du corps qu'on touche au corps qu'on rêve

Sur ce tableau actuel se clôt provisoirement un itinéraire: mais non une interrogation. Après la vision directe du corps mort, et les manipulations dont il est l'objet, il y aurait lieu sans doute de se transférer à un autre registre: celui de l'image du mort dans l'imaginaire collectif tel qu'il a été vu ou rêvé.

C'est là un autre chantier sur lequel je ne me risquerai qu'à peine, de crainte d'être entraîné bien loin. Cette aventure de longue durée a ses étapes, et ses grands moments, de ces gisants qui apparaissent à la fin du 11e siècle, pour prendre du 13e au 14e leur forme achevée: gisants aux yeux ouverts, et les historiens d'art nous disent qu'ils jouissent déjà de la félicité éternelle, sans préciser pourquoi ceux de l'Italie et de l'Espagne ont les yeux clos: peut-être n'ont-ils pas assez prié? Puis, à partir du déclin du Moyen Age commencera cette aventure étonnante, dont Panofsky a proposé les étapes, dans une reconstruction rationnelle, qui n'est point sans poser de problèmes, mais dont la tendance est sans ambiguïté: le mort se redresse, et s'anime, redevient ce qu'il était en vie, agenouillé de plus en plus fréquemment du 16e au 17e siècle, dans l'attitude de la prière, il se lève ensuite dans les grands cénotaphes, de l'âge classique... à l'âge néo-classique, dirait-on, celui des grands monuments de la crypte de la cathédrale Saint-Paul à Londres.

Mais cet itinéraire, qui a répondu à des rythmes différents suivant les lieux et les cultures—les Italiens de la Renaissance n'ont point attendu le 16e siècle pour jucher leurs princes et leurs condottières armés de pied en cap, à la porte, voire à l'intérieur des sanctuaires, n'est pas non plus si simple, et si linéaire qu'il ne paraît: et l'épisode du macabre de la fin du Moyen Age, prolongé parfois bien au-delà du 15e siècle est là pour manifester les retours inopinés de l'image du cadavre dans la figuration de la mort à l'usage des vivants.

Ce cadavre "vrai" qui n'est ni la transcription du corps glorieux de ceux qui jouissent de la félicité éternelle, ni l'image idéale d'un défunt que l'on s'obstine à présenter en vie—des statues, bustes et médaillons de l'âge classique aux photographies des cimetières du 20e siècle— a connu lui aussi dans les représentations qui en ont été données, une évolution caractéristique. Tel que son image agresse la fin du Moyen Age, à la fin du 14e siècle, ce n'est point le squelette, propre et net, mais le "transi" le corps pourrissant aux chairs putrifiées, à l'abdomen éclaté d'où sortent les entrailles, cependant que vers, reptiles et crapauds s'en emparent: celui des tombeaux, mais aussi des enluminures, des fresques, de la danse macabre.

Simplifiant à l'excès, on pourrait dire que cette image s'éloigne progressivement, même si les peintres espagnols de l'âge baroque—voyez Valdes Léal dans ses impressionnantes compositions de Tolède—en ont encore fait bon usage. Tendanciellement le cadavre se fait squelette, grimaçant mais aseptisé. Il s'étrique aux dimensions de la tête de mort, support miniaturisé de la méditation des Vanités du 17e siècle. Le mort devient "la" mort, qui fixe alors définitivement une apparence élaborée depuis les grands triomphes de la mort de l'Italie médiévale. Mais cette évanescence du cadavre même sous la forme apprivoisée de la mort squelette, n'est pas sans remords ni sans retours.

Il y aurait un autre niveau d'analyse à proposer, auquel je ne me risquerai pas ici, de l'image de la mort et du cadavre dans sa tradition proprement esthétique, ou littéraire en dehors même de la contemplation directe, au premier degré, à laquelle nous nous sommes tenus: avec sagesse peut être, on en conviendra.

Car il serait trop simple de dire que l'imaginaire collectif transcrit les étapes de l'évolution de longue durée dont nous avons sérié les étapes. Il est vrai que dans la figuration de l'univers céleste ou infernal, des morts ou des ressuscités, on est passé de la nudité des figurations médiévales—ces défunts ramenés par convention à l'âge de trente ans et à une intégrité physique qui les débarasse des blessures ou atteintes de la vie, tels qu'on les rencontre dans les grandes compositions picturales—à une lecture qui reflète à sa manière le refus de la nudité. Si les âmes souffrantes en purgatoire des tableaux de l'âge classique restent nues, le 19e siècle les habille en paysans de pastorale ou en enfants de Marie, ou les drape de voiles intemporels... Mais au-delà de ce mimétisme trop simple qui calque l'apparence des êtres de l'au-delà sur celle du cadavre préparé, une série de représentations plus complexes se greffe, dont l'analyse nous entrainerait trop loin sans doute. Il est temps peut-être de conclure ce qui n'a voulu être qu'une esquisse, sur une série d'interrogations.

Synthèse en termes d'interrogations

Le problème des "invariants" en histoire, pour académique qu'il soit, garde au moins quelque pouvoir de suggestion. Y a-t-il, en apparence, invariant plus absolu que ce regard des vivants sur le corps mort, que l'on peut évoquer en la façon d'une ancienne Vanité du 17e siècle, contemplation, sans fin ni conclusion, d'une tête de mort? Projeté dans l'histoire, cet exercice en forme de méditation se révèle en fait beaucoup moins monotone qu'on ne l'eut escompté.

Il confronte le chercheur, on l'a vu, aux difficultés d'une enquête tous azimuths, qui ne peut se faire qu'en associant une batterie complète de sources, des plus classiques aux plus incongrues en apparence. Comme dans beaucoup des chantiers de l'histoire des mentalités, la documentation écrite, pour demeurer essentielle, perd cependant sa primauté pour faire place à d'autres approches. C'est qu'elle est elle-même multiple, et parfois ambiguë, allant du discours officiel des statuts synodaux, puis des règlements administratifs, expression de la convention reçue d'une époque, à la richesse de la source littéraire qui va du témoignage direct, à l'expression rêvée des fantasmes d'une époque.

Mais à côté de la documentation écrite, nous avons fait appel au témoignage de l'iconographie, là encore à un double niveau d'expression directe d'une réalité (la représentation des obsèques, de la sépulture ou de la toilette du mort dans les livres d'heures) ou des obsessions d'une époque. On en pourrait dire autant des tombeaux, suppprt de longue durée d'une étude sérielle passionnante. Mais à l'inverse, l'archéologie des cimetières médiévaux et de l'âge moderne, comme l'enquête proprement ethnographique à partir des données du folklore, ou de la prospection directe sur le terrain, nous confronte à une moisson apparemment bien différente de données, dirons-nous (sans humour grinçant) plus "terre à terre", mais d'autant plus précieuses peut-être dans leur indiscutable matérialité.

Reste à ficeler ensemble cette brassée de traces, si diverses, et parfois si déconcertantes. Pour quel résultat? Qu'avons-nous saisi, somme toute, au fil de ce long parcours pluri-séculaire des rapports des vivants au cadavre? Un constat s'impose, qui n'apparaît naïf qu'après coup: c'est que l'invariant "cadavre" point final obligé de toute aventure humaine, inscrit ses avatars dans le cadre d'une histoire beaucoup plus tourmentée qu'on n'eut pu l'attendre.

Comment l'expliquerons-nous? Nos ancêtres eussent trouvé des justifications linéaires, trop limpides à coup sûr. Le rejet de la nudité du suaire, la coutume de vêtir le corps, et plus encore de l'enfermer dans une boîte, leur eut paru ressortir du domaine de la "pudeur", cette pudeur que manifeste Jeanne, pauvre fille de Nivelle. De même il peut sembler normal, et somme toute légitime, qu'à l'époque des Lumières, une réhabilitation du corps, fruit de la valorisation de la vie ici-bas par un nouvel humanisme, suscite en contre-coup la peur panique d'être enterré vif. Et tout le discours des Lumières sur le cadavre s'est organisé autour d'une double rationalité apparente, à prétention scientifique et morale, compromis bourgeois entre le respect dû aux morts et le respect dû aux vivants. Mais toutes ces lectures apaisantes, à l'épreuve de l'histoire, trahissent leur fragilité, leur irrationalité, en découvrant le poids d'angoisses informulées dont elles sont porteuses.

Comment la société bourgeoise positiviste du 19e siècle a-t-elle pu inconsciemment substituer au thème "naturel" (?) du retour direct à la terre, dont elle était redevable à l'idéologie religieuse, celui de la dérisoire immortalité physique du caveau de famille, en attendant l'embaumement des héros protecteurs des sociétés socialistes matérialistes du 20e siècle, de Lénine à Mao Tsé Toung?

Dire que chaque univers, et chaque moment historique inscrit dans la manière dont il traite ses morts et manipule ses cadavres, la traduction métaphorique non seulement des valeurs qui sont les siennes mais des angoisses qui l'obsèdent, ce n'est encore faire progresser que d'un pas la problématique en cause. Certes l'extraordinaire cérémonial qui entoure la personne des princes et des rois défunts à la fin du Moyen Age reflète bien un moment de l'histoire du principat, et de la naissance de l'état moderne. Certes, le cimetière du 19e siècle met-il l'emphase sur cette famille dévorante autour de laquelle s'organise la morale bourgeoise. Certes, le cérémonial qui peut paraître dérisoire des pratiques thanatologiques et mondaines dont le *funeral home* américain du 20e siècle est le lieu, nous en dit plus, peut-être, que bien d'autres tests, sur la société américaine contemporaine, ses angoisses, ses mécanismes de défense et de rejet. Mais toute une part de ces gestes, de ces pratiques et de ces représentations, échappe à la simplicité d'une sociologie réductrice. Pour n'en prendre qu'une illustration, l'inertie ou la résistance d'aires culturelles très différenciées en est la preuve. Univers méditerranéen, modèle français ou modèle de l'Europe du Nord, puis modèle américain, malgré contaminations ou conquêtes, restent chargés du poids d'un héritage complexe, que le clivage religieux n'explique qu'en partie.

Au fond des choses, telle une rivière souterraine que nous commençons à peine à explorer, les interrogations fondamentales subsistent. Celle du rapport de l'homme à la mort, dont le rapport au cadavre n'est que l'expression la plus brutale. Celle du rapport de l'homme à son corps, à travers les jeux troubles d'Eros et Thanatos.

Et c'est dans cette visée qu'il s'imposait sans doute, dans une réflexion sur l'homme et son corps, de faire ce détour obligé, dans la grande tradition du *Dit des trois morts et des trois vifs*:

> Nous avons été ce que vous êtes
> Vous serez ce que nous sommes.

Médecins contre matrones au 16e siècle: La Difficile Naissance de l'obstétrique

MADELEINE LAZARD

L'héritage médiéval

C'est seulement dans la mesure où elle joue un rôle essentiel dans la génération que la médecine, dès ses origines, s'est intéressée à la femme: les premiers écrits des médecins grecs ou arabes, ceux des chirurgiens du Moyen Age qui lui sont consacrés sont des traités d'obstétrique. Mais la pratique des accouchements est longtemps restée exclusivement aux mains des femmes. L'exemple biblique de Schiffra et Pua (Exod. 1:15-22) atteste qu'il en était déjà ainsi chez les Hébreux.

C'est à l'absence de rapports entre la théorie et la pratique que Paul d'Aegine, au 5e siècle, impute le retard de l'art obstétrical, exercé par des sages-femmes qui se transmettent oralement les recettes d'un savoir empirique, fruit d'une expérience quotidienne étrangère aux savants médecins[1]. Le bénéfice des échanges entre ceux-ci et les praticiennes devait être reconnue tant par les écoles de médecine arabes que par

---

[1] Voir M. Alphonse Leroy, *La Pratique des Accouchements, première partie contenant l'Histoire critique de la Doctrine et de la Pratique des principaux accoucheurs qui ont paru depuis Hippocrate jusqu'à nos jours* (Paris, 1776).

l'école de Salerne qui assuraient la formation des sages-femmes. L'auteur du premier traité en latin consacré à la femme, le livre de Trotula[2] (11e siècle) est d'ailleurs un salernitain. De semblables ouvrages vont se multiplier à partir du 12e siècle. Le *De Secretis mulierum*[3] attribué à Albert le Grand ouvre la voie à toute une lignée de recueils de "Secrets des Dames". Les recettes d'hygiène et d'esthétique y voisinent avec des considérations sur l'influence des astres, le tempérament féminin et surtout sur le mécanisme des accouchements et l'expérience des sages-femmes y est évoquée de façon élogieuse. Leurs observations, communiquées de génération en génération, alimentèrent longtemps les livres de secrets, rédigés souvent par des médecins qui restent héritiers des pratiques et des croyances imposées depuis des siècles par les matrones.

Si les traités savants, comme la *Grande chirurgie* de Guy de Chauliac, s'efforcent de dépasser le stade de l'empirisme, ils reconnaissent toutefois la nécessité d'allier à la théorie les fruits d'une expérience pratique. La médecine pour la femme cependant restera longtemps encore balbutiante en raison de la méconnaissance de son anatomie (ses organes génitaux sont décrits en fonction des organes masculins pris comme référence), de la rareté des dissections, de l'absence enfin d'une méthode et d'un vocabulaire permettant d'établir sa spécificité.

La situation n'évolue guère à l'aube du 16e siècle où se perpétue une double tradition d'écrits obstétricaux, celle de traités théoriques en latin, destinés aux médecins et aux savants, et celle de traités en langue vulgaire qui s'adressent à un public de praticiens, les chirurgiens notamment, et de praticiennes, les sages-femmes.

Deux manuscrits, étudiés par Evelyne Berriot, l'un du 13e siècle, *Le Voulum du Regime des Dames*, l'autre du 14e siècle, *Le livre du secret des dames lequel est deffendu a reveler sur peine d'excomuniement en la clementine a nulle femme se il n'est de l'office de cyrurgye* fondent, de façon significative, ces deux traditions différentes. "Exemplaires d'une tradition médicale à laquelle sont redevables tous les auteurs

---

[2] *Summa quae dicitur Trotula*, manuscrit du 13e siècle in folio, BN, Fonds latin 7056 et manuscrit du 15e, in 4°, BN, Fonds français 1327. Edité pour la première fois en 1544 dans le *Gynaeciorum sive de mulierum affectibus de I. Spachius* (Argentinae, 1597).

[3] Edité en Latin à Venise en 1508. Il fut souvent traduit en français. Nous avons consulté un exemplaire "translate de latin en françoys" (Lyon: J. Moderne, vers 1540), figurant dans un recueil du 16e siècle "La Recreation", *Devis et Mignardise amoureuse...* (Paris, Vve Bonfons), comportant 22 pièces, dont des ventes et demandes d'amour, des recettes de cuisine, des explications de pas de danses etc. (Catalogue Rotschild, I, 97, no. 190 [VI, 3bis, 66]).

de médecine féminine au 16e siècle, ils offrent une synthèse des sources constituant un fonds commun où se mêlent les apports de la médecine galénique, arabique, salernitaine ou montpellieraine"[4].

L'exposé de théories recueillies par les compilateurs semble s'adresser, dans ces ouvrages, à un public de médecins. Le *Voulum* apparaît comme une variation du Traité de Trotula, dont il respecte le plan et se situe dans la lignée du *Trésor des Pauvres* d'A. de Villeneuve, souvent réédité au 16e siècle, mais les conseils d'hygiène et d'esthétique de la dernière partie évoquent la médecine populaire des *Secrets d'Alexis Piemontois* (1558). Le *Livre des Secrez* affecte également l'allure d'un traité théorique sur la génération humaine, suivi d'un vademecum pour les matrones et s'inspire du *De Secretis* d'Albert le Grand. Apparemment destiné à des spécialistes, il comporte néanmoins, dans la seconde partie, un assortiment de recettes utiles à toutes les femmes pour savoir si elles sont grosses, si elles ont "fils ou fille en leur ventre" comment, pour faire des enfants, "parfaire ses amours et... lung l'autre attendre". La variété des thèmes traités, l'éclectisme du contenu, le mélange de conseils concernant l'obstétrique et de recettes de bonne femme prouvent que les théories savantes ont été adaptées aux pratiques et aux croyances vulgaires. Le titre même du *Livre du Secret* en interdit la communication aux non-spécialistes, mais sa rédaction en langue vulgaire en ouvre l'accès à un public élargi. Ces ouvrages ne relèvent donc vraiment ni de la médecine officielle, ni d'une médecine populaire. Rattachés à une médecine parallèle, celle des régimes de santé, des livres de secrets, en latin ou en français, dont la tradition, d'abord manuscrite, est largement diffusée par l'imprimerie, ils se situent au confluent de deux traditions médicales, de deux cultures dont le 16e siècle va sanctionner le divorce, générateur de conflits entre différentes catégories du domaine médical.

Les ouvrages de Vésale, de Charles Estienne, d'Ambroise Paré témoignent alors d'une connaissance beaucoup plus précise des structures du corps, favorisée par la pratique accrue des dissections. Si l'anatomie et plus encore la physiologie de la femme demeurent beaucoup moins bien connues que celles de l'homme, les traités savants les reconnaissent néanmoins comme objets d'étude spécifiques. Gynécologie et obstétrique deviennent des spécialités où le médecin veut faire reconnaître sa suprématie: aussi, le célèbre Joubert, chancelier

---

[4] Evelyne Berriot-Salvador, *Images de la femme dans la médecine du 16e et du début du 17e siècle*, thèse manuscrite de doctorat du 3e cycle (Montpellier, 1979), p. 277.

de la Faculté de médecine de Montpellier, estime-t-il qu'il ne doit point "ignorer aucune chose de ce que traitent les levandières (les sages-femmes), non plus que des autres opérations chirurgicales... Car toutes maladies sont de sa cognoissance et haute jurisdiction. Tous ceus qui se meslent de traitter aucun mal, ils sont subalternes au medecin: comme les chirurgiens, lesquels ont jurisdiction moyenne et les levandières qui ont la basse. Or l'anfantement est un mal duquel plusieurs et fames et anfans meurent et l'avortissement ancor plus: d'autant qu'il est contre nature. Ne faut-il pas donc que le medecin y soit surintendant?"[5]

Tout au long du siècle s'accentue la rivalité des tenants de la médecine savante que le retour aux textes de l'antiquité, de Galien notamment, contribue à faire progresser et les sages-femmes, ignorantes de la théorie, mais fortes de leur expérience, auxquelles revient traditionnellement la pratique des accouchements et qui défendent âprement leurs prérogatives. Les uns et les autres se reprochent mutuellement d'empiéter sur leur domaine respectif.

Dans les grandes villes, les matrones forment un corps constitué, dont l'enseignement, assuré par des matrones-jurées (quatre à Paris), reste très rudimentaire. Leurs élèves les accompagnent quelque temps auprès de leurs clientes, après quoi elles reçoivent un certificat de moralité et un de capacité qu'elles sont tenues de faire approuver par le premier barbier du roi et le curé de leur paroisse. Dame Françoise, sage-femme de Catherine de Médicis, transmit ainsi les recettes de son art à bon nombre d'"apprentisses"[6].

C'est en 1560 que sont révisés les "statuts et reiglemens ordonnez pour toutes les matrones ou saiges femmes de la ville, prevosté et vicomté de Paris". Astreintes désormais à suivre un enseignement théorique confié aux chirurgiens-jurés et sanctionné par un examen, soumises à des règlements très stricts (dénonciation obligée des femmes qui cèlent leur grossesse, interdiction de pratiquer l'avortement sous peine de mort, délation des "matrones dissolues", ondoiement de l'enfant en danger de mort), soucieuses de sauvegarder la réputation d'une

[5] Laurent Joubert, *Erreurs populaires au fait de la médecine et régime de santé* (Bordeaux: Simon Millanges, 1578); *La première et seconde partie* (Claude Micard, 1578); *Seconde partie des Erreurs populaires...* (Lucas Breyer, 1580; réédition chez S. Millanges, 1579): les références renvoient à cette édition; Livre IV, 3.

[6] Ernest Wickersheimer, *La Médecine et les médecins en France à l'époque de la Renaissance* (Paris, 1906), p. 149.

corporation suspecte de "maquerellage" et de complaisances blâmables, les matrones sont liguées par l'esprit de corps. Elles ont d'ailleurs souvent maille à partir avec la justice (la prison est un des cas de force majeure, signalé dans leurs statuts, qui les empêche d'assister à certaines cérémonies) et l'exercice illégal de leur art est monnaie courante. Médecins et chirurgiens excitent leur méfiance. Louise Bourgeois, excellente praticienne qui présida aux six couches de Marie de Médicis, la seule sage-femme à avoir consigné son expérience par écrit dans ses "Observations diverses" et son "Instruction à ma fille", raconte quelle hostilité elle rencontra chez les matrones-jurées avant d'être admise dans leur corporation. Elles craignaient que Louise, femme de surgean (chirurgien) s'entendit avec "ces médecins comme coupeurs de bourses en foire" préférant recevoir "des femmes d'artisans qui n'entendent rien à nos affaires"[7].

La médecine naturelle: la Touche

Les capacités requises dans cette profession, décriée par les médecins eux-mêmes, n'étaient vérifiées et réglementées que dans les villes. Si les classes aisées y ont recours, en milieu populaire, rural surtout, la parturiente se passe d'auxiliaires patentées. Les textes des conteurs comme les écrits médicaux mentionnent fréquemment l'intervention ou les dires des "bonnes femmes de village" qui aident à l'accouchement. Tant qu'il est "naturel", c'est-à-dire sans complications, il reste aux mains des femmes, et le restera longtemps encore, sans que le médecin y trouve à redire. La savante Catherine des Roches fait entrer dans le programme bien compris d'une éducation féminine quelque peu de médecine pour pouvoir "aider les nourrissons".

"L'honneste femme" qui accoucha de ses enfants, Louise Bourgeois, sans qualification particulière, la persuada "d'apprendre à être sage-femme et que si elle eust sceu lire et escrire... qu'elle eust fait des merveilles". Louise elle-même pratique "environ cinq ans avec pauvres et médiocres", bien avant de se "faire recevoir jurée à Paris"[8].

La Maison rustique (1561) de Charles Estienne et Jean Liébault, docteurs en médecine[9], traité rassemblant divers conseils d'agriculture, consacre

---

[7] *Ibid.*, p. 153.
[8] *Ibid.*, p. 152.
[9] *L'Agriculture et maison rustique* (1ère éd. 1561; Lyon, 1587), pp. 153-54.

un chapitre aux "remèdes que doit scavoir la Fermière pour la maladie des gens". Il lui est utile en effet de connaître "la médecine naturelle pour les siens et les autres quand le malheur viendra... Car d'avoir le médecin à toutes heures, sans urgente nécessité, ce n'est pas le profit de la maison". Au nombre des talents qui lui permettent de "médeciner les laboureurs malades" figure celui d'appliquer des traitements "pour rendre la femme féconde" ou pour prévenir l'accouchement avant terme: "qu'elle use avec le jaune d'un oeuf frais, d'une poudre faite de graine de Kermes... et d'encens fin chacun en partie égale, ou bien... de poudre de vit de boeuf préparée selon la mode qu'avons descrit en la cure de la pleurésie, ou qu'elle porte assiduellement à quelques uns de ses doigts un diamant: car le diamant a vertu de retenir l'enfant au ventre de la mère". "On dit aussi que la poudre de serpent... mêlée à des miettes de pain est souveraine" mais "le plus recommandable est la pierre d'aigle, portée sous l'aisselle gauche..."[10]

Ces remèdes, visiblement hérités d'un savoir oral puisqu'ils reposent sur des dires, sont toujours à base de substances "naturelles". La tradition donnait un assortiment de recettes préventives pour permettre un accouchement aisé. Ces préparations internes ou externes, breuvages à base de plantes, poudres ou décoctions plus extravagantes, témoignent de la confiance populaire dans les vertus botaniques ou le pouvoir quasi magique de certains végétaux, minéraux ou animaux. La médecine officielle en conseille également l'usage, à condition que les remèdes soient "légers et petits". Elle ne diffère de la médecine empirique qu'en s'en tenant aux propriétés recensées dans les pharmacopées.

Liébault conseille des potions de même nature en cas de "difficulté d'accouchement" ("décotion d'armoise rhue, dictame et pouliot ou jus de persil tiré avec bien peu de vinaigre" etc.), au moment où la femme est en travail ("eau clairette", faite d'un mélange d'eau de vie, de cannelle et de sucre, etc.), pour faire sortir "l'arrière-fais", pour les "tranchées qui viennent après la délivrance". L'exploitation d'une thérapeutique populaire et d'une médecine proverbiale est manifeste dans ces recettes destinées "aux fermières". Le recours à la sage-femme, pas plus qu'au chirurgien ou au médecin, n'est jamais envisagé. Ce qui peut surprendre car Charles Estienne et son gendre, qui compléta les dernières éditions du Traité, comptent parmi les plus célèbres médecins du temps. J. Liébault, il est vrai, n'indique dans ce

[10] *Ibid.*, I, 8:31-32.

"receptaire rustique que les remedes naturels, laissant les autres plus exquis remedes aux medecins des villes"[11]. Il sous-entend ainsi que la médecine des ruraux et des pauvres n'est pas celle des riches. Mais l'opinion populaire, selon laquelle il faut laisser faire la nature en toute espèce de maladie—la grossesse étant tenu alors pour un état pathologique—reste profondément enracinée. Elle est partagée parfois par les médecins, souvent par les lettrés partisans d'une philosophie naturelle. Montaigne assure que le malade est lui-même son meilleur médecin. Cholières, dans ses *Matinées*, montre que le paysan et l'ami de la nature s'abstiennent du médecin. Aux yeux des interlocuteurs de ses nouvelles la médecine n'apparaît pas essentiellement un art pratique mais une science spéculative[12]. Par ailleurs l'empirisme des "paraselsisants", les disciples de Paracelse, hostiles à la médecine grecque va dans le même sens.

La diatribe de Gervais de la Touche, "gentilhomme poitevin" offre, à la fin du siècle, un avatar de cette opinion populaire qu'il appuie, sans autre précision, de l'autorité d'"ingénieux philosophes". Ce n'est pas au nom de la médecine officielle, mais en défenseur passionné de la médecine naturelle qu'il attaque violemment les matrones, comme l'indique le titre de son réquisitoire: *La Tres haute et tres souveraine science de l'art et industrie naturelle d'enfanter, contre la maudicte et perverse impericie des femmes que l'on appelle saiges femmes ou belles meres, lesquelles par leur ignorance font journellement perir une infinité de femmes et d'enfans à l'enfantement. Ad ce que desormais toutes femmes enfantent heureusement et sans aucun peril ny destourbier, tant d'elles que de leurs enfants estans toutes saiges et perites en icelle science* (Paris: Millot, 1587). L'auteur place son opuscule sous le signe de la nouveauté en se flattant d'avoir découvert cette science entre autres "belles et riches inventions et recherches de choses lesquelles jusques à notre temps avoient été incongneuës et du tout occultes à noz predecesseurs". Si la vie des mères et des enfants est si souvent mise en danger, si tant de nouveaux-nés sont "journellement sagmentez (mutilés) et meurtriz à leur naissance", G. de la Touche en rend responsable non pas la malice mais la sottise de la "race idiotte et imperite que nous appellons sages-femmes" qu'il vaudrait mieux qualifier de "bourrelles et meurtrières du sang innocent".

C'est d'abord la compétence de ces "plaisantes ouvrières" qui est mise en cause: en quels livres, sous quels précepteurs ont-elles appris

[11] *Ibid.*, I, 11:21.
[12] Gabriel A. Pérouse, *Nouvelles-françaises du 16e siècle* (Droz, 1977), p. 358.

leur métier? Leur prétendue science n'est que "caquet" et se limite à des pratiques routinières qu'elles utilisent ou voient utilisées depuis cinquante ou soixante ans. Bien loin de reconnaître leur "damnée ignorance", elles la préfèrent à la recherche "de l'ordre et des secretz de nature". C'est pour défendre "leur marmite" qu'elles se montrent fières de leur art. Car ce sont toutes de "pauvres femmelettes desnuees et despourveuës non point seulement d'esprit et d'entendement, mais aussi de tous moyens de vivre". Quand l'une meurt, sa place est briguée par une pauvre misérable affamée qui prétend s'y connaître pour bénéficier des avantages en nature de la défunte. Les femmes qui ont "tant soit peu de moyens" ne recherchent pas un métier où il faut peiner jour et nuit. Riches ou pauvres, toutes au reste montrent la même ignorance. Et l'auteur d'en administrer les preuves avec une ardeur vengeresse. Pour faire sortir une pierre d'un sac, il faut lever celui-ci "le cul en haut la gueulle en bas". Aussi secouent-elles la mère pour faire descendre l'enfant. Impatientes (d'autres parturientes les appellent souvent ailleurs), elles rompent les eaux ou attendent trop longtemps que nature jette dehors l'enfant et s'emploient à manoeuvrer de la main pour le tourner ou le remonter, meurtrissant la mère et le nouveau-né. S'il périt, elles s'en moquent, disant que les femmes "sont trop heureuses d'estre reschappées", et imputent à la volonté de Dieu ou à quelque défaut naturel une mort dont elles portent seules la responsabilité.

Les tortures imposées aux femmes en travail suscitent l'indignation de la Touche. Riches, les matrones "bourrelles" les maintiennent sur des chaises percées, pauvres sur une vieille selle à buée (lessive), et comme des bouchers, se livrent, pour tourner l'enfant, à toutes sortes de "fadeses à leur fantaisie", les laissant un, deux ou trois jours debout ou à genoux, inventant "plusieurs nouveaux genres de tourments pour les soulager, contre l'ordre de nature". D'autres textes, issus de la médecine officielle, viennent confirmer ces violences infligées aux femmes pour hâter la délivrance. La plupart des traités d'obstétrique mettent en garde contre les manoeuvres inconsidérées. A. Paré dans son *Traité de la Génération* (ch. XVI) interdit de mettre les femmes aux peines du travail avant que "les signes" ne soient réunis. Sinon, leurs efforts resteraient vains et elles n'en seraient que "molestées et débiles". Ses recommandations, qui rejoignent celles des *Statuts des matrones* ordonnant qu'elles aient "rongné leurs ongles, osté leurs bagues de leurs doigts et lavé leurs mains" (p. 5), laissent deviner la carence de l'hygiène dans l'habituelle pratique des accouchements.

Le dessein de l'auteur est de faire cesser ces "abominables pratiques journellement exercees en nostre pauvre France". Il faut pour cela "remettre les choses en l'estat de nature comme Dieu l'a ordonné", convaincre chaque femme qu'elle est capable de se traiter et gouverner sans "ayde d'autruy". Car Dieu l'a "si bien munie de toutes les forces et vertuz qui lui sont necessaires pour l'execution de sa charge qu'elle n'a besoing ny de l'aide ny du conseil de personne". Quand elle sent l'heure de l'enfantement approcher, qu'elle se couche "tout à plat et de son long, qu'elle se prépare comme elle sentira très bien que sa mere gouvernante nature le veut et demande" (ch. v). "Tous les autres animaux femelles enfantent bien sans destourbier, et laissent faire à nature son opération. Y a-t-il de saiges-vaches, brebis ou juments?" (ch. ii). Soyez sages-femmes les unes aux autres, de voisine à voisine, conseille la Touche, sans faire appel à une étrangère qui, moins patiente qu'une amie, se hâte de "despecher sa marchandise". C'est la crainte de la "pauvre tendrette" en mal d'enfant et la cupidité de ces "saiges bestiolles" qui ont laissé s'instaurer ces pratiques erronées.

Quant aux "douleurs preparées par Dieu par la faute du péché d'Eve", que la parturiente les supporte avec "patience et modestie" en attendant que l'enfant tombe comme un fruit mûr, et se contente de mander ses voisines et amies pour l'assister et recevoir l'enfant.

L'aide des femmes "communes" n'est donc pas nécessaire; l'auteur concède pourtant qu'on peut parfois recourir à celles dont l'expérience est reconnue. C'est aux "malavisées, aux sottes et aux insensées" qu'il s'en prend. Sans vouloir "chasser du tout" les praticiennes, il entend au moins les "corriger et réformer". Sont-elles habiles et expérimentées, qu'elles doivent pourtant rester sous l'étroite surveillance de la femme en travail et de ses amies, attentives à les empêcher de "rien innover".

La médicine savante: Joubert

La Touche, avec un bel optimisme, omet délibérément l'éventualité d'un accouchement pathologique et celle de l'intervention du médecin. Tout au plus mentionne-t-il, pour le condamner, le recours au chirurgien-barbier qui arrache par force l'enfant, mort ou vif "lorsqu'il se présente par le ventre". Pour les "accidents" possibles, il n'envisage que des remèdes naturels, destinés à soulager la douleur.

Son point de vue est celui d'un profane. Mais les tenants de la médecine officielle, Rodion (Roesslin), Rueff, Rondelet, Paré, Joubert, dont l'intérêt pour la thérapeutique obstétricale s'accroît, partagent son hostilité envers les matrones. L'humanisme, résolument hostile à la tradition médiévale dans tous les domaines, va favoriser une large entreprise de rectification de la médecine en s'en prenant également aux prescriptions erronées de l'école de Salerne et aux préjugés du vulgaire, consacrés par les dictons et les proverbes. Les recettes empiriques que levandières et femmes du peuple s'étaient longtemps transmises oralement sont désormais diffusées par des écrits pseudo ou parascientifiques et certains médecins eux-mêmes les mentionnent dans les livres de *Secrets* dont ils sont parfois les auteurs. L'imprimerie, où Rabelais voyait une invention d'"inspiration divine" propre à répandre les lumières, contribue ainsi paradoxalement à propager l'erreur. Un tel savoir devait naturellement susciter le mépris de la nouvelle médecine humaniste et l'inciter à en donner d'énergiques réfutations.

Natalie Z. Davis a bien montré, dans son beau livre des *Cultures du peuple*, combien les savants de la Renaissance se sont montrés d'emblée critiques à l'égard du matériau populaire, qu'il s'agisse d'amateurs de proverbes ou de compilateurs d'erreurs vulgaires[13]. Mais animés d'une volonté novatrice et correctrice, les médecins ont aussi cherché à éclairer le "peuple ignorant", à "luy dissuader ces fausses opinions et procédures et l'instruire de faire mieux ce qui luy concerne"[14]. Tel est le but de L. Joubert dans ses *Erreurs populaires et propos vulgaires touchant la médecine et le régime de santé*. L'ouvrage (la 1ère édition est de 1578) créait un genre, tout à fait inconnu de la littérature médicale du Moyen Age: il visait à dissiper des erreurs préjudiciables à la santé des malades comme à la réputation des médecins. Son succès, immédiat, fut très vif. Joubert avait invité ses lecteurs à lui communiquer toutes espèces de dictons et d'erreurs qu'il se proposait de réfuter, en en expliquant l'origine. La mort l'empêcha de mener à bien son oeuvre et la première partie est la seule qui nous soit parvenue en entier: le livre I traite des erreurs populaires touchant la médecine et les médecins, les livres suivants sont consacrés à l'obstétrique. Toute une lignée d'oeuvres de vulgarisation médicale, du 16e au 19e siècle, devait naître de l'ouvrage[15].

---

[13] Natalie Z. Davis, *Les Cultures du peuple* (Aubier-Montaigne, 1979), ch. 8.

[14] L. Joubert, *op. cit.*, Dédicace au seigneur de Pibrac, p. 19.

[15] Les *Erreurs* de L. Joubert, Cabrol nous l'apprend, connurent de nombreuses éditions, à Bordeaux, à Paris, à Lyon et Avignon. Suivirent des traductions italienne (1592), latine (1600), et une continuation du médecin Gaspard Bachot, sous le titre de *Partie troisième des Erreurs populaires* (1626). Le livre fit naître une lignée d'oeuvres

Sa destination est clairement soulignée par l'auteur. Au contraire de ses *Paradoxa* en latin qui s'adressent à des lettrés et à des spécialistes, les *Erreurs* en français visent un public différent et beaucoup plus large. Les deux ouvrages participent "d'une même recherche de la vérité puisque dans les deux cas il s'agit de combattre des erreurs accréditées"[16], parmi les doctes dans les *Paradoxa,* parmi les profanes dans les *Erreurs populaires.* Celles-ci ne constituent pas un traité théorique, mais se fixent un but pratique. Les questions de doctrine médicale n'y sont abordées que dans la mesure où l'exige la réfutation de telle ou telle erreur, et seules "les plus vulgaires et qui sont de la capacité ou cognoissance du peuple" y sont envisagées.

Le dessein de Joubert justifie sa méthode: répertorier les erreurs, les dictons, adages ou coutumes populaires erronées, les commenter, les expliquer et les réfuter, en faisant appel aux exemples puisés dans sa longue expérience médicale. On assiste ainsi au "dialogue de deux cultures", selon l'expression de N. Davis, extrêmement précieux pour reconstituer la culture du peuple, consignée en même temps qu'elle est réfutée. L'ouvrage, à l'exception du livre I, étant consacré à la "conception et generation" (II) à la "groisse" (grossesse) (III), à l'"enfantement et jésine" (IV) au "lait et nourriture des enfants" (V), ce sont surtout des erreurs en matière d'obstétrique que Joubert s'applique à dissiper.

Le succès de Joubert fut aussi un succès de scandale, non seulement par ce qu'il traitait de "matières grasses et /.. parties honteuses" dans un ouvrage dédié à la reine de Navarre, mais surtout par ce que les *Erreurs* étaient rédigées en français. Elles devenaient ainsi accessibles "aux filles et aux femmes". En outre, affirmaient ses confrères, au dire de Cabrol, "il n'est pas bon de divulguer nostre art au peuple et de luy faire entendre ce dont les medecins se veulent et doivent

---

de vulgarisation d'inspiration semblable. En France, *La police et science de Medecine contenant la refutation des erreurs et insignes abus qui s'y commettent pour le jour d'huy* d'A. du Breil (1580), en Italie le *De gli errori populari, libre sette de Scipione Mercurii* (1603). Le *De Vulgi erroribus in medicina livri IV* (1639) du médecin écossais James Primrose est traduit en anglais en 1651, en français en 1689. Thomas Browne publie en anglais la *Pseudodoxia epidemica* (1649) traduite en français en 1773, Labrosse donne en 1679 les *Erreurs du peuple concernant la médecine,* J.J. Dobelius le *Liber de erroribus vulgi circa medicinam et medicas* en 1700, Luc d'Iharce les *Erreurs populaires sur la médecine* (1783), et A. Richerand en 1810 *Des Erreurs populaires relatives à la médecine.*

[16] J. Céard, "Paradoxe et erreur populaire", *Actes du colloque Le Paradoxe au temps de la Renaissance* (Centre de recherches sur la Renaissance, 1982), p. 133.

prevaloir: qui est l'intelligence de plusieurs choses que le peuple fait et dit, sans scavoir pourquoy ni à quelle raison". Or le propos de l'auteur, qu'il a défini lui-même, est précisément de "contenir le peuple es limites de sa vocation", de le dissuader de dicter au médicin "son devoir quant il traite et sert les malades". Par ailleurs ce n'est pas "divulguer ou enseigner la Medecine aux profanes, que de les instruire à bien faire ce qu'ils font et leur expliquer ce qu'ils scavent sans intelligence, par manière de dire".

Joubert range manifestement les levandières parmi les profanes, bien qu'elles aient acquis par la pratique certaines capacités. Les "simples ignorans et non outrecuidez", selon lui, "n'entreprenent que ce qu'on leur commande pour le service du patient sans y adjouster ou diminuer, esmeus d'une sage crainte de mal faire. Au contraire, ceux qui cuident scavoir et n'en ont aucun fondement, glosent toujours sur le Magnificat et n'estiment rien que ce qu'ils imaginent, jugeans le Medecin fort suffisant, s'il s'accorde à leur propos". Ce ne sont donc pas les plus ignorants qu'il juge "merveilleusement dangereux", mais "ceux qui scavent à demi ou pensent scavoir sans raison... Ils ne sont ne chauds ne froids, ains tiedes; parquoy on les doit vomir, c'est-à-dire jetter hors la chambre des malades"[17].

Les sages-femmes appartiennent à cette catégorie dangereuse de demi-habiles, pour lesquels Joubert montre autant d'aversion que Pascal. On s'explique ainsi le chapitre vengeur (IV, 3) où il exprime tous ses griefs à leur égard.

Moins virulent et plus équitable que la Touche, il sait leur reconnaître une certaine utilité. Le recours à la "belle mère" préserve la pudeur féminine, en accord avec la mentalité du temps ("il est plus honeste que ce mestier là se fasse de fame à fame ez parties honteuses"), soulage le médecin qui ne peut être présent partout et la patiente peut se trouver bien d'avoir deux "ministres" au lieu d'un. Que les levandières "fassent antr'elles leurs petits remèdes accoutumés... qu'elles pratiquent leurs expériances et la dextérité qu'elles peuvent avoir acquise de leur pratique", Joubert le trouve "raisonnable". Leur grand tort est de ne pas reconnaître la supériorité du savant et de penser "s'antandre mieux à toutes maladies peculieres des femmes (comme à la suffocation de matrice, l'avortissement et enfantement) que les plus suffisans medecins du monde".

---

[17] L. Joubert, 2e partie, pp. 110-11.

Cette "outrecuidance et présomption" suscite au premier chef l'indignation de l'auteur. Défaut bien préjudiciable aux patientes, qui
justifie le titre du chapitre "Que les matrones faillent grandement de
n'appeler des medecins à l'anfantement et autres maus peculiers des
fames". Quand survient quelque accident de fièvre ou autre difficulté
leur présence est indispensable. Et "les bonnes Dames se demantent
évidamment quand elles nous appellent au secours, ne pouvant venir
à bout de leur antreprise", constate avec satisfaction Joubert. "Car
si nous pouvons le plus difficile ne savons-nous le plus aisé et vulgaire, qui est comme notre alphabet?" (p. 412). Au contraire des "naturalistes", il sait bien que l'enfant ne tombe pas comme un fruit mûr
et que le praticien peut être un auxiliaire efficace de la nature. Plus
pitoyables aux souffrances des femmes grosses que les levandières,
les praticiens s'efforcent de leur apporter tous les soulagements possibles, donnent dans ce but des indications précises et déplorent que
les préjugés de ceux qui les assistent les empêchent souvent d'agir
efficacement.

Il incrimine ensuite l'ignorance des matrones. Il faudrait, "dans une
République bien policée" que les médecins enseignent l'anatomie aux
sages-felles afin qu'elles "puissent artificellement comprandre la vraye
methode de proceder à leur operation". Sinon elles "y vont comme
aveugles et ampiriques, sans savoir ce qu'elles font" (IV, 3:410). L'exception confirme la règle, et Joubert n'en apprécie que mieux le mérite
de "donne Gervaise, matrone de Montpellier, vrayement sage-femme
et bien advisee, qui ne faut guières aux anatomies publiques lorsque
nous avons en mains une femmelle".

A. Paré témoigne, lui aussi, de la fâcheuse carence des connaissances anatomiques de ces "obstetrices matrones, soy-disans sages-
femmes" et ne leur ménage pas son mépris. Il évoque leur dangereuse maladresse à propos d'une césarienne, où elles s'étaient effor-
cées de vouloir tirer l'enfant par l'un des bras, ce qui aurait été cause
"de faire gangrener et mortifier le dict bras et faire mourir l'enfant"[18].

La routine leur tient d'ordinaire lieu de science. Elles se réfèrent
volontiers aux impératifs d'une médecine proverbiale. Et Joubert d'expliquer pourquoi il est d'usage "de faire bonne mesure aux garsons

---

[18] *Briefve collection de l'administration anatomique. Avec la manière de conjoindre les os: et
d'extraire les enfans tant mors que vivans du ventre de la mère, lors que nature de soy ne peult
venir a son effect. Composée par Ambroise Paré, maistre Barbier Chyrurgien à Paris* (G. Catellat,
1550).

et non aux filhes et comment il faut gouverner la vedilhe" (le cordon) (iv, 4), "s'il est vray qu'on puisse cognoistre aux noeus des cordes de l'arrière fais combien d'enfans aura la femme qui accouche" (iv, 5): tous propos colportées par les vieilles matrones qui veulent "estre tenues pour devineresses". C'est leur ignorance qui leur donne de l'arrogance, surtout si elles ont été employées par quelque grande dame ou qu'on les a fait venir de loin, et les amène à faire peu de cas des remontrances du médecin.

Les soins à donner après la délivrance étaient confiées aux levandières, peu au fait de la diététique. Un chapitre entier des *Erreurs* (iii, 10) s'emploie à démontrer "qu'on nourrit trop les accouchées, disant que la matrice est vuide et qu'il faut la remplir". C'est une habitude déplorable de les "souler et farcir comme si on voulait faire un boudin de leur ventre". Mais l'entêtement des matrones les empêche de renoncer aux pratiques routinières. Comme elles n'ont "ne discours ne raisonnement, ce qu'elles ont une fois compris et ressu pour véritable et certain, jamais ne leur échappe, c'est comme une tâche d'huile. Et pour s'y confirmer davantage, il ne faut sinon que l'ayent ouy dire à personnes anciennes et du tams passé" (iii, 5:419). Aussi se refusent-elles obstinément à être reprises et enseignées.

Mais le reproche le plus grave aux yeux de Joubert, c'est que ces ignorantes empiètent sur le domaine du médecin, au grand dommage des malades. Un souvenir personnel lui en fournit un exemple frappant. Appelé avec le célèbre Rondelet au chevet d'une malade qui se plaignait d'une "suffocation de matrice", il se fait rabrouer par une vieille matrone qui leur interdit l'entrée de la chambre: elle protestait, dit-il, que la malade n'était "de nostre cognoissance, qu'elle etoit ancente et que cela n'etoit de nostre metier". En fait, la femme n'était pas grosse, et la matrone était demeurée deux ou trois mois durant à faire bonne chère aux dépens de la pauvre femme!

L'indignation fait place à l'humour pour dénoncer une pratique que l'usage permettait aux sages-femmes, celle des enquêtes sur la virginité ou la grossesse. Joubert reproduit ainsi les rapports de matrones appelées à se prononcer sur une présomption de défloration, tant à Paris qu'en Béarn et à Carcassonne. La déposition des matrones parisiennes (1532) — Cabrol signale qu'elle vient du "principal secrétaire de Monseigneur le Maréchal Dampville qui la recitoit souvent par plaisir" — est d'une fantaisie truculente qui évoque Rabelais. Elle démontre assez leur totale ignorance des organes féminins et l'utilisation prétentieuse d'un jargon incompréhensible, dont la précision cocasse ne reflète aucune réalité. Après avoir "visité au doigt et à l'oeil" une jeune fille, elles trouvent qu'elle a "les barres froissées, le haleron démis, la dame du milieu retirée, le ponant débissé, les toutons devoyés, l'en chenart retourné, la babolle abbatue, l'entrepent ridé, l'arrièrefosse ouverte, le guilboquet fendu, le lippon recoquillé, le barbidant tout écorché et tout le lipandu pelé, le guillevart eslargi, les balunaus pendans. Et le tout veu et visité feuillet par feuillet, avons trouvé qu'il y avoit trace de vit"[19]. "Propos plus ineptes que sales (veu que ce sont termes incongrus)", conclut Joubert. Et Cabrol confesse qu'il ne les entend pas plus que lui. Ce morceau d'anthologie sera encore cité par N. Venette dans le *Tableau de l'amour conjugal*[20] pour dénoncer la déplorable ignorance des matrones de son temps. Preuve qu'elle restait la même au 17e siècle.

La diatribe contre les matrones, caractéristique de la démarche de Joubert dans les *Erreurs*, illustre ainsi le procès que la médecine savante intente à l'empirisme populaire dont elle dénonce les dangers. "Il vaudroit mieux ne savoir du tout rien que savoir ainsi en ampirique" affirme Cabrol après Joubert dont la sympathie va plutôt aux "bonnes fames de village" qu'aux matrones, jurées ou non. Le savoir de ces dernières est constamment rabaissé. Leurs recettes, leurs pratiques sont toujours jugées inférieures aux prescriptions de la médecine officielle que les "opinions vulgaires" les détournent d'appliquer. Ne sachant souvent ni lire ni écrire, tout juste au fait de "quelques petits remèdes", hostiles à toute innovation, ces ignorantes prennent par présomption de fâcheuses initiatives "selon leur fantaisie" ou bien "résistent et empêchent que les médecins n'emploient leurs principaux remèdes nécessaires"[21].

Si beaucoup de leurs "santances" méritent d'être absolument réfutées, certaines ne sont pas "ineptes", à condition de les prendre "en sens mystique et secret, pour signifier autrechose qu'on ne dit" (III, 6), c'est-à-dire d'en discerner le sens allégorique. Le danger de ces opinions reçues, complaisamment ressassées par les matrones, c'est "qu'ayant souvent la forme de dictons et de proverbes, elles prennent l'allure convaincante d'une sorte de savoir sans âge"[22] dont les *Erreurs* veulent réfuter l'autorité illusoire.

---

[19] *Erreurs populaires*, 1ère partie, p. 203.
[20] *Tableau de l'amour conjugal* (Ledentu, 1818), I, 103.
[21] *Erreurs*, Epitre apologétique, p. 19.
[22] J. Céard, p. 139.

Tout n'est pas faux et méprisable dans ces propos vulgaires, reconnaît pourtant Joubert. "Il y en a même plusieurs vrais et certains: mais le peuple ignorant la raison de ce qu'il dit, et comme an erreur, de quoy je le veus esamter par mes discours"[23]. Ainsi le médecin, loin de se prévaloir d'une science inaccessible au profane, se doit de faire comprendre aux ignorants le sens le leurs actes, de leur expliquer "ce qu'ils savent sans intelligence par manière de dire" ou, "syllogizant mal", ce qu'ils croient savoir par suite d'une fausse interprétation. Car "la plupart des erreurs populaires au fait de la Medecine et régime de santé, ont eu leur force des Medecins et de leurs propos ou mal entendus ou mal couchés". Elles viennent souvent de ce que le peuple "a ouy dire ou veu faire aux Medecins, lesquels il veut contrefaire sans aucun fondement"[24]. La probité de Joubert l'amène d'ailleurs à constater que philosophes et médecins ne sont pas infaillibles, "Il peut aussi avoir eu fausse doctrine et erronée", et l'erreur, partagée par des médecins, est une erreur "populaire" dans la mesure où elle est largement accréditée. "Quiconque y livre sa raison, dans quelque rang qu'il soit placé est peuple à cet égard", précisera justement Th. Browne[25].

Cette concession faite — l'erreur est humaine — Joubert définit très nettement la position respective du médecin et de la matrone. Celleci, respectueuse de la hiérarchie des "juridictions" et consciente de la supériorité du médecin, doit accepter de se soumettre à son autorité comme à son enseignement. Qu'elle se range au nombre des bons observateurs qu'on rencontre de préférence chez les ignorants capables de "bien raconter ce qui s'est passé, de jour de nuict... proposant quelques doutes au Medecin comme l'advertissant de ce qu'il peut moins s'aviser, n'estant toujours present et d'ordinaire, le mettant en chemin... de tenir autre procédure". Qu'elle accepte d'être pour le praticien une auxiliaire intelligente, efficace, sans empiéter sur ses prérogatives. Car la médecine n'est pas un art domestique qu'on peut divulguer au profane. De même qu'il combat l'adage selon lequel chacun peut être son propre médecin, Joubert affirme la souveraineté du spécialiste en matière d'obstétrique comme en tout autre domaine

---

[23] *Erreurs*, p. 15.

[24] *Ibid.*, 1ère partie, p. 158.

[25] Th. Browne, *Essai sur les erreurs populaires* (Paris, 1735), ii, 3, trad. fr. des *Pseudodoxia Epidemica or Enquiries into Very Many Received Tenents and Commonly Presumed Truths*, 4e éd. (London, 1658).

médical. La médecine populaire doit s'incliner devant la médecine savante et n'a rien à lui apprendre. Elles n'ont donc pas à entrer en compétition.

Les observations critiques de Joubert laissent supposer un climat de guerre ouverte entre médecins et matrones qui ne devait pas s'apaiser de sitôt. Elles consacrent les progrès certains de la médecine savante dans la conception et la pratique de l'art obstétrical, la volonté d'affirmer sa suprématie sur la médecine empirique, rompant ainsi avec une tradition bien établie d'échanges entre théoriciens et praticiennes, entre culture savante et culture populaire, celle-ci étant délibérément répudiée, sans aucun souci d'en exploiter les apports.

Le conflit trahit aussi, outre une rivalité latente, un antiféminisme mal déguisé. Le savoir des matrones n'est-il pas suspect par ce qu'il est traditionnellement un savoir féminin? Leurs "petits remèdes" ne sont point de leur invention, assure l'auteur des *Erreurs populaires*, elles les ont pris quelquefois des médecins... "Car les fames n'invantèrent jamais aucun remède, tout sort de notre boutique, ou est sorty de celle de noz predecesseurs. Parquoy elles sont fort ignorantes de panser que nous les ignorons et qu'elles y savent plus que nous" (III, 3).

Si, selon le docte Joubert, le médecin n'a rien à apprendre des recettes de bonne femme et les rejette sans appel, c'est sans doute qu'aux yeux du savant la connaissance raisonnée doit avoir le pas sur les pratiques empiriques. C'est peut-être aussi que, conformément à la tradition, la médecine, science masculine, se défie des femmes.

Spirit Possession, Oral Tradition, and the Camisard Revolt

CLARKE GARRETT

French historians have been uncertain how to interpret the wave of protestant "prophetism" that spread from the mountains of the Vivarais, Dauphiny, and the Cévennes onto the plains of Languedoc between 1685 and 1715, the period of the monarchy's most determined efforts to force the conversion of the French Huguenot minority. "Prophetism" is in actuality a convenient general term for a wide range of phenomena and behaviors: not only the appearance of prophets preaching under the direct influence of the spirit of God, but also trance, convulsions, ecstasy, ritualized violence, and a variety of alleged miracles.

Since the eighteenth century, most historians of the era of the Camisard Revolt have chosen either to ignore prophetism or else to dismiss it as a vestige of ignorance and fanaticism, strangely out of keeping with the stern and controlled faith of the Huguenots. This is true even of the historian who more than anyone had been responsible for the reopening of the question of the Huguenot prophets and for providing substantial quantities of new information and a much more sympathetic understanding of the decades of repression and eventual rebellion. In an indispensable two-volume study and a series of remarkable articles,[1] Charles Bost was careful to place prophetism within the context of protestant piety and to connect it to the social and political conflicts of the late seventeenth century, but he insisted that the outbreaks of spirit possession and ecstatic behavior were an "epidemic" of a "malady of religious sentiment."[2] And in the fifth edition of his widely read *Histoire des protestants de France*, Bost called prophetism "a true contagion, at the same time nervous and religious, the violence of which was stupefying."

It was nevertheless Bost who forced Huguenot historians to acknowledge that the prophetism of the Camisard era was far more than an unfortunate aberration. He argued that while the revolt itself ended in defeat for the protestants, the Camisards forced the government to recognize that what it called the "pretended reformed religion" would not go away by royal decree, even when it was enforced by a policy of terror and repression. Bost's interpretation has been reaffirmed very recently by Henri Bosc, the dean of Huguenot historians, who writes that the "madness at the same time spiritual and contagious" that was prophetism saved the Huguenot faith: "If there had not been prophets, there would not have been Camisards, and if there had not been Camisards... you and I would not be here today."[3]

Huguenot prophetism received an overtly Freudian interpretation in Emmanuel Le Roy Ladurie's chapter on "Les Rebellions sauvages" in *Les Paysans de Languedoc*. Introducing a concept that had become quite popular with Annales historians, Le Roy Ladurie contended that the Huguenots suffered a shock of "deculturation" analogous to that suffered by African peoples in the aftermath of colonization. Their religious rituals forbidden, their institutional structures destroyed, their social elites either dispersed or absorbed into the catholic elites, the Huguenots who persisted in the Midi found an outlet for their anger and frustration, according to Le Roy Ladurie, in "phenomena of

---

[1] Charles Bost, *Les Prédicants protestants des Cévennes et du Bas-Languedoc 1684-1700*, 2 vols. (Honoré Champion, 1912); Charles Bost, "Les 'Prophètes des Cévennes' au 18e siècle," *Revue d'Histoire et de Philosophie Religieuse*, 5 (1925), 401-30; Charles Bost, "Les 'Prophètes' du Languedoc en 1701 et 1702: Le Prédicant-prophète Jean Astruc, dit Mandagout," *Revue Historique*, 136 (1921), 1-36; 137 (1922), 1-31.

[2] Bost, *Prédicants*, II, 178n.

[3] Charles Bost, *Histoire des protestants de France*, 5th ed. (Charrières-sous-Poissy: La Cause, 1957), p. 180; Henri Bosc, "Les Prophètes cévenols," Société Historique du Protestantisme Français: *Bulletin*, 126 (1980), 6-8.

anguish, or neurosis, and even of hysteria, which would turn into bloody fanaticism." The Huguenots' "hysterical crises," he continued, were accompanied by "a crushing and masochist sentiment of guilt" for having apostasized from the true faith. Thus, prophetism built inexorably into savage rebellion in 1702.[4]

Le Roy Ladurie subsequently modified his interpretation somewhat, writing in 1972 that prophetism was perhaps only a "neurosis for us"; to the protestant peasants of the eighteenth century, the convulsions of the prophets may have represented a kind of "body language" of the divine as well as expressing their guilt and the "sexual repression" of a rigorously moralistic society.[5]

Prophetism was still seen by Le Roy Ladurie in terms of illness, by "us" if not by "them." But as Harvey Mitchell remarked several years ago, the danger of relying on a psychiatric model to explain the behavior of those in states of religious ecstasy or divine possession is that it consigns "entire groups to the pits of madness."[6] There is abundant evidence that the Huguenot prophets were able to function normally when not in trance, and anthropological studies suggest that in nonwestern societies where states of divine possession are incorporated into religious ritual, those who experience them are psychologically perfectly healthy. Indeed, I.M. Lewis has written that possession is a "culturally normative experience." Those who experience it are "possessed when they consider they are, and when other members of the society endorse this claim." Anthropologists have tended to discount psychological explanations entirely, insisting that possession must be understood within any society on its own cultural terms, nearly always manifested in some sort of ritualized public performance. It is thus a kind of theater; the behavior of the possessed, however alien and uncontrolled it may seem to the outside observer, is a form of ritual communication that can transmit cultural understandings as readily as can speech. Mary Douglas has written that "the physical experience of the body... sustains a particular view of society." There

[4] Emmanuel Le Roy Ladurie, *Les Paysans de Languedoc*, 2nd ed. (Mouton, 1966), I, 614, 627, 624. For an attempt to give Le Roy Ladurie's interpretation contemporary political relevance, see Dominique Colas, "Fanatisme, hystérie, paranoia: Le Prophétisme camisard," *Temps Modernes*, 35, no. 410 (1980), 469-91.

[5] Cited in Philippe Joutard, *Les Camisards* (Gallimard/Julliard, 1976), p. 86.

[6] Harvey Mitchell, typescript commentary, Society for French Historical Studies, Madison, Wisconsin, 11 April 1975. See also Mary Douglas, *Implicit Meanings: Essays in Anthropology* (London: Routledge and Kegan Paul, 1975), p. 50.

is "a continual exchange of meanings" between ordinary experience and that which is expressed in possessed behavior, "so that each reinforces the categories of the other."[7]

Thus, an anthropological, as against a psychiatric, explanation of the phenomena of Huguenot prophetism would concentrate on the specific social and cultural contexts in which it took place. Since any outbreak of possession is derived from certain assumptions about the ways the divine acts in a specific society, each one "has a history of its own," as Owsei Temkin has written.[8] As we shall see, this is emphatically the case in southern France between 1685 and the 1720s.

France had been the scene for a number of outbreaks of demonic possession earlier in the seventeenth century, in which the ritual of exorcism and the baroque love of spectacle combined to exhibit spirit possession in a transparently dramatic form. And from their first manifestations at the cemetery of Saint-Médard in Paris in 1727, the Jansenist convulsionaries, like the Huguenot prophets, behaved in an apparently frenzied and irrational fashion quite out of keeping with the restraint and discipline that were officially inculcated by their respective faiths. The three groups exhibited similar physical symptoms which, despite their extravagance, seemed to do them no physical harm and often produced in the aftermath an emotional catharsis. By the late nineteenth century, when Charcot's patients in the Salpêtrière hospital displayed physical symptoms virtually identical to what earlier generations had called possession, all these phenomena had come to be subsumed under the name of a "disease" called hysteria.

What Le Roy Ladurie failed to acknowledge was that the scientific concept of hysteria has changed substantially since the time of Freud and Janet. Recent studies of hysteria depart significantly from older ones and correspond more closely to the sociocultural interpretations

[7] I.M. Lewis, *Ecstatic Religion: An Anthropological Study of Spirit Possession and Shamanism* (Harmondsworth: Penguin Books, 1971), pp. 65, 182-86; Vincent Crapanzano, introduction to Vincent Crapanzano and Vivian Garrison, eds., *Case Studies in Spirit Possession* (New York: John Wiley & Sons, 1977), pp. 7-11; Mary Douglas, *Natural Symbols: Explorations in Cosmology* (London: Barrie-Rockliff: Cresset Press, 1970), pp. 21, 65. See also Erika Bourguignon, "The Self, the Behavioral Environment, and the Theory of Spirit Possession," in Melford E. Spiro, ed., *Context and Meaning in Cultural Anthropology* (New York: Free Press, 1965), pp. 56-57.

[8] Owsei Temkin, *The Falling Sickness: A History of Epilepsy from the Greeks to the Beginnings of Modern Psychology*, 2nd ed., revised (Baltimore: Johns Hopkins University Press, 1971), p. 87.

that anthropologists have given to possession phenomena. Some psychiatrists and psychologists, for example, have questioned Freud's insistence that behavior called hysterical is somehow connected to repressed sexuality. It may be that it communicates instead, as Paul Chodoff has written, "failed human needs and strivings other than sexual ones." Henry Ey and Alan Krohn both approach I.M. Lewis' anthropological definition of possession when they emphasize that hysteria is a kind of performance, intended for an audience whose shared values and expectations enables it to interpret the hysterical behavior in culturally normative terms. Krohn adds a point that will be helpful in understanding Huguenot prophetism when he argues that hysteria enables the individual to prove a "myth of passivity": to act through the agency of some power outside himself.[9]

In the newer conception of hysteria, possession states and hysteria become two names for the same thing—a kind of spectacular body language for expressing convictions or emotions too profound, too painful, or too dangerous to be expressed verbally. In our day, the possibility of divine intervention that offered an explanation and a justification for possessed behavior in earlier eras has disappeared; therefore, psychiatrists contend, the language of the victim is a private one that requires a trained analyst for its decodings.[10] In France in the seventeenth and eighteenth centuries, however, the context was still a vital one among close-knit groups of believers like the Huguenots of the Cévennes or Lower Languedoc. Several historians have recently argued that both prophetism and the Camisard Revolt should be seen not as strange irruptions of fantasy and violence occasioned by the

[9] Paul Chodoff, "The Diagnosis of Hysteria: An Overview," *American Journal of Psychiatry*, 131 (1974), 1077; Alan Krohn, *Hysteria: The Elusive Neurosis* (New York: International University Press, 1978), pp. 158-62; Henry Ey quoted in Jean-Pierre Peter, "Disease and the Sick at the End of the Eighteenth Century," in Robert Forster and Orest Ranum, eds., *Biology of Man in History* (Baltimore: Johns Hopkins University Press, 1975), p. 118. See also Caroroll Smith-Rosenberg, "The Hysterical Woman: Sex Roles and Role Conflict in Nineteenth-Century America," *Social Research*, 39 (1972), 678; Marc Hollender, "Conversion Hysteria: A Post-Freudian Reinterpretation of Nineteenth-Century Psychosocial Data," *Archives of General Psychiatry* 26 (1972), 311; and Nicholas P. Spanos and Jack Gottlieb, "Demonic Possession, Mesmerism and Hysteria: Social Psychological Perspective on Their Historical Interrelationships," *Journal of Abnormal Psychology* (1979), pp. 527-46.
[10] Hollender, "Conversion Hysteria," p. 314; Paul Chodoff, "A Re-Examination of Some Aspects of Conversion Hysteria," *Psychiatry*, 17 (1954), 76.

shock of the persecution of protestantism in France, but rather as demonstrations of the continuity of Huguenot faith and practice.[11]

Prophetism maintained a continuity with earlier Huguenot tradition, but the circumstances surrounding its emergence had no parallel in earlier experience. Considering their militancy during the Wars of Religion and their willingness during the next century to resort to arms in defense of their religious and political rights, it is remarkable how docilely the protestants accepted Louis XIV's decision that their religion should cease to exist. At least in its southern stronghold, the Huguenots had actually seemed to be expanding their power. In 1659, the priest in the mostly protestant town of St.-Hippolite became a Huguenot, and two years later the Bishop of Nîmes complained to the crown that the protestants were establishing new churches, in flagrant disregard of the restrictions of the Edict of Nantes. On a number of occasions, the Consistory of Nîmes was able to call in a crowd of protestant peasants and artisans from the surrounding villages in order to force the catholic minority to back down on some local controversy.[12]

The explanation for their submission in 1685 may lie in part in the fact that protestant doctrine taught submission to the higher powers, and for them as for Louis's catholic subjects, the king was God's earthly representative.

The story was everywhere the same. Even before Louis formally revoked the Edict of Nantes in October, the overwhelming majority of protestants had at least nominally accepted the Roman Catholic faith. Even towns and villages that had long been dominated by the Huguenots yielded without resistance. At Pont-de-Montvert, a village entirely protestant, twenty-five people left France and the other 975 became catholics. At Lourmarin in Provence, 887 people abjured their

[11] Philippe Joutard, *La Légende des camisards: Une sensibilité du passé* (Gallimard, 1977), p. 46; Joutard in Raymond Dugrand, Robert Ferras, and Philippe Joutard, eds., *Bas-Languedoc, Causses, Cévennes* (Larousse, 1974), p. 92; Philippe Joutard and Daniel Ligou, "Les Déserts 1685-1800," in *Histoire des protestants en France* (Toulouse: Privat, 1977), pp. 197-99; Emile-G. Léonard, *Histoire générale du protestantisme* (Presses Universitaires de France, 1961-1964), III, 15-16; Hillel Schwartz, *The French Prophets: The History of a Millenarian Group in Eighteenth-Century England* (Berkeley: University of California Press, 1980), ch. 1; Robert P. Gagg, *Kirche in Feuer: Das Leben der Südfranzosischen Hugonottenkirche nach dem Todesurteil durch Ludwig XIV* (Zürich: Zwingli, 1961), pp. 257-58.
[12] Robert Sauzet, *Contre-réforme et réforme catholique en Bas-Languedoc: Le Diocèse de Nîmes au 17e siècle* (Louvain: Nauwelaerts, 1979), pp. 257-59, 300-09.

faith in three days. The Intendant in Béarn reported that 21 thousand of the 22 thousand protestants there had accepted conversion. Similar mass abjurations took place even in bastions of zealous protestantism like Anduze, Ganges, and St.-Hippolite in the Cévennes. All Huguenot pastors who did not convert were to leave the kingdom within two weeks. They too obeyed.

It is certainly true that the crown's use of force, in the person of regular troops and armed bands of catholic volunteers, was a factor in the astonishingly easy suppression of the protestants. So was the preaching of missionary orders like the Capuchins a factor. Finally, many protestants persuaded themselves that the king's decree pertained only to the public practice of the protestant faith, and not to the maintenance of its traditions in private.[13]

Aside from scattered reports of clandestine assemblies that met to hear sermons and sing psalms,[14] protestantism had all but disappeared; yet for some, there was already evidence that God had not deserted His chosen people after all. In the summer of 1685, in remote Béarn, many people heard the singing of psalms. They were the same psalms that they had sung at their services, but the voices were not human. In December, the same miraculous voices were heard in the Cévennes. As in Béarn, the specific psalm tune could sometimes be recognized, and sometimes even the words. One of the psalms heard in the air was the fifth, which must have seemed especially appropriate: "Hear my cries, my king and my God!" One woman declared that "we cannot doubt that these are Troops of Angels that God has sent for our consolation, to assure us that God has not completely abandoned us, our deliverance approaches." Another woman recalled hearing the Psalms from heaven some twenty times, with many others present, not all of whom heard them. She specifically remembered hearing the Commandments, as expressed in the Psalter, and psalm 91, which includes the lines: "For he will give his angels charge of

[13] Bost, *Prédicants*, I, 33-38; Joutard and Ligou, "Les Déserts," p. 149; Thomas F. Sheppard, *Lourmarin in the Eighteenth Century: A Study of a French Village* (Baltimore: Johns Hopkins University Press, 1971), p. 160; Patrice L.-R. Higonnet, *Pont-de-Montvert: A Social Structure and Politics in a French Village, 1700-1914* (Cambridge, Mass.: Harvard University Press, 1971), pp. 35-36. See Le Roy Ladurie, *Les Paysans de Languedoc*, p. 614, and Henri Plard, "L'Apocalypse des camisards: Prédicants et inspirés," *Problèmes d'Histoire du Christianisme*, 8 (1980), 63.

[14] Samuel Mours and Daniel Robert, *Le Protestantisme en France du 18e siècle à nos jours* (Librairie Protestante, 1972), pp. 56-61; Schwartz, *The French Prophets*, pp. 14-15.

you to guard you... in all your ways... You will tread on the lion and the adder, the young lion and the serpent you will trample under foot."[15]

The psalms heard in the air in 1685 are of considerable significance for subsequent developments. The singing of psalms had been a central experience of Calvinist worship from the outset; in the seventeenth century, services always included at least three. Congregations were to sing through all 150 in order, completing two cycles annually. Thus, the heavenly choirs in 1685 demonstrated God's assurance that the true faith would survive in the clearest possible fashion, by affirming the truth of the most distinctive aspect of Huguenot tradition. They also established the precedent for direct divine intervention which the faithful would see at work again in the prophets and in the armed bands of the Camisards. Finally, even if they were no longer heard to sing, visions of angels became a continuing feature of ecstatic experience for the Huguenots. "The angels are all around me," one prophet cried in 1701, and that same year, just before the whole village of Vallerargues rose up, expelled the priest, and destroyed the catholic church, an entranced shepherd was heard to cry "that he had seen the angels and the open Heavens." Jacques Dubois of Montpellier recalled having often seen inspired young men and women "who, in the time of their ecstasy, with eyes open and turned towards heaven,... saw armies of angels; sometimes battles of angels against armies of men."[16] Even if God had punished them for their sins by bringing about the destruction of their churches and tested their faith by permitting the temptation of abjuration, the faithful remnant could believe at the same time, as a refugee wrote in London, that "he did send unto them Thousands of Angels to declare unto them the song of their Deliverance."[17]

So they awaited more manifestations of the divine presence, which like the angelic choirs would affirm the continuity of their faith. It came in the person of the first of the prophets, the fifteen-year-old

[15] Pierre Jurieu, *Lettres pastorales adressées aux fidèles de France qui gémissent sous la captivité de Babylone*, 3rd ed. (Rotterdam: Abraham Acker, 1686), p. 55; Pierre Jurieu, *The Reflections of the Reverend and Learned Monsieur Jurieu* (London: Richard Baldwin, 1689); *Les Prophètes protestants*, ed. Ami Bost (Delay, n.d.), p. 175.

[16] Quoted in Louis Mazoyer, "Les Origines du prophétisme cévenol (1700-1702)," *Revue Historique*, 162 (1947), 38n; Roger Zuber, "Les Psaumes dans l'histoire des huguenots," *SHPF: Bulletin*, 123 (1977), 350-61.

[17] Quoted in Schwartz, *The French Prophets*, p. 16. See also Marcel Pin, *Chez les camisards* (Mons par Alès: Chez l'auteur, 1930?), pp. 21-22.

Isabeau Vincent. For four months in early 1688, she in effect conducted protestant services while lying apparently asleep in her bed in a small mountain cottage. Crowds gathered to hear her recite prayers from the Psalter, recite scriptural passages, sing psalms, and preach sermons calling for repentance and a return to the protestant faith while assuring her hearers that their perseverance would be rewarded by the restoration of their religious communities and by their own eternal salvation.

Three points must concern us in assessing Vincent's role in the development of prophetism. People recorded her words, and manuscript copies of them circulated among the Huguenots for many years. From them, it is clear that her entranced behavior was essentially traditional in form and scripturally based. Citing the third chapter of Joel, she declared that "it is not at all I who speaks, [it] is the Spirit that is in me[;] these last days your young people will prophesy and your old men will dream dreams."

Throughout the era of Huguenot prophetism, contemporaries were struck by the youth of the spirit-possessed. The fact was especially surprising in the period of the Camisard Revolt, since very few of the prophets who presided at the worship services and preached the words of the spirit at large clandestine assemblies were old enough to have attended services before the Revocation. As with Isabeau Vincent, their familiarity with the traditions seemed in itself miraculous. Often, the prophets condemned the apostasy of their parents' generation, yet in general their ceremonies followed the liturgy as prescribed for families. One can assume, therefore, that it was in family situations that the traditions were primarily passed on. Natalie Davis has suggested that both the protestants' own destruction of the traditions of popular catholicism and their precarious situation in seventeenth-century France would make young Huguenots "less removed from their parents, more alone with their memories, more vulnerable to the prick of the past, more open to the family's future."[18] Prophetism was not simply an adolescent rejection of the authority of their elders, although it was partly that. It was also a conscious attempt to affirm the authority of the elders, despite the elders' own hesitations.

---

[18] "Abrégé de l'histoire de la bergère de Saou," printed in Philippe Joutard and Henri Manen, *Une Foi enracinée: La Pervenche* (Valence: Imprimeries Réunies, 1972), pp. 54-60; Natalie Zemon Davis, "Ghosts, Kin and Progeny: Some Features of Family Life in Early Modern France," *Daedalus*, 106 (1977), 96.

Vincent's influence was considerable. Other young people emulated her, and their prophetic pronouncements often took place in large outdoor assemblies. Some, like Vincent, preached while "asleep"; and they too preached repentance and deliverance. One account describes an assembly attended by several hundred people at which two girls of about twelve, both wearing veils, preached and sang psalms. Both claimed to have had visions of angels and promised "heavenly gifts." The account complained that they "always said the same thing, in a limited range of terms," but it may be that it was precisely this repetition of a few themes that explains prophetism's effectiveness over a twenty-year period. The refugees in London whose testimonies were collected and published in 1707 recount similar messages calling for repentance and promising consolation. One said of the prophets he had heard that "their Exhortations to Repentance were urgent, and they assured that God would shortly destroy Babylon and reestablish his Church." Another described assemblies attended by several hundred people in 1701 near St. Jean de Gardonencques at which "the common Subjects of the inspired were to urge Repentance and to predict the Ruine of Antichrist, and the Delivrance of the Church."[19]

We should avoid the notion that conversion to protestantism had meant the disappearance of popular religion among the peasants and artisans of Languedoc and the Cévennes. Their beliefs and practices may have been circumscribed by the doctrines and discipline of the clergy and synods, but the need for daily ceremonies of identity and assurance and for rituals of communal solidarity was just as great as for their catholic neighbors. B. Robert Kreiser's description of the paraphernalia of popular catholicism in the same era fits the protestants as well. Both communities needed "to maintain their religion of symbols, gestures and actions — a religion of tactile, visual, and aural experiences and sensations." As Philippe Joutard has shown, Huguenot self-identity rested not only on what they as protestants affirmed but also on what they rejected: above all, the Mass and the objects associated with it, the image of the cross, and abstinence from meat on Fridays. These were constant themes from Isabeau Vincent onward. One of the London refugees testified that after he heard the young prophets he "found a perfect Abhorrence of the Train of Publick

[19] "Mémoire particulier sur les assemblées tenues dans les montagnes du Castrois, 1688," *SHPF: Bulletin*, 14 (1865), 163, 166; François Misson, ed., *A Cry from the Desart* [sic], or *Testimonials of the Miraculous Things Lately Come to Pass in the Cévennes* (London: Brass, 1707), 20-22.

Worship among the Papists, and all the Pageantry of the Mass which delighted me before; I could hardly look upon their Churches without shivering." This repugnance may have been intensified still further by the catholic church's massive efforts, from 1685 onwards, to inculcate their own doctrines and usages through schools, preaching, and the publication and circulation of tens of thousands of missals and catechisms in the region.[20]

The distinctive feature of Calvinist popular religion as against that of their Roman Catholic neighbors was its concentration upon the word — the spoken word — as the means of communication of spiritual matters. The power of words lay in part in their repetition, and a kind of magical efficacy could be attached to the naive and familiar promises of the entranced prophets, as to the equally naive and familiar prayers of the rural catholic world as well. It was a culture predominantly oral, where instruction in scripture had always been primarily through its being heard, a culture in which (as Walter J. Ong has written) language is "really sound" and "texts must be recycled back through sound to have meaning." Oral communication is "an invitation to participation" rather than a "transfer of knowledge." It is necessarily stereotyped. Conceptions must be presented as formulas and commonplaces in order to be remembered.[21]

In 1689, as the prophetic movement spread across the Rhône into Dauphiny, there began the phenomena of shaking, falling, and convulsive gasping that would henceforth accompany the pronouncements of the spirit. There is really no satisfactory explanation for their appearance. Hillel Schwartz may be correct in suggesting that the physically more dramatic possessions were associated with the hopes

[20] Jean Delumeau, "La Lutte du protestantisme contre la superstition," in Delumeau, ed., *La Mort du pays du Cocagne: Comportements collectifs de la Renaissance* (Publications de la Sorbonne, 1976), pp. 109-11; Joutard, *Legende*, p. 40; B. Robert Kreiser, *Miracles, Convulsions, and Ecclesiastical Politics in Early Eighteenth-Century Paris* (Princeton: Princeton University Press, 1978), p. 147; Roger Chartier, Marie-Madeleine Compère, and Dominique Julia, *L'Education en France du 16e au 18e siècle* (Société d'Edition d'Enseignement Supérieur, 1976), pp. 11-15. See also Joutard, *Legende*, p. 40, Misson, *A Cry from the Desart*, p. 8, and Lionel Rothkrug, *Religious Practices and Collective Perceptions: Hidden Homologies in the Renaissance and Reformation*, a special volume of *Historical Reflections/Réflexions Historiques*, 7 (1980), 21, 58.
[21] Chartier, et al., *L'Education*, p. 90; Joutard and Ligou, "Les Déserts," p. 197; Walter J. Ong, *Interfaces of the Word* (Ithaca: Cornell University Press, 1977); Walter J. Ong, *The Presence of the Word: Studies in the Evolution of Consciousness and Culture* (Ithaca: Cornell University Press, 1977), pp. 103-08.

aroused by Pierre Jurieu's writings that interpreted scripture and current events as promising the restoration of protestantism in 1689. It should be borne in mind, however, that such spectacular behavior is typical of spirit possession worldwide. Similar actions appeared equally unexpectedly among the worshippers at the cemetery of St. Médard, and among these convulsionaries as among the Huguenot prophets they persisted thereafter.[22]

Thus the body language of convulsions now often supplemented entranced speech. Nearly all of them young, nearly all from peasant or artisan families, men and women became preachers and prophets, warning of God's displeasure with them for their sins, yet assuring their hearers that all would be well for the chosen faithful. The message of these prophets, both at their first appearance in the 1680s and in their reemergence a decade later, was entirely orthodox in theology and biblical in inspiration. Many contemporary witnesses and most historians have failed to recognize the fact because its presentation seemed to be so untraditional and because they did not know the Old Testament as the prophets and their assemblies did.[23]

In dealing with the popular religion of the protestants of the Midi at the end of the seventeenth century, convenient distinctions between written and oral culture break down. Their written culture was based primarily on two books, the Bible and the Psalter. Some copies of both texts survived the government's efforts at their suppression, and in addition an extensive pious literature, either reprinted from sixteenth-century works or written specifically for the oppressed protestants of France by exiled pastors and teachers like Pierre Jurieu, circulated clandestinely; but there is much evidence that in the decades after the Revocation, the traditions and doctrines of the faith were preserved primarily by memory and transmitted orally in sermons, psalms sung in clandestine services or at home, and in the teaching of the catechism.[24]

There is also evidence that suggests that in the seventeenth century a substantial proportion of the Huguenots of Languedoc were not functionally literate. When the protestants of the village of Saint-Laurent-le-Minier near Le Vigan abjured their faith in 1684, only

[22] Schwartz, *The French Prophets*, pp. 19-21; Bost, "Les 'Prophètes des Cévennes,'" p. 405; Kreiser, *Miracles*, p. 173.

[23] Joutard, *Légende*, p. 45; Joutard and Manen, *La Pervenche*, 54-58.

[24] Bost, *Prédicants*, I, 54-58; Joutard and Ligou, "Les Déserts," p. 197; Charles Bost, "La Première Vie de Pierre Corteiz," *Revue de Théologie et de Philosophie*, NS 23 (1935), 11-12.

seventy of the 177 men were able to sign their names and only one of the 202 women. Among the latter, the wives of the pastor, the doctor, and the local protestant seigneur were all illiterate.[25] The prophets were sometimes illiterate, and so were some of the wandering lay preachers who had attempted to take the place of the abjured or exiled pastors in the Midi between 1686 and the end of the century.[26] Most striking of all, a study of literacy in three dioceses in Languedoc found no difference between protestants and catholics during that same period. For both groups, about half the male artisans were literate; the percentage of literate agricultural laborers was much lower, and the percentage of literate women of all social classes, protestant and catholic alike, was lower still. Only in the eighteenth century, when prophetism was at an end, did protestant literacy begin to rise dramatically. One reason, ironically, was the crown's intensive effort to turn the Huguenots of the south into good catholics through enforced schooling. The remarkable economic development of Languedoc in the eighteenth century, mainly through the efforts of protestant entrepreneurs in the manufacture of cotton and silk textiles, also seems to have stimulated the development of protestant literacy.[27] In the mountains and uplands of the Cévennes and Languedoc, the Huguenots were mainly peasants making a bare living farming the narrow valleys or artisans who worked in textile or leather trades. They were the descendants of the peasants and artisans who had given the protestantism of the region its distinctive character in the sixteenth century. While it is certainly true, as Le Roy Ladurie has shown, that the initial base of support for Calvinism, even in the countryside, was among groups "semi- or wholly literate," the spread of literacy does not seem to have been a necessary precondition for its success thereafter. As David Cressy has suggested for the yeomen of seventeenth-century England, it may well be that these Huguenots were indifferent to literacy, however central the divine word might be to their worship, because they saw no practical advantages in knowing how to read and write. It may indeed have been precisely because their cultural environment was still oral and their popular religious

---

[25] C. Cantaloube, *La Réforme française vue d'un village cévenol* (Cerf, 1949), p. 135.

[26] Joutard and Ligou, "Les Déserts," p. 195; Bost, *Prédicants*, i:197-09.

[27] Marie-Madeleine Compère, "Ecole et alphabétisation en Languedoc au 17e et 18e siècles," in *Lire et Ecrire*, ed. Francois Furet and Jacques Ozouf (Minuit, 1977), ii, 81-93; Chartier et al., *L'Education*, p. 90; Robert Pic, "Les Protestants d'Aubais de la Révocation à la Revolution," *SHPF: Bulletin*, 126 (1980), 56-58.

traditions comparatively flexible and informal that Huguenotism could persist in villages and agro-towns of Languedoc and the Cévennes as it did nowhere else.[28]

Huguenot prophetism corresponds precisely to the "language of the crowd" that William Reddy has defined as "those expressive acts which are fundamental to a community, which represent its existence or solidarity to the community's several members, are neither instrumental nor irrational, but simply creative. Without expression, community would not exist."[29] Like many historians, Reddy has been influenced by the historically oriented anthropological theories of Victor Turner. Most recently in his study, *Image and Pilgrimage in Christian Culture*, Turner has elaborated a conception he calls *communitas. Communitas*, he writes, is "full unmediated communication, even communion... which arises spontaneously in all kinds of groups, situations, and circumstances,"[30] especially in times of crisis and transition. In the collection of testimonies published in London in 1707, Huguenot refugees called the prophets' assemblies "sacred theater," a notion close to Turner's description of the rituals of *communitas* as "spontaneous, immediate, concrete, not abstract," and possessing "dramatic unity."[31]

The point is that for the rural protestants of Languedoc the Bible had always been "more heard than read," as Joutard puts it. It is within this social and cultural context that Huguenot prophetism must be understood. Far from representing a process of "deculturation," as Le Roy Ladurie suggested, it instead demonstrates the persistence of Huguenot popular religiosity, transformed and ritualized into a sacred theater of trance, convulsion, and the direct intervention of the spirit of God. Like all manifestations of spirit possession, Huguenot prophetism was essentially a public phenomenon. To see it thus, as

[28] Le Roy Ladurie, *Paysans de Languedoc*, I, 335-50; Le Roy Ladurie, "French Peasants in the Sixteenth Century," in *The Mind and Method of the Historian*, tr. Siân Reynolds and Ben Reynolds (Chicago: University of Chicago Press, 1981), pp. 119-29; Gwynne Lewis, *The Second Vendée: The Continuity of Counter-Revolution in the Department of the Gard, 1789-1815* (Oxford: Clarendon Press, 1978), pp. 5-7; Chartier et al., *L'Education*, pp. 11-26; Joutard and Ligou, "Les Déserts," pp. 107, 194; David Cressy, *Literacy and the Social Order: Reading and Writing in Tudor and Stuart England* (Cambridge: Cambridge University Press, 1980), ch. 5.

[29] William Reddy, "The Textile Trade and the Language of the Crowd at Rouen 1752-1871," *Past and Present*, no. 74 (1977), p. 88.

[30] Victor Turner and Edith Turner, *Image and Pilgrimage in Christian Culture* (New York: Columbia University Press, 1978), p. 250.

[31] *Ibid.*, pp. 243, 250.

oral communication or theater, implies an audience. Whether there were a few gathered in a private home or hundreds assembled in a field or on a mountain top, prophetism provided the occasion for the continuation, in a flexible and informal fashion, of the rites, doctrines, and religious structures of earlier times.

Had the prophets' performances broken radically with the religious beliefs and practices of the Huguenots of Languedoc, they would not have drawn the crowds that they did. From the first manifestations in Dauphiny in 1686, however, the expressive and ritualistic core of their ceremonies corresponded closely to the traditions of Huguenot worship. In a very real sense, prophetism represented a return to the early days of Calvinism, when armed crowds assembled to pray, to hear a sermon by someone who presented himself as a preacher, and to sing the psalms. Phyllis Crews' description of an assembly in the Netherlands in the 1560s would fit the prophetic assemblies of Languedoc one century later just as well. They were "essentially a socializing experience... The general atmosphere was informal, even festive."[32] Although time, prosperity, and the increasing dominance of the pastors had obscured the fact, Calvinism had always been characterized by a certain flexibility in worship. The presence of ordained clergy had never been deemed essential for some combination of prayer, preaching, and singing to take place. Throughout the seventeenth century, synods had encouraged such services, especially within the home.[33]

When young men and women who carried prophetism across the Rhône into Vivarais added to the spoken words of repentance and hope their precise counterpart in the body language of the convulsions, it is clear that the message was identical and the ritual was still that of the traditional Protestant services. Now, however, a prophet would fall to the ground, "striking her breast and crying with frightening agitations that the Holy Spirit tormented her," or the whole assembly fell entranced to the ground. The culmination was always a catharsis, often accompanied by the announcement that the angels were all around them.[34]

---

[32] Phyllis Mack Crew, *Calvinist Preaching and Iconoclasm in the Netherlands 1544-1569* (Cambridge: Cambridge University Press, 1978), pp. 167-68.

[33] Bost, *Prédicants*, I, 447-55; Pierre Bolle, "Une Paroisse réformée du Dauphiné à la veille de la révocation de l'Edit de Nantes: Mens-en-Trèves (1650-1685)," *SHPF: Bulletin*, 111 (1965), 222-28; Pierre Jurieu, *Pastoral Letters Directed to the Suffering Protestants of France* (London: Thomas Fautan, 1691), p. 77.

[34] Esprit Fléchier, *Lettres choisies...* (Jacques Estienne, 1715), II, 569-70.

The angels did not in fact protect the Huguenot assemblies from the government's savage repression, and the prophetic movement went underground for a decade. When it reappeared, for the first time in the Cévennes and Lower Languedoc, it had changed very little. We now see more stories of miraculous occurrences—infants preaching from their cribs, prophets weeping tears of blood or walking on fire— but in all the accounts the ritualized ceremony of repentance and ultimate salvation remains the same, and continues to be close to traditions of Huguenot worship.[35]

If, as I have contended, prophetism essentially preserved what in effect was a Huguenot oral folk tradition, albeit in a surprising new framework of spirit possession, how can one explain its connection to the shocking violence that accompanied the Camisard Revolt? For those who see the prophets as victims of spiritual or sexual frustration, cut adrift from the moorings of Calvinist discipline and theology, the violence of the revolt is simply an aspect of the movement's irrationality. Having rejected this interpretation for one that sees the movement within an anthropological context, there is no longer a necessary or even a psychologically plausible connection. Instead, one must look at the pattern of violence over several centuries. In Languedoc, as Robert Sauzet has written, the sixteenth-century Wars of Religion had been "a tiresome chronicle of massacres,... truces, and expeditions of 'havoc' conducted by the soldiers of both parties." As would be the case again during the Camisard Revolt, much of the protestants' violence was directed against the physical manifestations of the catholic worship they deplored. In 1567, for example, when the protestants swept through Nîmes and Alès, they systematically destroyed churches, convents, and the cathedral at Nîmes. The Edict of Nantes brought peace for a generation, but in 1621-1622 the protestant armies under the Duc de Rohan again destroyed the cathedral, and they tore down crucifixes and crosses throughout the region. Before sacking the town of Marguerittes, protestant troops staged a sacrilegious

---

[35] The testimonies collected by François Misson were published in French in London in 1707 under the title *Le Théâtre sacré des Cévennes*. Two pamphlets consisting of English translations of some of the testimonies also appeared in London the same year, both with the same title: *A Cry from the Desart*. Over a century later, *Le Théâtre sacré* was at last published in France, as *Les Prophètes protestants* (Delay, n.d.). The preface, by Ami Bost, is dated 1847.

procession, saying mock litanies and chanting obscene songs.[36] In 1790, pro-Revolutionary protestant National Guardsmen from town and countryside massacred three hundred Roman Catholics in two days of fighting. They also broke into a Capuchin monastery and killed five monks. Not coincidentally, perhaps, the Capuchins had been especially active as preachers and catechizers in the decades after the Revocation of 1685. In the White Terror of 1815, catholic bands pillaged and set on fire all properties belonging to protestants around the same town of Marguerittes sacked by protestants two hundred years earlier.[37]

In none of these episodes is hysteria or prophetism a factor. Rather, a pattern of ritualized violence has surfaced periodically in a region that even today is polarized by a history of conflict and religious antagonism.

There was no abrupt shift from passivity to aggression after 1700. Resistance had been a possible implication of the prophets' message from the beginning, and it was certainly a theme of the psalms and passages from the Old Testament that were so important in their ceremonies. Until the end of the seventeenth century, a continuing theme had been the imminent deliverance of the protestants by God and a human savior, who might be Louis XIV himself. The failure of the Peace of Ryswick to address their situation, coupled with the Intendant Bâville's increasingly rigorous enforcement of catholic conformity, may have dimmed this expectation, but it persisted. A handwritten prophecy found in the pocket of a slain Camisard rebel interpreted the fourteenth chapter of the Revelations to mean that "The king will give the edict that will revoke whatever is contrary to the Holy Gospel," after which France would have only one religion, "God would conserve France by a special grace," and peace would be restored in Europe. In Aubais in 1698, one protestant declared that "the king

[36] Sauzet, *Contre-reforme*, p. 51.
[37] *Ibid.*, p. 498; Lewis, *The Second Vendee*, pp. 23-24 and 197; Gwynne Lewis, "The White Terror of 1815 in the Department of the Gard: Counter-Revolution, Continuity, and the Individual," *Past and Present*, no. 58 (1973), p. 109; Joutard, *Légende*, pp. 46-47. On ritualized violence and the Wars of Religion, see Donald R. Kelley, "Martyrs, Myths, and the Massacre: The Background of St. Bartholomew," *American Historical Review*, 77 (1972), 1342; and especially Natalie Z. Davis, "The Rites of Violence," in *Society and Culture in Early Modern France* (Stanford: Stanford University Press, 1975), pp. 152-87.

knew nothing of what was being done" in his name by the "gens d'église," and another announced that the Dauphin's horoscope predicted that he would be converted to the Huguenot faith.[38]

In the various accounts of prophetically inspired crowd violence, one is struck by its limited and ritualistic character. At Vallerargues in 1701, for example, when two priests and a catholic judge attempted to take a young prophet to prison, the entire village rose up, drove them off and freed the prophet. Armed with hammers and axes, they sacked the prior's house and then broke into the church, destroyed the crucifix, and seized the religious ornaments. In 1702, the Bishop of Alais reported that protestants had pillaged four churches, breaking the images, and had burned the rectories next door, "without however any violence to the person of the priests." When in 1703 "Colonel" Cavalier's army occupied Aubais, most of the catholics fled to the mountains. The protestants proceeded to burn the church and sack the presbytery, rendering the sacramental vessels "broken and profaned." They then went into the countryside and tore down ten rural crosses.[39]

People were murdered by the Camisards, sometimes horribly, but in the light of the region's history and the government's savage repression, it is hard to sustain the premise that prophetism was its inspiration. A broadsheet circulated among the protestants suggests the wider religious context in which Camisard resistance should be interpreted. It called on the Huguenots to "imitate the piety of the faithful Hebrews," assuring them that "God has pardonned your sins because you have regained your zeal." One of the London refugees recalled hearing a young prophet say that "it will not be by the Power of Arms, that the Deliverance of my Church shall come, but by the Prevalence of their Prayers."[40]

This kind of Old Testament piety is nowhere more clear than in the famous assault on the tower at Pont-de-Montvert which launched the revolt in 1702. It is the context of the divine instruction that the

[38] E. Roschach, ed., *Histoire générale de Languedoc* (Toulouse: Privat, 1876), xiv, columns 1682-83; Pic, "Aubais," p. 64. See Plard, "Les Camisards," p. 471, and Bost, "Les 'Prophètes des Cévennes.'" p. 427.

[39] Bost, "'Prophètes' du Languedoc" (1921), pp. 12-14; Schwartz, *French Prophets*, pp. 29-31; Roschach, ed., *Histoire générale de Languedoc*, xiv, columns 1537-38, 1587, 1599, 1602, 1616; Pic, "Aubais," pp. 64-65.

[40] Roschach, ed., *Histoire générale de Languedoc*, xiv, column 1603; Misson, ed., *A Cry from the Desart*, p. 29. See also Gagg, *Kirche im Feuer*, p. 170.

prophet Abraham Mazel received that he was to "take iron and fire against the priests of the Roman church and... burn their altars." The assault began as a service of worship, exactly like those that prophets had been conducting for ten years. The armed men then marched to the village, singing psalms. It is perhaps significant that the psalm that they were divinely commanded to sing was not one of militancy or one promising God's destruction of the ungodly. It was, rather, the penetential Psalm 51, which begins "Have mercy upon me, O God,... Wash me thoroughly from my iniquity." A later verse declares: "Then I will teach transgressors thy ways, and sinners will return to thee. Deliver me from bloodguiltiness, O God, thou God of my salvation, and my tongue will sing aloud of thy deliverance."[41]

With the defeat of the Camisard Revolt, prophetism changed. A few prophets established themselves in England,[42] and from there the gifts that had first been manifested in France in 1688 spread to Holland, Germany, and ultimately to the United States with the Shakers and the Amana Society. The remnant in Languedoc gradually lost the sense of continuity with Huguenot tradition and the structure derived from Bible and Psalter, with the result that prophetism after 1710 bears little resemblance to what it had been before.[43] Outside of France, the prophets still had a vital role to play in the regeneration of protestant piety, but they could be effective only if their message was directed to their new assemblies, not to the peasants and artisans of the Midi. Within France, the newly reconstituted Huguenot churches repudiated prophetism, and that meant that a shared sense of participation in the cosmos in the context of a dramatically reworked expression of Calvinist tradition, which had been prophetism's dynamic for thirty years, had disappeared.

[41] Abraham Mazel and Elie Marion, *Mémoires inédits*, ed. Charles Bost (Librairie Rischbacher, 1931), pp. 5-7 and note.

[42] See the very thorough recent study by Hillel Schwartz, *The French Prophets*.

[43] *Ibid.*, pp. 186-90; Bost,"'Prophètes des Cévennes,'" pp. 412, 421; Alfred Dubois, *Les Prophètes cévenols* (Strasbourg: G. Silbermann, 1861), ch. 4; Samuel Ribard, "Un Inspiré: Isaac Elzière, de Saint-Ambroix, d'après des manuscrits inédits," *SHPF: Bulletin*, 40 (1891), 365-72; and the strange letter dated November 1734 printed in the *SHPF: Bulletin*, 118 (1972), 194-99.

Les Idées sociales, politiques et religieuses d'un artisan parisien au 18e siècle

DANIEL ROCHE

Durant les siècles de l'Ancien Régime les classes populaires sont muettes; paysannes ou urbaines elles sont toujours observées à travers le témoignage plus ou moins sincère plus ou moins déformant des représentants de l'élite sociale instruite, homme d'Eglise, gens de l'administration, de la robe et de la police, médecins et techniciens. Une commune préoccupation les rassemble et les conforte dans leur bon droit, contrôler des populations incertaines, réformer des êtres plus ou moins sauvages et immoraux, conduire vers le salut par les voies droites de l'orthodoxie ecclésiastique des peuples continuellement tentés par les superstitions et le paganisme. Un même souci d'universalité et de transparence conduit les hommes d'Eglise et les philosophes des Lumières, les agents du fisc et de l'ordre: il faut connaître pour socialiser, mais cette connaissance même est biaisée par tous les préjugés de l'observation morale. La vérité du peuple telle qu'on peut la lire à partir des archives de l'Etat ou de l'Eglise, est dans cet écart relatif à la conscience des différences[1].

Il reste qu'on peut essayer de comprendre les réactions des petites gens à la fois dans leurs pratiques quotidiennes et dans leur mode de pensée à travers des témoignages plus directs. L'autobiographie

[1] Daniel Roche, *Le Peuple de Paris* (Aubier-Montaigne, 1981), pp. 38-65; François Furet, "Pour une définition des classes inférieures à l'époque moderne", *Annales E.S.C.* (1963), pp. 459-74.

63

que le compagnon vitrier parisien Jacques-Louis Ménétra a rédigé entre 1764 et 1800 en fournit l'occasion[2]. C'est un texte unique mais pas totalement solitaire et qu'il faut replacer dans une triple lignée, celle des autobiographies littéraires, celle des mémorialistes et teneurs de livres de raison, celle enfin des récits de vie ouvrière.

L'autobiographie fait une éclatante apparition à l'horizon culturel de l'Europe au moment même où l'ouvrier parisien compose son oeuvre. L'exemple de Jamerey Duval et surtout celui de Rousseau ne sont plus à citer. Toutefois, par rapport à ces hommes de lettres, Jacques-Louis Ménétra se distingue dans le monde où il ne souhaite pas démontrer le succès d'une expérience de libération qui exploite la conquête sociale et personnelle d'une identité neuve. L'homme du peuple entend rester lui-même, fidèle à ses origines sociales et à son caractère. La deuxième tradition est peu fréquente dans les milieux populaires mais il faut rappeler l'exemple du Lillois Pierre Ignace Chavatte qui tint, au 17e siècle, la Chronique journalière de sa vie et de sa famille[3]. La perspective des choses mémorables survenues dans le quartier et la ville fait de ce texte un récit alterné de l'Histoire commune et de l'histoire de l'individu. Ménétra, lui, n'a pas l'optique du chroniqueur qui songe à la postérité plus qu'à lui-même, il veut parler de sa vie, il se construit une identité plus individuelle que collective. La dernière manière d'expression fleurit surtout au 19e siècle au moment où la poussée de l'urbanisation et de l'industrie ébranle la société traditionnelle. Les militants du compagnonage, Perdiguier, Guilhaumou, luttent pour sauver une tradition et en même temps rendre témoignage. Jacques-Louis Ménétra s'il accepte, à sa manière, d'être un témoin n'est pas un militant, son texte est avant tout un récit de vie authentique écrit à la première personne, affirmant une volonté de subjectivité quelque peu immodeste. Il sait trouver des façons d'écriture originales et un langage volontairement différent de celui des lettrés. Ce caractère lui permet d'énoncer une culture parce qu'il revendique une autre possibilité d'écrire, sauvage et indépendante, ignorant l'orthographe — ce qui n'est pas totalement original — phonétique — ce qui est plus spécifique — sans aucune ponctuation pendant plus de trois cent pages. Déchiffrer ce texte authentique et riche

---

[2] Bibliothèque de l'Hôtel de Ville, Paris, MS 678, "Journal de ma vie et écrits divers"; ed. Daniel Roche, *Journal de ma vie; Jacques-Louis Ménétra compagnon vitrier au 18e siècle* (Montalba, 1982).

[3] Voir A. Lottin, *Vie et mentalité d'un Lillois sous Louis XIV* (Lille, 1968).

permet de s'interroger sur les manières dont les gens de peu conce-
vaient et organisaient leurs conduites sociales et politiques et étaient
capables de s'interroger sur le sens de leurs actions. Cette possibilité
de réflexion personnelle ne se comprend pas seulement par la capacité d'emprunter des idées à travers des lectures plus ou moins nombreuses mais également par la volonté de définir des réponses nouvelles en écrivant. L'autobiographie de Ménétra est prolongée par une
multitude de productions, chansons de métiers, et de marche, poésies amoureuses, licencieuses, amicales, épitres pittoresques voire philosophiques (l'une d'entre elle est adressée à Rousseau qu'il a rencontré), écrits patriotiques, philosophiques et religieux. Cet écrivant du
peuple est presqu'un écrivain dont l'oeuvre relève du bricolage ou du
patchwork, rassemblant les éléments épars d'une culture livresque
difficile à reconstituer avec précision, mais dont on perçoit l'importance à maints détails et allusions; elle s'est parachevée au long des
routes, dans les rencontres de hasard, dans les couvents, les châteaux,
les presbytères et les auberges. Dans le récit d'une vie on voit se former un comportement, un jugement, des conduites et les logiques
qui les sous-tendent. Trois interrogations sont possibles en ce domaine:
d'abord on peut tenter de retrouver les grands traits d'une perception
du monde et de la société, ensuite on doit mesurer la part du politique dans une vie que vient bouleverser l'irruption de la Révolution
française, enfin c'est toute une réflexion sur l'existence où l'on voit
se dessiner l'expérience de la religion, l'attrait de la religiosité et la
fascination de la métaphysique.

Ménétra livre un témoignage authentique sur la façon populaire
d'appréhender les horizons sociaux, d'affronter l'autorité, de définir
une politique. La place de l'homme du peuple est explicité par une
série de repères très tôt enseignés et compris qui relèvent des réalités
juridiques et économiques mais qui tiennent aussi à la manière dont
chacun se représente les relations sociales. L'imaginaire collectif y
trouve un écho permanent. Sa position personnelle est clairement
revendiquée: roturier, sans aïeux, au bas de l'échelle des ordres (*Journal*, pp. 29-30). C'est surtout un *Citoyen de Paris*, conscient d'appartenir au groupe intermédiaire des artisans; fils d'artisan, neveu d'artisan, il puise sa force dans une culture transmise par le métier et par
la famille, dictée par le travail et ses nécessités. Mais c'est également
un individualiste, fils de ses oeuvres, homme de l'avenir qui n'a pas
besoin de racine pour être l'égal de tous. Il vit concrètement le passage du temps de la Société des ordres à celui des classes.

La réalité sociale que révèle Jacques-Louis Ménétra est celle des artisans. Loin des hommes de la roture savante et de la richesse négociante c'est d'abord un apprenti dans l'atelier paternel, puis un compagnon sur les routes du *Tour de France* vivant d'un salaire complexe le plus souvent suffisant pour une consommation qui ne vise pas à l'épargne (*Journal*, pp. 46-137). C'est ensuite un maître dans une jurande reconnue disposant par héritage et par mariage d'un petit capital: on peut l'évaluer vers 1765 à 3300 L or qui le situe dans la majorité de la classe des maîtres et marchands parisiens[4]. C'est un homme de modeste bourgeoisie et d'aisance menue mais cette petite fortune lui permet de participer à des opérations fructueuses caractéristiques d'une ville en expansion où la vitrerie peut jouer un rôle important dans la construction. Quand il réalisera son actif, vers 1794, il aura au minimum triplé son capital ce qui lui permet de se ranger et de mener la vie d'un *bourgeois de Paris* oisif et rentier[5].

Les perspectives qu'il dessine de la société sont multiples, nourries de la route et de la ville, évocatrice de la stabilité tout autant que du changement. Sa hiérarchie sociale personnelle n'est jamais en noir et blanc mais organisée selon ses propres critères d'appréciation. Il applique sur les trames générales de la *société d'ordres* qui veut que chacun corresponde à sa situation juridique, et de la *société de classes* qui ordonne les rangs selon la richesse et la place dans le procès de production sa propre lecture. Chez lui point de riches ou de nobles voués immédiatement à la détestation ni de bourgeoisie pavée de toutes les vertus et chargée des espoirs libérateurs, mais plutôt un fonctionnement qui repose sur le mérite personnel et la mise en relation des qualités et des défauts individuels. Dans cette description les femmes sont vouées aux qualifications péjoratives à quelques exceptions près et les hommes sont rangés selon la plus ou moins grande estime qu'on leur porte, en fonction du respect des normes et des règles qui régissent dans le monde de l'atelier des rapports sociaux mobiles et changeants (*Journal*, pp. 56-57, 201-02, 217-18). A suivre son témoignage il est possible de vivre en harmonie en dépit des différences de rang, de culture, de richesse ce qui n'implique pas la confusion des uns et des autres. La société de Ménétra est une société hiérarchisée par les conduites, l'utilité, l'intérêt où sont particulièrement appréciées les

[4] *Journal*, pp. 209-10 et A.N. Minutier Central, Contrat de mariage in xix, 28 juin 1765.
[5] *Journal*, pp. 279-300 et AD Paris, Etat civil reconstitué, 25 Vendémiaire AN xi.

manières égalitaires et tous les gestes fraternels de sociabilité. Les enti-
tés sociales ne sont pas perçues avec précision mais triées selon une
logique qui refuse le refus et proclame une égalité spontanée. C'est
un Rousseauiste (*Journal*, pp. 218-21).

Son rapport à l'autorité est tout à fait intéressant car il montre comment les gens de peu vivent et observent l'autre côté des événements
que l'historien découvre habituellement dans les dossiers de la police
ou de l'Eglise. A un moment où l'institution policière se mêle de tout,
moeurs, affaires et travail, familles, pour le maintien de l'ordre social,
le compagnon et le maître prouvent qu'on doit ruser avec ses représentants, la liberté est une vertu plus passive qu'active, il faut savoir
se dérober. Là réside la politique du compagnon: méfiance et indépendance, conformisme et fatalisme en sont les clefs. Ménétra refuse
la discipline des Corps, dans son travail il conteste l'autorité de la
jurande, il discute l'ascendant que confère le privilège, la naissance,
la richesse: "Je ne suis point de la taille des grands, je ne suis point
de la moindre je suis de ces êtres bienfaisants, je ne suis nullement
à craindre..."[6]. C'est là un rousseauisme primitif qui admire chez Jean-
Jacques, l'homme affable, victime des préjugés et des faux amis, l'être
de probité et de savoir. La rencontre, vraisemblable, vers 1768, du
philosophe et de l'homme du peuple révèle une compréhension spontanée des principes d'une philosophie sociale hostile à l'inégalité et
aux préjugés. Mais la situation de l'artisan dans la société impose en
même temps un conformisme nuancé. Quand on ne peut affronter
l'oppression, elle est incarnée dans les figures du militaire ou de *Madame
la Police*, il faut s'efforcer de défendre sa sphère de liberté par des relations librement choisies. Bref, Ménétra accepte les lois sans en être
complice.

Sa défiance à l'égard de l'ordre établi s'exprime à travers le thème
des trois Arlequins[7] où l'on voit apparaître le bourreau de Paris exé-
cuteur des décisions de justice, l'archevêque de Paris symbole du pouvoir religieux, qui dupe le peuple par ses discours et sa conduite, enfin
Carlin, l'acteur populaire qui amuse les spectateurs par ses tours. Les
trois arlequins de Ménétra retrouvent la provocation originelle du
mythe diabolique, Arlequin, roi des voleurs, phallophore, noir, souple, dupé, dupeur glissant à travers la pantomime sociale. La leçon
est de scepticisme et de prudence: *contre la force point de résistance.*

[6] B.H.V.P., MS 678, Ecrits divers, f° 38 -39.
[7] *Journal de ma vie*, pp. 156-57 et divers f° 123.

Père de famille, artisan prospère et soucieux de sa fortune, Ménétra "jouissait et voyait couler ses jours" dans le calme du quartier et en dépit des avatars familiaux. La Révolution éclate dans son *Journal* comme elle a dû le faire dans sa vision (*Journal*, pp. 259-81). Dès ce moment tout change dans sa vie, l'homme du peuple est confronté à l'action et à la rupture. Deux points de vue sont à comparer pour comprendre un itinéraire que l'écriture ne rend pas particulièrement clair: quelle a été l'évolution politique du personnage entre 1789 et 1800, période où il a vraisemblablement achevé la réécriture de son texte; quel discours tient-il sur le mouvement et ses leçons?

Ménétra a été un patriote, rallié immédiatement bien qu'il n'évoque sa participation aux événements que de façon très indirecte. Le journal devient tout de suite manichéen et simplificateur, le vocabulaire, les mots-clefs sont ceux de la presse jacobine et des pétitions clubistes, le discours distingue ceux qui luttent pour la liberté et leurs adversaires. C'est la rhétorique politique qui s'impose à lui. Du 14 juillet, "Ce jour devait nous conduire à la liberté et nous donner des lois dignes d'un grand peuple", au 10 août, "le peuple français voulait reprendre ses droits, la cour eut le dessous, la République fut proclamée, tous les bons citoyens s'attendaient à l'abondance et à la tranquillité...", il paraphrase les événements[8]. Toutefois, la confrontation du *Journal* et des archives où il apparaît à plusieurs reprises permet de se faire une idée précise de ses prises de position.

D'abord, et comme bien d'autres, il est passé sans problème d'un royalisme conforme à un républicanisme chargé d'espoir. Le lieu où se joue cette transformation est la Garde Nationale où en *Citoyen soldat* il a partagé le goût de l'amitié et le sens de la discipline acceptée. Il a fait *les journées*. Ensuite, c'est un militant sectionnaire qui siège aux assemblées de la *section Bon Conseil* et suit les avatars du mouvement sans-culotte de 1792-1795. Il a dû réclamer la déchéance du Roi et pétitionner contre la Gironde. Il a pu, avec les sectionnaires de ce vieux quartier du centre, défendre les institutions démocratiques et rester fidèle à la Montagne puis se ranger dans un modérantisme prudent au moment où s'affrontent les muscadins et les derniers *terroristes*. Avec Vendémiaire dont il donne une description haletante, il est désarmé et sa participation à l'aventure sectionnaire s'achève[9].

---

[8] Ecrits divers, f° 69-79 ("Mes réflexions sur la Révolution") et f° 102-03.
[9] Ecrits divers, f° 97-102.

Au-delà de ce témoignage sur une activité politique difficile à reconstituer il livre des réflexions qui sont révélatrices de l'ambiguïté dans laquelle peuvent être vécues les situations révolutionnaires. Trois difficultés compliquent ici la tâche, d'abord la date du récit écrit pendant la retombée du mouvement sans-culotte, achevé et repris avec les *écrits sur la Révolution*, sans doute pour se disculper. En second lieu, son témoignage est biaisé par un sentiment profond, la terreur de la terreur. Ménétra a traversé la période de l'An II avec une sainte frousse et, Robespierre tombé, s'il respire il n'en doit pas moins se justifier aux yeux des réacteurs. Enfin le style et les images de son discours sont ceux des adversaires de la Révolution comme s'il tentait de se masquer derrière le langage de ceux qui l'attaquent ou le menacent dans les réunions de l'An III. Sous le propos il est difficile de démêler la désillusion profonde, la maladie de la persécution qui semble l'obséder et l'opportunisme. Ménétra cherche à cacher un jacobinisme certain, il a pétitionné, il a été disculpé de modérantisme en 1793, il a été candidat à la Commune, il a participé à l'épuration des enragés au printemps 1794. S'il a défendu la Montagne il souhaite vivement qu'on l'oublie et comme il dit "En ces temps de Terreur je me gardais bien de refuser les emplois..." Son civisme ne serait qu'un suivisme.

De toute évidence il est accusé par les réacteurs de la section, le journaliste Langlois, l'espion de police Vallois, le commis du domaine national Nardin, le perruquier Duplessis tous sont fichés et connus du Comité de Sûreté générale. En revanche, tous ses amis sont de l'autre côté, jacobins, gardes nationaux, fonctionnaires montagnards, juge de paix de l'An II. En réalité il faut lire le journal comme la voix d'un jacobin déçu. Il refuse, à la fois, la Terreur dont il était un exécutant humble et inquiet, qu'il a vécu sous le signe de la crainte quotidienne et de la délation familière, et également le retournement de veste. C'est un républicain authentique, légaliste, fidèle à l'Assemblée et aux représentants du peuple; il est hostile aux excès et son discours est celui de la nostalgie du moment exaltant où la Révolution s'imposait dans sa nouveauté et sa grandeur. Il fait donc entendre la voix des militants naïfs incapables de comprendre les nécessités politiques terroristes, incertains de pouvoir aller jusqu'au sacrifice personnel. C'est celle des artisans de Thermidor mais aussi des rêveurs qui font les révolutions dans l'incertitude. On comprend mieux son comportement quand on le voit retrouver, avec Bonaparte, les espoirs d'antan.

Au temps de la Révolution, Ménétra liquide un vieux compte avec les prêtres. "Ces hommes immoraux qui faisaient une seconde autorité par le moyen de toutes ces chimères inventées par le mensonge et soutenues par le fanatisme et la superstition..." Le *Journal* permet de réfléchir à l'état des idées religieuses dans les classes populaires urbaines et de mesurer son imbrication avec les idées politiques. Une première dimension évoque la méfiance à l'égard des prêtres et des calotins, le refus de l'Eglise. Certes le texte est biaisé par les circonstances de sa rédaction mais s'il dit l'antireligion en terme de lutte, on y entend pas l'écho direct des actions déchristianisantes de l'époque révolutionnaire. Pour Ménétra, les écrits et le *Journal* sont l'occasion d'une réflexion d'ensemble sur la Religion. On y voit comment un homme du commun peut se déprendre de la pratique dominante et s'interroger sur le destin des hommes. En d'autres termes, c'est à la naissance d'une autre culture religieuse qu'on assiste. Sa dimension première se fonde sur l'assimilation des superstitions et des préjugés populaires avec les mystères et les rites de l'Eglise. C'est d'abord une contestation sérieuse de la doctrine, même si le besoin de croire et de pratiquer ne disparaît jamais. Si ce sentiment s'enracine dans une présence permanente du sacré noté à l'occasion des moments essentiels de l'existence, de la communion au mariage, du baptême à l'extrême-onction, la rupture se joue sur trois registres.

Le comportement ecclésiastique est l'objet d'une critique qui puise sa force dans les images traditionnelles de l'anticléricalisme populaire—moines paillards et nonnes trop lestes—mais qui se nourrit également d'une expérience personnelle de l'autorité dogmatique et de l'hypocrisie des prêtres (*Journal*, pp. 31-32, 34-35). Ensuite la richesse du clergé est contestée à l'occasion des actes pratiques—l'enterrement trop coûteux d'une belle-mère—ou des infractions aux règles de la charité. Enfin, ce que refuse Ménétra c'est l'ingérence du prêtre dans la vie individuelle et familiale (*Journal*, pp. 88-89, 117-19). Au total, il réclame la liberté de conscience et de religion. Sa critique des Eglises, nourrie de lectures désordonnées et de discussions nombreuses avec des ecclésiastiques divers, s'accomode d'un libertinage érudit et gaillard à sa façon. A sa manière il rejoint tous ceux qui, à la même époque, lient le destin de la personne à la liberté individuelle de penser.

Son rejet des orthodoxies s'accomode pourtant de la fascination des hétérodoxies. Ménétra rencontre les protestants et le protestantisme sur les routes du Languedoc entre Moissac et Nîmes au moment décisif de l'affaire Calas (*Journal*, pp. 74-75, 119-21). Il a vu fonctionner le régime de la révocation, il a été au prêche clandestin, il fait des affaires avec de bons négociants réformés et courtise leurs filles. Ces bonnes relations l'entraînent aux vertus de la tolérance et aux refus des fanatismes. Rousseau pour être persécuté mérite ainsi sa sympathie fervente. Plus original encore a sans doute été son intérêt pour les juifs et le judaïsme qu'il fréquente dans les ghettos du Comtat Venaissin (*Journal*, pp. 90-95). Ménétra, nourri, comme toute son époque, d'un antisémitisme spontané, devine, sans lire les philosophes, la réalité de l'humiliation ordinaire et en arrive à dénoncer l'oppression et l'intolérance des prêtres. Dans sa *Recherche de la vérité*[10], il reconnaît la communauté des racines du judaïsme et du catholicisme et défend un régime de tolérance pratique contre tous les fanatismes car "toutes les religions massacrent". Ménétra n'en a pas moins besoin de croire et de se forger son propre credo[11].

Il repose sur trois éléments principaux. Chacun doit accepter avec une sagesse tolérante ce que la vie apporte. C'est une morale de l'instant et un épicurisme sans complexe que rapporte le compagnon un brin jouisseur, un brin libertin: "Où il y a de la gêne il n'y a plus de plaisir." Des règles simples exprimées en figure de proverbe ou en image d'almanach servent à définir les us et coutumes de la vie: respecter autrui, être fidèle à sa parole, accepter ce qui est écrit car nul n'échappe à son destin, bref c'est un moralisme tranquille et fataliste.

Toutefois sa *Recherche de la vérité* et divers textes dont la *Lettre à un ami qui m'avait demandé ce qu'était l'être Suprême*[12], expriment ses doutes et manifestent sa lucidité. Ménétra s'interroge sur le destin de l'homme, sur la signification de l'existence, sur la confusion des croyances et la difficulté de répondre à ces questions essentielles. Il rameute pour cela ses bribes de lecture, ses discussions avec les uns et les autres, ses leçons enfantines et son expérience d'adulte. Il construit une vision du monde où, héritage de son enfance quelque peu janséniste, chacun est légitimé par l'éternel, sauvé par la foi et par les oeuvres. C'est finalement un déisme qui devient pour lui "le vrai culte et la vraie foi". On comprend alors pourquoi sa vie s'achève dans le contexte de la période 1799-1802, sur une position proche de la *théophilanthropie*[13].

[10] Ecrits divers, f° 55-65.
[11] Ecrits divers, f° 104-16 ("Sur les Sectes").
[12] Ecrits divers, f° 40-41.
[13] Ecrits divers, f° 65-68; A. Mathiez, *La Théophilanthropie et le culte* (Paris, 1903).

Le refus du fanatisme, la nécessité de respecter les croyances d'autrui, une morale pratique légère, un culte où sont magnifiées les vertus familiales, voilà qui lui permet de concilier sa religiosité profonde avec sa méfiance pour les religions révélées et établies.

Au terme du parcours, le journal de Ménétra permet de mesurer le chemin accompli. D'une part on y voit la capacité populaire à s'approprier des idées d'origines variées, puisées dans des lectures bigarrées et incertaines. D'autre part, on perçoit comment le monde, la société, la religion sont déchiffrés et compris à l'aide de ce bagage et en même temps réassimilés par une expérience acquise sur les routes, dans les chantiers, les auberges, les ateliers et les boutiques. Une vision du social et de la religion s'en dégage faite de générosité et de scepticisme. Ménétra a voulu écrire pour lui-même et pour son temps et pour sa classe: le geste n'est pas si commun. Sur ce terrain, la démarche de l'homme populaire rejoint celle de Rousseau qu'il a rencontré et qui l'a captivé. Ecrire exprime alors une capacité à dire sa vie et à comprendre les êtres et les choses.

Words and Pictures: Diderot's Vision and Publishers' Perceptions of Popular and Learned Culture in the *Encyclopédie*

RAYMOND BIRN

Published from 1777 to 1779, the quarto *Encyclopédie* reached more subscribers, over eighty-five hundred, than did any other edition of Diderot's monumental undertaking. As Robert Darnton has noted, it brought Enlightenment to a world of provincial elites and small-town professionals. Though nearly two-thirds less expensive than the folio, the quarto contained most of the text of the first edition (1750-1772), with the four volumes of text from the *Supplément à l'Encyclopédie* (1776-1777) blended in.[1] Ostensibly to cut costs for purchasers, the publishers of the quarto reduced the size and number of illustrations. The original contained nearly 2,900 plates; the quarto, 546. What largely disappeared were those Diderot had held so dear, nearly all the illustrations concerned with the world of the artisan and worker. Diderot had intended to explain and dignify artisanal culture at the same time as he hoped to sensitize the *Encyclopédie*'s leisured readership to the occupational hardships of workers. On the other hand, appealing to an *ancien régime* bourgeoisie desirous of gracing

---

[1] *Encyclopédie, ou Dictionnaire Raisonné des Sciences, des Arts et des Métiers, par une Société de Gens de Lettres. Mis en ordre et publié par M. Diderot; et quant à la Partie Mathématique, par M. d'Alembert*, nouvelle édition (Geneva: Pellet; Neufchâtel: Société Typographique, 1777-1779), 36 vols. of text. *Recueil de Planches pour la Nouvelle Edition du Dictionnaire Raisonné des Sciences, des Arts et des Métiers, avec leur Explication* (Geneva: Pellet, 1778-1779), 2 vols. *Suite du Recueil de Planches, sur les Sciences, les Arts Libéraux, et les*

their shelves with an affordable version of the most fashionable and most controversial book of the century, the quarto's publishers sacrificed the universe of the artisan and emphasized descriptive illustrations of military tactics, musical notation, physical and chemical science, anatomy, surgery, and architecture. Making a book for an expanded readership, no longer the aristocrats and wealthy sophisticates who had invested 980 *livres* in the first edition, the quarto's publishers abandoned Diderot's social vision. By rejecting the artisan's world as a sphere of knowledge worthy of understanding and sympathy, they adapted the *Encyclopédie* to more traditional social and cultural norms. What was to be shared with readers and passed on to future generations were the facts of learned culture. This essay will speculate upon the contrasting attitudes toward shaping public taste, first held by Diderot in 1750, with those adopted by the heirs to his book a generation later. My evidence, in large measure, will derive from a selection of illustrations from the folio and quarto editions.

Whenever we think of the *Encyclopédie*, two perceptions inevitably come to mind: first, the vision of d'Alembert's "Discours préliminaire," where human creativity is placed in the service of a method reconciling the rationalism of Descartes with the empiricism of Locke and Newton; second, the "audacieux message," the attacks both explicit and disguised, upon the cultural and political institutions of the *ancien régime*. Notwithstanding this common coin embellished with historical hindsight, Le Breton and his editor-in-chief advertised the *Encyclopédie* neither as method nor message, but rather as a *summa* of correct information about science, the liberal and mechanical arts, and the crafts. Diderot's prospectus of 1750, intended to gain and keep subscribers, found little to rave about in the existing literature on what we today would call high culture: "On a beaucoup écrit sur les sciences. Les traités sur les arts libéraux se sont multipliés sans nombre; la république des lettres en est inondée. Mais combien peu donnent les

Arts Méchaniques, avec leur Explication (Geneva: Pellet, 1779), 1 vol. Robert Darnton, *The Business of Enlightenment: A Publishing History of the "Encyclopédie", 1775-1800* (Cambridge, Mass.: Harvard University Press, 1979) ch. 6 and pp. 524-26. Although the purpose of this article is not to compare the texts of the folio and quarto editions, I have spot-checked seventy-one of the most celebrated and controversial articles. "Christianisme" was abridged slightly, "Fanatisme" was incorporated into "Superstition," and "Vingtième" became "Charges publiques." Though reprinted in its entirety, "Autorité politique" contained in a footnote the half-apology from volume III of the folio, that watered down Diderot's defense of limited monarchy. In essence, the text of the quarto preserved the philosophic character of the folio.

vrais principes! combien d'autres les étouffent dans une affluence de paroles, ou les perdent dans des ténèbres affectées! Combien dont l'autorité impose, et chez qui une erreur placée à côté d'une vérité, ou décrédite celle-ci, ou s'accrédite elle-même à la faveur de ce voisinage! On eût mieux fait sans doute d'écrire moins et d'écrire mieux."[2] On the other hand, dedicated to accuracy and conciseness, the *Encyclopédie* was about to expose myth and outdated concepts masquerading as new ones. Authors of articles were to name and criticize their sources. Diderot predicted that the anticipated contributions of the *Encyclopédie* to the sciences and arts not only would provide necessary information for the intelligent amateur, but also offer a point of departure for *all* researchers exploring new terrain (*OC* xiii, 137).

Yet for Diderot, if the contributions on science and the liberal arts were to make the *Encyclopédie* useful, the articles and accompanying plates on three hundred crafts, trades, and industries would render the work absolutely unique. According to the editor, what had been published most recently either was uninformed or superficial, or else had treated the subject matter not as an artisan but rather as a grammarian or man of letters (*OC* xiii, 140).[3] Chambers' *Cyclopaedia*, original inspiration for Diderot's publishers, depended upon unreliable sources. Moreover, Chambers "a lu des livres, mais il n'a guère vu d'artistes" (*OC* xiii, 132). Of course, Diderot was well aware of the great scheme imagined by Colbert back in 1675, whereby the Paris Academy of Sciences was to draw up a treatise on the mechanical arts, that included detailed descriptions of machines and industrial processes. However, it had come to nothing. True, the current director

[2] *Oeuvres complètes de Diderot*, ed. J. Assézat and M. Tourneux, 20 vols. (Garnier Frères, 1875-1877), XIII, 136. Henceforth abbreviated OC followed by volume and page number(s).

[3] Diderot probably was referring to John Harris, *Lexicon technicum, or a Universal English Dictionary of Arts and Sciences*, 2 vols., 5th ed. (London: J. Walthoe, 1736); Thomas Corneille, *Le Dictionnaire des arts et des sciences... Nouvelle édition revue, corrigée et augmentée par M.***, de l'Académie Royale des Sciences* [Fontenelle], 2 vols. (J.-B. Coignard, Père, 1731); and Jacques Savary-Desbruslons, *Dictionnaire universel de commerce, contenant tout ce qui concerne le commerce qui se fait dans les quatre parties du monde....*, 3 vols. (J. Estienne, 1723-30). In the article "Encyclopédie," Diderot considered as virtually worthless the illustrations of machines in Agostino Ramelli, *Le diverse et artificiose machine* (1588), and in Jacob Leupold, *Theartum machinerum Schau-Platz des Grundes mechanischer Wissenschaften*, 9 vols. (Leipzig: Zunkel, 1724-1739). See *Encyclopédie, ou Dictionnaire Raisonné des Sciences, des Arts et des Métiers par une Société de Gens de Lettres* (Briasson, David l'aîné, Le Breton, Durand, 1755), V, 645b; *OC* XIV, 479.

of the project, the geometrician René-Antoine de Réaumur, was caring for several hundred engravings and manuscripts on the printing trade, paper-making, gold-beating, silk-weaving, tanning, and other subjects. These, however, simply had collected decades of dust.[4]

In the prospectus Diderot announced that the *Encyclopédie* was about to tear away the barrier of prejudice that had prevented the cultivated reader from appreciating the artistry of the craftsman. The article "Art" regretted the condescension with which one approached the *arts mécaniques*: "Rendons enfin aux Artistes la justice qui leur est dûe. Les *Arts libéraux* se sont assez chantés eux-mêmes: ils pourroient employer maintenant ce qu'ils ont de voix à célébrer les *Arts méchaniques*. C'est aux *Arts libéraux* à tirer les *Arts méchaniques* de l'avilissement où le préjugé les a tenus si long-tems; c'est à la protection des rois à les garantir d'une indigence où ils languissent encore. Les Artisans se sont crus méprisables parce qu'on les a méprisés; apprenons-leur à mieux penser d'eux mêmes: c'est le seul moyen d'en obtenir des productions plus parfaites."[5] Diderot went so far as to write that the denigration of workers had contributed to the perverseness of French society itself, "... préjugé qui tendoit à remplir les villes d'orgueilleux raisonneurs, & de contemplateurs inutiles, & les campagnes de petits tyrans ignorans, oisifs & dédaigneux."[6] Though Diderot did not create the worker-*philosophe*, he urged the academies to send observers into the shops, record what went on inside them, and publish their findings for the benefit of intellectuals, aristocrats, and artisans themselves. Recognizing that the craftsman might be verbally and mechanically inarticulate—"nous avons vu des ouvriers qui travaillaient depuis quarante années sans rien connaître à leurs machines"—Diderot urged the sensitive man of letters to watch more than converse, and, better yet, learn how to use the artisan's tools, and operate, construct, and

[4] For the history of the *Descriptions des Arts et Métiers* of the Academy of Sciences of Paris, finally published between 1761 and 1788, see Arthur H. Cole and George B. Watts, *The Handicrafts of France as Recorded in the "Description des Arts et Métiers 1761-1788,"* The Kress Library of Business and Economics Publication, no. 8 (Boston, 1952). See also George B. Watts, "The *Encyclopédie* and the *Description des Arts et Métiers*," *The French Review* 25 (1952), 444-54; Georges Huard, "Les Planches de l'*Encyclopédie* et celles de la *Description des Arts et Métiers* de L'Académie des Sciences," in *L'Encyclopédie et le progrès des sciences et des techniques*, ed. Suzanne Delorme and René Taton (P.U.F., 1952), pp. 35-46.

[5] Article "Art". *Encyclopédie...* (Briasson, David l'ainé, Le Breton, Durand, 1751), I, 717a; *OC* XIII, 370.

[6] *Encyclopédie*, I, 714a; *OC* XIII, 361.

dissassemble the worker's machine (Prospectus of 1750, *OC* xiii, 141). In addition, a draftsman should accompany the man of letters on his visits to the shops. "Mais le peu d'habitude qu'on a et d'écrire et de lire les écrits sur les arts rend les choses difficiles à expliquer d'une manière intelligible. De là naît le besoin des figures. On pourrait démontrer par mille exemples qu'un dictionnaire pur et simple de langue, quelque bien qu'il soit fait, ne peut se passer de figures, sans tomber dans des définitions obscures ou vagues. Combien donc, à plus forte raison, ce secours ne nous était-il pas nécessaire? Un coup d'oeil sur l'objet ou sur sa représentation en dit plus qu'une page de discours" (*OC* xiii, 142).

About two matters Diderot was quite clear: the way in which the illustrations would be presented, and the nature of the readership for whom they were intended. He left the impression that artists were sketching work processes, tools, and machines from life. If a machine was complicated, there would be at least two drawings—the first revealing as many of its elements as could be observed without confusion, and the second adding more elements. Industrial procedures would be shown serially. Diderot "anatomizes" the machine, just as Vesalius had done for the human body in *De Humani Corporis Fabrica*.[7] The movements of the worker would be restricted to the most important "et aux seuls moments de l'opération, qu'il est très-facile de rendre et très-difficile d'expliquer" (Prospectus of 1750, *OC* xiii, 143). The prospectus of 1750 promised six hundred plates in two volumes for the sciences and liberal and mechanical arts. The readership: the book was intended for an audience of intelligent laypersons, with common sense and no extraordinary expertise in the subject described. Therefore, the *Encyclopédie* would take the place of an entire library, "contribuera à la certitude et aux progrès des connaissances humaines; et qu'en multipliant le nombre des vrais savants, des artistes distingués et d'amateurs éclairés, il répandra dans la société de nouveaux avantages" (*OC* xiii, 145).

During the twenty-two years between publication of the prospectus of 1750 and the last volumes of plates, Diderot of course endured no end of tribulations. Attacks by literary enemies, suspension of publication followed by an official suppression, semi-clandestine editing of the last ten volumes of text while his publishers held the privilege

[7] Charles Coulton Gillispie, ed., *A Diderot Pictorial Encyclopedia of Trades and Industry* (New York: Dover Publications, 1958), xxiii.

for the plates, recalcitrant contributors, lawsuits, discovery of Le Breton's in-house censorship—time and again he steered the lumbering vessel between the shoals of potential disaster. Not the least of Diderot's problems concerned the well-founded accusation that he, his collaborators, and engravers had tramped much less conscientiously than they avowed into mine, workshop, and factory—that, in fact, the soul of the *Encyclopédie,* the text, and above all, the plates for the dictionary of mechanical arts, crafts, and industry, were molded from items checked out of the Royal Library, purchased from unethical engravers who had composed them for the maligned Academy of Sciences collection, and torn from older, traditional sources.[8] In fact, in most instances (though several significant exceptions exist) rather than representing a post-1750s impression of the growth of science and industry, the *Encyclopédie's* plates provide a chronicle of the laboring world of the late seventeenth and early eighteenth centuries.

How to evaluate that world? Bertrand Gille was contemptuous—perhaps overly so—when he dismissed the *Encyclopédie's* representation of it as "une excellente enquête folklorique," replete with routinized procedures and outdated technical traditions.[9] Roland Barthes took a more benign view, reading a *légende dorée* into the illustrations—a pristine, corporate universe of industrious little puppets, a "world without fear": "Ce n'est pas un ouvrier, c'est un petit seigneur qui joue d'une sorte d'orgue technique dont tous les rouages sont à découvert..."[10] By way of contrast, Charles Gillispie sought to counter the crude Marxist interpretation of nineteenth-century industrialization converting independent artisans into wage slaves, when he observed: "These workmen [in the *Encyclopédie's* illustrations]—most of them—whether in large foundry or small shop—look not less, but vastly more dependent upon their employers than is the labor force of modern France, England, or America."[11] Very likely the "message"

---

[8] Huard, "Les Planches de l'*Encyclopédie*..."; Jacques Proust, "La Documentation technique de Diderot dans l'*Encyclopédie,*" *Revue d'Histoire Littéraire de la France* 57 (1957), 335-52; Proust, *Diderot et l'Encyclopédie* (Armand Colin, 1967), pp. 189-231.

[9] Bertrand Gille, "L'*Encyclopédie,* Dictionnaire technique," in *L'Encyclopédie et le progrès des sciences et des techniques*, p. 192.

[10] Roland Barthes, "Image, raison, déraison," in *L'Univers de l'Encyclopédie de Diderot et d'Alembert* (Les Libraires Associés, 1964), p. 12. With some nuance, Jacques Proust confirmed Barthes's view in "L'Image du Peuple au travail dans les planches de l'*Encyclopédie,*" *Images du Peuple au 18e siècle* (Armand Colin, 1973), pp. 75-85.

[11] Gillispie, p. xxv.

of the illustrations lies somewhere between Barthes's utopia and Gillispie's image of servility. Various sets of pictures tell different stories. After all, approximately fifty different engravers worked on the plates over a period of twenty years; and, as had been conclusively shown, Diderot was liberal in his borrowings.[12]

A more fruitful analytical approach may be one sensitive to Diderot's recognition of a hierarchy of labor and at the same time his desire to blur it in the service of dignifying the most menial of crafts. Take, for example, two quite different sorts of weavers—first those engaged in the aristocratic art of tapestry manufacture in the royal Gobelins factory, and second those participating in the humble task of basketry in a decrepit anonymous cellar. In the well-lighted, antiseptic Gobelins workroom, tracer, weavers, and shopboys sport dress and coiffure that impart an aureole of corporate pride. Each relishes his own defined workspace. Order is accentuated by the assistants calmly sorting and seeking out yarn. Every human, every object, has a sense of place in this controlled, sterile, hierarchical, pre-industrial environment (fig. 1).[13] Visually richer is the engraver's attempt to create an appropriate metaphor for the poverty-wracked creators of laundry baskets, bread *paniers*, and cheap storage bins (fig. 2).[14] He is searching for an impression of pathos and dignity. The first is attained by portraying an abominable work-space, dank and windowless. The only shaft of light emerges from a staircase that likely leads above to a ramshackle shop. Representing human poverty and suffering are the vague emaciated figures in the left and right foregrounds—one hunched over a half-completed container he is finishing and the other stretching out sheaves of wicker for use. Literally creeping up the stairs is the bottom half of the torso of a crippled or physically exhausted laborer. Yet beside these images of surface misery is a contrapuntal theme betraying creativity, intelligence, and imagination. Haphazardly piled one atop the other, the finished baskets vary in size, design, and shape. Each is totally different from the other, distinguishable according to purpose. The central image of the picture portrays four human shapes, each exploiting his creative energies. An infant frolics

[12] *L'Univers de l'Encyclopédie*, pp. 37-41, contains the most complete list, to date, of the engravers and their subjects.
[13] *Recueil de Planches, sur les Sciences, les Arts Libéraux, et les Arts Méchaniques, avec leur Explication* (Briasson, 1771), IX (8e Livraison), Pl. 1. Tapisserie de Basse Lisse des Gobelins. Attelier et différentes Opérations des Ouvriers emploiés à la Basse Lisse.
[14] *Ibid.* (1772), X (9e Livraison), Pl. 1. Vignette of Vannier, Outils.

upon the floor with a ring of waste wicker, contentedly converting
it into a toy. Three adults — we have no way of distinguishing boss
from employee — have temporarily abandoned their customary labor
to cooperate in an activity suffused with animation and creative
pleasure. They are sculpting a Roman centurion in a stylized pose,
thereby imitating an art of high culture comprehensible to the *Encyclopédie's* leisured readership. What they are accomplishing presup-
poses knowledge of a historical past, of anatomy, of aesthetic proportion. Turned *artistes,* they work with naive enthusiasm, overwhelm
the misery of their surroundings, and convey to the beholder their
dignity, sensibility, and artistic passion in a way that — unfamiliar with
and likely contemptuous of their lives — he can understand.

The "Vannier" balances pathos with an image of intelligence and
creativity. In most instances the primary theme conveyed is simpler,
that of the dignity of labor. The needlemaker's shop was a far humbler
workspace than the Gobelins tapestry room.[15] Though the craft itself
was at the edge of mass production, it is impossible to mistake the
procedure of manufacturing fifteen thousand needles at a time for
anything resembling a factory operation. Each movement represents
an act of concentration and skill. In waistcoat and knee breeches, the
worker at the end of the process seems almost gentlemanly as he
polishes needles on a piece of rolled canvas sprinkled with powdered
emery and oil. Even as the *Encyclopédie* represents a ruder task, — say,
for example, what occurs inside an iron mine — we are worlds apart
from the indignities of industrialization.[16] The chief material of fabrica-
tion is wood, the chief machine the human arm, the spirit conveyed
is grace and order rather than dynamism and clutter. As one miner
splits a boulder of ore-making rock with a wedge and another wheels
a barrow of ore at the foot of a hoist, where it will be dumped into
baskets, the character of the scene is virtually pastoral. Hygienic and
orderly, the interior of a blast furnace resembles a laboratory.[17] Yet
Gille and, to an extent, Barthes, oversimplify when they relegate so
much to nostalgia. More in keeping with the textual themes of the
Encyclopédie, a celebrated image of peasant labor extols a physiocratic
future rather than an idealized past. As Gillispie has noted in his

[15] *Ibid.* (Briasson, David, Le Breton, Durand, 1762), I. Pl. 1., Vignette of Aiguillier.
[16] *Ibid.* (Briasson, David, Le Breton, 1765), IV, (3e Livraison), 1er Section, Pl.
1. Forges, Tirage de la Mine en Roche, à fond et près la superficie de la Terre.
[17] *Ibid.*, 2ème Section, Pl. 8. Vignette of Forges, Fourneau à Fer, Faire le Moulle
de la Gueuse.

reading of the plate, the chateau falling into ruin no longer represents a seigneurial menace, fields are enclosed in the British manner, workers have rejected lumbering oxen for sprightly horses.[18] They employ Tull's mechanical plow and the abbé Sumille's mechanical seeder. In this paean to "what might be" all is coordinated in the spirit of agricultural creativity: surely no longing for the past, nor, in this case, any lamentation over the social exploitation, economic injustice, and technological backwardness of the present. Moreover, when Barthes calls the world of work in the *Encyclopédie* a world without fear, he fails to convey yet another of Diderot's intentions — to win from readers a sympathetic comprehension of the *dangers* of mechanical labor. For example, blasting surely facilitated the miners' work. In hope that the heat might loosen rocks, they constructed subterranean bonfires. Such attempts of course could get out of hand. As the figure running away from a potential explosion illustrates, his face etched with fear of sudden, violent death, the risks were self-evident.[19]

In essence then, Diderot tried to use the illustrations of the *Encyclopédie* as a means of effacing barriers of comprehension between readers and the workers portrayed. He employed a variety of devices — raising up the dignity of the worker, sensitizing the reader to the poverty and perils of manual labor, revealing how labor might become superbly productive once the irrationalities of the *ancien régime* were overcome. Yet another method was simply to illustrate the facts of human contact. Workers and shopkeepers often are pictured socializing or else preparing themselves for sociability. Shops of the cutler and corkmaker open on the street, inviting the curious to observe and converse.[20] As his aristocratic clientele tests out his wares, from his shopfront the swordmaker observes the end result of his craft.[21] Pastry-maker and tile roofer converse passionately with their clients, notwithstanding differences in social rank.[22] In the latter instance the engraver may use chunks of falling tile to illustrate the dangers of

[18] *Ibid.*, I, Pl. 1. Agriculture, Labourage. Gillispie, I, Pl. 1.

[19] *Ibid.*, VI (5e Livraison), Pl. 1, Fig. 2. Histoire Naturelle. Maniere de mettre le Feu dans les souterrains des Mines pour attendrir la Roche et faciliter l'exploitation.

[20] *Ibid.*, III (2e Livraison, 2e Partie), Pl. 1. Vignette of Coutelier. III (2e Livraison, 2e Partie), Pl. 1. Vignette of Cordonnier et Bottier. II (2e Livraison, 1e Partie), Pl. 1. Vignette of Bouchonnier.

[21] *Ibid.* (Briasson, David, Le Breton, Durand, 1763), IV, (3e Livraison), Pl. 1. Vignette of Fourbisseur.

[22] *Ibid.* (Briasson, 1771), VIII (7e Livraison), Pl. 1ère. Vignette of Patissier. I, Pl. 1. Vignette of Couvreur.

the craft — or else perhaps he has injected more than a trace of social irony, for the pieces drop perilously close to the head of a well-dressed passerby. What consistently reminds the reader is that Diderot's crafts-people, laborers, and shopkeepers are bowled over neither by the poverty of the *ancien régime* nor by an onrushing flood of industrialization. Goblet-makers may appear slightly insipid as they dance their trio bearing filled baskets to the shop.[23] Yet the faces of typesetters and makers of artificial pearls are etched in concentration, suffused with intelligence: Chardin's faces.[24]

In his remarkable book, *The Business of Enlightenment: A Publishing History of the Encyclopédie, 1775-1800,* Robert Darnton has told the story of what was, in effect, the second edition: the quarto of 1777-1779. This version "blended" the text of the first edition with the *Supplément à l'Encyclopédie* edited from 1771 until 1777 by J.-B. Robinet, and included a three-volume abridgment of plates copied from the first folio and the *Supplément.*[25] Charles-Joseph Panckoucke, who had copublished the *Supplément* headed a consortium desirous of printing the new edition. He and a Lyon bookseller, Joseph Duplain, masterminded the quarto, envisioning an edition whose price would be a fraction of the 980 *livres* Diderot's publishers finally charged, and whose pressrun would exceed the original 4,225. Ultimately, the Panckoucke-Duplain *Encyclopédie* went to subscribers for 384 *livres*, and the thirty-nine volumes in-quarto had a pressrun of 8525 sets. It was, in a sense, a "modern" book, intended not so much to line the shelves of great aristocrats and princely churchmen in the capitals of Europe, but rather to find its way into the more modest libraries of provincial attorneys, physicians, administrative chiefs, regimental officers, *parlementaires*, and *abbés* — in short, the kinds of people Diderot had hoped would buy the folio but for whom the ultimate price proved far too high.

---

[23] *Ibid.* (9e Livraison), X, Pl. 22. Verrerie en Bois, l'Opération de retirer de l'Arche les Ferraces remplies de différentes marchandises de Verrerie pour les porter au magasin.

[24] *Ibid.* (Briasson, Le Breton, 1769), VII (6e Livraison), Pl. 1. Vignette of Imprimerie en Lettres, l'Opération de la Casse. IV 3e Livraison), Pl. 3. Vignette of Emailleur, à la Lampe, Perles Fausses.

[25] The bibliographical reference for the *Supplément* is as follows: *Supplément à l'Encyclopédie, ou Dictionnaire Raisonné des Sciences, des Arts et des Métiers, par une Société de Gens de Lettres* (Amsterdam: M.-M. Rey, 1776-1777) or (Paris: C.-J. Panckoucke, 1776-1777), 4 vols. For the plates to the *Supplément* the correct reference is *Suite du Recueil de Planches sur les Sciences, les Arts Libéraux, et les Arts Méchaniques, avec leur Explication* (Paris: Panckoucke, Stoupe, Brunet; Amsterdam: M.-M. Rey, 1777).

As Duplain's publishing partners from the Société Typographique of Neufchâtel, Switzerland, wrote to a correspondent: "Le format in-folio sera pour les grands seigneurs et les bibliothèques, tandis que l'in-quarto sera à la portée des gens de lettres et des amateurs dont la fortune est moins considérable."[26] What tactic did the quarto's publishers employ to lower its price? As Darnton notes, the quarto is a simple, sober book physically, constructed of flimsy paper, with modest margins and undistinguished type. In their prospectus its publishers understandably described their cut-rate product, which would account for nearly two-thirds of all *Encyclopédies* circulating in France before 1789, in a more upbeat way. By eliminating the most superfluous materials in the first edition, they were able to put their book within reach of the upper echelons of the *grand public*. And what was dispensable? Precisely what, for Diderot, had represented the essence of the original edition—everything that illustrated the mechanical arts, trade, and industry.

Scholars are quite aware of the French artisan's fall from philosophic grace during the fifteen years preceding the Revolution of 1789.[27] Back in 1755 in the article "Encyclopédie" Diderot himself had expressed second thoughts about the benefits derived from visiting the workshops of secretive, fearful, and jealous guildsmen. He despised their corporate mentality and monopolistic practices. Believing in debate and the necessity for exchanging knowledge, scientists were open. On the other hand, artisans "vivent ignorés, obscurs, isolés; ils font tout pour leur intérêt, ils ne font presque rien pour leur gloire. Il y a des inventions qui restent des siecles entiers renfermées dans une famille: elles passent des peres aux enfans; se perfectionnent ou dégénerent, sans qu'on sache précisément ni à qui, ni à quel tems il faut en rapporter la découverte." Half-ironically Diderot wrote that perhaps the only means of gaining access to the work methods of guild-masters was for the observer to apprentice himself to the trade. Whenever a curious stranger approached, guildsmen instinctively revealed their xenophobia, considering themselves to be in the company of an industrial spy or agent of the tax collector: "... C'est sur-tout quand il aura parcouru pendant quelque tems les atteliers, l'argent à la main, & qu'on lui aura fait payer bien cherement les faussetés les plus

[26] Quoted in Darnton, *The Business of Enlightenment*, p. 273.
[27] William H. Sewell, Jr., *Work and Revolution in France: The Language of Labor From the Old Regime Until 1848* (Cambridge, England: Cambridge University Press, 1980), pp. 72-77.

ridicules, qu'il connoîtra quelle espèce de gens ce sont que les Artistes, sur-tout à Paris, où la crainte des impôts les tient perpétuellement en méfiance, & où ils regardent tout homme qui les interroge avec quelque curiosité comme un émissaire des fermiers généraux, ou comme un ouvrier qui veut ouvrir boutique."[28] Such scorn, of course, was shared by the physiocrats and lay behind Turgot's short-lived suppression of the trade corporations in February 1776.[29]

Influenced perhaps by the reform movement of the 1770s, the publishers of the quarto recoiled from having to inflict upon the modern reader that "enquête folklorique" through the plates of the mechanical arts and trades. In their prospectus of 1777 not only did they challenge Diderot's choice of illustrations but also his thought processes behind that choice, pointing out the absurdity "d'employer le burin à me peindre un marteau, une enclume, un soufflet, une lancette et mille choses usuelles qui frappent mes yeux depuis l'enfance, et dont le nom rappelle la forme et l'image." They considered Diderot's illustrations of workers using their tools, the *vignettes,* to be more ornamental than instructive. Finally, they found the basic idea behind the engravings to be false. Freezing on the page a single set of procedures represented "ni la variété des mouvemens ni la mobilité de la main qui les multiplie dans le même moment." Thus illustrated, operations are artificial renderings, and only verbal descriptions may rectify the situation: "...Quelquefois même le discours est préférable au burin; celui-ci pourrait-il nous rendre les couleurs variées des fleurs, les teints et demi-teints qui nuancent mille productions de la nature et de l'art?" Referring to artisans and source books, it was easy for the text to "representer par le discours la plupart des machines, des instrumens, des végétaux, des minéraux et presque tous les outils de ces arts, qui ont servi à nos besoins les productions de la Nature..." If a reader absolutely needed to look at a picture, he always could consult the volumes that the Academy of Sciences at last was publishing.[30] The publishers of the quarto *Encyclopédie* therefore believed that they would render their book most useful and accessible by

---

[28] Article "Encyclopédie," *Encyclopédie*, V, 647a; *OC* XIV, 491-92. See Sewell, pp. 64-72.

[29] Pierre Léon, "La Réponse de l'Industrie," in Fernand Braudel and Ernest Labrousse, eds., *Histoire économique et sociale de la France*, vol. II: *Des derniers temps de l'âge seigneurial aux préludes de l'âge industriel (1660-1789)* (P.U.F., 1970) pp. 225-26. Georges Weulersse, *La Physiocratie sous les Ministères de Turgot et de Necker (1774-1781)* (P.U.F., 1950) pp. 94-101, 156-166.

[30] "Grand Prospectus," *Journal Helvétique* (May 1777), pp. 74-79.

Figure 1

Recueil de Planches, sur les Sciences, les Arts Libéraux, et les Arts Méchaniques, avec leur Explication (Briasson, 1771), IX (8e Livraison), Pl. 1. Tapisserie de Basse Lisse des Gobelins. Attelier et différentes Opérations des Ouvriers emploiés à la Basse Lisse.

Figure 2

Recueil de Planches, sur les Sciences, les Arts Libéraux, et les Arts Méchaniques, avec leur Ex-plication (Briasson, 1772), X (9e Livraison), Pl. 1. Vignette of Vannier.

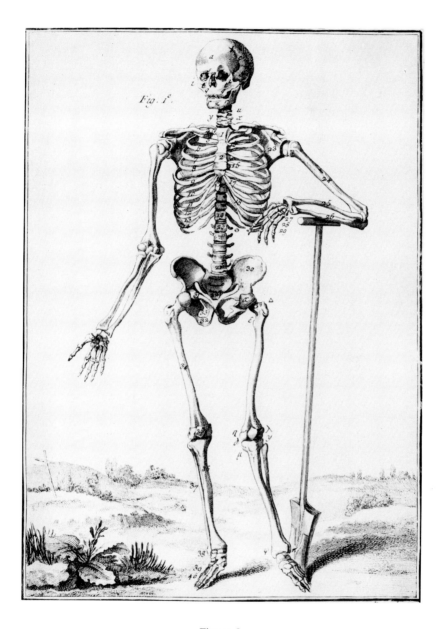

Figure 3

Recueil de Planches pour la Nouvelle Edition du Dictionnaire Raisonné des Sciences, des Arts et des Métiers, avec leur Explication (Geneva: Pellet, 1778), II, Pl. 1. Anatomie, Le Squelette vû par devant.

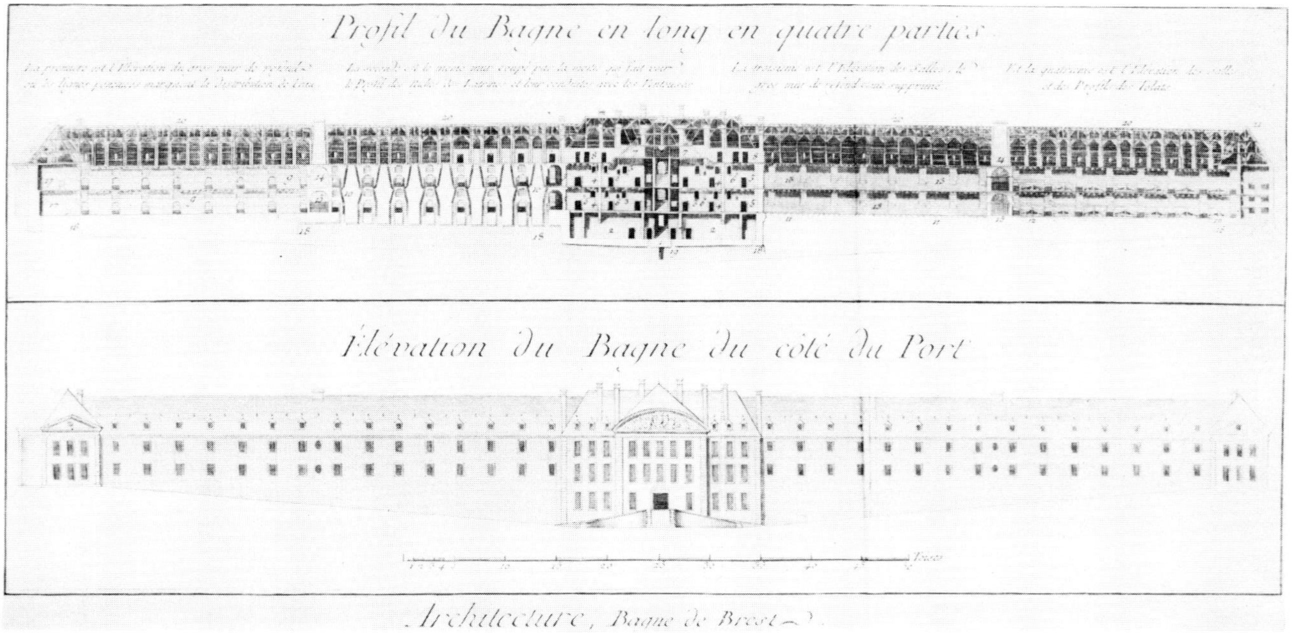

Figure 4

Suite du Recueil de Planches, sur les Sciences, les Arts Libéraux, et les Arts Méchaniques, avec leur Explication (Geneva: Pellet, 1779), III. Architecture. Suppl. Pl. 2. Bagne de Brest.

limiting their illustrations as instruments of instruction for subjects of high culture: "...Nous conserverons scrupuleusement celles qui supposent les mathematiques, la statistique, la dynamique, l'hydaustatique, l'hydromanique, la balistique, enfin toutes les parties de la méchanique; la cosmographie, la chymie, l'anatomie, l'architecture civile..." Essays would accompany the various categories of plates. Everything would be submerged into three volumes.[31]

I should like to conclude this essay on perceptions of public taste by looking briefly at what Panckoucke and Duplain saved and by suggesting what readers might have seen in what was saved. Avoiding nearly all the first folio *vignettes* and descriptive illustrations that dealt independently with the artisan, laborer, and shopkeeper, the quarto duplicated as comprehensively as possible those engravings that concentrated upon topics of learned culture. The quarto contains 546 plates. With 93 of them devoted to the military arts, the publishers assuredly had in mind the professional interests of general officers garrisoned in provincial towns who never could have afforded the luxurious folio editions. Very likely thinking of the flourishing provincial learned academies, the publishers also emphasized illustrative materials in Physics, Anatomy, and Mathematics. There were 40 plates dealing with Musical Notation. Two topics considered to be of great general interest dominated most others: Medicine with 80 plates and Architecture with 98.

While I do not wish to contrast in detail the *qualitative* aspects of both sets of illustrations, suffice it to say the first folio engravings are far sharper, crisper, and more nuanced than those of the quarto. Furthermore, as they illustrated the practical applications of learned culture, the publishers of the quarto failed to live up entirely to their promise of avoiding hammers, anvils, bellows, and lancets. For example, lime-burning was a procedure incidental to architecture. Bowing to a subscriber's request, Panckoucke and Duplain incorporated thirteen pages of observations and two of illustrations into their third, or supplementary volume of plates: "Quoique d'après notre Prospectus, nous ayons pu supprimer les Planches qui expliquent les procédés du Chaufournier, nous les avons fait cependant graver à la priere de quelques-uns de nos souscripteurs, & en conséquence nous donnons ici leur explication avec tous les développemens qu'elle exige."[32]

[31] *Ibid.*, p. 78.
[32] *Suite du Recueil de Planches sur les Sciences et les Arts*, Chaufournier: Observations, (Geneva: Pellet, 1779), III, 17. Suppl. Pl. 1-2, Chaufournier.

The section on Hydraulics had room for windmills and watermills, Mathematics a place for the mathematician's study along with his measuring devices; Chemistry reproduced not only a host of alchemical characters but also furnaces, containers, scales, and measuring instruments found in the well-stocked laboratory of 1750.[33] A roofer with his materials found himself somewhat incongruously located among writhing cariatids, while masons, plasterers, and tilemakers shared space with elegant theaters, stately aristocratic residences, and the five Orders of columns, pedestals, and balaustrades.[34] Nevertheless, these fleeting glances at the world of labor were not intended to aid the reader in understanding that world in and of itself. Rather they were incidental to instruction in learned culture. With this in mind I should like to speculate upon several "messages" contained in two of the three most significant areas of that culture described in the quarto — Medicine (including Anatomy and Surgery) and Architecture.

Diderot had devoted 32 plates to Anatomy, assigning the selection to a talented young physician named Pierre Tarin. They encompass around a hundred-fifty illustrations. The text by Tarin, incorporated into the quarto, emphasized the human body as a machine conforming to the laws of mechanics, statics, and hydraulics. Knowledge of one's self presumed knowledge of one's body. The article "Anatomie" was a lengthy historicobiographical survey of movement toward accuracy and truth. The Egyptians were treated fondly, Aristotle's influence was incalculable, and Galen was limited by the Romans' religious reluctance to dissect the dead. Then came a millenium of darkness, the Middle Ages, followed by the establishment in the Renaissance of a new paradigm — the study of Nature, not authorities. By the eighteenth century experimental anatomy had come of age, and discovery had become cumulative.[35]

[33] *Recueil de Planches pour la Nouvelle Edition du Dictionnaire Raisonné des Sciences, des Arts et des Métiers, avec leur Explication* (Geneva: Pellet, 1778), I, Hydraulique, Moulin à Vent de Meudon. Pl. 1-5, Hydraulique, Moulin à Eau. Pl. 1-3, Instruments de Mathématiques. *Ibid.*, II, Pl. 0-15bis, Chymie.

[34] *Suite du Recueil de Planches*, III, Suppl. 1-2, Couvreur. *Recueil de Planches*, II, Architecture, Maçonnerie, Carrier-Platrier. Pl. 1-3, Tuilerie, Pl. 1, Architecture, Carreleur.

[35] *Encyclopédie, ou Dictionnaire Raisonné des Sciences, des Arts et des Métiers, par une Société de Gens de Lettres*, nouvelle édition (1779), II, 551-58.

While the text describing the anatomical plates is a storehouse of information recognizable to physicians today, the pictorial image of what was analyzed often renders an accurate reading to a secondary role. Interestingly enough, the plates that fit this category were not at all contemporary but rather based upon sixteenth-century sources, most notably the drawings made for Vesalius by Titian's student, Jan van Kalkar. By the mid-eighteenth century Kalkar's sketches belonged more to the realm of artistic anatomy used by painters and sculptors than to that of descriptive and topographical anatomy employed by medical students. Take the anterior aspect of the skeleton, for example. As Saunders and O'Malley noted in their edition of the Vesalian drawings, the overly short thorax, absence of spinal curvature, and disproportional intermembral index derived from the artist's need to apply to the skeleton the classical canons of proportion designed for the intact body.[36] Not only did the *Encyclopédie* retain this disproportion, but it also submerged anatomical accuracy in favor of emphasizing the traditional impression of the skeleton as personifying Death — the stylized, grave-digging figure, leaning heavily upon its spade and pointing to the earth in a ramshackle cemetery. The message — the vanity of human wishes and transitory nature of human existence — is crystal clear (fig. 3).[37] Tarin wrote that his choice of illustrations would be "indispensable aux médecins et aux chirurgiens, requise pour les philosophes, nécessaire aux peintres et aux sculpteurs, et doit intéresser tous les hommes."[38] It is instructive that he, an anatomist of considerable reputation, and the quarto's publishers, wished to preserve and perpetuate what they assuredly knew were inaccurate renderings, preferring to pass on to future generations the image of a melancholy Renaissance meditation.[39]

Once more indebted to Kalkar, the lateral and posterior views of the skeleton were reproduced in the quarto. In the former, Death meditates on human fate. In the latter it takes flight.[40] By way of contrast, the internal organs are purely descriptive. The portrayal of the

---

[36] J.B. de C.M. Saunders and Charles D. O'Malley, eds., *The Anatomical Drawings of Andreas Vesalius* (New York: Bonanza Books, 1982), p. 84.

[37] *Recueil de Planches*, II, Pl., 1, Anatomie, Le Squelette vû par devant.

[38] Cited in Pierre Astruc, "Les Planches anatomiques et chirurgicales de l'*Encyclopédie*," *Aesculape*, NS 33 (1952), 26-31.

[39] All the quarto plates dealing with Anatomy and Surgery were copies of those in the folio edition.

[40] *Recueil de Planches*, II, Pl. 2, Anatomie, Le Squelette vû de côté. Pl. 3, Anatomie, Le Squelette vû par-derriere.

human heart, an organ easily dissected, had no metaphorical intent.[41] For the arterial system Tarin elaborated upon the imaginative schema devised by Drake for the *Philosophical Transactions* of the Royal Society, a Cro-Magnon representation independent of reference to skeleton or muscles.[42] Diderot must have enjoyed the folio version of this picture, as well as the representation of the *vena cava*, for in the result we see the prevailing metaphor for the *Encyclopédie* itself: the tree.[43] In short, the anatomical drawings were multi-purposed. They could be informational, exploratory, imaginative, or metaphorical. They might place anatomical accuracy in the service of a philosophic message. And, as neither Tarin nor the quarto's publishers shied away from portraying the sexual organs graphically, in a book intended for general distribution, some also were aimed past the censor.[44]

When it came to surgery, the introductory illustration was both allegorical and metaphorical. Appropriately enough, the chief object of activity was the tree. With the statue of Aesculapius casting an approving glance, a young maiden and busy children repair, amputate, and transplant in a garden that we know will become, through human endeavor, a scientific Arcadia. The underlying theme of course is healing—either through surgery or else the herb remedies that the *putti* in the foreground prepare. In the background, while ships convey knowledge of the surgical art to the ends of the earth, a stork— the Egyptian hieroglyph for medicine—hovers approvingly over the scene.[45] Contrasting this pastoral vision are the tools of surgical knowledge—brutally candid representations of pincers, mallets, saws, and stomach brooms,[46] plus the *pièces de resistance*, a series of more complicated instruments and methods of modern surgical procedure intended to bring comfort to those who might have to submit to them, concluding with the miraculous operating chair itself.[47] True, it is doubtful whether eighteenth-century survival figures for trepanning procedures were particularly impressive.[48] Yet for readers of the quarto

[41] *Ibid.*, Pl. 17, Anatomie, Le Coeur.
[42] *Ibid.*, Pl. 8, Anatomie, Les Arteres.
[43] *Ibid.*, Pl. 9, Anatomie, Tronc de la Veine Cave.
[44] *Ibid.*, Pl. 20, 21; 2e Pl. 21, 22; 2e Pl. 22, Anatomie, La Verge vue de différentes manieres et détails.
[45] *Ibid.*, Chirurgie, Frontispice.
[46] E.g. *Ibid.*, Pl. 20, 21, Chirurgie.
[47] *Suite du Recueil de Planches*, III, Suppl. Pl. 3, 4, 5, Chirurgie.
[48] *Recueil de Planches*, II, Pl. 17, Chirurgie.

the surgeons at work most assuredly had the look of gentleness and
authority on their faces—the ideal we expect from our doctors[49]—and
the illustrations not only represent but also contrast techniques. One
masectomy is labelled "cruel" and "imperfect." Another is described
as humane and efficient.[50]

The surgical plates betray a faith in progress. On the other hand,
nearly all 98 architectural plates are conservative in orientation, very
easily representing the *accumulation* of knowledge and correct application of its neo-classical rules. It may well be that aesthetic ideologies
ossify the moment they begin to be challenged, and the Gothic revival
was stirring when the quarto reached the hands of readers. Moreover,
the quarto's publishers took the descriptive text straight from the folio,
originally published in 1762. Their instructions for what represented
correct taste were thoroughly unbending in their classicism:
distinguishing among the five Orders of columns, bases, capitals, en-
tablatures, and balaustrades;[51] doorways relative to the Orders; their
correct usages—Doric for public buildings, Ionic for pleasure houses,
Corinthian for royal palaces, Tuscan for military architecture and
the dependencies of large buildings. The author of the descriptive article accompanying the plates, Jacques-François Blondel, professor
at the Academy of Architecture until his death in 1774, criticized
eighteenth-century churches as being insufficiently magnificent;
residences were to conform unalterably to the social rank of their
owners. In this thoroughly aristocratic textbook the residence of a first
magistrate must never be confused with that of a marshal of France.
Deviations from the prescriptive wisdom of the past were scornfully
treated. For example, there is the façade of the Fountain of the Four
Seasons by Bouchardon built in Paris in 1739. The fountain is a powerful protrusion that gushes forth its reviving liquid at high pressure.
According to Blondel, to decorate it with Ionic columns emasculates—
one may nearly say, castrates—it. The columns must be virile—
Doric—and not even the dedication of the fountain to a feminine deity,
the city of Paris, should deter from the fact.[52]

Nevertheless, it would be misleading to conclude that the quarto
closed the door to new architectural ideas by codifying the canon of
classicism in a reference book. Even while the *Encyclopédie*'s approach

[49] *Ibid.*, Pl.11, 12, Chirurgie.
[50] *Ibid.*, Pl. 29, Chirurgie.
[51] *Ibid.*, Pl. 1-9, Architecture.
[52] *Ibid.*, Architecture, et parties qui en dépendent, pp. 1-47, Pl. 13.

towards residential and public architecture seemed traditional and rule-laden, the quarto contained a very detailed description of another type of building, wholly functional and utilitarian, that places the book in the modern world.[53]

In 1748, the year following Diderot's initial commission, the Galley Corps were abolished, uniting the galleys with the rest of the navy, and preparing the way for their gradual abandonment. What to do with the thousands of condemned criminals, Protestants, war prisoners, and ex-vagrants who heretofore had spent their time rowing for the king? Initially, the state had warehoused unemployed and incapacitated *galériens* wherever it could, particularly on rotting hulks and in makeshift factories located in Mediterranean port towns. Since 1701, Marseilles contained a building converted into a *bagne*, where contractors employed prisoners in manufacturing naval stores and general merchandise. On September 27, 1748, ex-*galériens* constructed a workhouse at Toulon, and two years later a model prison, built according to minute specifications, went up at Brest. Its architect, Antoine Choquet de Lindu, described the place in the *Supplément* and the quarto's publishers took pains to reproduce most of his observations and copy his plates (fig. 4).[54] Architectural principles of penology thus became topics for public consumption, capturing the attention and captivating the imagination of the country.

The *bagne* at Brest was designed to hold twenty thousand inmates, prevent their escape, find useful labor for them, and furnish them with the indispensable products of life. The enormous building, 780 feet long, was completely utilitarian. Choquet de Lindu prided himself

---

[53] The article and illustrations best exemplifying this view did not appear originally in the first folio, but rather in the *Supplément* edited by J.-B. Robinet: for the text, see *Suppléments à l'Encyclopédie...* (Amsterdam: Rey, 1776), I, 744-7. For the plates, see *Suite du Recueil de Planches* 4-5. Pl. 1, 2, 3. Supplément.

[54] *Suite du Recueil de Planches, sur les Sciences, les Arts Libéraux, et les Arts Méchaniques, avec leur Explication* (Geneva: Pellet, 1779), III. Architecture: Observations, pp. 44-49. Suppl. Pl. 1-3, Architecture, Bagne de Brest. For a description of a refurbished warehouse, the *bagne* of Marseilles, established back in 1700, see Paul M. Bamford, *Fighting Ships and Prisons: The Mediterranean Galleys of France in the Age of Louis XIV* (Minneapolis: The University of Minnesota Press, 1973), pp. 235-49. Over two centuries the dangers of transcription may become evident. In the excellent collection of the complete illustrations originally published by Mondadori in Milan and subsequently by Harry Abrams in New York, the index citation for the *bagne* reads as follows: "2 929. View and section of rooms in a bathing resort in Brest"! *Diderot Encyclopedia: The Complete Illustrations, 1762-1777* (New York: Harry N. Abrams, 1978), V, General Index, p. 248.

on its functional detail, from the construction of a latrine system that permitted ball-and-chained inmates to relieve themselves without soiling their quarters or fellow-prisoners, to the division of neatly uniform cellblocks further divided into smaller units, each containing up to three hundred fifty prisoners. Far from the chaotic, unplanned dungeons of old, this model prison was self-sufficient, with each major cell-block containing its kitchen, tavern, and running-water system. Not only did size suggest the penitentiary of the nineteenth century, but so did the psychological atmosphere of the place: lamps that remained forever lit, inmates constantly surveyed, perpetual silence, portable altars and moral lessons brought to the prisoners. The *bagne* reminded the quarto's readers of the ancient terrors of punishment as well as the humanitarianism of the Enlightenment. In the name of both security and this humanitarianism it was built in front of Brest's military barracks and next door to the town's general hospital. Jobs were to occupy the prisoners' time, vile tasks in town for the majority of course; but a privileged, well-behaved group were to practice their traditional occupations and even sell their wares to the public in the prison courtyard—the main difference between this place and the outdoor markets reviving in North America today being that the eighteenth-century craftsmen were chained to their stalls.

To contrast the *bagne* of Brest with the theoretical treatises on rehabilitation rather than punishment, particularly those by Beccaria or John Howard, would take me too far afield. What I have suggested is that the publishers of the first popularly priced *Encyclopédie* (and it might take some arguing, I realize, to call a 384 *livre* book a bargain) in 1777 conceived of the interests of their readership differently from the way Diderot had done a generation earlier. Though the quarto's subscribers were less privileged socially and economically than the first folio's had been, Panckoucke and Duplain interpreted their interests as being far more elitist, far more leisured, than had Diderot. By retaining the specialized intricacies of musical notation and the abstract measurements of geometry and hydrostatics, while brushing aside the cultural worthwhileness of shoeing horses, blowing glass, or boiling soap, the publishers were making a social statement. Perhaps they sensed that the world of the craftsman was *dépassé*; and, of course, that of the Industrial Revolution was a generation in the future. At any rate, what the quarto's publishers sensed readers would buy was instruction in theoretical and utilitarian high culture—knowledge of one's body, of the ways in which medicine might prolong one's life, knowledge of that stable civilization architectural canons were preserving, and of that newly organized one represented by a prison where all functioned according to plan. To be sure, what I have referred to was, in terms of volume space, but a minimal part of the quarto. Most of the text of the first edition, as well as that of the *Supplément* was retained. The "audacieux message," its daring a bit dulled after twenty years, remained intact. Nevertheless, advertising for the quarto was based upon its illustrations—those excluded, those kept. While the spirit behind the quarto's engravings lacks Diderot's social vision, while the illustrations downgrade or ignore the crafts, they assuredly rehabilitate science and the liberal arts, twin monuments of traditional elite culture, on the eve of industrial and political revolution.

L'Agitation dans les théâtres de province sous la Restauration

ALAIN CORBIN

Au lendemain de la geste impériale, tandis que la rue perd de sa théâtralité[1], que s'efface la dramatisation de la vie quotidienne et que se précise la surveillance des conduites[2], le spectacle propose aux ardeurs contenues des formes de défoulement en accord avec l'ample rhétorique du corps et l'expressionnisme romantiques. Autant d'évidences depuis longtemps rabâchées.

Toutefois, la quasi-totalité des études consacrées à ce repli, contemporain de l'essor de la *privacy*, concernent le théâtre de la capitale[3]. Or, la multiplicité des salles autorise alors une distribution spon-

---

[1] Depuis la rédaction des études de Walter Benjamin sur Baudelaire jusqu'aux ouvrages récents de Richard Sennett et de Serge Moscovici, une abondante littérature concerne le dépérissement de ce *theatrum mundi* et l'avènement de la foule de la ville moderne.

[2] A propos de l'ascension du réglementarisme depuis le Consulat, voir l'ensemble des travaux historiques inspirés par Michel Foucault.

[3] Notamment: Maurice Descotes, *Le Public de théâtre et son histoire* (P.U.F., 1964); Jean Duvignaud, *L'Acteur, esquisse d'une sociologie du comédien* (Gallimard, 1965); Claude Duchet: "Thèâtre, histoire et politique sous la Restauration" in *Romantisme et politique. 1815-1851* (A. Colin, 1969), pp. 281-302 et, dans une optique comparatiste, Danièle Pistone, "Réflexions sur l'évolution du public musical parisien", *Romantisme*, no. 38 (1982), pp. 19 sq.

tanée du public parisien, plus varié, il est vrai, que jamais[4]; ainsi se trouve partiellement désamorcée la charge conflictuelle du lieu. Au coeur des grandes villes de province en revanche, le théâtre, souvent unique[5], fait résonner les joutes locales. Ici, le moindre débat, accentué par la confrontation obligée des publics, trouve à se mimer. Ce microcosme, où se reconstruisent en abîme les drames de la société urbaine, souvent considéré comme dérisoire car aucune partie décisive ne s'y joue, constitue un observatoire privilégié de l'intrication des attitudes culturelles et des comportements politiques.

La diversité des publics

Entreprendre de décrire avec précision le public des théâtres provinciaux constitue une tentative quasi désespérée, tant est grande la variété des situations locales. La physionomie de la salle reflète tout à la fois la structure socio-professionnelle de la population de la ville, le niveau culturel de chacune des catégories qui la composent, les traditions festives régionales et les formes de sociabilité dominantes. En outre, la médiocrité de l'équipement théâtral impose, ici, une grande diversité du public selon les jours de la semaine et selon les saisons.

Ces réserves faites, nous pouvons toutefois discerner quelques traits majeurs. Au terme d'une longue tournée effectuée dans quarante-cinq théâtres de province, l'inspecteur général écrit en 1818 que "la bonne société", déçue par la médiocrité du spectacle, a déserté les salles et

---

[4] Jean Duvignaud, *Sociologie des ombres collectives* (P.U.F., 1965), pp. 368, 371. Selon cet auteur, le théâtre cesse, à partir de la Révolution, d'être l'"illustration culturelle d'un groupe de privilégiés"; il devient un "objet commercial comme les autres" (p. 376). Voir aussi Jean Duvignaud, *L'Acteur*, p. 136, et plus récemment, Dominique Leroy, "Réflexions autour des processus d'élitisation, à propos de l'évolution de la production et de la consommation théâtrale à Paris au 19e siècle", in *Oisiveté et loisirs dans les sociétés occidentales au 19e siècle* (Amiens, 1983).

A propos d'un théâtre parisien au public populaire, Michel Baude, "Un Théâtre populaire: Le Théâtre du Montparnasse d'après le journal inédit de P.H. Azaïs", *Romantisme*, no. 38.

[5] Excepté, il est vrai, dans quelques grandes villes, telles Bordeaux, Nantes ou Rouen. Dans cette dernière ville, le Théâtre des Arts, construit en 1776 est réservé au genre noble et il attire le public bourgeois tandis que le Théâtre français, construit en 1792 au Vieux Marché est fréquenté par les classes moyennes. Les deux salles ont une gestion commune et le "décalage social et culturel" entre les deux scènes est systématique (J.P. Chaline, *Les Bourgeois de Rouen. Une élite urbaine au 19e siècle* [Fondation Nat. des Sciences Politiques, 1982], p. 214). Nous verrons que, sous la Restauration, le clivage était en fait moins strict que ne le prétend l'auteur.

qu'elle "s'est créée d'autres délassements"[6]. Les rapports de gendarmerie et de police consacrés aux théâtres de la Restauration[7] n'évoquent jamais la présence de l'aristocratie. Cette abstention, qui n'a rien de surprenant, semble encore plus générale en province que dans la capitale. Au dire de l'inspecteur, visiblement nostalgique de l'Ancien Régime, elle s'accompagne de la disparition du public éclairé; bref, de l'élimination des "connaisseurs" qui imposaient naguère leurs goûts au parterre. Vide lourd de conséquences. Le public, qu'aucune élite cultivée ne contrôle plus et qui se révèle beaucoup moins homogène qu'auparavant, est devenu un enjeu[8].

Dans les villes universitaires et dans les villes de garnison, les étudiants et les officiers forment, à l'intérieur de la salle, des groupes nombreux et cohérents. Sur les huit cents inscrits que comptent les facultés de Toulouse en 1817, cent cinquante-neuf sont abonnés au spectacle[9]. Ils emplissent le parterre. A Aix, les étudiants en Droit occupent les premières loges. La tradition leur permet de jouir de certains privilèges: ils ont librement accès aux coulisses; ils peuvent siéger sur des bancs disposés à l'avant-scène et sont autorisés à garder leur chapeau sur la tête. Les étudiants en médecine de Montpellier constituent un public d'habitués; il en est de même, semble-t-il, à Poitiers.

Ce sont les officiers de l'Ecole de cavalerie qui, à Limoges comme à Saumur, occupent les premières loges du théâtre. Dans la cité de la porcelaine, les "gens du peuple" s'entassent aux deuxièmes et troisièmes loges, tandis que les "jeunes gens de la ville" occupent le

---

[6] Bibliothèque Nationale, Manuscrits français, Nouvelles Acquisitions, 3056. "Inspection des théâtres de province", 1818. Au sein de l'aristocratie se développe alors un théâtre privé; par exemple, Charles de Rémusat, *Mémoires* (Paris, 1958), I, 40. Dans sa campagne de Bursard, le comte Roederer a construit un théâtre dont il est lui-même le metteur en scène (Blanche de Corcelle, *Notice et souvenirs de famille* [Bruxelles, 1899]).

[7] Notamment l'abondante série regroupée aux Archives Nationales, sous les cotes F⁷ 6692-6693; toutes les citations dont nous n'indiquons pas en note la référence sont extraites de ces cartons.

[8] Aussi partisans que puissent être les rapports d'inspection des théâtres de province sous la Restauration, il n'en apparaît pas moins avec évidence que la qualité du spectacle est fort médiocre et que le fossé qui sépare la province de la capitale se révèle plus profond qu'à la fin de l'Ancien Régime; le succès considérable remporté par les acteurs parisiens en tournée est, à ce propos, révélateur. Les écoles provinciales ne forment plus d'élèves; dans ces conditions, loin de Paris, l'acteur ne peut que végéter.

[9] Lettre du préfet au ministre de la Police générale, 29 novembre 1817.

parterre[10]. Victor Gelu, acteur au théâtre d'Antibes, se lie d'amitié avec les officiers qui composent une partie de son public[11]. Mis à part ceux qui ont pour mission d'y faire respecter l'ordre, les fonctionnaires, en revanche, ne fréquentent guère le spectacle. L'agitation politique qui s'y déploie risquerait de les compromettre. En 1819, le maire de Strasbourg interdit à ceux de sa ville d'assister aux représentations des *Vêpres Siciliennes*[12].

Dans la plupart des théâtres de province, les négociants, les commerçants, notamment les plus jeunes, ainsi que les garçons de boutique, les commis voyageurs et les employés forment désormais les effectifs les plus nombreux[13]; du fait de leur moindre cohésion, il leur est toutefois plus difficile qu'aux étudiants et qu'aux officiers d'exercer leur emprise sur les spectateurs. Dans les villes qui ne possèdent ni faculté ni garnison importante, ils réussissent souvent à imposer leurs goûts.

A Marseille, écrit l'inspecteur général en 1818, "les négociants qui au nombre de six ou sept cents abonnés s'occupent d'affaires même en la Comédie font du Parquet, Parterre et du Foyer une bourse perpétuelle, surtout pendant les représentations des ouvrages les satisfaisant peu"[14]. Des rapports de police soulignent la présence de commis voyageurs aux théâtres de Toulouse en 1822, d'Angoulême en 1826, de Bordeaux et d'Avignon en 1829. A Beauvais, en 1823, deux meuniers se trouvent compromis par leur attitude au spectacle. Ce sont des fils de négociants et de marchands qui fomentent les troubles qui éclatent à Rouen et à Nantes en 1825. Dans la capitale normande, la présence des négociants au Théâtre des Arts, soulignée dès la Restauration, suscitera quarante ans plus tard les sarcasmes de Flaubert[15].

Il serait toutefois erroné de penser que le public populaire abandonne à la bourgeoisie, grande ou petite, la fréquentation des théâtres, pour se replier sur d'autres spectacles[16]. L'afflux des "gens de

---

[10] Préfet de la Haute-Vienne au ministre de l'Intérieur, 24 juin 1826.

[11] Victor Gelu, *Marseille au 19e siècle* (Plon, 1971), p. 192.

[12] Préfet du Bas-Rhin au ministre de l'Intérieur, 13 décembre 1819.

[13] Maurice Descotes (*op. cit.*, passim) constate, mais avec une certaine imprécision, qu'à Paris, la monarchie censitaire marque le retour puis la prééminence du public bourgeois dans les salles de spectacle.

[14] Bibl. Nat. Man. fr. n.a., 3056.

[15] J.P. Chaline, p. 215.

[16] Ainsi à Rouen, il existe d'autres lieux destinés au peuple, notamment le "spectacle Gringalet" (Chaline, p. 214).

métiers", artisans et ouvriers de l'artisanat qui peuplent le centre des villes, détermine, tout autant que celui de la petite bourgeoisie commerçante, la mutation du public qui est en train de s'opérer. Il serait même excessif de s'imaginer que le peuple se trouve, dans tous les cas, relégué aux troisièmes ou aux quatrièmes loges. La distribution sociale des spectateurs se révèle alors beaucoup moins rigoureuse qu'à Paris. C'est la construction de nouvelles salles qui permettra sous la Monarchie de Juillet ou le Second Empire, cette stricte fragmentation sociale de l'espace que l'on a tant de fois soulignée. En attendant, la fusion des publics se réalise assez souvent, notamment dans les salles du Midi, lorsque, par défaut de banquettes, le parterre se tient debout durant le spectacle.

> Le parterre, vu son ancienne réputation, se croit quelque chose, écrit un spectateur du théâtre d'Aix en 1818, mais la vérité est que tel qu'il est composé aujourd'hui il est bien peu de choses, et le dimanche moins que rien. Autrefois, le gens du palais, les propriétaires, les négociants, enfin tout ce qu'il y avait de personnes instruites le composaient, aujourd'hui si vous en exceptez une vingtaine de vieux habitués, on n'y voit le dimanche que des portefaix ou des ouvriers qui la plupart arrivent la tête échauffée par le vin.[17]

Agricol Perdiguier nous dit avec quel empressement les ouvriers fréquentent les théâtres de Bordeaux; lui-même ne détone pas, assis sur le premier banc, en costume de travail, casquette de loutre sur la tête[18]. Ce sont des ouvriers qui attaquent en 1825 la maison du directeur, afin de lui témoigner leur mécontentement. C'est un ferblantier qui, l'année suivante, organise les troubles qui éclatent au spectacle, un dimanche. Les "grisets" et les portefaix du canal rejoignent parfois les étudiants au parterre de Toulouse. Celui de Perpignan se compose de "jeunes artisans"[19]. A Nantes en revanche, les "ouvriers compagnons" s'entassent aux troisièmes et quatrièmes loges[20].

Il arrive, mais plus rarement, que des ouvriers de la fabrique et des manufactures situées dans les faubourgs industriels assistent, eux aussi, au spectacle, tout au moins le dimanche. On signale leur présence à Nîmes, à Limoges et dans les salles du Centre-Ouest. La venue de ces ouvriers inquiète tout à la fois le public et les autorités. Le

---

[17] Bibl. Nat., manuscrit cité.
[18] Agricol Perdiguier, *Mémoires d'un compagnon* (Editions 10/18), pp. 166, 228, 272.
[19] Bulletin de police de la préfecture de Perpignan, 25 octobre 1826.
[20] Préfet de la Loire-Inférieure au ministre de l'Intérieur, 11 octobre 1827.

28 mai 1826, le préfet de la Charente décide de céder aux exigences des spectateurs du théâtre d'Angoulême parce qu'il a remarqué l'arrivée des ouvriers[21]. L'irruption probable de travailleurs du textile, venus de Bolbec, de Darnétal, d'Elbeuf et de Louviers affole, en mai 1825, les agents de Rouen, chargés de maintenir l'ordre dans la salle du Théâtre des Arts[22].

Quant aux prostituées, elles tendent à être reléguées aux troisièmes et quatrièmes loges, comme c'est le cas en Touraine[23]. Dans les théâtres du Midi, elles s'installent parfois à l'orchestre; ce qui crée de l'agitation. Leur présence suscite les protestations indignées des spectateurs bien-pensants[24]; elle mécontente aussi les étudiants qui n'entendent plus subir une telle promiscuité[25].

La défense des privilèges du public

Aussi varié et divisé soit-il, le public forme bloc lorsqu'il s'agit de défendre ses privilèges ou d'exercer son contrôle, voire sa domination, sur les acteurs qui sont en scène. Nombreux sont les incidents au cours desquels les spectateurs unanimes s'en prennent ainsi au directeur de l'établissement ou à l'un des membres de la troupe.

A Toulouse, le 8 février 1818, les officiers et les "bourgeois"[26] des premières et des secondes loges soulèvent le parterre contre la direction qui veut jouer l'opéra *Didon* hors abonnement. Ils obtiennent gain de cause. Quelque temps plus tard, les étudiants et les officiers, pour une fois d'accord, tentent de se débarrasser du directeur; "non seulement on sifflait mais on jetait des paquets de foin sur les acteurs"[27].

[21] Préfet de la Charente au ministre de l'Intérieur, 27 mai 1826.

[22] Voir infra.

[23] Sur l'histoire des théâtres du Centre-Ouest sous la monarchie censitaire, deux travaux exhaustifs: Anne-Marie Rollandeau, *La Vie théâtrale dans le 5e arrondissement (Ile-et Vilaine, Maine-et-Loire, Mayenne, Sarthe) 1824-1863* et Geneviève Dauvin, *La Vie théâtrale dans le 10e arrondissement 1824-1864.* Mémoires de maîtrise (Tours, 1971, 1972).

[24] Voir la pétition de deux négociants de Montpellier au ministre de l'Intérieur, le 9 juin 1829.

[25] Ainsi, en 1818, les étudiants de Toulouse protestent contre la présence des filles publiques (Colonel de la gendarmerie au ministre de la Police générale, 1er décembre 1818). Ils arguent de la présence des prostituées au théâtre pour réclamer au ministre le transfert de la faculté de Droit à Bordeaux!

[26] Commissaire de police au maire de Toulouse, 9 février 1818.

[27] A propos des soirées des 15 et 16 avril 1818; préfet au ministre de la Police générale, 21 avril 1818.

Les trublions menacent d'incendier la salle. Huit étudiants seront arrêtés, puis relâchés quelques jours plus tard.

En décembre 1824, les élèves de Droit et de Médecine chahutent le spectacle durant plusieurs jours consécutifs; ils entendent ainsi obtenir du directeur qu'il baisse le tarif de l'abonnement mensuel. Il faut en appeler à la troupe qui opère neuf arrestations. Le mardi 20, les étudiants tentent d'interdire les portes de la salle aux spectateurs; quelques officiers et quelques bourgeois se joignent à eux; ils s'en vont ensuite assiéger la demeure du directeur qui doit, ainsi que son épouse, subir un terrible charivari[28].

Au mois de décembre de l'année suivante, le public de Nantes manifeste son mécontentement à l'égard du directeur des spectacles. On lui reproche le manque de variété des programmes. A la suite de troubles violents, le malheureux est conduit en prison[29]. A Bordeaux, les exigences des spectateurs à l'égard de l'administration constituent une véritable tradition. En 1825, le public, mécontent des acteurs, réclame l'expulsion du directeur; le 20 avril, des troubles éclatent au Petit Théâtre; "après avoir brisé ce qui était dans l'intérieur de la salle, les mutins sont allés au Grand Théâtre, et ont brisé les vitres de l'appartement du directeur"[30]. Le lendemain, il faudra recourir à la garde municipale à cheval pour disperser un nouvel attroupement. Le préfet s'empresse de préciser: "ces toubles n'ont aucune cause politique"[31]. Des incidents de même nature, suscités eux aussi par l'hostilité du public à l'égard de la direction, se produisent en Avignon (1824) et à Saint-Omer (1827).

C'est à l'occasion des *débuts* que se manifestent le mieux les exigences des spectateurs à l'égard des acteurs. En province, les cabales ne revêtent pas les mêmes formes qu'à Paris[32]. Ici, le public en arrive vite aux voies de fait. Souvent, il s'agit pour lui de faire sentir son autorité à un acteur jugé trop arrogant. Caractéristique à ce propos, ce qui se produit le 25 septembre 1826 au Grand Théâtre de Bordeaux, lors de la représentation d'*Aristippe*. La salle, bien garnie, fait

---

[28] Sur tous ces incidents, préfet au ministre de l'Intérieur, 2 décembre 1824. L'abonnement était de vingt francs pour six semaines.

[29] Préfet de la Loire-Inférieure au minstre de l'Intérieur, 6 décembre 1825.

[30] Préfet de la Gironde au ministre de l'Intérieur, dépêche télégraphique, 21 avril 1825. Quatre individus ont été arrêtés.

[31] Le même, 22 avril 1825.

[32] A propos de ces cabales, expression des groupes, voir Jean Duvignaud, *L'Acteur*, p. 101.

un mauvais accueil à l'acteur Libaros. Celui-ci, mécontent, se retire en proférant le mot de Cambronne. Devant le tumulte qui se déchaîne, le commissaire décide de conduire l'acteur en prison. Cette mesure ne satisfait pas le public qui exige que Libaros lui fasse des excuses à genoux. Amené de force sur la scène, le malheureux refuse de s'exécuter; il renverse policiers et soldats et sort par les coulisses. Sa fuite redouble l'indignation de la salle; "des chaises ont été jetées sur le théâtre et dans l'orchestre, les bancs, les quinquets qui éclairaient les couloirs et diverses loges, la rampe, les pupitres des musiciens et grand nombre de carreaux ou vitres ont été cassés et les débris lancés sur le théâtre et dans l'orchestre"[33]. Libaros sera arrêté de nouveau. Trois ans plus tard, dans cette même salle, l'ouverture de l'année théâtrale se révèle à nouveau fort agitée. Le public se déclare mécontent des acteurs. Le 28 juin, il se porte aux plus grands désordres: "on arrachait les garnitures des loges, on rompait les accoudoirs, les bancs, et on avait déjà lancé des débris vers le parquet"[34].

Le 20 mai 1828, les étudiants en Droit montent une cabale contre l'acteur Le Brun qui effectue ses débuts au théâtre de Toulouse. On lui reproche d'avoir par deux fois "quitté la scène d'une manière inconvenante"[35]. Les jeunes gens, qui ont soigneusement préparé la soirée lors d'une conférence tenue le matin, envahissent le parterre, "au nombre d'environ cinq cents". Le Brun, souffrant, refuse de jouer. Devant l'ampleur de l'agitation, la police décide de faire évacuer le parterre. Mécontents, les étudiants "renforcés d'un bon nombre d'étrangers aux Ecoles", tentent de rentrer de force dans la salle et de bousculer les quatorze gendarmes qui leur en interdisent l'accès. Des bagarres éclatent; des pierres sont lancées; un inspecteur de police reçoit un coup violent à la tête; le commissaire est touché, lui aussi. Le préfet, qui se trouve dans la salle, réclame un détachement de la garnison. La troupe se joint à la gendarmerie et disperse l'attroupement. Le lendemain, le préfet exige que l'acteur Le Brun présente ses excuses au public.

Jean-Pierre Chaline, qui a lu attentivement la presse régionale, souligne, dans son étude sur Rouen, la fréquence de l'agitation qui secoue le Théâtre des Arts, à l'occasion des "débuts"[36]. Le 29 décembre 1828,

---

[33] Rapport des commissaires de police au maire de Bordeaux, 26 septembre 1826.
[34] Préfet de la Gironde au ministre de l'Intérieur, 29 juin 1829.
[35] Préfet de la Haute-Garonne au ministre de l'Intérieur, 25 mai 1828.
[36] Chaline, p. 215.

l'affaire tourne à l'émeute; la police procède à une vingtaine d'arrestations. La cabale montée contre une actrice, en mai 1829, atteint,
elle aussi, de graves proportions: "On jette des chapeaux en l'air, un
couteau ouvert lancé à travers la salle atteint et blesse un spectateur.
Des dames s'évanouissent, d'autres quittent la salle avec des cris
d'effroi"[37].

Bien entendu, les "débuts" sont aussi l'occasion pour les partisans
et les adversaires d'un acteur ou, plus souvent, d'une actrice de s'affronter, parfois en de véritables rixes. Il s'agit là d'une situation trop banale
pour qu'il convienne d'insister. Nous relevons l'existence de tels troubles
à Bordeaux, chaque année, de 1825 à 1829. Au Grand Théâtre, au
Théâtre français comme aux Variétés, les séances sont ainsi pertur-
bées par les commis négociants ou marchands qui, dans cette ville,
donnent le ton au spectacle. L'agitation constante des salles bordelai-
ses ne semble pas de nature politique. Des troubles suscités par de
telles cabales sont encore signalés à Nantes en 1819, 1820, 1822 et
1825; à Rouen en 1824, à Toulouse, Orléans et Strasbourg en 1825,
à Pau en 1826, à Montpellier en 1827. Henri Contamine note qu'à
Metz, ce type de troubles se reproduit presque chaque année[38].

A Perpignan, le 11 mai 1824, se déroule une scène qui permet de
constater que l'agitation du parterre ne suffit pas toujours à troubler
l'ensemble du public. Ce jour-là, "à l'occasion des débuts d'un nouvel
acteur, le parterre fut divisé en deux partis et des combats à coups
de poings se sont engagés. Cependant les spectateurs du parquet, des
loges et du surplus de la salle suivaient la représentation"[39].

Il arrive, beaucoup plus rarement il est vrai, et sans qu'affleure pour
autant la politique, que le public unanime se dresse contre des policiers ou des gendarmes qui s'en prennent à des spectateurs. La foule
se refuse à accepter l'intrusion d'individus en armes à l'intérieur de
la salle. Contentons-nous d'un exemple: en novembre 1824, le commissaire de police de la ville de Troyes, désireux de faire expulser
deux individus avec lesquels il vient d'avoir une algarade, réclame
l'aide d'un gendarme. "L'apparition de ce gendarme offusqua les spectateurs; les têtes s'allumèrent; le commissaire appela quatre à cinq

[37] *Journal de Rouen*, 14 octobre 1894; article rétrospectif cité par J.P. Chaline. Notons
que, comme dans les salles du Midi, le parterre, ici, se tient debout.
[38] Henry Contamine, *Metz et la Moselle de 1814 à 1870* (Nancy, 1932), i, 84.
[39] Bulletin de police de la préfecture de Perpignan, 21 mai 1824.

gendarmes et deux agents de police. Alors l'effervescence fut au comble; le parterre escalada les loges pour s'opposer"[40] à l'enlèvement d'un spectateur. Devant la tournure prise par l'événement, le commissaire et les gendarmes décident de se retirer sans avoir obtenu gain de cause.

La lutte pour le contrôle de la salle

La disparition de l'élite de connaisseurs qui communiquait ses goûts à un public cultivé, permet à divers groupes, de tenter d'exercer par la force leur autorité sur l'ensemble des spectateurs. Pour chacun de ces groupes que l'on ne saurait considérer comme "momentanés"[41], étant donné leur degré d'organisation, leur cohérence et, surtout, leur permanence, il s'agit tout d'abord, à l'occasion de scènes d'agitation, d'éprouver son existence et de définir son identité. Le parterre devient la scène où s'élaborent une gestuelle et un langage communs. Il s'agit du même coup d'imposer ses jugements et ses opinions et, plus encore, d'interdire aux rivaux de s'emparer du contrôle de la salle. Il s'agit enfin de défendre certaines pratiques perçues comme des droits, mais considérées comme des privilèges par les adversaires.

Dans ces villes de province, où le Grand Théâtre tend alors à polariser la sociabilité, imposer son autorité au spectacle se révèle de grande portée. Cette réussite peut être interprêtée comme le reflet d'une domination exercée sur l'ensemble des "esprits". On comprend dès lors le nombre et la violence des incidents qui opposent les groupes de spectateurs, sans qu'on puisse toujours discerner de mobiles politiques à l'affaire, mais sans qu'il soit possible pour autant de parler de simple cabale.

Philippe Ariès[42] a judicieusement souligné la promotion dont a bénéficié la jeunesse au sein de la société urbaine durant la Restauration, ainsi que le rôle déterminant joué par les étudiants dans ce processus. A ce propos, Ariès songe surtout à la scène parisienne; or, la situation provinciale conforte son analyse. A l'évidence, le théâtre a favorisé cette cristallisation de la notion de jeunesse. Les étudiants

[40] Maire de Troyes au préfet, 22 novembre 1824. Le 13 décembre 1822, des étudiants en Droit d'Aix rossent le commissaire et un gendarme qui tentaient d'expulser du parterre un de leurs camarades.

[41] Sur cette notion, voir l'avis de Jean Duvignaud, *L'Acteur*, p. 101.

[42] "Réflexions sur l'histoire de l'homosexualité", *Communications*, no. 35 (1982), pp. 59 sq.

se situent, pour la plupart, en marge de la ville. Originaires de départements parfois fort éloignés, fils de petits-bourgeois ou de propriétaires fonciers aux revenus souvent limités[43], ils vivent chichement des sommes allouées par leurs familles; tandis qu'il leur faut subir l'humiliante ostentation de la jeunesse dorée qui s'affiche à la ville. Au théâtre, en revanche, la jeunesse des facultés se trouve en position de force. Il est facile aux étudiants de se concerter et même de se coaliser, malgré la législation en vigueur. La présence aux cours, la tenue de réunions dans des cafés ou dans la campagne périurbaine facilitent l'élaboration des formes du tumulte. L'esprit de corps suffit à faire respecter des décisions prises lors de ces délibérations clandestines[44]. L'anonymat dont jouit le plus souvent l'étudiant encourage son engagement physique; à moins de tomber entre les mains des agents de l'ordre, il n'est, pour lui, guère de risque de représailles. Ajoutons que la jeunesse des facultés peut exercer sur la direction des théâtres un chantage des plus efficaces: une grève du spectacle décrétée par elle constitue pour l'administration la pire des catastrophes. En 1818, les étudiants d'Aix-en-Provence comme ceux de Montpellier jouent très habilement de cette menace; les seconds parlent même de quitter la ville[45].

En 1817, année de troubles dans les facultés et les écoles de Droit, les étudiants de Toulouse, désireux de regagner le prestige dont ils jouissaient naguère au théâtre, tiennent des assemblées; ils délibèrent notamment des moyens d'imposer au directeur la venue de Talma

---

[43] Voir ce que dit André Armengaud (*Les Populations de l'est-aquitain au début de l'époque contemporaine* [Paris, La Haye: Mouton, 1961], p. 284) des étudiants prolongés qui fréquentent la faculté de Toulouse et qui, selon lui, constituent "un type social de la région".

[44] L'étudiant qui ne respecte pas les résolutions, écrit le préfet de la Haute-Garonne le 4 décembre 1817, doit payer une amende et se trouve exposé à de mauvais traitements. La soirée théâtrale, devenue revanche sur le bourgeois désamorce probablement de plus terribles conflits. Le préfet de la Haute-Garonne l'a parfaitement compris qui écrit, en mai 1824, que seule l'ouverture des salles permet de canaliser l'agitation étudiante dans le ville de Toulouse.

[45] Lettre au ministre de l'Intérieur, 16 mai 1824. N'oublions pas qu'à la campagne, on relève un processus qui pourrait être comparé à celui qui nous occupe: le groupe des jeunes renforce alors sa prégnance; c'est lui qui, désormais, tend à contrôler le respect de la norme, à prendre en charge les valeurs de communautés dont la cohésion tend à se défaire; c'est ce qui explique qu'au sein de la France rurale, tout à la fois menacée et favorisée par les transformations économiques, la vitalité folklorique soit à son apogée.

et la baisse du prix de l'abonnement. Contre ces jeunes gens, qui sont des nouveaux venus, qui demeurent inconnus à Toulouse et qui ne disposent pas d'appuis dans la ville, le préfet suggère d'employer la garde nationale[46]. L'année suivante, les étudiants d'Aix se réunissent eux aussi; ils nomment des syndics et des commissaires, puis délibèrent de l'attitude qu'il convient d'adopter au spectacle[47]. En 1819, les étudiants de Poitiers entendent imposer leurs vues au directeur du théâtre et empêcher la représentation d'une pièce qui leur déplaît[48].

Le 15 février 1818, les étudiants en Droit de la faculté d'Aix-en-Provence, installés dans la galerie des premières, se plaignent de subir, depuis deux ans, les huées de la "multitude" du parterre[49]. Des bagarres éclatent qui durent plusieurs jours. Les étudiants entendent faire reconnaître la permission qui leur est accordée de rester couverts au spectacle, d'occuper le balcon, de se tenir sur les gradins "situés aux deux côtés de l'avant-scène" et d'accéder aux coulisses. Ils refusent en revanche, de reconnaître ce que leurs adversaires appellent "les droits du parterre". Celui-ci reproche à ces jeunes gens de se conduire d'une manière indécente. En 1821, la jeunesse des facultés se coalise pour défendre ces mêmes privilèges; le maire entend en effet l'en priver; il a décidé de supprimer les gradins et de condamner les portes qui mènent aux coulisses. Le tumulte devient tel que les commerçants du quartier, effrayés, décident de fermer boutique[50].

Quatre cents étudiants de Toulouse, appuyés par la jeunesse de la ville, s'opposent, le 14 mai 1824, à cent vingt grisets du parterre, public populaire constitué d'artisans, de portefaix et de porteurs de chaises. Malgré leur supériorité numérique, les jeunes gens s'abstiennent très sagement de tomber sur leurs adversaires, lesquels "quoique moins nombreux, étaient tous des hommes vigoureux et armés de morceaux de bois qui rendaient les coups de poing terribles"[51]. Le préfet, inquiet, décide de fermer temporairement la salle. Quatre ans plus tard, à Marseille, lors de l'ouverture du théâtre secondaire, les ouvriers, les portefaix et les artisans du parterre injurient les étudiants des premières loges qui se permettent de siffler les acteurs. On se lance des pommes de terre; des chaises volent de part et d'autre.

---

[46] Préfet de la Haute-Garonne au ministre de la Police Générale, 29 novembre 1817.
[47] Préfet des Bouches-du-Rhône au ministre de la Police Générale, 18 février 1818.
[48] Préfet de la Vienne au ministre de l'Intérieur, 11 mars 1819.
[49] Pétition d'étudiants au ministre de la Police Générale, 15 février 1818.
[50] Préfet des Bouches-du-Rhône au directeur général de la police du département, 17 novembre 1821.
[51] Préfet de la Haute-Garonne au ministre de l'Intérieur, 16 mai 1824.

Les forces de l'ordre décident de faire évacuer les premières, cependant qu'elles empêchent les spectateurs du parterre de sortir; elles craignent en effet qu'il n'arrive "de grands malheurs dans la rue"[52] si les deux groupes en viennent à se rencontrer.

Le chef d'escadron de la gendarmerie de Montpellier déclare le 22 avril 1825 que toute la ville est hostile aux étudiants en médecine[53]. Les habitants des faubourgs parlent même de venir au spectacle mettre ces jeunes gens à la raison[54]. En 1827, ce sont les deux jeunesses qui cette fois s'opposent. A l'occasion des *débuts*, étudiants et jeunes gens de la ville s'affrontent violemment. Deux attroupements antagonistes se sont formés sur l'esplanade. "Ce qui complique un peu la difficulté, note le préfet, c'est que les habitants des faubourgs paraissent vouloir se mêler à la querelle... ils feraient, si l'on n'y prenait garde, un bien mauvais parti aux étudiants"[55].

Assez différente apparaît l'attitude des officiers, lorsque la présence d'une abondante garnison leur permet de prétendre à la domination du spectacle. L'officier a pour premier souci de faire reconnaître sa position; il espère pouvoir s'introduire dans la bonne société, laquelle bien souvent le boude et se méfie du risque de séduction qu'il représente. Le militaire ne pardonne aucun manque de respect; à la jeunesse qui le conspue, aux affronts de la "multitude", il oppose une même réplique: le duel. Pour cela, il lui faut choisir et désigner son adversaire dans la foule.

Le 23 juin 1826, le public petit-bourgeois du parterre de Limoges et les gens du peuple entassés aux deuxièmes et surtout aux troisièmes loges tombent d'accord pour huer les militaires à la fin du spectacle. On leur reproche de s'asseoir sur le balcon durant les entractes et de tourner ainsi le dos au parterre. Le tumulte atteint de telles proportions qu'il faut fermer une salle que déjà toutes les femmes des premières loges ont abandonnée. Ce charivari provoque trois duels. Ceux-ci se déroulent en présence de plusieurs centaines d'ouvriers des manufactures, habitués du spectacle. Informés du lieu des rencontres, ils sont venus, décidés à écharper l'officier qui blesserait à mort son adversaire. L'antimilitarisme de la population limogeoise plonge, on le voit, ses racines dans un lointain passé[56].

---

[52] Préfet des Bouches-du-Rhône au ministre de l'Intérieur, 12 mai 1828.
[53] Lettre au préfet de l'Hérault.
[54] Lettre du préfet au ministre de l'Intérieur, 25 avril 1825.
[55] Préfet de l'Hérault au ministre de l'Intérieur, 9 juin 1827.
[56] Préfet de la Haute-Vienne au ministre de l'Intérieur, 24 juin 1826.

A Beauvais, en juillet 1823, l'antagonisme qui s'est créé entre les bourgeois et les officiers de la garnison atteint une telle intensité qu'il faut fermer le théâtre, les salles de danse et même les lieux publics. Des attroupements fort hostiles aux militaires et composés d'individus armés de bâtons, se forment dans les rues et sur la place de l'Hôtel de Ville. Un officier se brûle la cervelle parce que, retenu par les arrêts de rigueur, il n'a pu rencontrer un jeune homme qui l'avait publiquement défié[57]. Cette même année, le parterre et les militaires installés aux secondes loges du théâtre de Bayonne échangent des injures. Par crainte de voir s'envenimer cette querelle, le directeur fait baisser le rideau[58]. Le 4 février 1827, plusieurs étudiants de Poitiers envahissent la loge d'un militaire qui laisse pendre son manteau au-dessus du parterre; un duel s'ensuit[59].

On ne compte plus les situations conflictuelles de ce type. "La lutte est entre la ville qui est unanime, et la garnison", écrit le préfet de l'Hérault à propos de Montpellier, le 8 avril 1825. Au théâtre de Saumur, le soir d'un dimanche du mois d'août 1829, le public installé au parterre et les officiers de l'Ecole de cavalerie qui occupent les premières loges en viennent aux mains; lieutenants et sous-lieutenants envahissent le territoire de leurs adversaires. Il faudra fermer la salle[60]. Henry Contamine, pour sa part, note qu'à Metz, les heurts entre les officiers de l'Ecole d'application et les bourgeois ne cessent alors de troubler le spectacle[61].

Ajoutons que pour être exhaustif, il faudrait encore relater les bagarres au cours desquelles s'affrontent des compagnons aux couleurs rivales. La plus caractéristique de ces échauffourées se déroule le 9 octobre 1827 au théâtre de Nantes, parce que l'on devait y donner *Les Compagnons du devoir*[62].

La politique au théâtre

Puisqu'il existe alors un théâtre légal aussi bien qu'un pays légal[63] et que l'on attend du spectacle dramatique qu'il explique l'histoire, on

[57] Préfet de l'Oise au ministre de l'Intérieur, 16 juillet 1823.
[58] Sous-préfet de Bayonne, 15 mars 1823.
[59] Rapport de la gendarmerie de la Vienne, 5 février 1827.
[60] Adjoint au maire de Saumur au préfet du Maine-et-Loire, 31 août 1829.
[61] Contamine, I, 84.
[62] Préfet de la Loire-Inférieure au ministre de l'Intérieur, 11 octobre 1827.
[63] Claude Duchet et P. Gerbod, "La Scène parisienne et sa représentation de l'histoire nationale dans la première moitié du dix-neuvième siècle", *Revue Historique*,

comprend que les troubles directement suscités par les opinions politiques et les convictions religieuses se révèlent incessants. En fait, ces tumultes s'ordonnent selon les mêmes lignes de fracture que les précédents. Les grands débats d'opinion cristallisent les tensions sociales, cimentent la solidarité des groupes; et dans chacune des villes concernées, les formes du conflit varient selon la configuration des rapports sociaux.

Il faut toutefois reconnaître que les troubles de ce type revêtent une ampleur exceptionnelle. A cette occasion, le théâtre devient lieu de meeting. C'est là que se lancent les plus spectaculaires défis, que se testent la force et la détermination du parti adverse. Mais, encore une fois, la structure de l'événement se trouve déterminée par les configurations conflictuelles. Quelques exemples suffiront à le faire comprendre.

A Aix, à Marseille comme à Toulouse, l'affrontement revêt une physionomie identique: ici, s'opposent la foule royaliste du parterre et les étudiants libéraux regroupés dans les loges et, parfois, dans la partie gauche du parterre. Le 12 mars 1823, la lutte qui éclate à l'intérieur du théâtre d'Aix revêt rapidement de violentes proportions. Les étudiants libéraux aidés de "vétérans de la République" sont finalement désarmés de leurs cannes par le "peuple" royaliste. Selon le préfet, il leur faut alors évacuer la salle sous une grêle de pierres. Du moins se regroupent-ils sur le cours au cri de *Vive Manuel!*[64]

A Toulouse, l'année précédente (le 15 juillet 1822), la situation était apparue moins défavorable aux adversaires du gouvernement. Là aussi, le parterre se divise en deux factions rivales: dans la partie gauche, les libéraux regroupent des étudiants en Droit, qualifiés par le préfet de "faux étudiants", des francs-maçons, des commis de boutique et, surtout, des courtiers en blé et des portefaix du canal. En face: ceux que le préfet qualifie de "grande majorité des spectateurs". Les cris de *Vive la Ligue! Vive le Roi constitutionnel! Vive la Charte!* et même de *A bas le Roi!* interrompent les pièces et la cantate données à l'occasion de la Saint-Henri; ce qui finit par provoquer des bagarres et l'intervention de la force armée[65]. Selon le maire, le tumulte qui ne cesse de perturber les représentations depuis le mois de mars est organisé

no. 539, juillet-septembre 1981. Sur la censure qui frappe les oeuvres dramatiques mais, principalement, sous la Monarchie de Juillet, voir Odile Krakovitch, "Les Romantiques et la censure au théâtre", *Romantisme*, no. 38 (1982), pp. 33-43.
[64] Préfet des Bouches-du-Rhône au ministre de l'Intérieur, 24 mars 1823.
[65] Préfet de la Haute-Garonne au ministre de l'Intérieur, 17 juillet 1822.

par la *vente* qui se cache chez les francs-maçons[66]. Les duels se multiplient. Les libéraux s'en vont provoquer les royalistes jusque dans les cafés et les restaurants où les Blancs ont coutume de se réunir[67].

Bien différentes apparaissent les données de l'affrontement qui se déroule à l'intérieur des deux théâtres de Rouen durant les mois d'avril et de mai 1825, à la veille du sacre de Charles X. Ici, la salle est devenue, aux yeux des autorités, le centre d'un véritable complot; celui-ci fait frissonner la "bonne société" dont il alimente les conversations. Le théâtre focalise la terreur de cette conspiration, si caractéristique de la Restauration, et dont la police elle-même dessine le modèle[68]. Quoi qu'il en soit, le préfet est affolé. Il faut dire que les adversaires du gouvernement regroupent ici les commis de maisons de commerce, les directeurs et contremaîtres des manufactures de Darnétal, les clercs de notaire et d'avoué, un "bon nombre de jeunes gens riches, fils de négociants"[69], sans compter les ouvriers que les industriels ont promis d'envoyer au spectacle pour alimenter les troubles[70]. Les royalistes de toutes les classes, gentilshommes, négociants, propriétaires, magistrats, fonctionnaires, ecclésiastiques même, sont mécontents. Tout ce tumulte résulte de la décision, inspirée par l'archevêché, d'interdire la représentation du *Tartuffe*. L'agitation sera, certes, de courte durée; l'affaire n'en aura pas moins un grand retentissement dans l'ensemble du pays.

Il faut dire que la pièce de Molière n'a pas fini de troubler le sommeil des responsables du maintien de l'ordre. Sous le règne de Charles X, les allusions, les "applications" politiques cessent de focaliser l'attention des opposants; au théâtre, en attendant que la fièvre littéraire ne s'empare des esprits, le débat se porte sur le terrain religieux. En mai 1826, les libéraux d'Angoulême imposent, par le tapage et la violence, la représentation du *Tartuffe*[71]. Cette année-là, le parterre du théâtre de Clermont-Ferrand, avec l'appui des spectateurs des loges, obtient qu'à la fin du spectacle, le buste de Molière soit couronné sur la scène[72]. L'année suivante en revanche, mais à Nîmes cette fois,

[66] Maire de Toulouse au procureur général, 9 mai 1823.
[67] Préfet de la Haute-Garonne au ministre de l'Intérieur, 14 mai 1823.
[68] Voir Pierre Riberette, "De la police de Napoléon à la police de la Congrégation" in *L'Etat et sa police en France (1789-1914)* (Genève: Droz, 1979).
[69] Préfet de la Seine-Inférieure au ministre de l'Intérieur, 4 mai 1825.
[70] *Ibid.*, 2 mai 1825.
[71] Préfet de la Charente au ministre de l'Intérieur, 27 mai 1826.
[72] Gendarmerie de Clermont-Ferrand au ministre de l'Intérieur, 30 janvier 1826.

ce sont les adversaires du *Tartuffe* qui l'emportent. Dès les premières scènes, ils jettent "des pierres, petites il est vrai, pour forcer"[73] les acteurs à se retirer. Le tumulte se prolonge durant plus d'une heure et le directeur se voit obligé d'interrompre le spectacle. Le parterre ultra, composé en majorité d'ouvriers des fabriques, après avoir longtemps crié victoire, danse la farandole, tandis que les spectateurs des loges—bourgeois protestants?—se retirent avec discrétion. Le folklore, une fois de plus, vient prêter son concours à l'engagement politique; il propose un modèle de liesse populaire dont les royalistes s'emparent, ici, tout naturellement. La représentation du *Tartuffe* jette le trouble jusque dans les très petites villes; Jean Vidalenc note ainsi qu'elle perturbe le spectacle à Pont-Audemer, à la veille de la Révolution de Juillet[74].

D'une manière plus générale, les dossiers consacrés aux troubles qui agitent les théâtres de la Restauration démontrent l'existence d'une opposition bonapartiste et libérale organisée, audacieuse et suffisamment nombreuse pour inquiéter les autorités. A Toulouse en 1819, la foule des étudiants applaudit très vivement: "C'est le sort d'un héros d'être persécuté"[75]. A Nantes, en 1820, au dire du préfet, une vingtaine de bonapartistes, âgés de seize à vingt-quatre ans, ont établi leur dictature sur le théâtre; "ils saisissent toutes les allusions en faveur du gouvernement de l'Usurpateur, et s'opposent à la manifestation de tout sentiment contraire"[76]; en 1822, le vers "Le ciel donna souvent des rois dans sa vengeance" a suscité une salve d'applaudissements. "On n'a pu arrêter personne, tant les manifestants étaient nombreux"[77].

A l'intérieur des salles de spectacle, si l'on excepte une partie du Midi languedocien et provençal, l'efficacité se situe du côté des adversaires du régime; et il y a gros à parier que, sans la vigilance des forces de l'ordre, ceux-ci auraient, le plus souvent, réussi à imposer leur domination aux spectateurs gouvernementaux, réduits à la défensive.

[73] Préfet du Gard au ministre de l'Intérieur, 13 novembre 1827.
[74] Jean Vidalenc, *Le Département de l'Eure sous la monarchie constitutionnelle* (Marcel Rivière, 1952), p. 619.
[75] Vers de la pièce *Tancrède*; rapport du commandant de la 10e division militaire au ministre de la Guerre, 7 janvier 1819.
[76] Préfet au directeur général de la police, 2 juin 1820.
[77] Chef d'escadron commandant la gendarmerie de la Loire-Inférieure au ministre de l'Intérieur, 12 juin 1822.

Le verbe, la violence et le simulacre

Entre la scène et la politique, des liens étroits se tissent. Jean Duvignaud souligne avec raison la théâtralité de la vie politique sous la monarchie censitaire; à l'inverse, il arrive que le parterre, partagé entre une droite et une gauche, reproduise symboliquement la Chambre des Députés; et cela, jusque dans les salles de villes secondaires; Thomas Lindet décrit ainsi une représentation au théâtre de Bernay, dans l'Eure: "D'un côté tous les spectateurs et spectatrices avec le bouquet blanc, de l'autre tous avec le bouquet rouge. La faction de la rose Blanche avait annoncé qu'elle demanderait les airs favoris de Henri IV. Quelques militaires à moustaches annoncèrent qu'ils avaient envie de couper quelques oreilles"[78]. Le caractère ludique de l'endroit, voué à l'imaginaire, autorise chacun à se prendre pour un orateur parlementaire. A la censure qui s'exerce sur les pièces, à la surveillance tatillonne des esprits, les opposants répliquent par la pratique étonnante de l'application. Celle-ci subvertit la représentation; elle abolit la distance temporelle qui sépare l'action dramatique des grands débats politiques du moment. L'intrication permanente du passé et du présent, du réel et de l'imaginaire entretient la confusion des rôles, chez les acteurs comme chez les spectateurs. Les applaudissements, les sifflets, les cris, les huées, une toux ostentatoire peuvent, selon les circonstances, sanctionner le jeu des acteurs, le texte de l'application, le comportement des adversaires installés dans la salle ou l'intervention de la gendarmerie.

Les vraies bagarres, assez peu fréquentes finalement, se déroulent à coups de canne ou de bâton; en fait, la violence se traduit le plus souvent par le jet et par le bris. Le combat à distance permet de limiter les risques; fracturer la rampe, écraser les pupitres des musiciens, détruire les quinquets, c'est, pour le public mécontent, prouver, sans grand danger, sa détermination. Briser les chaises et les bancs, arracher la garniture des loges et des accoudoirs manifeste que l'on a réussi à chasser le groupe adverse hors de son territoire et que l'on entend lui lancer un défi supplémentaire. Le saccage symbolique tient lieu de blessure, augmente le capital d'honneur du groupe victorieux. Mais, tout compte fait, le simulacre l'emporte. S'il arrive que le parterre escalade les loges, c'est que celles-ci ont été désertées spontanément ou sur l'injonction des autorités. Le 28 décembre 1828, au Théâtre des Arts de Rouen, le parterre, qui soutient la pièce, s'en prend aux

---

[78] Cité par Jean Vidalenc, p. 618.

jeunes gens du parquet qui la sifflent. A la fin du spectacle, note le colonel de gendarmerie, "le parterre a envahi le parquet qui s'est réfugié dans les premières loges et a jeté sur ses adversaires chaises, tabourets, et même les débris de portes des loges, il en est résulté quelques blessures peu graves"[79].

Une fois de plus, la théâtralité des conduites, le caractère ludique de l'action désamorce la violence du geste[80]. Révélatrice à ce propos la nature des objets jetés sur l'adversaire: des tomates, des pommes, des châtaignes, des olives, des oranges, des pommes de terre, de la boue, des paquets de foin, du bois, des débris de mobilier, mais jamais d'objets de métal[81], presque jamais de pierres; c'est dans la rue que s'inaugure au besoin la redoutable violence.

Les débordements du tumulte

Il arrive, en effet, que les troubles débordent, que le mouvement couvé à l'abri du théâtre tende à recouvrir la ville et déjoue ainsi l'intention de l'administration qui est de cantonner la violence. Alors, outrepassant sa fonction de scène close où s'opère le défoulement, où se mime le débat politique, le théâtre se fait épicentre d'un inquiétant séisme. Cette incursion vers la ville se trouve facilitée par la position centrale qui est alors celle des théâtres dans la majorité des cas; et l'on comprend pourquoi le Second Empire, instruit par l'expérience, évitera d'édifier les nouvelles salles au coeur des agglomérations.

Une fois de plus, quelques exemples suffiront à faire revivre ce type d'événement. Le 28 novembre 1817, à l'issue d'une soirée agitée qui force le préfet lui-même à intervenir, les étudiants en Droit du parterre de Toulouse, armés de gros bâtons, envahissent la place du Capitole ainsi que les rues avoisinantes; ils décident une grève du spectacle. Le préfet, serein, considère que les jeunes toulousains ont seulement voulu imiter les étudiants allemands, dont ils ont lu les prouesses dans les journaux[82]. Seule la troupe réussira toutefois à venir à bout du mouvement. Le 1er décembre 1824, dans cette même ville

[79] Colonel commandant la légion de gendarmerie au ministre de l'Intérieur, 29 décembre 1828.
[80] A Rouen, en avril 1825, un dossier de banquette, arraché et lancé avec force dans la salle, blesse un fileur de seize ans; il s'agit d'une exception.
[81] En 1827, une danseuse du théâtre de Bordeaux qui a reçu une bille de plomb dans les côtes est obligée de quitter la scène, mais le fait reste isolé.
[82] Série de rapports du préfet de la Haute-Garonne au ministre de la Police générale, 29 novembre 1817.

de Toulouse, les spectateurs qui s'en prennent à la femme du directeur, bloquent toute une soirée les avenues qui mènent au théâtre[83].

Le 21 avril 1825, un rassemblement de trois à quatre cents personnes, composé en majorité d'étudiants en médecine, se forme à Montpellier, place de la Comédie. Les trublions poursuivent à coups de pierres, et cela jusque dans la mairie, le commissaire et les gendarmes qui viennent d'arrêter l'un d'entre eux à l'intérieur du théâtre. A l'issue d'une soirée de tumulte, trois représentants de l'ordre sont blessés et sept étudiants de dix-neuf à vingt-quatre ans ont été conduits en prison; aucun d'entre eux n'est originaire de la ville. Initialement, les jeunes gens désiraient seulement, par leurs injures, se venger de la figurante Rosalie qui avait entrepris une action judiciaire contre l'un de leurs camarades[84].

Le 19 avril 1825, devant le Théâtre des Arts, à Rouen, un piquet à cheval doit disperser les jeunes gens qui, à la sortie du spectacle, se sont assemblés sur la place et dans les rues avoisinantes, tout en chantant des cantiques. Ils entendent ainsi protester contre l'interdiction de jouer *Tartuffe*[85].

Tenter de réussir une prise de possession temporaire du centre de la ville ne vise, dans tous ces cas, qu'à dilater l'espace concédé au théâtre par la bienveillance de l'autorité; visée plus proche de nos actuelles *manifs* que de la barricade romantique. L'action, qui emprunte tantôt au charivari, tantôt aux joutes de quartiers, tantôt aux conflits qui depuis le Moyen Age opposaient étudiants et citadins, traduit peut-être surtout les aspirations festives de la jeunesse; elle exprime le désir, plus ou moins conscient, de recréer la fête citadine, laïque, juvénile, en ce temps où le folklore urbain tend à être ritualisé, maîtrisé par le clergé[86]. Ajoutons que ces tumultueuses sorties se déroulent le plus souvent dans ces villes du Midi où s'épanouit une sociabilité vespérale. Ici, plus qu'ailleurs, la promenade du soir est devenue un rite dont l'importance justifie de tenter de subvertir les lieux où elle se déroule.

[83] Préfet de la Haute-Garonne au ministre de l'Intérieur, 2 décembre 1824.

[84] Sur cette affaire, rapport du commissaire au Procureur, 22 avril 1825.

[85] Commandant de la gendarmerie au ministre de l'Intérieur, 20 avril 1825.

[86] La Restauration est le temps des grandes missions; il serait sans doute fructueux de mettre en perspective les tumultueuses sorties qui débouchent du théâtre et les grandes processions semblables à celle qui se déroule à Montpellier le 24 mars 1821 (voir Gérard Cholvy, *Religion et société au 19e siècle. Le diocèse de Montpellier* [Université de Lille III, 1973], I, 506). De telles manifestations publiques ne pouvaient exprimer les désirs et les pulsions de la jeunesse séduite par le libéralisme.

Une brassée de témoignages impose donc l'image d'une salle de spectacle constamment agitée, d'une mer[87] toujours au bord de la tempête; pas encore d'une foule indifférenciée, composée d'individus anonymes obsédés par leurs intérêts privés. Le tumulte possède ses ressorts, aisément perceptibles. Ici, l'enjeu n'est que très rarement d'ordre esthétique. La province abandonne à la capitale le façonnage des modes, la consécration des talents. Le débat ne s'ordonne pas en fonction de la qualité de l'oeuvre[88]; tout au plus s'intéresse-t-on à celle des acteurs. A ce propos, la fascination exercée par les vedettes parisiennes, notamment par Talma, s'exerce sans partage.

On savait déjà que l'art insidieux de l'application détournait l'intérêt du contenu de la pièce et minait le théâtre de la Restauration; aussi convient-il plutôt de souligner la fonction de ce spectacle, à l'occasion duquel les groupes cherchent à maintenir ou à constituer leur identité. Creuset où les solidarités s'élaborent, s'expérimentent, où les hiérarchies se précisent dans la manifestation même de leur pertinence, le théâtre est devenu dans ces villes d'importance moyenne, baillonnées par le pouvoir, le refuge de l'événement. Autant de cérémonies sociales s'y déroulent qui constituent l'histoire locale, alimentent les conversations, accréditent l'existence de la conspiration, servent d'exutoires aux pulsions d'une jeunesse ardente, frustrée d'héroïsme.

Ainsi se dédouble le jeu dramatique. Un second théâtre, invisible, relègue à l'arrière-plan le spectacle qui se déroule sur la scène. Le parterre se mue en assemblée; la balustrade des loges devient la redoute qu'il faut emporter, le gendarme, l'ennemi à bousculer, la place de la Comédie, un Austerlitz de fantasmagorie.

L'administration, elle, perce la vérité du mouvement. Les autorités font preuve, somme toute, d'une étonnante permissivité. Ce qui importe à leurs yeux, c'est de maintenir la clôture de cet espace où se jouent ces débats-simulacres qui empruntent à tous les folklores, à l'occasion desquels étudiants, commis, officiers, artisans et bourgeois s'affrontent en des joutes ethologiques. Consciente du caractère

---

[87] Agricol Perdiguier décrit ainsi le parterre des Célestins à Lyon: "La salle devenait une mer livrée à tous les vents, balançant ses vagues, mugissant, hurlant, et je fus le témoin de plus d'un naufrage", p. 272.

[88] Victor Hallays-Dabot, *Histoire de la censure théâtrale en France* (E. Dentu, 1862), p. 261, souligne que le tumulte politique dans les théâtres de la moranchie censitaire a précédé les grandes joutes esthétiques. En ce qui concerne la province, il a visiblement raison.

éphémère et en quelque sorte fantasmatique du mouvement, l'administration redoute seulement que les faubourgs ne se trouvent impliqués. Les personnages de mélodrame n'ont pas à franchir la rampe. Ce qui couve au théâtre ne doit point concerner la réalité profonde des rivalités sociales. Sur ce point, les partenaires sont d'accord; lorsqu'elle se produit, l'irruption des classes dangereuses se révèle en général plus efficace que la présence policière à faire s'évanouir le simulacre de violence.

Morale du peuple et morale pour le peuple dans la littérature enfantine (18e-19e siècle)

ANNIE LHÉRÉTÉ

L'enfance, pour la pensée savante de l'époque moderne, est proche de la sensibilité populaire. Une même ignorance, une même naïveté les réunissent dans une perception commune. Marc Soriano l'a déjà magistralement montré à propos des contes de fées dans son étude sur Charles Perrault. Les formes culturelles proprement populaires peuvent, agrémentées de modifications minimes, être destinées aux enfants. L'ingénue rusticité des uns paraît convenir à l'innocence des autres. L'art de l'enfance, dans ces conditions, peut naturellement se nourrir de cette sorte d'enfance de l'art que constitue la culture populaire.

Celle-ci cependant n'est pas seulement propre à offrir le réservoir inépuisable de ces contes et de ces histoires qui faisaient déjà au 18e siècle le délice des enfants et qui continuent aujourd'hui à remplir cette utile fonction.

Le peuple peut aussi servir de modèle à un projet éducatif: c'est là une idée nouvelle au 18e siècle. Il ne suffit pas d'utiliser certaines manifestations de sa culture, d'ailleurs fort sujettes à caution (le merveilleux n'est guère du goût de l'époque des Lumières). Il paraît plus pertinent de mettre en valeur ses qualités morales, ou plutôt la représentation idéale de celles-ci qu'un large courant de la pensée savante au 18e exalte sans relâche. C'est un lieu commun des "moralistes" de cette époque. Si l'aristocratie cultive avec passion les

115

vices, qui stigmatisent sa décadence, le peuple lui, recèle les vertus frugales qui devraient fonder la cohérence de la société comme la félicité du citoyen.

La littérature pour la jeunesse qui se développe au 18e siècle en Angleterre d'abord, puis en France avec Arnaud Berquin en particulier se réfère largement à la morale populaire. Une nouvelle fois, mais de façon différente, le populaire et l'enfantin semblent se rejoindre.

Dans cette tentative pour ériger auprès des lecteurs enfantins ce modèle parfait de valeurs personnelles et civiques qu'on découvre dans la chaumière et non plus au château, Arnaud Berquin occupe une place particulière. Le véritable fondateur de la littérature pour la jeunesse en France mérite notre attention à double titre: pour la diffusion considérable de ses oeuvres au 18e et au 19e siècle, d'une part, et d'autre part pour son habileté à intégrer une certaine vision du peuple dans un projet éducatif qui relève entièrement d'une culture savante.

Le peuple de Berquin: rêves et réalités

Un nouveau personnage

Lorsqu'en 1784, l'Académie décerne le prix d'utilité à Arnaud Berquin pour *L'Ami des enfants*, elle salue l'arrivée d'un nouveau personnage dans la littérature destinée à la jeunesse. L'enfant modèle n'est plus le dauphin, le duc de Bourgogne ou le duc de Chartres, ni Emilie d'Epinay.

Le jeune garçon qui, dès le premier volume de *L'Ami des enfants*, rejoint dans la mythologie enfantine le Chat Botté, Télémaque, Adèle et Théodore ou Emilie, n'est autre qu'un anonyme petit joueur de violon que la misère a réduit à la mendicité et qui joue sur son instrument cette attendrissante complainte:

> Plaignez le sort du petit malheureux
> Chargé tout seul du soin de son vieux père
> Ils n'ont, hélas, pour se nourrir tous deux,
> Que la pitié qu'inspire leur misère.
>
> Plaignez le sort, prêtez-leur vos secours,
> C'est à regret que leur voix vous implore
> De longs travaux l'un a rempli ses jours,
> Pour travailler, l'autre est trop faible encore.[1]

---

[1] Arnaud Berquin, *Oeuvres complètes*, mises en ordre par Jauffret, 2e partie, I, 31.

C'est avec ce petit joueur de violon, un cortège de "vrais pauvres"[2] ou de gens d'humble condition qui pénètrent dans l'univers des livres pour enfants. Qu'ils soient de jeunes enfants comme la petite glaneuse, Jacquot et sa voisine Suzon, Madelon l'orpheline bienfaisante[3], Henry le petit paysan, héros de *Sanford et Merton*[4], ou des adultes comme ces paysans, manouvriers ou fermiers, ces artisans, menuisiers, vanniers, jardiniers, maçons, forgerons, ils constituent dans le livre pour enfant une population nouvelle qui, à défaut de titre, fait preuve de grandeur d'âme et force l'admiration.

La pureté et la franchise de coeur

Qu'on ne s'y trompe pas cependant. Cet intérêt pour le petit peuple n'est pas né d'un souci réaliste. Il reflète d'abord une mode du 18e siècle[5]. Est-ce un hasard si la première édition reliée de *L'Ami des enfants* en 1783 porte les armes de Marie-Antoinette? L'historien de la condition populaire ne peut qu'éprouver un sentiment de frustration à la lecture de Berquin. Aucune description précise de faits et gestes du paysan ou de l'artisan, aucun détail concret sur ses rapports à la terre ou à la société, mais plutôt l'image magnifiée d'une vie proche de la nature.

Lisons une de ces historiettes: *Le Luth de la montagne*, par exemple[6]. On y décrit une communauté harmonieuse qui rappelle les "Moraves" de l'*Encyclopédie*:

> Ils ne sont tous retenus que par le lien d'une société douce et toujours libre, agrégation où tous les sujets en société de biens et de talents exercent différents arts et professions au profit général de la communauté, de façon néanmoins que chacun y trouve aussi quelqu'intérêt qui lui est propre.[7]

Désormais abrégé *OC*; les références qui suivent renvoient à la partie, au volume et aux pages.

[2] Madame d'Epinay établit dès 1774 la différence entre les "mauvais pauvres", "ces fainéants qui ont fait de la mendicité un métier", et les "vrais pauvres", "pauvres, honnêtes et laborieux qu'une maladie, un désastre, un cas imprévu peuvent réduire à la misère", dans ses *Conversations d'Emilie*, I (Lyon: A. Leroy, 1802), 60.

[3] Personnages de *L'Ami des enfants*.

[4] *Sandford et Merton*, ouvrage de l'anglais Thomas Day que Berquin traduit et publie en France en 1786.

[5] J. Ehrard, *L'Idée de nature en France dans la première moitié du 18e siècle* (SEVPEN, 1963).

[6] *Le Luth de la montagne*, *OC*, 1e, III, 329.

[7] *L'Encyclopédie*, article "Moraves".

Cette société sans ordre est soudée par une morale issue d'un christianisme dont on aurait ôté tout ce qui a trait aux institutions sociales.
Ainsi le paysan bienfaiteur de son pays a-t-il converti tous ses voisins
à la "pureté et à la franchise de coeur"[8].

Le peuple de Berquin, c'est un monde qui vit du fruit de son travail
et non de la rente. Il connaît la souffrance mais ignore l'amertume.
Et le contentement des humbles n'est pas de la résignation. La pauvreté
fait même des prodiges:

> La vie dure à laquelle ils sont accoutumés leur a donné une santé robuste
> et de l'énergie dans le caractère. Au lieu d'amusements puérils et frivoles,
> ils savent déjà trouver tous les plaisirs dans le travail. S'ils doivent passer
> leurs jours dans les privations, ils auront appris à les supporter sans
> impatience et sans murmure. Ils seront heureux par eux-mêmes dans
> toutes les situations de la vie.[9]

Le bonheur est aux champs, avec "l'honnête fermier", épris d'un sens
profond de l'égalité que lui rappellent sans cesse les caprices de la
fortune.

L'enfant et le peuple: une double utopie

C'est dans ce monde de "petits sots de paysans qui ne savent rien"[10]
que s'effectue l'amalgame peuple-enfant. Comme le paysan
analphabète, l'enfant est innocent, virginal. Berquin, d'abord poète
d'idylles et de romances, se reconvertit naturellement et devient "l'ami
des enfants". S'adressant personnellement aux enfants, il explique ce
qui le porte à s'intéresser à ce public d'un genre nouveau:

> Des bergers, des amants plaintifs avaient jusque là peuplé ma retraite,
> mais à ces objets touchants, vous êtes venus joindre de plus charmants
> encore. Grâce à vous, je ne vois rien que de frais et de riant dans la
> nature. Que je me plais à m'entourer de vos douces physionomies, où
> se peignent avec une expression si gracieuse la gaîté, l'innocence et la
> candeur![11]

Avec l'enfant et le peuple, Berquin nous mène dans un ailleurs du
lieu, du temps, des mentalités et de la connaissance. Il ne décrit pas.
Comme un grand nombre d'écrivains au 18e, il construit une utopie[12].

---

[8] *Le Paysan bienfaiteur de son pays*, OC, 2e, IV, 456.
[9] *La Suite de l'école militarire*, OC, 2e, IV, 80.
[10] *La Vanité punie*, OC, 2e, I, 85.
[11] *L'Inconstant*, OC, 2e, IV, 370-71.
[12] Sur l'utopie, voir Bronislaw Baczko, *Lumières de l'utopie* (Payot, 1978).

De même que J.J. Rousseau transporte Emile à la campagne, les pères et les mères avisés migrent vers les provinces reculées pour se consacrer à l'éducation de leurs enfants. Le lieu d'élection est souvent une vallée, un "séjour de songe et d'enchantement", un ermitage imperméable aux modes et aux influences du temps, qu'aucune carte ne permet de situer.

Dans cette retraite, les contradictions, les heurts se résolvent d'eux-mêmes. La misère le cède à la bienfaisance, vieillards et enfants partagent une même sagesse; le peuple du village connaît la douce félicité d'une vie communautaire[13]. Les historiettes, contes ou petits drames ont le charme du rêve. Mais ce rêve-là paraît accessible, c'est la dramatisation du progrès. On comprend que l'élite des privilèges s'est trompée. Ceux qu'elle disait crédules et stupides sont en fait des ingénus tout à fait aimables. Et l'ingénuité est terrain électif de la raison conquérante:

> Emilie, élevée dans la candeur et la liberté de l'innocence... avait conservé cette fleur précieuse de naïveté qui rend la raison si aimable... et ses pensées se développaient avec autant de clarté que de saillie, d'agrément et de justesse.[14]

Semences et utiles moissons

Ces idées n'ont rien d'original à la fin du 18e siècle. Les penseurs éclairés les sèment à tout vent. Ce qui constitue la particularité de Berquin, c'est l'affirmation de son ambition de faire entrer l'utopie dans le "hic et nunc". Dans un pays où le peuple constitue 85% de la population, il prétend être lu du fils de hobereau ou du marchand comme du boutiquier et être relayé par des lecteurs de village jusqu'au manouvrier et à ses enfants. Son objectif, c'est de créer un homme nouveau, qui n'aurait pas fait ces études qui ne donnent au monde que des "demi-savants"[15] et qui ne serait pas tombé dans le piège de "l'éducation à la mode", faite de futilités comme l'apprentissage de la musique, de la danse et du dessin, talents qui peuvent même être dangereux pour une jeune fille,

> ...lorsqu'ils inspirent une vanité ridicule, qu'ils donnent le goût de la dissipation et du mépris pour les fonctions essentielles de son état. Ce

---

[13] *Le Paysan bienfaiteur de son pays, OC*, 2e, IV, 440.
[14] *Système du monde, OC*, 2e, V, 226.
[15] *Maurice, OC*, 1e, IV, 63.

sont des fleurs dont il ne faut pas ensemencer tout son domaine, mais qu'on peut élever à côté du champ qui produit d'utiles moissons.[16]

Les utiles moissons génèrent, elles, de véritables citoyens, gomment les différences sociales ou sexuelles, et deviennent le principe de cohésion d'une nouvelle société. Monsieur de Valence explique à Valentin qu'il ne saurait mépriser Matthieu, l'enfant du peuple: "Il sait les choses que tu ignores et vous pourriez vous instruire tous deux en vous communiquant vos connaissances"[17].

Que sont ces utiles moissons? Elles sont le fruit d'un travail constant et laborieux. Elles récompensent les qualités de l'homme industrieux. Elles témoignent de sa vertu. Elles révèlent, justifient et enfin légitiment la morale du peuple, une morale qui devrait imprégner tout le corps de la nation.

Morale du peuple et morale populaire

Si le peuple est une notion bien utopique et bien peu précise chez Berquin, la morale qu'il croit découvrir chez ses représentants constitue un modèle de cohérence et de rigueur. Elle est aux antipodes de la morale populaire telle que la décrivent Robert Mandrou et Geneviève Bollème[18].

Les récits de la *Bibliothèque bleue*, véritable miroir de la culture populaire, révèlent une philosophie de la vie qui donne une place essentielle au merveilleux et qui enchaîne l'homme à son destin. Quant à la vision populaire de la société, elle semble d'un très grand conformisme, et ce qui peut paraître un comble, loin d'y être flatté, le peuple y est raillé et ridiculisé. La nature, elle, y est régie par des forces magiques et impénétrables:

> Cette littérature demeure à travers deux siècles une vision inchangée de mondes, parties réelles, parties imaginaires où les fées, les saints, les géants tiennent autant de place que les hommes, où l'émerveillement, l'enchantement, le miracle sont si fréquents qu'ils expliquent le dédain des philosophes du 18e siècle pour ces contes à dormir debout.[19]

[16] *L'Education à la mode, OC*, 2e, IV, 412.

[17] *La Vanité punie, OC*, 2e, I, 85.

[18] Sur la culture populaire au 18e, voir, outre l'ouvrage de R. Mandrou cité plus loin, *La Bibliothèque bleue*, présentée par Geneviève Bollème (Coll. Archives, Juillard, 1971).

[19] R. Mandrou, *De la culture populaire aux 17e et 18e siècles. La Bibliothèque bleue de Troyes* (Stock, 1964), p. 79.

La morale de *L'Ami des enfants* est, au contraire, l'instrument d'un progrès humain et social auquel précisément le peuple ne paraît pas naturellement attaché. A la dichotomie bien-mal, Berquin entend substituer la dichotomie vrai-faux. A la morale populaire, il entend substituer par la magie du décor champêtre "sa" morale du peuple.

Nature et culture

Autant que dans les champs, l'éducation se fait par les livres. Les références de Berquin sont parmi les plus savantes:

> Les Copernic, les Newton, les Képler, les Halley, les Bernouilli, les d'Alembert, et les Franklin tous les premiers hommes dans les divers genres de hautes connaissances dont je me plais à te citer le nom et la gloire pour t'inspirer la noble ardeur de t'instruire un jour dans leurs ouvrages immortels.[20]

Filles et garçons devront apprendre l'histoire, la géographie et le calcul afin de ne plus voir dans les sortilèges que des phénomènes naturels. Il s'agit, à la campagne comme à la ville, d'établir l'ordre dans les esprits pour établir un nouvel ordre social.

Un ordre face au désordre

L'ordre que Berquin prétend trouver dans la chaumière n'est autre que l'ordre de la nature. Le modèle n'est pas le paysan, mais plutôt l'environnement dans lequel il vit et qui détermine sa conduite exemplaire. Dans les petits drames de Berquin, la nature n'est pas le décor, elle constitue plutôt le choeur.

L'Introduction familière à la connaissance de la nature de Mistress Trimmer que Berquin traduit en 1787 se présente dans ces conditions comme un livre fondamental pour l'éducation. On y apprend que rien n'est inutile dans la nature. Les fleurs, par exemple, ne sont pas seulement un agrément, elles donnent de la saveur à l'herbe! Les enfants y découvrent la Loi Naturelle, pierre angulaire de la morale en élaboration. Dans un ouvrage que n'aurait pas renié Berquin, Constantin François Volney définit lui aussi en 1793 les caractères de la Loi Naturelle avant de dresser la liste des vertus qui en découlent: "Elle est

[20] *Le Tric trac, OC,* 1e, v, 142.

primitive, immédiate, universelle, invariable, évidente, raisonnable, juste, pacifique, bienfaisante, et seule suffisante"[21].

Cette Loi Naturelle est, bien évidemment, sous-jacente à un nouvel ordre social. Elle sonne le glas de la société d'ordres et va même jusqu'à donner une place aux femmes qui, en êtres responsables, devront être capables "d'établir l'ordre et l'économie dans une maison"[22].

A la société des ordres, Berquin substitue dans *L'Ami des enfants* une structure fondée sur l'utilité, le talent et l'éthique individuelle, et non pas sur le rang lié aux caprices de la Fortune: "Le génie de Maurice le destine à un genre de vie plus élevé que celui où la mort de son père et la pauvreté de sa famille le forceraient de vivre"[23].

Quant aux favoris de la fortune, "si fiers de leurs honneurs et des jouissances de leur mollesse, ils tombent tout à la fois dans l'indigence, l'opprobe et le désespoir"[24]. Désormais, la richesse échoit à ceux qui possèdent le nouveau patrimoine: justice et honnêteté: "Je sens à présent qu'être juste et honnête, c'est être plus heureux que de posséder de grands biens"[25].

Prévoyance et providence

Savoir vivre, c'est donc employer son temps utilement, c'est substituer à une foi aveugle en la providence la prévoyance éclairée. C'est apprendre à gérer son futur. *L'Ami des adolescents* comprend une conversation intitulée: "Richesse, capital, intérêt" où l'industrieux découvre comment combattre et vaincre l'infortune, comment s'affranchir du sort.

Mais il ne peut y avoir de projet moral ou philosophique sans réponse au problème de la mort. L'Eglise ne cesse au long du 18e siècle de lancer à l'homme des Lumières le défi de la mort: Mr. Collet, prêtre de la congrégation de la mission menace:

La mort s'approche de vous, pensez-y, approchez-vous d'elle. Vous ne tarderez pas à mourir, n'est-il pas temps que vous songiez à vivre...

[21] C.F. Volney, *La Loi naturelle* (Baudoin Frères Libraires, 1826); publié pour la première fois à Paris en 1793 sous le titre: *Cathéchisme du citoyen français*.
[22] *L'Education à la mode, OC*, 2e, ɪv, 404.
[23] *Maurice, OC*, 1e, ɪv, 107.
[24] *Ibid.*, p. 149.
[25] *Les Etrennes, OC*, 2e, ɪɪ, 348.

Demain, dites-vous, demain, hélas, peut-être n'y a-t-il plus de demain
pour vous... Souffrir ou mourir, ce fut la devise de Sainte Thérèse.
Souffrir plutôt que d'offenser Dieu, ce doit être la vôtre.[26]

L'ami des enfants sait bien, lui aussi, qu'on ne peut éviter la mort.
Comme Fénelon, il pense qu'il faut la montrer aux enfants. Parents,
enfants, amis meurent et agonisent dans des récits éprouvants que
les parents d'aujourd'hui censureraient sans doute. C'est que la mort
est naturelle, banalisée, démystifiée. *Le lit de mort* est une conversation que l'on ose destiner au premier âge. La mort n'est pas angois-
sante. Elle n'ouvre ni sur le paradis, ni sur l'enfer car la félicité ne
"dépend que de l'homme seul au milieu de ce qui l'entoure"[27]. Quant
aux souffrances de l'agonie, ce n'est sûrement pas la perspective de
l'au-delà qui peut prétendre les alléger mais plutôt "la consolation"
de l'oeuvre d'une vie. Le paysan bienfaiteur de son pays peut déclarer en toute sérénité:

Oh, Monsieur, je ne crains pas la mort. Qu'elle vienne quand elle vou-
dra frapper à ma porte, je la laisserai entrer sans frayeur. Croyez-vous
que j'ai oublié que je suis né mortel? Puisque l'on a commencé, il faut
bien finir.[28]

Dieu n'existe-t-il pas pour ce paysan modèle? Prétend-il échapper
à ses foudres? Non, c'est que ce sage au fond de sa chaumière a lu
Newton et que la métaphysique le cède à la physique. C'est, d'autre
part, que Dieu, créateur de l'ordre naturel ne saurait réprouver une
vie qui respecte ce même ordre. La loi de Newton est celle qui fonde
la morale du peuple:

Il semble que l'éternel ait voulu tracer dans cette même loi le plus grand
principe de morale humaine. Mortels, aidez-vous mutuellement de vos
lumières et de vos forces, tendez les uns vers les autres, sans vous écar-
ter de la sphère où vous a placés ma providence. Cet ordre est établi
pour votre bonheur et pour le maintien de l'univers.[29]

[26] M. Collet, *Histoires édifiantes pour servir à l'éducation de l'un et l'autre sexe* (Vve Duchesne,
1767).
[27] *L'Homme est bien comme il est, OC*, 1e, v, 73.
[28] *Le Paysan bienfaiteur de son pays, OC*, 2e, iv, 450.
[29] *Système du monde, OC*, 2e, v, 338.

Vices et vertus du peuple

Les nouvelles vertus sont en conséquence celles qui créent, assurent et préservent l'ordre naturel ici-bas. Elles constituent un catéchisme dont voici les nouveaux commandements[30]:

> Tu n'agiras point contre nature.
> Tu ne mépriseras point ni tes parents, ni tes frères, ni les servantes, ni les pauvres.
> Tu ne tueras point... ton père.
> Tu ne divorceras ni n'abandonneras tes enfants.
> Tu ne seras point vain comme les fils d'aristocrates.
> Tu ne joueras point ni ne tenteras le hasard.
> Tu ne seras point jaloux des biens d'autrui.
> Tu ne voleras ni ton voisin, ni l'état.
> Tu travailleras et épargneras.
> Tu persévèreras et jamais ne douteras.

La vertu est au peuple et aux enfants ce que l'honneur est aux nobles. Mais elle a de plus de nombreux avantages: elle n'est pas liée à la naissance. C'est un titre qui ne s'achète ni ne se vend. Enfin elle est accessible à tous. Inexpugnable, juste, c'est le titre spécifique du peuple et c'est celui que doit briguer la nation toute entière.

A l'opposé de la vertu, se trouve non plus le péché que Dieu seul peut absoudre mais le vice, cette gangrène individuelle et sociale. Que ce soit l'ignorance, la crédulité, la jouissance, l'intempérance, la fainéantise, il sape les fondements de l'ordre naturel, et conduit à la déchéance humaine et sociale. La vanité, en particulier, est au premier rang de tous les vices et Berquin veut l'éradiquer de la société. Non seulement elle tend à détruire un ordre social, mais surtout c'est le vice caractéristique de la noblesse usurpatrice de titres. C'est la vanité de la supériorité liée au rang; la vanité de celui qui ignore le travail, qui fréquente les cabarets, les billards et les académies de jeu. Elle est aux antipodes de la vertu qui caractérise le peuple.

Modèle et contre-modèle

Le noble de cour n'a plus qu'une auréole ternie. L'éducation qu'il donne ou qu'il fait donner à ses enfants ne saurait plus être un modèle et Berquin va même jusqu'à remettre en cause l'idée selon laquelle les

---

[30] Sur cette morale, voir A. Lhérété, "L'Enfant, son livre, son éducation en France à la fin du 18e siècle", *Stanford French Review*, 3, no. 2 (Fall 1979).

nobles sont les élus de Dieu. "Lorsque Philippe interroge: 'Me faudra-t-il donc regarder la médiocrité de notre fortune comme un bienfait du ciel', Monsieur Sage répond: 'Oui, mon fils'"[31].

Naturelle, anti-aristocratique, tels sont les attributs de la morale que Berquin a cru trouver dans le peuple, après avoir récusé le modèle de la cour. Mais cette morale assise sur une culture savante plus inspirée de Newton et de Rousseau que de la *Bibliothèque bleue*, n'a rien d'authentiquement populaire à la fin du 18e.

Un peuple particulier en quête de légitimité

Cette morale étrangère au véritable peuple, à la noblesse comme au clergé, d'où vient-elle et quel est son propos?

Ceux qui la conçoivent et l'adaptent à la littérature pour la jeunesse se donnent une mission et trouvent ainsi une fonction sociale, une légitimité spécifique. Ils constituent un groupe qui s'arroge le droit d'exercer sur les esprits le pouvoir que lui refusent les institutions. Appartiennent-ils à l'élite telle que la définit Denis Richet?[32] Si, en effet, Marmontel, Madame de Genlis, Madame d'Epinay, Arnaud Berquin sont tous aujourd'hui perçus comme membres du "front politico-culturel" qui au 18e siècle se passionna pour l'éducation, il y a entre eux de notables différences. Pour Berquin, provincial de Bordeaux, fils de négociants, les grands salons sont et demeurent fermés. Lorsqu'il gagne Paris vers 1772, c'est pour y faire carrière de poète. Il doit bientôt, pour vivre, accepter d'être le précepteur des enfants de l'éditeur Panckoucke. C'est Madame Panckoucke qui le convainc de publier les historiettes et contes moraux dont il gratifiait Pauline, Caroline et Charles Panckoucke. Entrant au *Mercure de France*, puis au *Moniteur*, il devient membre de "l'écurie" Panckoucke dont il partage les objectifs: non pas élaborer, mais adapter et vulgariser les lumières.

Un peuple qui lit

Le public de Berquin, c'est celui de Panckoucke, l'homme de presse et l'éditeur de l'*Encyclopédie*. Comme Panckoucke et sans doute sur ses conseils, il pratique la publicité dans les journaux auxquels il a accès, il fait appel à la souscription, concède des rabais et des cadeaux

---

[31] *Le Grand Jardin*, *OC*, 1e, IV, 152.
[32] Denis Richet, *La France moderne: L'Esprit des institutions* (Flammarion, 1973).

à ses meilleurs clients en fin d'année, transformant *L'Ami des enfants*, puis *L'Ami des adolescents* en une mini-encyclopédie de vingt-quatre volumes. Les oeuvres pour enfants sont suivies en 1790 de la *Bibliothèque des villages* pour laquelle on annonce dix volumes supplémentaires. Il faut imaginer Berquin publiant sans discontinuer un petit volume tous les mois de 1782 à 1791 soit plus de huit mille pages. La souscription de treize livres à quatre sous pour Paris et seize livres quatre sous pour la province (la livre de pain valant environ deux sous cinq deniers), fait de *L'Ami des enfants* un ouvrage relativement accessible. Si Berquin n'atteint pas vraiment le peuple, il touche tous les lecteurs de feuilles et gazettes où l'on parle de lui, tous ceux que l'exemple des princes ne fascinent plus véritablement. C'est ce monde de négociants, gens de lois, patrons, riches laboureurs, ou même artisans: ceux qui tirent leur noblesse de leur travail:

> Il ne serait pas honnête d'appeler peuple ceux qui cultivent les Beaux Arts, ni même de laisser dans la classe du peuple cette espèce d'artisans, disons mieux d'artistes maniérés qui travaillent le luxe; des mains qui peignent divinement une voiture, qui montent un diamant au parfait. Gardons-nous aussi de mêler les négociants avec le peuple... Les financiers ont pris un vol si élevé qu'ils se trouvent à côté des grands de ce royaume.

écrit-on dans l'*Encyclopédie*[33].

Ce peuple des institutions ne l'est plus par ses moeurs. Sa morale l'a tiré de sa classe inférieure, elle le soude et le légitime face aux pauvres qui sont la figure de Jésus Christ[34] et aux nobles qui sont les élus de Dieu.

Du peuple qui lit à celui qui devrait lire

Spécialiste des enfants du peuple défini par l'*Encyclopédie*, Berquin perçoit bientôt l'urgence d'étendre sa mission au peuple-enfant[35]. Le peuple qu'on ne connaissait guère a révélé sa véritable nature pendant les journées révolutionnaires et l'image a pu être confrontée à la réalité. Dès 1790, on comprend qu'il faut "faire la morale" au peuple de la ville comme à celui de la campagne. Dans la préface de la *Bibliothèque des villages*, Berquin s'adresse à un nouveau peuple, son nouveau public.

[33] L'*Encyclopédie*, article "Peuple".
[34] Nicole, *Essais de morale*, édition de 1753, VI, 4e traité, §13.
[35] Sur l'amalgame peuple-enfant voir l'analyse de Marc Soriano dans les *Contes de Perrault, culture savante et traditions populaires* (Gallimard, 1968).

Chers amis,

Sans ordre, aucune société ne peut subsister longtemps. Cet ordre est établi par les lois qui veulent que chacun respecte les droits de tous les autres et remplisse envers eux les devoirs dont il est chargé.[36]

Le Moniteur qui voit bien l'enjeu commente cette publication avec enthousiasme:

Jamais nécessité de cette instruction ne fut sentie avec plus de forces que dans les circonstances actuelles. Le peuple a recouvré tous les droits qui lui appartiennent et dont il peut jouir par la nature des choses... C'est donc sur les habitudes morales du peuple que va s'appuyer dans tous ses points la constitution nouvelle. Il faut épurer cette masse que l'action combinée de l'ignorance, de l'oppression et de la misère a corrompue depuis si longtemps. Il faut faire renaître et attacher pour toujours à la raison, à la justice, à tous les sentiments généreux de la nature humaine des âmes que toutes les espèces de tyrannie et d'impostures ont éternellement conspiré à dégrader et à abrutir... C'était à un homme exercé à parler sans effort la langue simple et modeste de la nature, de faire entendre la voix de la justice et de la raison dans l'humble demeure de l'homme des champs.[37]

Là où l'on peignait l'innocence et la candeur, on découvre l'abrutissement. Berquin se met au travail, fixe la souscription pour dix volumes à six livres seulement et demande à chaque municipalité nouvelle de souscrire sans tarder. Il meurt cependant avant d'avoir pu mener à bien ce projet.

Le peuple sera-t-il flatté de lire ces histoires où on le montre vertueux? Se reconnaîtra-t-il? Sera-t-il honoré de retrouver dans ces petits livres le décor de sa vie quotidienne? Le paysan fictif fera-t-il des émules chez les vrais paysans? C'est là le rêve ultime de Berquin désireux à la fin de sa vie de parler à tous le même langage, qu'ils soient adultes ou enfants, riches ou pauvres, paysans ou citadins.

Morale du peuple et morale pour le peuple

La secousse révolutionnaire avait révélé aux utopistes et aux moralistes la réalité populaire. Loin d'ébranler leur foi, cette réalité les confirma dans leurs idéaux, les persuada que l'heure était enfin venue de construire la cité nouvelle. Il suffisait de faire de la morale "du" peuple une morale "pour" le peuple. Berquin l'entreprit quelques mois

---

[36] *Bibliothèque des villages, OC*, p. 134.
[37] *Le Moniteur Universel*, jeudi 12 août 1790.

avant sa mort. Les éditeurs, adaptateurs ou censeurs de son oeuvre poursuivirent cette action tout au long du 19e siècle. Mais dès 1792, la morale pour le peuple fut au centre des débats sur l'Instruction Publique. Aux écrivains succédèrent les législateurs. Ils avaient pour noms Mirabeau, Talleyrand, Romme, Condorcet, Rabaut St-Etienne. L'Etat prenait le relais des moralistes utopistes, et ce fut là sans doute leur vraie victoire.

Une morale pour un nouveau public

Proposé en 1791 comme précepteur du dauphin, Berquin devenu moraliste du peuple échappe à son destin en mourant dans l'anonymat en décembre 1791, sans que la *Bibliothèque des villages* soit achevée. Les enfants de la bourgeoisie et leurs parents lisaient *L'Ami des enfants et des adolescents*, le peuple des campagnes lisait la *Bibliothèque des villages* et, d'aucuns, toujours attachés à la monarchie rêvaient d'imposer Berquin à la cour!

Son public s'élargit encore au 19e siècle. Berquin devint apparemment l'un des best-sellers de la littérature enfantine. Ce succès mérite toutefois qu'on l'analyse. Le Berquin de 1860 n'est pas le même que celui de 1782. Les éditeurs le destinent à un autre public, leur propos est particulier.

La France du "negotium"

Le tableau de la diffusion des oeuvres de Berquin témoigne d'une remarquable fortune de cette littérature. On compte au moins 242 rééditions de Berquin dont 103 entre 1820 et 1860. Berquin est exporté aux Etats-Unis et il suit de quelques mois les colons à Bombay et à Tahiti. Il est vrai que ce terres que l'on croit vierges se prêtent remarquablement à l'application de l'utopie sociale que l'on a décrite plus haut.

En France, le succès s'explique différemment. La France de la Restauration, de la Monarchie de Juillet, et même du Second Empire, celle des hommes de lois et des notables de province, se reconnaît dans cette morale du *self-help* à la française et souhaite l'imposer au peuple nouvellement lettré. Les éditeurs de province (Tours, Limoges, Lyon) prennent le relais des Parisiens à partir de 1840 et Berquin pénètre dans la France du Centre et du Sud qui accède à la culture écrite avec quelque retard[38].

[38] François Furet et Jacques Ozouf, *Lire et écrire* (Minuit, 1977).

Opposant l'"otium" au "negotium", E. Le Roy Ladurie écrit à propos de la diffusion de l'*Encyclopédie* au 18e siècle: "le temps, c'est de l'argent, le temps libre, c'est de la culture"[39]. Il semble que cette formule ne convient plus tout à fait au 19e siècle. Berquin est lu dans la France du "negotium", celle que sa morale sert, parce qu'elle prône un ordre propice à l'entreprise individuelle, à la prospérité économique, à toute forme d'investissement.

Le détournement de l'oeuvre

Doit-on conclure à la fortune de "la morale du peuple" au 19e siècle, à l'entrée de l'utopie dans l'histoire? Est-ce le succès d'Arnaud Berquin lui-même?

Dès 1844, on ne compte plus d'éditions complètes de son oeuvre. Les éditeurs comme Ardant à Limoges, Mame à Tours, Mégard à Rouen, coupent, censurent, adaptent, préfacent, ou même "améliorent"[40] dans une remarquable entreprise de "détournement" de l'oeuvre. La nouvelle élite savante du 19e siècle se méfie de Berquin qu'elle trouve révolutionnaire, qu'elle qualifie de "Girondin". Si elle l'utilise encore, c'est pour moraliser le peuple qui accède à la lecture, et elle le fait avec circonspection, non pas avec l'ambition de répandre les idées des lumières, mais plutôt de figer la société dans les fragiles structures que la période révolutionnaire vient de lui concéder.

De l'ami des enfants au censeur des enfants

Les censeurs obéissent à des critères particuliers, liés à une nouvelle vision du peuple et de l'enfance confondus dont Villermé dresse un tableau révélateur en 1838:

> Que peut-on attendre en effet, d'individus aussi corrompus que sont les ouvriers de Lille... L'accroissement de leur salaire ne changerait rien, même pas leur état. C'est seulement de leurs enfants qu'il faudrait s'occuper... Ces malheureux enfants ne voient que désordres, n'entendent que propos obscènes, ne s'imprègnent que de vices, élevés dans une atmosphère d'impuretés, façonnés par des mauvais exemples, et ne pou-

---

[39] Robert Darnton, *L'Aventure de l'"Encyclopédie"* (Perrin, 1982), préface de Le Roy Ladurie, p. 14.
[40] *La Vanité punie*, petit drame de Berquin, revu et amélioré pour l'enfance chrétienne (Lille: Maison Saint-Joseph, 1895).

vant connaître autre chose, ils imitent ce qu'ils voient faire et ils deviennent nécessairement comme leurs parents, ivrognes, débauchés, abrutis.[41]

Classes laborieuses, âge dangereux, le peuple, et l'enfance ne sauraient plus être des modèles de candeur. Il faut les encadrer, les "moraliser".

Les adapteurs de Berquin scindent l'oeuvre, définissent des classes d'âge, séparent les sexes. *L'Ami des enfants* disparaît, les nouveaux titres moins chaleureux sont désormais: *Le Berquin des petits enfants*[42], *Le Conteur de l'enfance*[43], *Petits Contes à l'usage des enfants du second âge*[44], *Le Berquin de la jeunesse chrétienne*, *La Morale en action des petites filles*[45].

A la société intégrée de Berquin, ils substituent une société ordonancée et stratifiée. Ils s'accommodent mal de la variété qu'avait souhaitée Berquin dans chaque volume, alternant contes, conversations, poèmes et drames. Ils classent par genre et très souvent éliminent les contes et les drames.

> Si Berquin avait voulu faire un livre, il n'est pas douteux qu'il eût été plus difficile dans le choix de ses sujets et bien moins long dans la manière de les traiter. *L'ami des enfants* contient aussi des petits contes d'une naïveté vraiment trop puérile et deux ou trois drames qui ne sont pas à la portée de l'intelligence des enfants, nous avons dans cette édition supprimé les uns et les autres, convaincus que l'ouvrage ne pourrait que gagner à ces suppressions.[46]

Là où Berquin s'attendrit, les adaptateurs s'inquiètent. L'enfance leur apparaît sans doute comme à ce personnage que Marc Soriano met en scène dans *La Semaine de la comète* et qui déclare en visitant la colonie de Mettray:

---

[41] L.R. Villermé, *Tableau de l'état physique et moral des ouvriers employés dans les manufactures de coton de laine et de soie*, réédition (10/18, 1971), p. 212. Voir aussi sur ce sujet Louis Chevalier, *Classes laborieuses et classes dangereuses* (LGF, 1978).
[42] *Le Berquin des petits enfants* (Eymery, 1812).
[43] *Le Conteur de l'enfance*, lectures religieuses, morales, historiques par Berquin, recueillies par E. de Corgnac (Limoges: Ardant, 1871).
[44] *Petits Contes à l'usage des enfants du second âge* (Tiger, s.d.).
[45] *La Morale en action des petites filles*, extraits de *L'Ami des enfants* (Limoges: Ardant, 1877).
[46] *L'Ami des enfants et des adolescents* (Librairie Pittoresque de la Jeunesse, 1853), notice sur Berquin, p. 3.

A partir de cet instant, les colons ne me sont plus apparus comme des enfants dans l'éclat de leur âge, mais comme un vol de guêpes furieuses ou un grouillement de vermine. L'image vous choque-t-elle? Elle est du Cardinal de Richelieu. Il l'emploie à vrai dire pour parler de la populace et non des enfants, mais ailleurs dans son Testament, il rapproche l'enfance et le peuple et explique qu'ils sont l'un et l'autre incapables de se gouverner.[47]

La censure nécessaire frappe en particulier toutes ces histoires au contenu pervers telles *Le Fermier*, où Monsieur Dublanc ose déclarer à son fils:

Ce fermier, si grossièrement vêtu, qui t'a fait un salut et un compliment si mal tourné, cet homme là est plus poli que toi, fait beaucoup plus de choses et des choses bien plus utiles. Ainsi tu vois combien il est injuste de mépriser quelqu'un pour la simplicité de ses habits ou le peu de grâces de ses manières.[48]

Berquin peut être dangereux. Sa morale de l'affranchissement de l'individu devient morale de l'asservissement, de l'obéissance et de la résignation. Ce n'est plus la morale du peuple, ni même une morale pour le peuple dont parlait *Le Moniteur*. Ce peuple là n'existe plus. Il s'appelle populace ou vile multitude[49].

Berquin et l'Eglise

Le projet des censeurs et adaptateurs de Berquin, c'est en fait de contenir les effervescences qui menacent l'ordre social. Ils y sont bientôt aidés par l'Eglise qui découvre avec près d'un siècle de retard que cette morale des Lumières ne lui est pas si hostile. Berquin est revu et corrigé à la lueur de l'Evangile[50]. Les abbés, les évêques y trouvent de nouveaux exemples plus proches et plus attrayants pour un public qui leur échappe à la fin du siècle.

---

[47] Marc Soriano, *La Semaine de la comète: Rapport secret sur l'enfance au 19e* (Stock, 1981), p. 51.

[48] *Le Fermier, OC*, 1e, ii, 238.

[49] Thiers, discours du 24 mai 1850.

[50] *L'Ami des enfants ou le Berquin de la jeunesse chrétienne*, recueil des épisodes les plus intéressants, de cet auteur, appropriés à la morale de l'Evangile par l'auteur de la *Méthode pour former l'enfance à la piété* (Lefort, 1892).

La morale du peuple était d'abord devenue une morale moralisa-trice destinée à contenir dans son rang un peuple que les révolutions avaient rendu téméraire. Elle fut, à la fin du siècle, complètement vidée de son contenu, réduite à un nouveau catéchisme, dénué de toute spiritualité et dépourvu d'intérêt. Berquin, trahi, tomba dans l'oubli, et ne fut guère réédité après 1902. La critique se mit à railler les "berquinades", oubliant de les imputer à leurs véritables auteurs: les éditeurs, adaptateurs, censeurs de Berquin au 19e siècle.

Square Pegs into Round Holes: Rural Parents, Children and Primary Schools; France 1830-1880

LAURA S. STRUMINGHER

Education officials of the Third Republic took pleasure in the thought that at precisely 10:00 a.m. every French eight-year-old — in town and village — was taught the identical lesson from identical school books in classrooms designed and furnished alike and by teachers who were similarly credentialed. Of course, such exactitude was never achieved, but the desirability of uniformity was an assumption of the highly centralized education bureaucracy of the Third Republic. Inspectors' reports and letters reveal their presumed enemies — ignorance and sloth — and their conviction that it was the function of the school to conquer these evils and thereby to regenerate a nation of patriots who would not waiver in their determination to fight for France. Inspectors described with sharp criticism the conditions in the schools they visited: individual instruction of children who varied widely in age and prior instruction and whose attendance was erratic; teachers whose training was minimal or nil; written materials which were almost always too difficult to be used as primary texts; classrooms which were cramped, dirty, unheated, and frequently only a corner of the teacher's living quarters and therefore surrounded by kitchen and farm implements and, sometimes, animals. Inspectors from the 1830s worked to eradicate all of these conditions and to replace them with punctuality, cleanliness, and uniform instruction of French language and weights and measures according to the metric system.

Most of the scholarship devoted to the history of French education has chronicled their success—more or less—in reaching these goals. Some scholars have focused on the heated controversies between church and state over the control of teacher education and the administration of primary schools. Others have examined the costs of setting up new schools and the controversies over who should pay for them. Still others studied curriculum and pedagogy.[1] Surprisingly, the area which today might be viewed as the central conflict has, until now, received very little attention from historians; that is, the reaction of parents to the attempts to change the behavior, habits, and values of their children by taking them away from traditional educational experiences and bringing them under the influence of schools and books. Though school inspectors might have been unanimous in their belief that the children and ill-trained teachers were ignorant and slothful and in need of quick change, the parents of those children who were the employers of those teachers had very different views. Peasant parents are most interesting in this regard because their resistance to change is likely to be greater than city dwelling parents, though evidence can easily be found that similar resistance took place amongst poor city residents.[2] While careful studies of several regions of France will be necessary to be able to write a complete history of this topic, it is possible to hypothesize why peasants remained hostile to schools resulting from the Guizot laws for decades. It is also possible to draw a portrait of typical efforts at resistance: the persistent preference for illegal and clandestine schools; the nonenforcement of attendance, punctuality, and cleanliness rules in the new schools; the resistance to improving local schools and teachers. Finally, we can speculate on the success of parental actions in modifying the

---

[1] Donald N. Baker and Patrick J. Harrigan, eds., *The Making of Frenchmen: Current Directions in the History of Education in France 1969-1979* (Waterloo, Ontario: 1980); Michael P. Anderson, *Education in France: 1848-1870* (London: 1975); Laura S. Strumingher, *What Were Little Girls and Boys Made Of? Primary Education in Rural France 1830-1880* (Albany: SUNY Press, 1983); Pierre Zind, *L'Enseignement religieux dans l'instruction primaire publique en France de 1850-73* (P.U.F., Lyon: 1971).
[2] Charles Tilly, "Population and Pedagogy in France," *History of Education Quarterly*, 13 (1973), 122. Tilly raised the question of parents' wisdom in keeping their children out of school: "So long as there was room for their surviving offspring on the land, why *should* the peasants sacrifice the labor of their children to the school, and take the chance that the children would leave the old folks stranded on the farm?" See also: Laura S. Strumingher, *Women and the Making of the Working Class*, example of urban popular school in Lyon (Montreal: Eden Press, 1979), p. 81.

power of teachers and school officials in curbing their control of both the direction and speed of change from a traditional society to one based on bureaucratic, specialist organizations and universal schooling.[3]

Though school inspectors were not aware of it, peasants had their own culture—values, traditions, customs—which they intended to pass down to their children in the same ways that they had learned from their mothers and fathers. Ben Ekloff, in an excellent article on Russian peasants, emphasized that though peasants were unschooled before 1880, they were hardly uneducated. In Russian peasant families children were educated during the course of their work and were assigned to tasks according to the position they occupied in the family.[4] Similarly in France, peasant mothers in the Limousin, without the aid of blackboards and chalk, taught their daughters how to count and multiply very well so that they could rapidly calculate the price of eggs which the girls sold.[5] Boys were not given similar lessons because they were not expected to sell eggs. In peasant families children learned production expertise, patterns of behavior, and ethical standards, simultaneously. They learned these through time-honored means like folklore, oral poetry, historical legend, social satire and natural lore. Peasant parents were quick to recognize that schools would limit the family's influence by taking the child away from a harmonious system of labor and social life, while at the same time introducing the child to ideas likely to threaten the family hierarchy.

One example of the divergence of views between school officials and peasant parents on school attendance will indicate the complexity of the conflicting views. In 1856, an inspector visiting the countryside around Toul reported with chagrin that ninety-seven girls were kept out of school to embroider: "It is painful to think that many of these girls are attached from early morning until late evening under the eyes of a forewoman (*industrielle*) who exploits them in the company of persons who frequently are not reserved in their conversation, in dirty, dark, humid rooms lacking fresh air and space."[6] It

[3] M.D. Shipman, *Education and Modernization* (London: 1971), p. 41.

[4] Ben Ekloff, "Peasant Sloth Reconsidered: Strategies of Education and Learning in Rural Russia before the Revolution," *Journal of Social History* (Spring 1981), pp. 355-85.

[5] They could calculate, "Five dozen eggs at 14 sous for one, equals five francs, two sous," André Magnoux, "Enfance dans nos campagnes limousines d'autrefois," *Lemouzi*, 67 (1978), 184.

[6] Archives Nationales, $F^{17}9320$.

is quite clear that peasant parents did not view the situation in the same way. The company deplored by the inspector were the girls' mothers, sisters, aunts, grandmothers, neighbors, and the conditions he found intolerable were not different from those which the girls encountered in their homes. While the inspector thought the girls' wages were not strictly necessary to put food on the family table, it is doubtful that he had a clear idea of the family economy of rural families. The wages he found exploitative may well have meant the difference between satiety and hunger in some seasons, and may have paid the tax collector in others. More important, at the side of her family the girl not only learned how to improve her embroidery skills but also learned the traditional wisdom of the womenfolk of the village.

These gatherings of women and girls throughout France to embroider or to make lace or spin silk were traditional occasions for training the young with life skills. The difficulty of knowing what was said in this oral transmission of culture should not result in the abandonment of the effort to imagine what might have transpired in small gatherings where the oldest women were still thought to be the wisest. One clue not to be overlooked are the popular proverbs, collected by ethnographers at the turn of the century, many of which comment on husband-wife relationships. A sampling will provide the general thrust of these values which were greatly at odds with what was being taught in the new schools: from Brittany, "A dead wife and a live horse make a rich man"; from Catalan provinces, "Women stay at home like cats and men take to the streets like dogs"; from Basque provinces, "She who has a husband has a master"; from Gascony, "A run-around wife, cold soup"; from Anjou, "He who sharpens his knife on every stone, drives his wife to every fair, and waters his horse at every stream, ends up at year's end with a bad knife, a spoiled woman and an old nag"; from Picardy, "When the cock crows, the chicken is silent"; and finally, from Dauphiny, "Neither wife nor pigs should leave the house."[7]

What are we to make of these proverbs? On the surface they would appear to be misogynistic and indicative of a culture which severely oppressed women and girls, but that is the twentieth-century historian's view and not that of the nineteenth-century rural families who were more likely to see in these sayings a wealth of time-honored customs

---

[7] Martine Segalen, ed., *Catalogue de l'Exposition du Musée des arts et traditions populaires: Mari et Femme dans la France rurale traditionnelle* (Paris, 1973).

which prevented family breakdown and impoverishment. That is not to say that these proverbs should be understood literally or that groups of women working together did not create counterproverbs and humorous anecdotes which reversed the family hierarchy to relieve the tension and boredom of hard work in cold, damp rooms. But, while they felt comfortable with the manipulation of traditional assignments of roles, they were not sure about the moral stories and vignettes being taught to their children through the primary readers introduced in the new schools.[8]

These readers often questioned traditional methods of childrearing and household organization while extolling a new idea of motherhood, one which precluded woman's productive functions and focused on her role as a loving, nurturant and omnipresent parent. In the new books, income production by new and innovative techniques became the major responsibility of husbands who were also to decide how to spend the money. This version of family life was strange to rural men and women and it is not at all surprising that they did not want their children to learn these new ideas. They feared that their sons and daughters would soon disdain habits and customs which the parents considered essential to family survival. They feared that children would question parental authority and the child's obligation to its parents.

Given these parameters, it is logical that parents tried to maintain control over what was being taught in the schools. In this light it is clear that parents resisted buying the new school books and preferred to cling to the traditional teaching tools at hand — Bibles, old grammars, notarial records — not only due to parsimony but because they wanted the children to learn to read, yet they had an instinctive distrust for the contents of the new books. Like the Russian peasants studied by Ekloff, French peasant parents undoubtedly felt that literacy and numeracy were essential skills, but that a complete elementary education might ruin their child, since the educated child would want to leave the village for an administrative job in town.[9] In some areas

[8] Laura S. Strumingher, *What Were Little Girls and Boys Made Of? Primary Education in Rural France 1830-1880*, and "L'Ange de la Maison: Mothers and Daughters in Nineteenth-Century France," *International Journal of Women's Studies*, 2, no. 1 (1979) 52-62.

[9] Even the prospect of teaching in a local school was not promising. Indigent teachers were the norm. In the Landes, a proverb explained, "instituteur et mendiant est presque synonyme," Paul Lorain, *Tableau de l'instruction primaire en France* (Paris, 1837) p. 144.

of France, parents forced teachers to instruct in the local patois because the use of French was threatening to their control over their children's destinies. With French, a child could leave the village and settle elsewhere, away from family obligations. In other areas there was dispute over the introduction of the metric system, which confused peasants who were used to computing in more traditional measures. In still others, there was objection to teaching girls to write because, in the words of an inspector, "leur apprendre à écrire, c'est fournir les moyens d'entretenir de coupables relations."[10]

With all of the above it is essential to keep in mind that rural parents were not opposed to learning as such; indeed they were, themselves, formidable teachers passing on to each child the intricate skills necessary to survive in an environment which had little margin for error. In many communes, peasant families set up rudimentary schools on their own after the Old Regime schools, which depended to a great extent on the clergy, were closed down during the Revolution. These schools were described by school inspectors in the 1830s with scorn but a careful reading of their records provides new insights into the dialectic of change that has frequently been called modernization.

Illegal schools, that is, those schools taught by unlicensed teachers following the Guizot law, seem to have filled an important niche in the transition between no schooling and official schooling. In many areas of France (and similar examples can be cited for England, the United States, and Russia)[11] what may more fittingly be referred to as popular schools emerged in the beginning of the nineteenth century and, in some areas, lingered until the close of the century. These schools shared several of the following characteristics: they were taught by someone who was closer in manner and background to the local population than was the official school teacher; they were taught in crude classrooms which resembled the dwellings of the local population—that is, no specialized furniture or equipment; the teacher was frequently someone who was not able to do any other work in the village due to age or infirmity and, therefore, the modest wages paid him or her was a remnant of the moral economy of the old order

[10] A.N. F¹⁷9370.

[11] Ben Ekloff, p. 359. Vol'nye or free schools were organized and funded by peasants and frowned upon by the authorities. Robert Colls, " 'O Happy English Children!': Coal, Class and Education in the North East," *Past and Present*, 73. Lucy Larcom, *A New England Girlhood* (New York, 1889) describes Aunt Hannah's kitchen school.

rather than a guaranteed salary based on merit; finally, children attended irregularly with little expectation of their learning much more than their parents knew.

A few examples from the Creuse will illustrate the nuances of clandestine and illegal schools and how they fit more or less snugly into village life.[12] An example of a less snug fit comes from the commune of Clugnat where in 1830 controversy over who had the right to run a primary school in the commune led to a good deal of correspondence between the *parquet*, the *recteur*, and the mayor. Apparently, the mayor had hired a Mr. Cogoluenhec as school master as early as 1826, but since the community was not wealthy enough to pay for a constable as well, Cogoluenhec served in both capacities for four years. In 1829, the mayor and his council decided to pay one hundred francs to the school instructor and to reduce his duties as a constable to vacation days and after school hours. It was then that a regular appointment from the *recteur* was accorded to the school master. Despite these developments, several houses in Clugnat continued to maintain schools without any authorization, apparently with the approval of the *curé* who enjoyed income from several pupils himself.

In 1840, in Auzances, the official teacher, named Baudot, brought a complaint against Brunel, a former soldier and barber living in the commune, for teaching fifteen or sixteen pupils, although he was almost illiterate and without a license. The mayor of this commune was, apparently, protecting Brunel and managed to get him news of any inspector's impending visit. This invariably led Brunel to dismiss his class so that he could not be caught by the inspector in *flagrante delicto*.

In 1842, a clandestine school in Ossoudun contained fifteen to twenty boys and girls and was directed by a Demoiselle Virginie Fougerolles. When it was brought to the attention of the commune (again upon the complaint of the official instructor of the commune) and of other authorities, a dossier was filed listing the problems of the school. On the cover, written in pencil, there was a solicitation to the indulgence of the authorities in favor of "a poor unfortunate woman." The school remained open.

[12] René Boudard, "Ecoles d'autrefois: L'Enseignement primaire clandestine dans le départment de la Creuse," *Mémoires de la Société des Sciences Naturelles et Archéologiques de la Creuse*, 33, no. 3: 525-35.

Another example from 1842 comes from La Souterraine. In this case the royal prosecutor charged that Dame Legros' school had fifteen students of which most were about six years of age and the youngest was eighteen months. Dame Legros limited herself to child care or kindergarten services rather than actual teaching, though she did teach the alphabet. The prosecuting attorney thought it would be rather hardhearted to consider the house a school when it was really just a meeting place for young children under the supervision of an old woman whose husband was very old and blind and the household possessed no other means of making a living. No action was taken in this case.

A measure of uncertainty existed in the Creuse as to what was clandestine and illegal and what was to be considered a private school. All over France, inspectors protested being barred from entering religious girls' schools and suspected flagrant abuses in these cloistered schools.[13] It wasn't until December 1854 that inspectors gained the right to check private schools with regard to morality, hygiene and healthfulness; education, even in private schools, was henceforward to conform "à la morale, à la Constitution et aux lois."[14] The result was a multiplicity of types of schools and an unequal enforcement of existing laws. In Aubusson, for example, between 1842 and 1848, the number of illegal schools grew and authorities moved to close them. In November 1846 alone, ten schools were closed on the spot through the action of the prosecutor. On the other hand, in Chard, Anne Murat ran an illegal school in full view and knowledge of everyone without any complaints or denunciations. This school apparently enjoyed the approval of the town's inhabitants and, therefore, generated no controversy.

Inspectors' reports from other departments indicate that the continued existence of nonlicensed teachers and illegal schools were not restricted to the Creuse. In the Indre et Loire report of 1839, the inspector found provisionally licensed as well as nonlicensed women teachers who taught mixed classes of the poorest pupils, while private boys' schools were frequently taught by teachers of little ability and "anciens maîtres d'école qui garderont encore quelques enfants, comme ils le disent, pour se désennuyer."[15] In the report of 1841 from the

[13] See also, F¹⁷9308.
[14] F¹⁷12434. Letter from Ministre de l'Instruction Publique et des Cultes (December 20, 1854).
[15] F¹⁷9307.

Vosges, the inspector found 141 communes which hired unlicensed teachers and teachers' assistants.[16] And in the Correze report of 1841, the good news of an increase of 167 schools since the previous inspection was tempered with the warning that 154 of these were illegal schools with 114 of the latter, girls' schools. The status of the latter, in the words of the inspector, was, "Leur direction n'offre aux familles aucune garantie d'aptitude ni de capacité."[17]

In 1848, a new sign of gradual accommodation to the new schools was evident in the report from the Correze and in a letter from Toulouse, both of which concerned the right of local village girls to jobs as teachers in the new schools. In the Correze, there were numerous requests for age dispensations for girls to take the licensing examination early, usually because of the need of their family for income. In Toulouse there were complaints that too many religious orders were offering instruction to girls and that this had resulted in taking away needed work from young women who were the sole support of their families who had put them through school.[18] But this adaptation to some aspects of the Guizot law did not mean an abandonment of the struggle for control which flourished when official schools replaced traditional ones.

Noncompliance with school discipline was another technique used by parents to exert authority over school officials. A detailed report from the department of Oise in 1838 pointed out that it was impossible to start classes on time each day because of the erratic attendance and lack of punctuality of pupils. Underscoring the parental involvement in the former, the inspector reported that parents actually had the temerity to forbid teachers from teaching certain subjects to their children, restricting the curriculum in such a manner that it became necessary to return to the old method of individual instruction. Finally, the inspector raged against parents in rural schools who sent their children to school as soon as they could walk with no regard for the fact that these youngsters crowded the classroom, distracted the attention of other pupils, and forced the teacher to demand long silences from all but a few pupils who were reciting. The inspector concluded glumly, "malpropreté, désordre, absence de toute règle, voilà l'état de la majorité des écoles de campagne."[19] Peasant parents, as I have

[16] F[17]9308.
[17] *Ibid.*
[18] F[17]10806 and 10807.
[19] F[17]9306.

pointed out earlier, would see the same facts in a different light. They would not be disturbed by the mixture of various ages, nor by the lack of punctuality and order. They would be pleased by the individual instruction which was similar in style to that taught in the traditional schools they may have attended.

The following year the report from the Oise was equally gloomy. The inspector lamented the fact that despite the relative wealth of the area, the lack of population density had resulted in no interest, if not direct hostility, to the funding of education. For example, school was frequently taught in straw huts; the furniture might consist of some tables borrowed from a cabaret, a smokey stove, and a cupboard that stored, haphazardly, food and children's books. Lacking a hut, class was sometimes forced to meet in a stable or in the living quarters of the teacher. On occasion, the inspector reported, children were forced to stand throughout the lessons because there were not enough chairs.[20] Other inspectors were particularly anxious about the lack of participation between the boys' and girls' half of the class (a feature of the Guizot law) and went on to report that, frequently, separate entrances for girls and boys were not possible nor were separate sexed outhouses.[21] Again, it seems clear that peasant parents would react with a good deal less alarm to the problems described by the inspectors.

Another indication that peasant parents were determined to keep the position of teachers and schools peripheral and not central to the lives of their children, was the tenacious way they held to the tradition of bargaining with teachers, hiring only those who were unfortunate enough to be forced to take the lowest wages and the worst living conditions. Teachers' qualifications were given much less attention than were their willingness to work for less than the other applicants. Villagers who were handicapped—either deaf, epileptic, missing limbs, or else habitual drunks, were usually willing to work for a tiny stipend and a place to sleep. In other communities, itinerant teachers spent two to four months in a village and learned to expect haggling as part of the annual employment ritual. As one villager explained to a job applicant: "Tu ne vaux pas grand'chose pour être instituteur, et s'il faut te donner les 200 francs que nous venons de voter, nous préférons ton competiteur; mais il y a moyen de s'arranger,

[20] F¹⁷9308.
[21] F¹⁷9307.

Community	Number of Schools Producing Annual Income of:								
	1500F or more	1500F-1200F	1200F-900F	900F-600F	600F-500F	500F-400F	400F-300F	Below 300F	Total number
Beauvais	2	3	6	32	48	73	71	23	258
Clermont	2	2	6	30	26	39	54	16	175
Compiegne			6	49	33	36	35	10	169
Senlis		4	9	49	26	20	25	7	140
Total	4	9	27	160	133	168	185	56	742

Figure 1

et si tu veux, par exemple, fournir gratis la salle d'école, et nous dispenser de faire pour ton logement de nouveaux frais, l'école est à toi."[22]

The chart in figure 1,[23] taken from the records of 1839 in the Oise, indicates the range of teachers' income, with the average approximating the wages of an urban day laborer.

It seems reasonable to conclude that in the vacuum created by the closing of village schools during the turmoil of Revolution, peasant parents created a system of schools for their children which answered the needs felt by peasant families facing a world in which the wisdom of their fathers and mothers was beginning, ever so slightly, to be found lacking. Village girls employed as domestic workers in the cities and towns that grew in the first half of the nineteenth century returned home and reported on the better wages and better lives available to people who could read and write and figure. Village boys returned home after serving in the army and reported new techniques discovered in other villages and towns and better conditions that required a change in some of the traditional methods of cultivation. When these men and women formed families of their own they were ready to believe that schooling was necessary to fill the void created by the decline in the ability of families to teach children all they needed to know in a society of increasing geographic mobility, and the possibility of new forms of employment.

But, though they were ready for schools, they were not yet willing to give control over their children to secular teachers licensed by agencies outside of village control. At first, parents fought to maintain their culture while at the same time adding a few new bits and pieces to the system they had worked out over centuries. They added some lessons of the primary schools which sought to influence their patterns of hygiene, child rearing, and housekeeping to the role learning that made up the rest of their system. Mothers who believed that cutting their children's nails before their first birthday would bring death to the child, were now told by their elder children that failure to cut a baby's nails led to sores and infections. In neither the traditional nor the new learning situation was the learner taught to think about the premise. They were never encouraged to pose questions: "Is it correct? Is it necessarily true or false?" The result was that neither

[22] Paul Lorain, p. 147.
[23] F¹⁷9307.

children nor their parents thought; they believed either in one version of the truth or the other. In many cases they made room for both beliefs; for example, the nail cutting controversy was accommodated as follows: "Si une femme coupe les ongles de son enfant le dimanche, l'enfant est sûr de mourir dans l'année."[24] Similarly, in many rural areas mothers traditionally believed that lice protected their babies' heads. When teachers required cleanliness, and delousing became part of school requirements, parents combed their children's heads regularly but made sure to leave a few lice undisturbed, convinced that the teachers were right about some kinds of disease, but never wavering from their belief that lice ate bad blood.[25]

Increasingly peasant parents began to believe that there were benefits for the family in schooling and that these benefits would outweigh the costs of sending their children to school. Secular authorities, who more and more saw education as an effective means of social control, were willing to meet some peasant demands to win their objective of regular school attendance. For example, from 1833 primary schools received steadily increasing support from state funds to build schools and hire teachers, until by 1881 fully tax-supported schools were the norm. This removed the direct economic burden from rural communities and made it at least appear to be a concession of the Parisian authorities; this had special significance when the building of a school necessitated improvements in roads to reach the school. Another area of compliance with parental wishes were the gradually evolving texts and pedagogical material that was designed for rural children. Children who brought home notebooks with dictations that encouraged girls to learn to read with expression so they could read to their ailing parents and thus help them in their old age, found approving parental comments on their school work. Likewise, handwriting practices that used phrases like, "Ce qui vit d'espoir mourra de faim," reinforced parental values.[26]

Finally, to conquer the remaining opposition, secular authorities turned to the Church to urge rural parents to change their recalcitrance to acceptance of schools. Many inspectors in mid-century echoed the

[24] François Loux and Marie France Morel, "L'Enfance et savoirs sur le corps. Pratiques médicales et pratiques populaires dans la France traditionnelle," *Ethnologie Française*, 6, nos. 3-4: 309.

[25] Sebillot, *Coutumes populaires de la Haute Bretagne* (Paris, 1896), p. 74.

[26] Institut National de la Recherche Pédagogique, Musée de l'Education, Mont Saint-Aignan, has numerous examples of pupils notebooks from the nineteenth century.

sentiments of the *recteur* of Ariège who wrote in 1852: "...nous comptons beaucoup, pour vaincre les répugnances, et triompher des vieilles habitudes, sur le concours actif et éclairé des membres du clergé..."[27] The Church, which had only a qualified success in restoring the adherence of its rural flock following the Revolution,[28] was delighted to comply with the new wishes of the secular authorities, which until mid-century had refused to recognize the right of additional religious orders to teach and, in general, thought of religious orders as obscurantists and meddlers. But, beginning in 1851, Louis-Napoleon passed laws encouraging the rapid growth of teaching orders and the Church responded by forming 923 women's teaching congregations between 1852 and 1859. By 1863, two-thirds of the girls in France attended religious schools, as did one-fifth of the boys.[29]

But, the most significant source of changing parental feelings about the opportunity cost of school was not new secular nor religious approaches to education, but rather the opinions of those adults who had attended popular schools. These adults who learned to read or write a little in a variety of transitional schools, which were denounced by the inspectors for a lack of standards, were less likely to interfere with the goal of curricular uniformity than the previous generation which had no schooling. Parents who had experienced some process of disciplined conscious learning were more likely to respond favorably to further training for their children. For them the structuring of class time, the regularity of assignments, the distribution of duties were not meaningless or threatening routines, but could lead to improved standards of living for those who mastered the habits. They expected their children to absorb new ideas about time, discipline and work as well as basic literacy, which they certainly did not confuse with habitual book reading. They knew, if only intuitively, that quiet, orderly work in large groups, response to orders, bells, timetables, respect for authority, even tolerance of monotony, boredom and regular attendance at place of work were all habits to be learned in school which would lead to a secure income.[30] Gradually, these parents even encouraged their children to become teachers where, "le traitement était sûr."[31]

[27] F[17]10805.

[28] Edward Berenson, "Populist Religion in Rural France, 1830-48" (unpublished paper presented at French Historical Studies, March 13, 1983).

[29] Gontard, *Les Ecoles primaires de la France bourgeoise 1833-75* (Toulouse, n.d.), p. 159.

[30] Shipman, pp. 54-55.

[31] Jacques Ozouf, ed., *Nous les maîtres d'ecole, Autobiographies d'instituteurs de la Belle époque* (Paris, 1967).

From 1830 to 1880, individual French villages made the transition from communities with little regard for schooling to communities that held school to be a significant social institution that helped prepare children for adult roles. This major transformation took place through a continuing struggle for control of the process of change. The main contenders in the struggle were rural parents, secular authorities and the Church. Each had their own priorities about the nature and content of schooling and, from the scuffle, emerged the rural French primary school which bore as little resemblance to the ideas of Enlightenment education theorists as it did to Catholic views of focusing education on salvation or to the rough rural schools that were set up by peasants following the Revolution. The schools specialized in rote learning and uniformity of texts throughout the system; teachers rewarded punctuality, cleanliness, and routine memorization of texts in the form of oral presentations, songs, and dictations. Gender-role differentiation was a hallmark of this education, with girls to focus on duty to family and boys on work.[32] These children became the citizens of the Third French Republic.

[32] For example, *La Petite Jeanne ou le devoir* and *Maurice ou le travail* both by Zulma Carraud (1852; rpt. 1853; multiple rpts. through 1914), sold one million copies.

D'une culture populaire à une autre: L'Ecole de la Troisième République

MAURICE CRUBELLIER

Par culture "populaire" nous entendrons ici celle, ou plutôt celles qui concernent le "peuple" des petites gens, la majorité des Français par opposition à une élite minoritaire. Le pluriel convient mieux pour les siècles passés et la diversité des cultures traditionnelles, rurales plus qu'urbaines; le singulier semble s'imposer pour le présent et sa culture de masse qui menace de submerger nos sociétés industrielles. Tel est notre point de départ: l'avènement de cette culture uniformisante sinon unique. On a porté sur elle les jugements les plus sévères. Des humanistes lui ont même dénié la qualité de culture, au sens valorisant, idéal, du terme. Ainsi Hannah Arendt: "la société de masse ne veut pas la culture, mais les loisirs (*entertainment*) et les articles offerts par l'industrie des loisirs sont bel et bien consommés comme tous les autres objets de consommation" (*La Crise de la culture*, trad. fr., 1971). Culture de consommation, c'est ainsi qu'on appelle également ce qui ne serait qu'une caricature de la vraie culture humaniste, un foisonnement d'articles de pacotille voués à un prompt anéantissement, le contraire d'un patrimoine authentique, assuré de traverser les siècles.

Mais l'historien n'a pas à juger. Il enregistre des résultats, jalonne l'évolution qui les a produits. Dans le passage général des cultures populaires traditionnelles à la culture de masse, il est possible de discerner quelques aspects plus caractéristiques du cas français tels que

149

le rôle joué par le catholicisme du 16e au 20e siècle, la relative lenteur de l'urbanisation et la longue prépondérance du monde rural, enfin l'entreprise délibérée d'acculturation conduite par l'école élémentaire de la Troisième République à partir de 1881-1882. C'est sur ce dernier aspect que nous insisterons ici. Toutefois, pour mieux en saisir l'importance, il peut être utile de le rapprocher brièvement des deux autres. Tous trois supposent une tension entre élite et masse, des échanges ou, si l'on préfère, un processus dialectique indéfini, inépuisable. Qui ne se fierait qu'aux apparences serait tenté de parler d'entreprise de domination culturelle, de culture dominante, celle de l'élite, et de cultures dominées, celles de la masse. Il n'est pas contestable que l'Eglise de la Réforme catholique comme l'école de Jules Ferry aient visé à une sorte de domination, ni que les pouvoirs publics, dans les villes du 19e siècle, se soient efforcés d'envelopper la population grossissante, les nouveaux citadins surtout, dans un réseau d'institutions et d'usages civilisateurs. Mais toujours l'Eglise, les pouvoirs publics et l'école elle-même ont été amenés à faire des concessions aux habitudes populaires, à aménager des compromis avec elles, à favoriser des relations, certes inégales, un nouveau style de vie; et de tout cela finissait par se dégager une culture originale. Aussi bien toute domination implique-t-elle à la fois un pouvoir acquis et des services rendus, des services qu'il faut savoir faire apprécier et accepter; et le pouvoir a chance d'être d'autant plus grand que les services auront paru de plus de prix.

Au 17e siècle, l'Eglise catholique, réformée par le Concile de Trente, songeait avant tout au bien des âmes, à leur salut éternel et aux moyens de leur procurer ce salut. Son programme, entièrement tourné vers ce but, se heurtait à une multitude de croyances et de pratiques d'origine païenne et d'inspiration plus ou moins magique. Il fallait donc répudier le polythéisme sous toutes ses formes, le satanisme et la sorcellerie en particulier, apprendre aux fidèles à mieux discerner le sacré du profane, purifier la liturgie. Il fallait aussi diriger les conduites par le catéchisme et la prédication, par l'école, collèges pour les riches et écoles de charité multipliées à l'intention des pauvres. Les plus saints initiateurs ne cachaient pas leur intention d'encadrer une masse inquiète et turbulente, dans les villes surtout, de collaborer à l'établissement d'un ordre socio-culturel: d'après Jean-Baptiste de La Salle, "tous les désordres surtout d'artisans et de pauvres viennent ordinairement de ce qu'ils ont été abandonnés à leur propre conduite et très mal élevés dans leur bas âge ce qu'il est presque impossible de réparer dans un âge plus avancé parce que les mauvaises habitudes ne se quittent que très difficilement et presque jamais entièrement." L'école chrétienne apportait une solution à la crise de la société en même temps qu'à la crise religieuse. Parallèlement, la publication de *traités de civilité* de plus en plus nombreux, et leur diffusion jusque dans les campagnes, participaient au même effort. Il s'agissait de combattre, voire de liquider, une mentalité, des façons fortement enracinées de sentir, de penser, de dire et de faire. C'était comme une déclaration de guerre aux cultures populaires. A cette guerre, la bourgeoisie dévote des villes s'employa avec une belle obstination, entraînée par un nouveau clergé issu de ses rangs et formé dans les séminaires. Les résultats furent médiocres, au rebours parfois des espoirs qu'on en avait conçus. On le constate au 18e siècle: recul de la pratique, masculine surtout, anticléricalisme plus fréquent encore dans le peuple que l'antireligion. Pourtant, le clergé, face aux résistances qu'il rencontrait, s'était résigné à faire un grand nombre de concessions à la religion populaire; il avait conservé à peu près tous les usages qui ne contredisaient pas formellement son nouvel idéal, qui n'apparaissaient pas sacrilèges. On a remarqué qu'il s'était montré plus conciliant à l'égard des rites, des gestes... et plus rigoureux au contraire dans le domaine du langage, du discours. Signe d'un temps, marque de la nouvelle culture bourgeoise sur laquelle nous aurons l'occasion de revenir.

La reconquête des âmes après la Révolution et tout au long du 19e siècle devait accentuer le rapprochement avec la culture populaire. Elle fut l'oeuvre d'un clergé d'origine désormais largement rural et donc plus facilement complice. En outre, ce clergé était de plus en plus ultramontain, ouvert aux influences italiennes; il faisait la part belle à une religion attachée à quantité de pratiques telles que culte des saints, pélerinages, fontaines miraculeuses, etc., à dominante affective. L'Eglise à l'encontre d'une bourgeoisie de plus en plus gagnée au rationalisme et à la science, se retournait vers un passé où culture et foi populaire étaient solidaires. On a parlé à ce propos d'un "processus de captation de la sensibilité populaire". Un abbé Millon recourait à des images: pour lui, la religion populaire serait "comme la gangue qui préserve le diamant contre toute altération, comme une plante parasite qui, se nouant autour d'un tronc centenaire le garantit contre les intempéries sans épuiser la sève" (*La Foi en Bretagne*, 1908). L'opération n'allait pas sans risques. Quelle aubaine pour les adversaires déistes ou libre-penseurs que de pouvoir combattre à la fois les superstitions et la religion ainsi confondues! Entre la poursuite, par n'importe quels moyens, d'un salut personnel, égoïste, exclusif de tout le reste, et la marche fraternelle de l'humanité vers le progrès matériel et le bonheur, le déséquilibre devenait fâcheux[1].

Dans le même temps, les villes, Paris avant toutes les autres, constituaient comme des creusets où se mélangeaient et se fondaient des cultures en devenir, rurales traditionnelles et populaire urbaine, bourgeoise aussi, où s'élaborait, dès le 18e siècle si l'on s'en rapporte à Daniel Roche et à son beau livre, *Le Peuple de Paris*, la culture de masse et de consommation. Le rythme de l'urbanisation, tellement plus lent en France qu'en Angleterre ou en Allemagne, doit être pris en considération. Les démographes nous apprennent que les poussées du peuplement urbain (16e-17e siècle jusque vers 1680 — *take-off* de l'économie française à partir de 1830-1840 et jusque vers 1900 — tout récemment la crue urbaine de 1950-1975) alternent avec des phases de stagnation. Au plan culturel, les premières engendrent les crises tandis que les secondes sont favorables aux échanges et préparent les synthèses. Ainsi, au 19e siècle, dans les villes nouvelles ou renouvelées par l'industrie et le commerce, l'osmose culturelle en cours se trouva soudain compromise. On enregistra la tendance inverse des différents groupes socio-culturels au repliement sur eux-mêmes, — à la ségrégation, aux méfiances réciproques, aux affrontements (comme c'est de nouveau le cas aujourd'hui). Mais suivit bientôt, ce qui nous importe davantage, une patiente acculturation, à la fois dirigée et spontanée, étonnamment complexe.

Acculturation dirigée. Par les pouvoirs politiques, économiques et sociaux. L'ordre de la rue était l'affaire d'une législation plus stricte et d'une police renforcée. Pour réprimer les débordements populaires de type carnavalesque, la festivité était officialisée dans la mesure du possible. La moralisation, comme on disait (c'est acculturation qu'il faut comprendre), se ferait par l'école dont l'action, commencée dès les salles d'asile, ouverte aux enfants des prolétaires à partir de 1828, se poursuivrait par ses annexes, cours du soir, enseignement ménager, puériculture ou "gouttes de lait". Elle se poursuivrait aussi par

---

[1] Sur ce point, parmi une abondante littérature, on peut signaler deux guides utiles: Jean Delumeau (sous la direction de), *Histoire vécue du peuple chrétien* (Toulouse: Privat, 1981), et Bernard Plongeron (sous la direction de), *La Religion populaire: Approches historiques* (Beauchesne, 1976).

une politique de la famille—une "police des familles" a titré Jacques Donzelot[2]. Enfin la discipline du travail, dix à douze heures six jours sur sept tout au long de l'année, était probablement la plus sûre garantie.

Acculturation spontanée. Moins prévisible et donc moins sûre, mais non moins nécessaire à partir du moment surtout (la fin du 19e et le début du 20e siècle) où les loisirs se dilataient, dans la journée comme dans la semaine et dans l'année. Les formes de la sociabilité, apparemment réduites au cabaret et au bal, de nouveau se multipliaient; et la presse locale, en plein essor, atteste la diversité et la vigueur des regroupements, orphéons et chorales, clubs sportifs, ou associations d'anciens combattants après 1918, etc. La mode, vestimentaire d'abord, pour laquelle les grands magasins prenaient la relève de la friperie, polarisait l'existence des classes moyennes puis des classes plus modestes, et du même coup promouvait la femme au premier plan d'une vie culturelle inédite. La presse introduisait ses lecteurs à une représentation de la réalité sélectionnée, filtrée, dramatisée aussi, puis d'autres *media* de communication (périodiques, romans à quatre sous, presse du coeur...) s'appliquaient à nourrir un insatiable besoin d'imaginaire. Au terme, la culture de masse s'esquissait comme le produit d'une civilisation urbaine qui avait réussi tant bien que mal à conjuguer l'aspiration des travailleurs au loisir, à toujours plus de loisir mais un loisir dont ils ne s'étaient pas mis en peine de savoir l'emploi, peut-être parce qu'ils ne se fiaient à la tradition populaire ou qu'ils s'en remettaient à l'école du soin de le leur enseigner, et l'astuce de capitalistes,—ce n'était plus les grands bourgeois éclairés et respectueux de la plus haute tradition élitiste—de capitalistes qui découvraient le profit qu'ils pourraient tirer de la production de certains biens dont la demande, à la différence de celle des biens de première nécessité, se renouvellerait indéfiniment[3].

Ainsi replacée dans son contexte culturel, l'entreprise de la Troisième République qui faisait confiance au développement d'une école du peuple, apparaît, je pense, un peu plus nettement. Il ne s'agissait plus, en 1881-1882, de créer l'institution scolaire. Elle existait dans

[2] Jacques Donzelot, *La Police des familles* (Minuit, 1977).
[3] Deux suggestions de lectures complémentaires: Daniel Roche, *Le Peuple de Paris* (Aubier, 1981), et Maurice Agulhon (sous la direction de), *La Ville de la grande industrie*, IV de *L'Histoire de la France urbaine*, "Les Citadins et leurs cultures", pp. 357-470 (Seuil, 1983).

presque toute la France: 5.341.000 enfants scolarisés pendant l'année scolaire 1881-1883 et 5.526.000, guère plus, en 1886-1887; de 159 communes dépourvues d'école à la première date, il n'en restait plus une seule à la seconde. Il fallait désormais lutter contre l'absentéisme, améliorer l'assiduité scolaire, en particulier au temps des grands travaux agricoles, faire passer dans la nation la conviction que l'école est un bienfait fondamental, un instrument de libération et de justice. Plus précisément, les buts de Jules Ferry et de ses collaborateurs me semblent avoir été les suivants: mener à bien la reculturation des populations urbaines déculturées, substituer l'action de la République à celle de l'Eglise dans les campagnes restées croyantes et, ce faisant, unifier les esprits et les coeurs. Le patriotisme était le couronnement de l'oeuvre d'éducation. En d'autres termes, la culture scolaire s'imposerait comme un cadre commun de pensée et de sensibilité, une commune orientation des volontés. Elle serait associée plus étroitement que jamais à l'ordre socio-culturel, elle serait la garante de cet ordre. Comme toute oeuvre d'éducation, ce devait être un pouvoir et un service. Mais jamais le service rendu au peuple français n'avait paru aussi grand et désintéressé; et jamais, du service rendu, on n'avait pu escompter un aussi grand pouvoir. Le projet était *politique* au sens le plus fort et le plus haut du mot; il visait le bien de la cité.

Les historiens, fascinés par l'affrontement de l'Eglise et de l'Etat, n'ont pas assez pris garde aux moyens qui furent employés pour atteindre les buts, je veux dire aux contenus de l'enseignement diffusé par l'école élémentaire[4]. Ce qui était offert au peuple de France n'était rien moins qu'une culture nouvelle, largement étrangère à ses traditions, investissant tout individu et tous les individus; la bourgeoisie restait à part, puisqu'elle avait déjà son système d'éducation, ses collèges et ses lycées, les grandes écoles et les universités, puisqu'elle avait sa culture, modèle et guide. L'Eglise du 17e siècle, sous une première impulsion bourgeoise, après avoir entamé le combat contre les cultures populaires, avait dû finalement composer avec elles. Les "Pères" de la laïcité — Pères au même sens où l'on parle des Pères de l'Eglise — reprenaient le combat et entendaient le conduire de façon plus radicale, jusqu'à son terme, c'est-à-dire jusqu'à la liquidation des parti-

---

[4] De ce point de vue, l'histoire de l'école de la Troisième République reste à écrire; ceux qu'intéresse le problème peuvent en suivre les progrès dans les articles, les chroniques et les comptes-rendus de la petite revue du Service historique de l'Institut National de Recherche Pédagogique, *Histoire de l'Education.*

cularismes qui affaiblissaient le corps social, compromettaient la marche du Progrès et le triomphe de la Science et de la Raison. La culture scolaire serait une variété simplifiée, vulgarisée, appauvrie mais suffisamment cohérente de la culture bourgeoise, fidèle à son esprit. Elle serait distribuée à chacun selon ses capacités. Dans son principe, cette culture destinée aux enfants du peuple était aussi peu populaire que possible.

Il n'est pas malaisé d'en dégager les traits caractéristiques. C'était en premier lieu la prééminence reconnue au langage[5]. Le bien-dire, la maîtrise du discours et de ses règles, la rhétorique, n'avaient-ils pas été les instruments essentiels pour l'établissement du pouvoir bourgeois? Rappelons l'éloquence de la chaire et du barreau, l'efficacité du langage de l'administration et des affaires, une efficacité liée à la propriété et à la précision des termes et plus grande que celle de techniques encore dans l'enfance, le prestige du discours politique depuis l'apparition des assemblées délibérantes, nationales ou locales. On a fait observer que ce discours politique avait exercé une influence sur les populations des campagnes moins par ses significations que par son accompagnement de gestes et d'inflexions de voix, la mise en scène, comme avaient sans doute longtemps fait les sermons des curés et des missionnaires. Pour associer le peuple à la culture de l'élite, l'école commençait par initier tous les Français, peu ou prou, au bien-dire, en donnant à chacun la part qui semblait devoir lui revenir. La solidarité langagière forgeait la dépendance. Quoi qu'on ait pu dire et penser, l'école de Ferry a été *une école du langage* beaucoup plus que de la science. La science s'y réduisait à des balbutiements: un aperçu méthodologique borné à une timide initiation à la méthode expérimentale, et une foi assez aveugle dans l'idéologie scientiste, l'une et l'autre bientôt dépassées par l'évolution de la science des savants. Tout l'effort des maîtres allait porter sur le français, à l'exclusion des patois et des langues régionales, sur la lecture et l'écriture, sur la rédaction, exercice-clé, sur la grammaire et l'orthographe. Parce qu'il s'agissait d'une entreprise d'acculturation, on inversait l'ordre naturel. Les enfants n'étaient pas entraînés à perfectionner leur manière de s'exprimer mais à s'approprier celle des grands écrivains. L'écrit devenait le modèle de l'oral, l'écrit des bons auteurs le modèle de l'oral

---

[5] Elle venait de loin, de la Grèce ancienne et de la victoire pédagogique du "littéraire" Isocrate sur le "scientifique" Platon comme l'a montré H.I. Marrou dans son *Histoire de l'éducation dans l'antiquité* (Seuil, 1948; nombreuses rééditions et traductions en langues étrangères).

de chaque petit Français. L'insistance de l'école et, d'abord, de l'école maternelle, sur ce point, est frappante: "En France", écrivait en 1878 l'inspectrice Marie Pape-Carpantier, "la langue du peuple est incorrecte et sans élégance. Nous ne tolérerons rien qui soit radicalement contraire aux règles de la langue; et nous commencerons ce redressement dès que nous recevrons l'enfant des mains de sa mère." C'était comme une langue étrangère qu'on demandait au peuple d'apprendre. Et pour ce qui était de la formation des maîtres eux-mêmes, c'était, de préférence, le français classique du 17e siècle qu'on leur proposait en exemple, non celui des philosophes du 18e, ces maîtres à penser de la laïcité pourtant, ni même celui des auteurs du 19e, tellement plus proches d'eux à tant d'égards. Cela est attesté, par exemple, par une sélection des sujets de dissertation proposés à l'examen du brevet supérieur, l'examen qui qualifiait instituteurs et institutrices. Nostalgie d'un ordre des esprits (et des corps?), celui du Grand Siècle? Madame de Maintenon pédagogue, ou Rollin, préférés à J.J. Rousseau? Appel à une discipline de l'expression rigoureuse, rigoureuse comme doit l'être la discipline de la pensée? Cet esprit disciplinaire était souligné par l'accent mis sur l'apprentissage de l'orthographe, sur la grammaire réduite à une théorie justificative de l'orthographe[6]. Leur connaissance devenait le critère d'une bonne culture primaire, comme la connaissance du latin était le critère d'une culture secondaire. Dans ce domaine du langage, la famille, l'implantation géographique conditionnaient en fait les performances des écoliers: de l'enfant issu d'une famille paysanne patoisante à l'enfant familiarisé avec la conversation d'une famille de la bourgeoisie éclairée, la distance était telle qu'elle ruinait toute égalité des chances.

La discipline du langage n'était pas sans rapport avec celle des moeurs. La première matière inscrite au programme des écoles était "l'éducation morale et civique" (loi du 28 mars 1882, article 1er). L'épithète *civique* remplaçait l'épithète *religieuse* de la loi Guizot (du 28 juin 1833, titre I, article 1er). Cela doit s'entendre comme la substitution d'une foi à une autre, de la Patrie à l'Eglise. Ce qui restait de ferveur religieuse dans le peuple devrait être capté au service de la nation. Qu'on se reporte non seulement aux petits manuels d'instruction morale et civique des débuts de l'école républicaine mais aussi aux livres de lecture courante, de plus de poids sur les consciences

---

[6] André Chervel, *Histoire de la grammaire scolaire* (Payot, 1977; Petite Bibliothèque Payot, 1981).

enfantines—au fameux *Tour de la France par deux enfants*, de Bruno, pour commencer— ,tous célèbrent au lieu de l'ancienne société chrétienne idéale et de son ordre humano-divin, la nation française et son ordre purement humain. Il n'est pas question de nier le sérieux et la grandeur de ce nouvel idéal, ni d'oublier la conjoncture dans laquelle il fut d'abord prôné, les lendemains des défaites militaires de 1870-1871 et de la Commune, le temps d'un nécessaire redressement national, de la *Réforme intellectuelle et morale* qu'appelait Renan. Il faut cependant en noter les implications. On ne visait à rien moins qu'à briser la plupart des sociabilités traditionnelles au bénéfice d'un individualisme bourgeois. L'insertion du citoyen dans la nation ne se ferait plus que par l'intermédiaire du petit groupe familial, exalté au moment où il se rétrécissait par les progrès du malthusianisme (sous-entendu dans le schéma habituel des livres de lecture *papa-maman-frère-soeur*), et du milieu de travail, sans intervention des autres groupes, sinon de ceux qu'encourageait l'Etat, les sociétés de tir et de gymnastique par exemple dans les années 1880 et 1890. Que la morale du travail et de la famille, de l'ordre économique et familial, ait été parfois ressentie comme un dressage, cela est sûr, moins dans les campagnes où elle rejoignait des habitudes solidement enracinées, que dans certains quartiers prolétariens de grandes villes, dont la population se sentait visée au premier chef. Voyez dans *La Maternelle* (1908), de Léon Frapié ce cri de protestation d'une mère: "Et quand ma gosse me répétait vos boniments, je croyais entendre mes premiers patrons: de l'ordre, de la propreté, du respect, de l'obéissance, de la politesse... Oui! et des dix-huit heures de travail et mal nourrie, et jamais de pitié."

Avec la sociabilité c'est presque tout ce qui subsistait des cultures traditionnelles que l'école s'emploie à liquider. Par occultation ou par substitution. Ainsi les fêtes folkloriques disparaissent-elles à peu près de l'horizon scolaire, ignorées plus encore que condamnées. Elles doivent disparaître parce qu'elles fournissent des occasions de débauche (l'Eglise du 17e siècle et ses plus saints évêques avaient jugé de même), qu'elles renvoient à des valeurs inadmissibles, irrationnelles, explosives, "carnavalesques" dans le vocabulaire des modernes ethnographes. Seules restent honorées celles que les autorités organisent, qui ont une fonction didactique et nourrissent les valeurs nationales—le 14 juillet à partir de 1880—ou celles qui exaltent le progrès technique—les expositions universelles ou régionales des produits de l'industrie, les premiers meetings d'aviation. La lutte antialcoolique, dont les maîtres doivent être les militants, poursuit un double but: protéger la santé publique, sans beaucoup de succès, avouons-le, et disqualifier des foyers culturels rivaux, cabarets et cafés, sans davantage de succès. A cette défolklorisation se rattache un anti-féminisme de l'école, inavoué et fort. La femme du peuple, soupçonnée d'entretenir encore trop de liens avec les cultures condamnées, inquiète à plus d'un titre les champions de la culture nouvelle. La mère plus pratiquante ou dévote que le père ne reste-t-elle pas la première éducatrice de l'enfant? Gardienne des corps qu'elle a portés et qu'elle a mission de protéger, de défendre contre la maladie, il lui arrive de recourir, dans les campagnes surtout, à quantité d'usages plus ou moins magiques, aux "remèdes de bonne femme". Plus affective qu'intelligente (les catholiques le pensaient et le disaient, certains laïques le pensaient aussi mais évitaient de le dire), elle apparaît mal sûre à des esprits rationnels. Fille d'Eve et comme Eve tentatrice dangereuse pour la faiblesse du mâle, son pouvoir de séduction est un sujet tabou à l'école. Est-ce le meilleur moyen de l'affaiblir chez les adultes de demain?

Cependant les fillettes constituaient la moitié des effectifs de l'enseignement élémentaire, qui ne pouvait pas les ignorer totalement. On en vint assez tôt à écrire des manuels spéciaux pour elles, des livres de lecture en particulier, et à leur proposer un modèle accompli de la femme française. Ce modèle, pour fouillé qu'il soit alors — la *Suzette* de Marie Robert Halt, 1888-1889, par exemple — reste discret sur maint chapitre, la "courtisation", l'amour conjugal, la physiologie de la maternité... Si les auteurs admettent que quelques femmes travaillent, dans l'industrie textile ou les métiers de la mode, ou soient institutrices — l'institutrice, cette "bonne et intelligente amie", est un modèle dans toute son existence —, la place de la femme est au foyer. C'est là que trouvent leur plein usage ses qualités de coeur, son goût délicat, ses doigts agiles, ses capacités d'organisatrice (encore ici ne doit-elle pas excéder son rôle). Je trouve confirmation de cette mise au pas dans un programme des activités féminines retenu par une conférence pédagogique du département de la Marne en 1892: travaux ménagers, soins à donner aux enfants, administration du budget familial. On entrevoit une contamination du modèle paysan par le modèle bourgeois ou plutôt, quelques concessions faites à la tradition populaire, mais limitées, juste ce qu'il convient pour favoriser l'embourgeoisement souhaité de la condition féminine.

L'école ne pouvait pas endosser la manière ancienne de vivre le temps, le temps répétitif du peuple rythmé par le retour des saisons, des fêtes et des foires dont les almanachs rappelaient chaque année le calendrier, ou le temps cyclique des mythes et des légendes. Déjà l'Eglise y avait superposé le temps du Salut, d'une histoire providentielle, divine plus qu'humaine, rémémorée tout au long de l'année par sa liturgie. Elle avait entrepris de christianiser le donné païen, avec une fermeté variable selon les lieux et les époques. La nouvelle perspective temporelle de l'école est en réaction contre la perspective chrétienne et, plus radicalement, contre l'héritage de la tradition païenne. Elle est purement terrestre et décidément orientée par le progrès matériel et moral, vers le bonheur de tous les hommes réconciliés dans la vertu. Le récit des événements en subit une altération profonde. Il privilégie l'histoire nationale, s'attache à ses héros proposés comme modèles aux enfants, héros guerriers, défenseurs et conquérants, y compris les conquérants coloniaux, et, tout autant, héros pacifiques, savants, inventeurs, voyageurs, artistes. Ce qui est inscrit au coeur de cette histoire, ce n'est plus la Révélation du Dieu fait homme, inaugurant le temps de la Grâce, c'est la Révolution française ouvrant l'ère républicaine, fondant une France nouvelle—comme le notait fort justement une historienne américaine dans un ouvrage récent: "French democrats, after repeated failure to create a republic, came to understand that success would only come when all citizens—peasants, workers, and women, as well as bourgeois men—believed themselves to be heirs of 1789" (Katherine Auspitz, *The Radical Bourgeoisie*, 1982).

Toute culture est clôture autant et plus qu'ouverture—une clé qui ferme, comme écrivait le poète catholique Paul Claudel à propos de l'Eglise. Qui ferme, et qui enferme. Aux yeux de l'élite dominante comme de la masse dominée, la culture doit se justifier par la solidarité qu'elle développe avec un état de la société. La culture scolaire devait donc assurer la cohésion de la société française en devenir, y intégrer tous ses éléments, y intégrer avec une force particulière ceux qui semblaient encore soumis à des traditions mal assimilables. Mais ses contenus n'avaient chance de gagner l'ensemble de la nation que dans la mesure où celle-ci les estimerait conformes au bien de tous, utiles aux individus parce qu'utiles à la communauté.

Certes, comme l'Eglise aux siècles précédents, l'école républicaine conservait des prudences, manifestait des timidités compréhensibles. Ainsi elle tardait à mettre la ville au premier plan de sa représentation du monde, alors même que la population urbaine devenait prépondérante, assez tard il est vrai, dans la décennie 1921-1930. Un ruralisme, complaisamment idéalisé, illustré par une longue tradition littéraire, familier et rassurant, y gardait, y a gardé presque jusqu'aujourd'hui, la première place[7]. Le paradoxe était que cette école ruralisante n'en devenait pas moins un facteur décisif de l'exode rural et du dépeuplement des campagnes. N'avait-elle pas muni ses élèves des techniques—lire, écrire et compter—qui les habilitaient aux métiers de la ville, moins sans doute aux travaux de la manufacture ou de l'usine qu'aux emplois du secteur qu'on a appelé par la suite "tertiaire", des bureaux et des administrations publiques. D'un bon directeur d'école primaire du département des Ardennes, à la veille de la première guerre mondiale, tel était le mérite reconnu et proclamé:

> Comme ses élèves orthographiaient d'une façon impeccable, qu'ils calculaient vite, que leur écriture était moulée, qu'ils apportaient dans leur travail un soin méticuleux, ils trouvaient facilement à leur sortie de l'école un emploi de comptable ou d'employé de bureau. Les industriels de la vallée [de la Meuse] les recherchaient. (Jules Leroux, *Léon Chatry, Instituteur*, 1913)

Tout donne à croire qu'il ne déplaisait pas aux responsables de la politique scolaire de jouer d'une confusion entre des promotions sociales individuelles de ce genre, très modestes le plus souvent, et l'émancipation par l'école promise à tous, qu'ils y voyaient une traduction tangible quoique ambiguë du mythe du Progrès. Il est vrai que le malthusianisme des classes dirigeantes et la complexité croissante de l'organisation sociale entretenait un appel vers le haut de la hiérarchie sociale. L'école, à ses divers niveaux, permettait un ajustement du nombre des talents et des compétences au nombre des postes. Cela supposait toutefois des ambitions mesurées de la part des humbles, leur répression, quand elles dépassaient la mesure. Roger Thabault a joliment raconté l'histoire du facteur de Mazières-en-Gâtine qui était venu demander au maire, le docteur Proust, un bourgeois républicain et anticlérical, de lui obtenir pour son fils, excellent élève de l'école primaire, une bourse d'enseignement secondaire, et la colère, l'indignation suscitée chez le maire par cette demande: "M. Proust avait horreur du collège pour les enfants du peuple." Deux jeunes historiens ont récemment écrit, à l'occasion de son centième anniversaire, l'histoire de l'Ecole Normale Supérieure d'enseignement primaire de Saint-Cloud, l'école qui avait pour mission de former les maîtres des maîtres, je veux dire les professeurs des écoles normales d'instituteurs.

[7] Voir Suzanne Mollo, *L'Ecole et la société* (Dunod, 1969, 1974).

Ses élèves, après avoir été soigneusement triés, y devaient être mis à part, préparés, réservés au seul service qu'on attendait d'eux; ils seraient l'élite de la non-élite.

Le livre de Rober Thabault, *Mon Village, ses hommes, ses routes, son école* (1943)[8] illustre bien la rencontre opérée entre la culture traditionnelle et la culture de l'élite par l'intermédiaire de l'école, le rôle joué par l'école dans un cas bien précis. Dans un premier temps, 1852-1882, l'école s'était mise au service de l'évolution économique et sociale; elle avait facilité l'ouverture du village sur le reste du monde; avec la route et le service des postes, la conscription des jeunes gens, l'amélioration des pratiques agraires, elle avait accompagné un premier changement des moeurs. Passé 1882, d'auxiliaire elle devenait moteur d'une transformation de plus en plus profonde. L'initiative de cette transformation revenait alors souvent aux villageois scolarisés. Cela se marquait notamment par une dualité bourg-campagnes. Tandis que les campagnes s'attardaient dans leur fidelité aux modèles anciens, les habitants du bourg étaient gagnés aux modèles nouveaux; l'habitat se modernisait, jeunes filles et jeunes femmes se mettaient à suivre la mode—haussaient la coquetterie jusqu'à se servir d'eau de cologne, de poudre de riz et de pâte dentifrice—, les jeunes, les "bons élèves" d'hier, "adaptés par l'école aux conditions d'une société nouvelle" allaient tenter leur chance ailleurs. Avec la mode c'était la culture de masse plus encore que la culture scolaire qui s'installait au village:

[les femmes du bourg] recevaient des catalogues illustrés, extrêmement clairs et tentants; et c'est grâce à ces catalogues qu'elles faisaient leurs commandes. Les grands magasins envoyaient bien aussi leurs catalogues dans quelques fermes; mais, sauf exception, les femmes de la campagne faisaient peu de commandes. Leurs filles auraient bien pu écrire [elles étaient en train de passer la frontière de la culture scolaire]. Mais il faut pour faire une commande dans un grand magasin une certaine habitude des signes—images et écriture—, une certaine confiance en eux qui leur manquait. Elles n'achetaient que des étoffes et des objets qu'elles avaient vus, palpés, soupesés. [Il leur restait une autre frontière à franchir, que leurs soeurs du bourg avaient déjà franchie.]

Imposer au peuple la culture scolaire comportait un risque, que la rigueur variable qu'on y apportait pouvait accroître ou atténuer, celui de la marginaliser par rapport à la culture vécue. L'école de Jules

[8] Le livre de Rober Thabault vient d'être réédité en 1982.

Ferry avait une haute idée de sa mission; les manuels de morale et les livres de lecture courante ne cessaient de l'exalter. Elle voulait persuader à tous, parents et enfants, que ses élèves apprenaient tout en classe ou, tout au moins, les rudiments de tout ce qui importait pour être pleinement citoyen et homme. Cela était de moins en moins vrai. D'autres moyens de communication, les nouveaux *media* leur faisaient découvrir de plus en plus de choses étrangères, leur révélaient des modes d'existence que l'école tenait cachés et qui n'en étaient pas moins prestigieux. La culture scolaire se heurtait à la concurrence de la culture de masse née en ville et, pour une bonne part, de la ville, issue de ce creuset où les cultures les plus diverses, rurales et bourgeoise, d'abord, s'étaient accrues des contributions des autres pays et des autres continents avec l'arrivée, au 20e siècle, de nouveaux immigrants (des colonies, des pays de la Méditerranée, de l'Afrique et de l'Amérique), avaient été stimulées par le catalyseur de l'évolution technique, fondues, renouvelées, intensifiées.

Or voici que cette culture de masse, qu'on a pu qualifier de "spontanée" et de "sauvage" en ce sens qu'elle n'a jamais été vraiment ni voulue ni pensée, dont le poète Pierre Emmanuel écrivait, il y a dix ans, qu'elle "sera sûrement monstrueuse si elle n'est consciemment mûrie et modelée", cette culture triomphe au terme de l'histoire dont j'ai essayé ici d'indiquer quelques cheminements, celui surtout de l'école républicaine dont les initiateurs espéraient tant et dont l'échec de plus en plus évident ne laisse pas d'être consternant. L'école républicaine ne pouvait éprouver beaucoup de sympathie pour une telle culture qui s'opposait à la sienne sur trop de points, dont les valeurs—loisir, consommation, fantaisie sans frein...—étaient antagonistes des siennes—travail, économie, dignité... Le plus longtemps possible, elle avait voulu l'ignorer, elle l'avait méprisée et condamnée quand elle y prenait garde. En réalité, appliquée à combattre les cultures populaires sous leurs formes traditionnelles ou christianisées, elle déblayait la place, comme on a fini par s'en rendre compte.

Si une leçon peut se dégager de cette histoire, n'est-ce pas que le rôle d'une école nationale n'est pas d'imposer une culture, même si cette culture est la vulgarisation de la culture de l'élite et même si cette élite est riche d'une admirable culture? Il est plutôt d'essayer de se situer au noeud des rencontres et des échanges entre cultures vivantes. Si l'école ne saurait être créatrice, qu'elle tâche d'être éveilleuse, animatrice, stimulatrice, qu'elle ne veuille surtout plus être dispensatrice avare et sourcilleuse, et répressive.

Le Colporteur à travers les contes populaires d'Henri Pourrat

CLAIRE KRAFFT POURRAT

Quelle est la place accordée au porte-balle dans les contes? A priori, il ne semble guère devoir apparaître dans les narrations merveilleuses, au milieu d'êtres doués de pouvoirs surnaturels. Mais la mémoire populaire a bien des tonalités différentes: du conte symbolique à l'anecdote pour rire et pour former à la répartie, des brigands au bestiaire, des diableries aux naïvetés, du monde sauvage aux amours, les registres sont variés. Peut-on alors retrouver sous différentes formes, certains traits caractéristiques comme ceux évoqués dans *Le Colporteur et la mercière*[1] parmi les récits de veillés où il figure?

Trois cas peuvent être distingués: le plus répandu est celui où il apparaît en comparse, telle une silhouette, avec ses différentes activités. En second cas, il se substitue à des personnages typiques, occupant ainsi le devant de la scène. Enfin, dernière étape, quelques récits lui sont entièrement consacrés.

Mais avant d'examiner successivement ces trois parties, il me semble nécessaire d'indiquer très brièvement ce qu'est le *Trésor des contes* et son auteur, Henri Pourrat (1887-1959), né et mort à Ambert (Puy-de Dôme).

---

[1] Claire Krafft Pourrat, *Le Colporteur et la mercière* (Denoël, 1982).

163

> Je suis né à Ambert, dans la Basse-Auvergne, à l'époque gallo-romaine. Véritablement l'Auvergne de 1890, c'était bien l'antiquité, telle qu'on la retrouve à travers les Grecs et les Latins quand ils ont assez de malice, de naïveté, et d'abattage... Mieux vaudrait avouer que je suis né à l'époque de la pierre taillée, ou, pour ne rien exagérer de la pierre polie,...

indique-t-il dans l'introduction au choix anglo-américain des contes (*A Treasury of French Tales*)[2]. Non sans humour, il marque ainsi l'époque d'avant la première guerre mondiale où les pertes humaines ont été particulièrement élevées pour ces régions du Massif Central entraînant le début de leur désertification. Or, H. Pourrat, malgré lui, a directement hérité de la longue tradition orale encore vivante avant la fracture de 1914. En effet, une forme de tuberculose l'oblige à renoncer à l'Institut National Agronomique en 1905 et à retourner à Ambert. A partir d'une stricte discipline de vie: repos, silence, puis, plus tard de longues promenades à pied aux alentours, il se refait une santé et s'intéresse alors aux coutumes, aux habitudes, aux récits: histoires, contes et légendes de sa "petite patrie". Il prend l'habitude de relever fidèlement et quotidiennement ce qu'il a vu et entendu, ceci dès 1908. Son oeuvre entière (plus de cent vingt livres) se nourrira doublement de cette quête ininterrompue, en lui empruntant d'une part son inspiration et le choix des sujets, d'autre part, en forgeant son style à partir d'expressions notées sur le vif et consignées ensuite sur près d'un millier de fiches[3]. Manuscrits, enquêtes, documents et dossiers constituent, à partir d'un don famillial auquel est venu s'adjoindre sa bibliothèque, le Centre Henri Pourrat (Bibliothèque Municipale Inter-Universitaire, Clermont-Ferrand).

Gaspard des montagnes (1922) est déjà bâti à partir de contes. Puis un premier choix de cinq récits paraît en 1936 (*Au château de Flamboisy*) bien vite repris et augmenté de neuf autres dans les *Contes de la bûcheronne*. Mais la décision d'une publication intégrale de la collecte n'intervient qu'en 1945. Cette première édition du *Trésor des contes* comporte treize volumes—945 contes—parus de 1948 à 1961, aux éditions Gallimard. Illustrée de xylographies tirées d'incunables, de livres de colportage et d'anciennes images coloriées populaires, une réédition thématique intégrale, en sept volumes, avec de nombreux inédits, est en cours de parution[4].

[2] *A Treasury of French Tales* (Boston: Houghton Mifflin, 1954).

[3] Voir Henri Pourrat, *Le Trésor des contes; Le Diable et ses diableries* (Gallimard, 1977), p. 425.

[4] Publié sous la direction de Claire Pourrat, *Le Trésor des contes* comprend aussi: *Les*

A partir de ce millier de contes, la première tentative vise à faire resurgir les différentes activités du colporteur. Le plus facilement retrouvé est sans doute le marchand mercier, tel que le rencontre en foire, un certain Pampelune:

> La balle au dos, il avait l'air d'un garçon simple et joyeux, faisant le bien. Il passait de l'un à l'autre, offrant sa marchandise, des parfums d'odeur et personne ne lui en achetait. Malgré cela, restant de belle humeur, avec une bonne lueur de franchise dans l'oeil... A l'auberge... les voilà camarades comme les doigts de la main. "Oui, oui, disait Pipette (le colporteur): c'est cela: ne point disputer du gouvernement, ne parler autre langage que de ses père et mère; et se faire maître chez soi, achetant la paix, mais n'endurant rien... Ne point dire ce qu'on fait, cacher l'argent qu'on a, ne se mettre en aucune charge... Les gens, ce n'est pas difficile de s'entendre avec eux: il suffit de les prendre pour ceux qu'ils veulent être! Pour le reste, ne jamais se coucher sur un ennui, faire un grand mépris de l'argent et des choses fortuites, n'avoir peur de quoi que ce soit..." (Pampelune, "Le Valet du diable," i, 82; *Le Diable*, p. 16)

La foire, l'auberge, un petit commerce où la vente n'est pas toujours aisée, enfin un bon sens pragmatique — dont certaines maximes proviennent d'almanachs —, voilà déjà de nombreux traits communs à la profession. Mais tous n'arrivent pas à cette stabilité, aussi précaire soit-elle. Ainsi du bon monde qu'on appelait chez Grelet — un grelet, c'est-à-dire un grillon, un cri-cri —, toute une famille, de huit à dix personne, à vivre sur quelques arpents plus garnis de pierres que de terre, permettent tout juste de garder l'aîné avec soi et d'expliquer au cadet qu'il doit aller chercher fortune... D'où des changements d'état successifs auxquels sont soumis les ambulants les plus démunis:

> il courut, il chercha, et la fortune, il ne la trouva pas vite. Il chinait par la campagne, ici batteur en grange, là, peigneur de chanvre, puis ramasseur de chiffons; pour finir, marchand de fil et d'almanachs. Trente-six métiers, trente-six misères. Il dînait quand cela se trouvait; et pour souper un coup de belle eau fraîche. ("Le Grelet", v, 173; *Au village*, p. 397)

Brigands (1978), *Au village* (1979), *Les Amours* (1981). *Les Fées* (1983). A paraître en 1985: *Le Bestaire* et *Les Fous et les sages*. Pour toute citation des *Contes*, nous donnerons le volume et la page de la première édition, puis de la réédition.

Aussi n'est-il pas très étonnant si toute son ambition, sa rage, devenues l'argument même du conte, se résument à manger et dormir
à plein corps et tout son saoul rien que trois jours durant, quitte à
être pendu! Heureusement la chance sera de son côté: il deviendra
propriétaire terrien...!

Même détermination pour un chiffonnier mais qui ne songe pas
à tenter la bonne ou la mauvaise fortune. Il rachète les chiffons et
les peaux de lapin, les troquant aux femmes contre des aiguilles et
du fil. Le sac à l'échine, et d'une honnêteté plus légère à porter que
les aiguilles, il sait ramener de ses tournées bien davantage de choses
qu'il n'en a acheté ("La Casaque et les culottes", v, 216; *Brigands*, p.
121).

Un peu plus entreprenants, voici deux escogriffes qui se sont associés: l'un barbier et quelque peu rebouteur, l'autre chiffonnier, pelia-
rot: "Ils avaient tant battu les cartes et vidé les bouteilles! — Au jeu,
au vin / L'homme se fait coquin! — Ils étaient devenus les voleurs du
pays." Des volailles dérobées, de leurs disputes, de leur brouette qui
parle, on a bien su rire et les mettre pour quelque temps à l'ombre
de la prison du village ("La Brouette", v, 169; *Brigands*, p. 232). De
glissements en glissements, cela peut virer au noir, comme de ce ragot
qui vivait seulet: "de marchand assis devant le métier à tisser le came-
lot, il avait tourné margandier, faux-saunier, contrebandier de tabac
et d'indiennes; puis comme les courses, les batailles ne bonifient pas
les hommes, de margandier, avait tourné voleur" ("Le Margandier
chez le marchand", v, 238; *Brigands*, p. 383). Pris sur le fait, les voisins s'arrangent pour qu'il ne soit plus parlé de lui.

Autre dénouement fâcheux, — mais cette fois-là, après jugement en
règle —, pour deux marchands de fil qui couraient les foires; condamnés l'un à être pendu, l'autre à quarante coups de fouet. Sans que
le conte n'en donne la raison, simplement: "à ceux qui courent tant,
comment n'arriverait-il pas de faire quelque faux pas?" Leur ultime
inquiétude, à eux, est surtout de savoir ce qui se dira au pays, plus
tard... ("Les Deux Marchands de fil", viii, 91; *Brigands*, p. 31).

Force est de constater qu'il est difficile de séparer les activités du
porte-balle des risques du métier qui le mettent en situation.

Peut-être, comme vendeurs d'occasionnels, de canards, de livrets
divers et donc propagateurs de faits divers, ont-ils vus se refléter sur
eux quelques ombres des drames qu'ils rapportaient? N'est-il pas un
peu "le Juif errant" des images coloriées? Voilà le marchand de com-
plaintes exposant l'histoire de Cartouche sur un tableau. Du bout de

la baguette, il montrait les images. "Le voici tout enfant chez son père, le pauvre tonnelier, dans le rue du Pont-aux-Choux, à la Courtille..." ("Cartouche", VIII, 106; *Brigands*, p. 331). Ou encore c'est Mandrin, qui serait venu coucher près de Marat, à la Paterie, ce grand dépôt de la chiffe pour les moulins à papier d'Ambert. Les pataires, qui couraient la campagne, troquant des indiennes ou des aiguilles contre les chiffons, avaient, dit-on, de grandes accointances avec les margandiers... ("Mandrin", VIII, 125; *Brigands*, p. 366).

Mais inversement, combien de colporteurs n'ont-ils pas été assaillis, dévalisés, assommés, laissés morts sur le bord du chemin? Guettés et pillés par de plus malheureux qu'eux? Les contes rapportant de tels faits sont aussi nombreux que ceux qui les accusent de fraude. Même façon également de les rapporter: sur un mode comique ou tragique. Selon l'humeur du conteur ou l'opportunité du souvenir!

Il y avait une fois trois marchands, marchands de toile, Mange-Matin, Bonne-Poche et Graisse-Blanche. Ils avaient à acheter de la filasse à Auzelles. Le chanvre y est moins beau qu'en Limagne, mais il y est moins cher, et ils disaient qu'il fait de celui-là dans la toile, comme il faut dans le cidre un panier de pommes sauvages. Pour être plus assurés sur les chemins, ils se mirent en route tous trois ensemble.[5]

L'humour du conte veut que l'un des marchands se souvienne fort à propos, d'une dette à son confrère, et qu'il l'acquitte devant les voleurs qui l'empoche immédiatement ("Le Remboursement fait à point", VIII, 227; *Brigands*, p. 148). Ou bien une veille de Noël verra la rencontre touchante du vieux porte-balle, aux guêtres de coutil, — un quart de siècle auparavant dévalisé dans ce lieu alors désert, — et de l'hôtesse, témoin et bénéficiaire de sa sacoche... Occasion unique de se racheter ("La Grosse Hôtesse", V, 233; *Brigands*, p. 307).

Mais tout ne se dénoue pas aussi heureusement. Tant de lieux désolés, une, deux maisons solitaires, aux noms explicites Coupe-Gorge, Curebourse, Curebiasse... Où il faut pourtant s'arrêter, surpris par la nuit, le mauvais temps, la fatigue ou la maladie ("La Mauvaise Auberge", II, 177; *Brigands*, p. 277; "L'Aubergiste en pénitence", I, 216; *Brigands*, p. 281; "Le Maquignon et les aubergistes", XIII, 251; *Brigands*, p. 313).

---

[5] Peu de contes sont localisés. Ici, Henri Pourrat entend marquer l'opposition entre un village perché dans les monts du Livradois et la riche plaine de Limagne qui borde Clermont-Ferrand. On peut noter également les surnoms imagés de ces marchands.

Plus tard, on démolira tel ou tel de ces gîtes...

On y a trouvé des vêtements d'enfants, de femmes, de gens de toute espèce. Egorgés, brûlés dans le four. Et les os enfouis partout — en chaque coin on en découvrait d'autres... En fait d'auberge sanglante, c'est l'histoire la plus touchante que je connaisse. Chaque année, du Cantal, leur arrivait un marchand de parapluies. Pour trois, quatre semaines, il prenait donc pension chez eux, d'où il allait chiner, vendre, raccommoder, dans toute la montagne.

Une année qu'il leur était venu en fin de tournée, ils ont vu le marchand nanti d'un petit pécule. La femme voulut le crime. Ils l'ont tué en trahison... ("Le Lointain Domaine", xi, 145; *Brigands*, p. 23; puis "Les Rillons, viii, 251; *Brigands*, p. 428)

On retrouvera un peu plus loin d'autres affaires avec les aubergistes. Leurs liens avec les ambulants sont étroits et divers, aussi ambivalents qu'avec les femmes. Beaux parleurs, on les accuse de tourner autour d'elles et de savoir mettre à profit les absences de leur mari. Tel marchand d'almanachs, par exemple, attendu et bien accueilli dans une certaine auberge, où il lui faut pourtant, un matin, se cacher en chemise, dans la maie ("Le Gracieux et le malgracieux", vii, 185; *Au village*, p. 249; voir également "Treize qui a trouvé le sens", ix, 91; *Les Fous et les sages*, à paraître).

Mais chez eux, que se passe-t-il en leur absence?

D'un marchand bossu, souvent en tournées, voici ce qui se dit:

Bossu au moins autant qu'un autre, et comme il roulait sa bosse partout pour son négoce, et recueillait beaucoup de sottes plaisanteries, cela ne l'avait pas rendu facile à vivre... des coups de jalousie l'emportaient où il ne se connaissait plus. Etait-il dans la montagne à acheter du chanvre, il fallait qu'il revînt à la course à la maison... ("Les Trois Bossus", i, 92; *Au village*, p. 325)

Soupçons et violences n'amèneront rien de bon.

D'un autre qui partait fin septembre vers les bons pays pour ne reparaître qu'en juin (de la Saint-Michel à la Saint-Jean) on plaignait la femme: "ce n'est pas bien gai pour vous — Que voulez-vous? Il est aux champs presque tout ce temps... Et puis enfin, trois mois sont vite passés" ("Le Mari bienvenu", iv, 107; *Les Amours*, p. 203)[6].

---

[6] Dans *Contes et récits populaires du Berry* (Gallimard, 1980), i, 112, de G. Debiais et M. Valière, on trouve "Le Petit Marcelot", c'est-à-dire le colporteur, qui, dans ce récit, vient en aide à un mari trompé par le curé.

Il arrive aussi que ces tournées favorisent les mariages: tel cet Auvergnat passant, rétameur roulant par la campagne, qui a su épouser une fille d'un tout à fait bon canton ("Le Provençal en Auvergne", IV, 54; *Au village*, p. 43).

Et après avoir évoqué les différentes activités du porte-balle, ses faux-pas, les dangers qui le guettent, les démêlés avec les femmes, il est utile de se demander quelles qualités lui sont reconnues? Presque toujours en sous-entendu, en contrepoint du récit, son endurance est remarquée, et ce, jusqu'à l'entêtement. Comme pour un de ces marchands de peaux, qui chinent par pays, leur grand sac sur l'épaule, et qui acheta enfin une mule, à force de patience. Nouveau cavalier, il est emporté au galop: "Tant que je serai sur toi, j'irai aussi vite que toi!" crie-t-il en se cramponnant ("La Mule au galop", IV, 126; *Les Fées*, p. 194). Sauvagement tenaces, ils ne manquent pas d'idées ni de répliques. Ainsi de celui qui sut payer sa mule uniquement en paroles ("La Mule et la réputation", V, 145; *Brigands*, p. 126). Ou de ce coutelier à l'oeil aussi aiguisé que ses couteaux, en foire, sur son éventaire de plein vent, saisissant promptement la poigne agile du voleur et d'un mot, coupant court à tout scandale: "Mon ami, je ne surfais pas l'article, mais impossible de vous le laisser pour ce prix-là" ("Le Prix vite débattu", V, 147; *Brigands*, p. 133). Pourtant, à table, en tête-à-tête avec un paysan, un autre vendeur de couteaux ("mais il aurait tout aussi bien vendu ce qu'il aurait voulu, tant il savait faire l'article. Une langue d'avocat: un manège, du tour!...") se voit privé de la plus grosse truite du plat que s'adjuge son compagnon. A sa protestation, sous forme de leçon de politesse, il s'entend répondre: "Vous ne l'avez peut-être pas la petite? Alors?... De quoi voulez-vous vous plaindre?" ("Les Deux Truites", XI, 219; *Les Fous et les sages*).

Qui peut dire l'importance d'un bon mot placé au bon moment? N'est-ce pas là l'un des buts du conte, comme le souligne Henri Pourrat?

> Les contes apprenaient davantage: la finesse, les astuces, l'art de se tirer d'affaire par une parole heureuse, l'art d'avoir le mot, — il faut toujours parler aux connaissances qu'on croise... L'art aussi de trouver la réplique qui tombant juste clôt un débat, — c'est très important aux champs, l'art de la réplique, car surviennent facilement de grandes disputes qui tournent aux joutes oratoires. (Note du tome I, reprise en introduction des *Fées*)

Ayant remarqué l'économie stricte de certains ambulants qui préfèrent les fruits des vergers à la dépense d'un repas, on en tourne une histoire drôle qui se fixera mieux dans les mémoires qu'une simple mise en garde et mettra nettement en relief la catégorie professionnelle visée ("Les Nèfles", IV, 153; *Les Fées*, p. 269; "Les Poires en cueillette", IX, 133; *Les Fous et les sages*).

L'attachement à leur pays de départ qu'ils sont fiers d'évoquer à temps et à contre temps est non seulement à l'origine de leurs surnoms: Gascons, Qimpers, Cantalous, Savoyards, etc. (voir *Le Colporteur et la mercière*, pp. 96, 164, 305), mais aussi de certaines histoires facétieuses. Ainsi de l'étameur (IX, 91; *Au village*, p. 144): des compagnons un peu exaspérés d'un insistant rappel de son lieu de naissance, l'indiquent en bandeau sur son chapeau: "Je suis de Saint-Flour". Ce que les gens lisent à haute voix, en riant sur son passage. Et lui, rayonnant, croit à autant de compatriotes, d'où des libations sans fin.

Mais revendiquer l'appartenance à un lieu, c'est aussi appeler une fraternité, une solidarité. Et le colporteur qui est pour tous l'informateur, le porteur de nouvelles, réserve celles confidentielles, familiales, à ceux de son coin. Ainsi d'un garçon de par là-haut qui rencontre sur la place du village de la plaine où il travaillait, un homme de son pays. Un porte-balle, l'Ambroise, un marchand d'almanachs. "Puisque je te vois, fit cet Ambroise, il faut que je te dise un petite nouvelle. La justice est montée chez nous..." ("Le Père pendu", IX, 61; *Brigands*, p. 426). En revanche, les contes recueillis par Henri Pourrat ne marquent pas la forte entr'aide existant entre colporteurs, leurs associations voire leurs bandes (voir *Le Colporteur et la mercière*, pp. 77, 263-83). Les liens qu'ils entendent conserver avec leur région permettent d'autres farces. Un homme du midi n'aimait pas beaucoup les Auvergnats:

> ces marque-mal, qui se lavent les jours de pluie, et se rasent quand
> ils paient leur cense. Il avait eu quelques affaires avec des marchands
> de toile passant, et ceux-là, les raccommodeurs de parapluies et de
> faïence, les chaudronniers, les rétameurs, il les mettait tous dans le
> même sac". ("Les Deux Auvergnats et le hareng-saur", IX, 149; *Les Fous
> et les sages*)

Leur recommander de manger un hareng saur ou leur faire couver un oeuf d'ânesse[7] seront les prétextes à boire ensuite ensemble quel-

---

[7] Conte type 1319, "L'Oeuf de jument ou le couvreur de melon", très répandu et qui permet de brocarder diverses régions. Intitulé par Henri Pourrat: "Les Deux Auvergnats et l'oeuf d'anesse", IX, 155; *Les Fous et les sages*.

ques pintes de vin du Languedoc. Et permet en même temps, de signaler leur affection pour la bouteille: comme pour ce rémouleur qui cheminait, un jour de juillet, derrière son baudet. La gorge toujours sèche malgré de nombreuses stations au cabaret... ("Le Rémouleur et les grenouilles", ix, 130; *Les Fous et les sages*).

Le rire intègre et isole à la fois. Basé sur l'observation, il prouve combien le sédentaire observe minutieusement ces gens qui passent au village et dont on fait des remarques ensuite, entre soi. Par exemple leurs habitudes: cette façon d'éviter soigneusement ces femmes "qui passent pour avoir le mauvais oeil. Le forain qu'elles étrennent, au matin de la foire, le chasseur qui les rencontre au détour de la sente savent leur journée manquée" ("La Femme au mauvais oeil", vi, 167; *Au village*, p. 185). Les dates; les trajets. Même ceux qui ne sont pas de ces malins veulent partir au commencement de la saison morte en promettant de revenir à la Saint-Jean chaude ("Les Sept Frères dans le puits", i, 139; *Les Fous et les sages*). Les plus hardis passent les montagnes. Comme les chiffonniers, et tous les autres pour gagner Lyon, la Franche-Comté, la Suisse, le bout du monde! ("Les Trois Garçons du meunier", ix, 10; *Les Fées*, p. 452).

Le colporteur, ce n'est ni Jean de Paris (xiii, 304; *Les Amours*, p. 416) ni de ceux qui trafiquent sur les mers ("La Reine des flots", v, 57; *Brigands*, p. 193). Aussi un peu de pitié se mêle à la méfiance malicieuse, parfois à l'envie, dans la façon de le considérer.

> Les gens auront toujours quelque mépris pour ceux qui courent le pays, même quand ils disent qu'il faut de ceux-là pour amuser les autres. Eux, ils ont à faire pousser le pain... Et quelle misère c'est, sur les routes: le vent qui siffle, la pluie qui te bat la figure, les chiens qu'on lâche quand on te voit, cette furie d'abois, ces renâclements sur les talons, et cette hargne, ce mauvais vouloir... ("Le Péquelé, iv, 76; *Les Fées*, p. 233).

Ou encore:

> L'ânesse grise, comme tous les gens de campagne, devait se dire qu'il n'y a pas beaucoup de bien à penser de ces coureurs de routes: les comédiens, les chiffonniers, les marchands d'almanachs, c'est leur état qui les force à vaguer: ils n'en sont pas pour ça plus recommandables. ("La Huppe d'or", iv, 195; *Les Fées*, annexe ii).

La leçon habituelle de se fixer, est résumée par le proverbe: "C'est de l'ombre de ton four / Que tu verras toute la lumière du jour." La règle étant de tout tirer de ce qui est son propre lot, sans trop tourner. Seulement, il se dit aussi: "Voyager / Aux ânes même est de profit." Se fier à un seul dicton sans intégrer ceux qui le bousculent quelque peu, est une erreur (voir "La Chemisette d'or et d'argent", XI, 100; *Au village*, p. 104). La dialectique serait une démarche populaire instinctive, un peu à l'image des paraboles?

Sans doute est-ce la raison des mêmes sentiments contrastés que l'on retrouve dans les contes où le colporteur prend la place d'un personnage type. Même oscillation de la défiance au rire. En effet, la crainte d'être trompé, ou simplement de dépenser mal à propos, pour des futilités, alors qu'autrefois l'on n'achetait que le fer et le sel, entraîne la mise en garde face à un vendeur obstiné: "On prend les bêtes par les cornes / Et les hommes par les paroles." Or, un porte-balle est beau parleur: une fois entré dans la maison, sa vente est à moitié faite. De plus, tout commerce semble quelque peu sorcier. D'où des assimilations avec le diable, qui ne manquent pas d'être révélatrices. "Le diable est grand marchand. Acheter, vendre, il en fait tant qu'il peut. Boutique de boutique! Et sa dévotion, c'est les écus, à celui-là" ("Le Diable qui s'était fait marchand de cochons", X, 150; *Le Diable*, p. 285). Les allusions ou les dictons ne suffisent pas et dans deux contes, le diable se présente directement sous les traits du mercelot. "Le Bûcheron et le colporteur" (IV, 152; *Les Fous et les sages*) représente l'opposition entre riche et pauvre et s'articule sur un pacte à trois épreuves successives, déjouées par le bûcheron aidé de sa femme. Même opposition, mais avec des épreuves différentes dans "L'Ogre et son métayer" (II, 113; *Les Fous et les sages*) et "Le Diable et le Paysan" (I, 134; *Le Diable*, p. 260) inspirés sans doute du conte d'Unibos qui est le nom du héros dans une version en vers latins. Le diable ou l'ogre auxquels se substitue le porte-balle sont des personnages peu rassurants...

Une autre histoire où la leçon porte sur l'attrait nuisible de la danse, met en scène trois filles qui n'avaient en tête que les bals et la courrerie, rencontrant le séducteur-né: un colporteur. "Grand, dégagé, comme fait au tour, tout habillé de noir et la rose à la bouche. Il portait à l'épaule une petite boîte, une ballette... il parlait aussi bien, le gaillard, qu'il était bien de sa personne" ("L'Homme à la rose de feu", III, 263; *Le Diable*, p. 408). Il accompagne ces filles et leur donne à chacune un ruban rouge qu'il leur a attaché au poignet. Moins connus que les pactes qui doivent être signés de son propre sang, la simple promesse de lier: une gerbe, des branches, un bouquet, ou alors

un ruban noué autour du cou, au poignet, symbolise aussi fortement
un pacte maléfique. Gare à celui ou celle qui ne savent s'en aviser.
Là, introduit dans la maison, avec permission du maître des lieux,
le diable se déchaîne. Il faudra le vieux curé pour le déloger par ses
prières et l'obligation de partir par "petit vent", en fait une tornade
sur plusieurs mètres. Plus tard, ce colporteur/diable se vengera de
son demi-échec en étranglant l'une des trois filles qui a consenti à le
retrouver, sur une pierre plate du ruisseau qui en porte encore les
marques. Tout à la fois, mise en garde contre les danses et les veil-
lées tardives, localisation d'un conte, explication à tout prix de pierres marquées; ce qui importe là, c'est l'association colporteur—beau
parleur et danseur—coureur de jupons et démon engendrant la peur.
Autre avatar du diable devenu l'avocat terrible (x, 116; *Brigands*, p.
302), le seul recours capable de déjouer le piège et l'accusation qui
pèsent sur un porte-balle.

> Quand on va en pays lointain, c'est ça: on chine, on cherche, on ne
> sait jamais ce qu'on trouvera. Il lui fallait un logement fermant à clef
> pour y serrer sa marchandise. Il a trouvé, dans une auberge; on lui
> a ouvert la chambre, on lui a remis la clef... Après cela, il s'est mis
> à courir la ville et à faire ses affaires. Ha, s'il y avait du goût, s'il en
> gagnait des deniers!

Seulement ce Mathieu semble bientôt opulent aux cabaretiers qui l'accusent de vol pour mieux s'approprier ses écus, sous prétexte que "les
marchands sont comme les porcs, / ils ne sont bons qu'après leur mort".

Plus amusant est le récit, repris dans de nombreuses régions, sur
le bavardage des femmes (et l'on peut également songer à la 6e fable
du livre viii de La Fontaine: "Les Femmes et le secret"). Un homme
veut éprouver la discrétion de sa femme. Il lui avoue avoir tué un
porte-balle qui l'importunait et gâtait sa vigne—Henri Pourrat utilisant l'analogie avec l'escargot. En revanche, A. Dauzat transcrit le
même conte avec le rapport tailleur/carabe doré[8]. Dans tous les cas,
le village est informé, les gendarmes alertés et cela tourne à la confusion des femmes. Indifféremment, sont donc pris pour cible colporteur ou tailleur, qui partagent avec les meuniers et les hommes de
loi, une mauvaise réputation. C'est ce que l'on vérifie par la vaste
confrontation à laquelle se livre un marchand de fil et d'almanachs.

---

[8] Albert Dauzat, "Contribution à la littérature orale de la Basse Auvergne", *L'Auvergne Littéraire*, no. 92 (1938). Le conte d'Henri Pourrat s'intitule: "Le Porteballe
assassiné", II, 246; *Les Brigands*, p. 431.

"Or, chaque année sa femme lui donnait un enfant. De sorte qu'au bout d'une douzaine d'ans, il en eut sa douzaine. Et lorsqu'il vit naître le treizième, de parrain, il ne trouva plus." D'avoir roulé sa bosse et lu quelques livres, il lui vient comme une maladie, une passion de trouver un parrain juste (xi, 54; *Au village*, p. 236). Ainsi sont passés successivement en revue, sans complaisance, les meuniers: "S'ils étaient tous sciés en planches / Il n'y aurait plus de coquins en France." Puis "Tailleur et voleur / du bien d'autrui font le leur." L'un c'est en l'habillant, l'autre en le dépouillant. Enfin, tour à tour, le maquignon, l'aubergiste, le médecin, l'avocat, Saint-Pierre et le bon Dieu, — trop indulgent —, doivent laisser la place à la Mort devant laquelle nous sommes tous égaux. (Aussi sincère soit-elle, cette fureur outrée ne conduit-elle pas à sourire?)

Avant d'envisager le dernier aspect que revêt le colporteur en étant la vedette et le sujet du conte, quelques récits sont à isoler par les réminiscences historiques qu'ils comportent. Le préfet d'Empire, Ramond, avait noté le commerce d'ambulants se faisant passer pour des prêtres réfractaires et qui monnayaient prières et messes "dont les gens sont friands"[9]. Le desservant nouveau (vii, 82; *Les Fous et les sages*) et le curé déterminé (vii, 90; *Les Fous et les sages*) montrent ces pratiques d'hommes usurpant une fonction à laquelle ils n'ont pas été préparés, d'où des quiproquos entre la population et le prétendu pasteur, qu'auraient retenus les contes. Au 16e siècle, pendant les guerres de religion, on trouve également des traces de vente de certificats de baptême catholique ou protestant permettant de mendier avec recommandation. Y a-t-il eu de ces trafics écclésiastiques aux époques troublées? Certains ambulants s'en seraient tenus à quelques sermons avec quête, d'autres exploitant plus systématiquement la supercherie?

Le second exemple est indiqué par l'auteur lui-même. D'après une lettre dactylographiée, ne portant malheureusement ni le nom, ni l'adresse du destinataire, il atteste l'origine populaire des contes qu'il publie, avec une exception toutefois pour "Le Village des damnés" (viii, 240; *Les Fées*, p. 264).

En consultant les dossiers de documentation de l'auteur[10] on trouve une page de revue, — sans lieu ni date, mais peut-être du Forez? —

[9] Ph. Arbos, "Un Rapport du préfet Ramond sur l'émigration saisonnière dans le département du Puy-de Dome", *Revue d'Auvergne*, 48, no. 5 (1934).
[10] Henri Pourrat, 86-5, f° 44, Bibliothèque Municipale Inter-Universitaire, Clermont-Ferrand.

rapportant sous la rubrique: contes de la montagne, une Histoire d'un Marchand de Dentelles, dédiée à Henri Pourrat et signée de Pierre Vilatte. La mésaventure attribuée à Jean-Antoine, grand-père du conteur, est dite comme en confidence. Un premier manuscrit d'Henri Pourrat reprend de très près cette version, puis un second ms. intitulé d'abord "le village des malfaisants" est conforme à la publication. Ce qui importe ici, c'est le rôle attribué au colporteur, dont voici en quelques mots les tribulations. Intrigué par des propos d'auberge qu'il défie, un porte-balle part pour un village de la montagne, isolé, mais où l'on trouve des dentelles utiles à son négoce. Sa femme tient à le suivre. Après un chemin pénible, angoissant, et la rencontre d'un bossu (ou du diable) qui les renseigne, ils arrivent au village où leur sont montrées de très belles dentelles aux dessins étranges. On entraîne l'homme, on le fait boire; sa femme inquiète, en le cherchant, aperçoit dans une grange, des femmes avec des couteaux autour d'un enfant nu. Affolée, elle repart en entraînant son mari et sans raconter leur aventure à Montbrison. Des années plus tard, il y eut des orages dans la montagne et ceux qui les habitaient sont partis. Le feu du ciel a brûlé les maisons. P. Vilatte spécifie: "A mon idée, monsieur, ce devaient être des bohémiens, puisque ces gens sont des païens." "Des perdus, venus des portes de l'enfer, des êtres qui pour tout dire n'étaient pas du pays" conclut H. Pourrat.

Sans vouloir établir aucun rapprochement qui serait tout à fait improbable, il me faut cependant signaler les documents retrouvés et utilisés en partie par J. Jarriot:

> Le nom de Menou, donné à la paroisse de St Siméon de Nanvignes ne date que de l'année 1698. Si l'on en croit la tradition populaire, cette substitution ne fut faite que pour purifier Nanvignes d'une réputation fort douteuse. Avant la confection de la route départementale de Cosne, il n'était pas sûr dit-on de traverser le Vaudoisy. On montre même encore l'endroit, près de Touffou, où fut assassiné un marchand ambulant, dans le milieu du 18e siècle. Et il n'y a pas encore longtemps que les femmes superstitieuses assuraient l'entendre pousser ce cri "Rendez-moi ma balle!" (Manuscrit établi vers 1860 par P. Teste, curé du pays)[11]

Sur la disparition du village de Touffou, des textes plus anciens (de la période 1770-1780) évoquent "le feu du ciel", "les loups..." qui se seraient acharnés sur les derniers habitants de ce village "pour les punir

---

[11] J. Jarriot, *La Terre de Menou. Les Structures d'une société villageoise au 18e et au début du 19e siècle*. Thèse d'Histoire de 3e cycle (Dijon, 1981), I, 66.

des mauvaises actions qu'ils avaient commises". Enfin on entendrait "la voix du marchand, les soirs d'orage..." La réalité est plus prosaïque: Touffou a été abandonné par dépeuplement progressif entre 1710 et 1720, après le terrible hiver de 1709. Ce que montre l'état des feux relevé par M. Jarriot, qui tombent de cinq, six, à deux, un puis zéro... dix ans plus tard, ce ne sont que des éboulis.

Ce qu'il intéressant de noter, c'est la manière dont on explique ces ruines qui frappent l'imagination. Dans les trois cas, on retrouve: l'environnement sinistre, l'action coupable: l'assassinat du porte-balle (Touffou) ou celui d'un jeune enfant (Forez); enfin la punition commune: le feu du ciel, plus les loups à Touffou. L'importance de l'orage, le recours à l'étranger: le porte-balle assassiné et celui bravant les recommandations avec les habitants suspects du Forez "qui ne sont pas du pays". Ne serait-ce pas là une tendance générale de l'esprit humain pour expliquer à tout prix des lieux délaissés? Une version fantastique frappe davantage que de parler simplement de rétraction de population, de famines, d'épidémies...

On retrouve les mêmes procédés dans les contes où le colporteur est le héros. Le premier, inédit, (à paraître dans *Les Fées*, à l'automne 83) s'intitule "Le Colporteur et les lutins". Un porte-balle s'attarde à l'auberge et malgré les avertissements de l'hôtesse, part à la nuit vers la montagne en empruntant des raccourcis qu'il connaît mal. A la croix des Charmes, les lutins le font danser jusqu'à épuisement. Il revient au matin, exténué, et le contenu de sa malle qu'il était si fier de montrer la veille au soir, ne recèle plus que des têtes de mort. Par son défi de l'interdit (ne pas aller de nuit à tel lieu marqué) ce récit se rapproche du village des damnés où se rend coûte que coûte le marchand de dentelles. De plus, ces marchandises devenues objets de mort prennent un sens très fort d'inutilités. Ses bravades, son esprit fort, et toutes les parures transportées sont ainsi nettement mises à l'index.

Dans ce même récit, l'importance de l'auberge, dans la vie de l'itinérant mais aussi des villageois, le noeud de nombreuses intrigues, le lieu de nombreuses histoires, est résumé en trois phrases: "C'était la grosse maison de ce pays: celle où tout arrivait, les nouvelles, les marchés, les farces et de plus rude choses. Tout se disait là ou se faisait là. Une de ces maisons où les fumées de pipe tournent avec le fumet du fricot, pleines de ronflements du feu, de grandes voix — mais un chien hurle quelquefois, et détale — de chansons, de carillons de verre."

En revanche, pas de gîte pour le vendeur de bonnets de coton, les casquamèches (xɪ, 143; *Au village*, p. 145), cité un peu plus longuement pour terminer avec le sourire:

> Il y avait une fois un colporteur, au temps où les bonnets de coton vinrent à la mode—aussi les blouses de coton, les parapluies de coton. Au vrai vieux temps, on ne connaissait que la laine, chacun tirant la sienne des moutons qu'il avait. Le colporteur, donc, comme d'autres font dans le Cantal, part pour l'Espagne. Et il emportait dans sa balle tout un chargement de casquamèches. Mais là-bas, la mode de Paris n'était pas encore arrivée sur ses pieds légers: les bonnets de coton ne se vendaient pas du tout. Il poussait plus avant, toujours plus avant,—et sa balle ne s'allégeait guère—jusqu'au jour où il arrive tout au bout de l'Espagne, en face de l'Afrique. Il y a là un roc où les Anglais se sont accrochés. Seulement, les Anglais ne sont pas tout seuls sur ce roc. Le colporteur eut à s'en aviser avant qu'il fût longtemps. [Au clair de lune, à bout de force, il s'endort sous un arbre, en rabattant un bonnet jusqu'aux oreilles. Au réveil, il avise sa balle toute dégonflée: vide. Les voleurs ont dû venir. De dépit, il flanque à terre son bonnet. Immédiatement, autour de lui pleuvent les bonnets de coton...] Lui lève en l'air les yeux—des yeux plus ronds que des soucoupes—et au-dessus de lui que voit-il dans les branches? Un peuple de babouins. Ces singes l'avaient imité en tout son geste. A cette minute, comme lui, ils jetaient à terre les bonnets, alors que dans la nuit, comme lui aussi, ils s'en étaient couvert le chef. Il n'eut plus, lui, qu'à ramasser et à serrer les casquamèches. Et à former le voeu qu'à l'instar de leurs singes les gens de l'endroit veuillent bien se mettre tout de suite à la mode de Paris.

Que conclure? Plus d'une cinquantaine de contes viennent d'être cités. Preuve que le colporteur tient bien sa place dans le monde des campagnes où il exerce son activité. Sans doute est-il moins souvent à l'honneur que le gros fermier du coin, le curé ou l'aubergiste, mais son rang figure en bonne position parmi les autres corporations. Seulement, comme il se déplace davantage, son identification est nécessairement moins stable. Forgerons, meuniers, tailleurs, tous indispensables, leur réputation est faite une fois pour toutes. Pour le porteballe, les contes passent de la crainte au rire. Diable tout court ou pauvre diable, on l'envie, on le craint, on le plaint.

L'opposition subsiste entre le paysan accroché à sa terre et ce passant dont on ne sait pas grand'chose. Opposition moins marquée que celle de la concurrence entre marchands ambulants et sédentaires, entre le colporteur et la mercière, mais suffisamment forte cependant pour expliquer ces récits qui oscillent de la mise en garde à la moquerie, du rire à la pitié. D'autres corporations qui roulent par les pays sont bien mieux considérées: les scieurs de long, les papetiers quand ils font, comme beaucoup, leur Tour de France... Peut-être parce qu'ils travaillent de leurs dix doigts, de leur force, de leur habileté, eux, plutôt qu'avec ces trafics, ces commerces... Le plus souvent, dans les contes, le colporteur se présente seul, même si son attachement au pays et à ses compatriotes, reste fort. Au fond, il est à lui-même sa propre industrie et se fait souvent tout seul (un *self-made man*—, peut-être le précurseur du *hit and run* américain?). Parti de rien, ou de si peu, souvent, en une génération avec un peu de chance—et beaucoup de courage—, il amasse plus que tout autre. Il est donc normal que l'on bavarde sur son compte et que se forme un portrait contrasté. Certains d'entre eux réussissent, d'autres subsistent seulement, beaucoup échouent ou renoncent: "Souvent tombe, qui trop galope."

L'Image de l'Indien emplumé et du trappeur dans la littérature populaire au 19e siècle

ROGER MATHÉ

> Comme je descendais des Fleuves impassibles
> Je ne me sentis plus guidé par les haleurs
> Des Peaux Rouges criards les avaient pris pour cibles
> Les ayant cloués nus aux poteaux de couleurs.
> A. Rimbaud, "Le Bateau ivre"

Quand Arthur Rimbaud écrit ces vers, en août-septembre 1871, il est âgé de dix-sept ans; ses lectures d'enfance sont encore toutes fraîches; il se fait de la vie au Far West la même idée simpliste que les Français d'alors: dans d'immenses étendues de forêts, de savanes et d'eau, des Indiens peinturlurés et glapissants tendent aux Blancs des embuscades, les capturent, leur infligent de cruels supplices. L'Amérique du Nord, c'est le domaine de l'aventure, des chevauchées, d'une existence dangereuse, libre, exaltante. Patrie des Sioux, des trappeurs, des cowboys, des cavaliers à la jaquette bleu foncé qui font régner un semblant d'ordre, le Far West excite les imaginations et lance un appel à tous les audacieux.

L'Amérique du Nord et nos aïeux

Depuis une quarantaine d'années seulement, on s'intéresse au Nouveau Monde. Certes, sous le Roi Soleil, la Cour a entendu parler

179

de régions éloignées, le Canada, la Louisiane; elle a appris que Cave-
lier de la Salle a exploré les grands lacs et découvert les bouches du
Mississippi, que Louis Joliet et le Père Marquette en ont descendu
le cours. Mais qui se soucie de ces pays sauvages que l'on peuple de
condamnés, de gens racolés de force, de filles de joie? Au temps du
Bien Aimé, elle sait qu'Iberville a fait construire le fort de Maurepas
dans la baie de Biloxi, que son frère Bienville a fondé la Nouvelle
Orléans en 1718, qu'en 1730, sur l'ordre de Sa Majesté, les deux gouverneurs ont exterminé les Natchez révoltés. Néanmoins, après la
déconfiture de Law et de sa Compagnie des Indes, les Français, à
l'instar de Voltaire, dédaignent le Canada, ces quelques arpents de
neige, et considèrent la Louisiane comme un désert affreux où périt
Manon Lescaut.

Or en 1801, *Atala* révèle les rives du Meschacébé, des paysages gran-
dioses, une nature luxuriante et splendide, la vie mystérieuse des sous-
bois. Si le roman parle des Muscogulges et des Séminoles, s'il fait
allusion aux rivalités entre les tribus indiennes, à la cruauté de leurs
moeurs (Chactas est condamné à être brûlé vif), s'il raconte une poursuite à travers la prairie, s'il décrit un orage épouvantable qui oblige
les fugitifs à chercher refuge dans la grotte du Père Aubry, la singu-
larité des coutumes et du style de vie indiens reste discrète. Chactas,
le fier Natchez et Atala, la belle Muscogulge, ont la banalité des amoureux éternels que tourmente une passion fatale. Ils sont les descendants de la Princesse de Clèves et du duc de Nemours transplantés
dans les savanes américaines. Leur caractère indigène est superficiel
et peu typique: le décor du Nouveau Monde plus que ses habitants
a mission de créer le sentiment exotique.

C'est Fenimore Cooper qui, le premier au 19e siècle, ébauche la
mythologie du futur western. En 1823, son roman, *Les Pionniers* met
en scène un chasseur, Daniel Boone, surnommé Bas de Cuir. Ce héros
a la soixantaine bien sonnée quand, vers 1794, sur les bords du lac
Otsego, la civilisation commence à étouffer la vie libre des coureurs
des bois. Interdiction de chasser, de pêcher, d'errer à l'aventure. On
évangélise les Indiens, on rase les forêts, on construit une prison. C'en
est fini du "jardin du monde", du paradis de nature, et le vieillard,
épris de liberté, part vers l'occident pour y mourir. Cet appel de l'ouest
lointain, du Far West, en fait un précurseur de ces émigrants que
chantera Whitman. Il est soulevé par la même foi anarchique qui ani-
mera les trappeurs, les rôdeurs, les montagnards, tous les clochards
de la geste américaine. Boone, au fil des oeuvres postérieures qui

reviennent sur son passé, prend d'autres pseudonymes: Oeil de Faucon, La Longue Carabine, Le Tueur de daims, Le Forestier, Le Trappeur, mais il conserve sa silhouette dégingandée, son coup d'oeil infaillible, sa science du désert. *Le Dernier des Mohicans, Le Lac Ontario, La Prairie* familiarisent le lecteur français avec l'existence pittoresque des méchants Hurons et des vertueux Delawares, ces peuplades canadiennes également douées d'un orgueil impassible et d'un courage sanguinaire. Traduite en français, l'oeuvre impose un certain nombre de poncifs qui feront fortune au cours du siècle: les mérites du chasseur solitaire, taciturne, philosophe, volontiers redresseur de torts, la présence de l'Indien farouche, poursuivant la vengeance d'une ancienne injure ou au contraire plein de noblesse, semblable à un sage antique: le perfide Magua, Uncas ou son père, le sagamore Chingachgook. Le siège de l'île de Glenn, la traque dans la savane, les escarmouches, les déguisements, les massacres, la navigation sur les lacs emplis de mélancolie ou de fureurs, autant de péripéties chargées d'une mystérieuse majesté... L'Amérique du Nord laisse l'image d'une immensité infinie où s'affrontent des visages pâles héroïques et des Peaux Rouges haut en couleurs.

Ce qui se passa au milieu du siècle

Vers 1850, plusieurs événements concentrent l'attention sur le Far West, précisant et répandant sa légende. Les Etats-Unis entreprennent la grande marche vers le Pacifique, repoussant sans cesse la nouvelle frontière. L'Ouest lointain, c'est le ressort qui donne à l'âme américaine ses qualités spécifiques, "cette énergie infatigable et fougueuse, cette source de bienfaits et de déboires qu'est l'individualisme dominant, et en même temps, cet élan optimiste", selon les propos de l'historien Turner[1]. Suivant la piste de Santa Fé ou celle de l'Orégon, les convois de chariots bâchés, brinqueballant et cahotant, progressent vers la Californie, bravant les fauves, les Indiens, les bandits, les cataclysmes, les solitudes arides et rocailleuses. Ces vagabonds occupent la terre, la cultivent, jettent les bases d'une civilisation. La politique de Washington soutient cette implantation anarchique qui, de 1845 à 1850, double la superficie du territoire. Le Texas qu'occupent les Espagnols depuis le 16e siècle, devient indépendant en 1821 avec

---

[1] Frederick Jackson Turner, *La Frontière dans l'histoire des Etats-Unis* (Presses Universitaires de France).

le Mexique. Mais la pénétration des colons américains dans cette province provoque une révolte contre le dictateur de Mexico, Santa Anna. Triomphante à San Jacinto, la rébellion instaure une république autonome qui est annexée par les USA en 1845. A la suite d'une guerre victorieuse, les Américains obtiennent par le traité de Guadalupe-Hidalgo (2 février 1848) la reconnaissance de ce rattachement et tous les pays situés au nord du Rio Grande: Nouveau Mexique, Arizona, Haute Californie.

Et un beau jour de 1848, le contremaître Marshall, employé du Suisse Sutter, découvre un filon aurifère près du moulin de Polonna, dans la vallée du Sacramento. Alors commence la ruée vers l'or que raconte Blaise Cendrars[2]. Accourant du monde entier, les *gambucinos* (chercheurs d'or) se précipitent vers San Francisco, déclenchant une fièvre de spéculation qui favorise le développement de ces contrées. Gabriel Ferry, employé à Mexico dans la maison de commerce paternelle, parcourt à cheval la Sonora et la Californie, "emporté par l'ardeur de connaître et de posséder en artiste ce monde si bizarre, si pittoresque, si révoltant"[3].

A la même époque, deux aventuriers français, le marquis Pindray d'Ambelle et le comte de Raousset-Boulbon organisent des expéditions en Sonora qu'ils rêvent de détacher de la confédération mexicaine. Le premier d'entre eux périt dans les sables de l'Arizona, le second est fusillé à Guaymas. (Aimard conte à sa manière leur épopée qui fit grand bruit, dans *La Grande Flibuste* et dans *La Fièvre d'or*.) Puis survient la guerre de Sécession: le Sud esclavagiste pour qui la France a de secrètes sympathies (l'un des généraux sudistes, Beauregard est d'ascendance française) se sépare de la Fédération. Quatre années d'une guerre terrible (1861-1865), 630.000 morts, les tuniques bleues s'entretuant avec les tuniques grises... La capitulation de Lee à Appomattox le 9 avril 1865 marque la victoire de Lincoln et des Nordistes. (Ce conflit laisse une traînée d'images que populariseront *Autant en emporte le vent*, *La Conquête du courage* de Stephen Crane, des films, tels *Les Cavaliers* ou *La Rivière du hibou*.) En ce temps-là, Napoléon III, à l'instigation de Morny qui défend les intérêts du banquier Jecker et profitant du drame américain, débarque ses troupes à Vera Cruz et, après deux ans de guerre, conquiert le Mexique. Cette désastreuse expédition se termine par le départ des soldats français en février

---

[2] Blaise Cendrars, *L'Or* (Denoël, 1969).
[3] George Sand, préface pour *Costal l'Indien*, cité par *Le Journal des Voyages*, 12 octobre 1879.

1867, exigé par les Américains enfin en paix. Juarez fait exécuter l'empereur éphémère Maximilien à Quérétaro (19 juin 1867). Mais en France, le bruit court que des compatriotes ont enlevé Hermosillo, une ville d'Amérique centrale, et une image d'Epinal représente la prise du fort San-Xavier à Puebla, en mars 1863, par des zouaves en chéchia, veste bleue et pantalon garance, bouffant.

Bois Rosé et Gabriel Ferry

La littérature ne tarde pas à exploiter cette vogue. Louis de Bellamarre (1809-1852) — c'est le nom de Gabriel Ferry, courtier en assurance maritime, chargé par le gouvernement français d'accueillir les émigrants en Californie — (il périra dans l'incendie du paquebot Amazone en rejoignant son poste), publie dans *La Revue des Deux Mondes* du 15 avril 1846 au 15 août 1851 vingt-cinq récits mexicains sous le titre: *Scènes de la vie militaire au Mexique*. En 1850, dans *L'Ordre*, il fait paraître le premier western en langue française, *Le Coureur des bois*. Alors les lecteurs français s'initient aux moeurs indiennes, découvrent les étendues de l'Arizona, son relief tourmenté, les mille ruses qui permettent de survivre dans ces régions ingrates où les filons aurifères attirent les gambucinos et que les Apaches défendent farouchement. Deux personnages nouveaux, La Main Rouge et Sang Mêlé, pirates des prairies sans foi ni loi, interviennent au fil du récit avec leur rifle infaillible. Surtout on a la révélation d'un héros qui tiendra dans les romans indiens une place prépondérante, le trappeur, personnage solitaire, épris de la nature et de la liberté, Bois Rosé, le géant canadien, réincarnation de Bas de Cuir.

> (Il) portait un vêtement qui tenait à la fois de l'Indien et de celui du blanc. Il était coiffé d'un bonnet en forme de cône tronqué, fait en peau de renard. Une chemise de coton à raies bleues couvrait ses épaules; à côté de lui par terre était déposée une espèce de surtout fait d'une couverture de laine. Ses jambes étaient garanties par des braies de cuir à la manière indienne. Au lieu de mocassins, des souliers ferrés... complétaient l'ensemble de son costume. Ses cheveux commençaient à grisonner fortement... Ses traits hâlés paraissaient être taillés dans le bronze, tant la lueur du feu d'une part et l'obscurité de la nuit de l'autre leur prodiguaient des reflets ardents et des ombres dures et tranchées. Au demeurant, sa figure avait un air de bonté conforme à la vigueur herculéenne de ses membres.[4]

[4] Gabriel Ferry, *Le Coureur des bois* (Arthème Fayard, 1881), p. 76.

L'action est fertile en péripéties: lutte contre les brigands du tuteur criminel, don Estevan, soutenus par les Apaches du Chat Pard et de l'Oiseau Noir, intervention du bon Comanche Rayon Brûlant et de son épouse, la gracieuse Soupir du Vent, dans le cadre terrifiant du Val d'or, — une gorge effoyable que domine un rocher portant le tombeau d'un chef indien. A la fin, avec l'aide de l'ancien miquelet Pepe et de son puille Fabian, Bois Rosé démasque don Estevan, rend à Fabian son titre de comte de Mediana et lui donne en mariage la belle señorita doña Rosarita. La geste farouche du Far West se termine en idylle. Si la seconde oeuvre, *Costal l'Indien* (1855) raconte la guerre entre les Mexicains, avides d'indépendance et les Espagnols, sujet qui ne concerne pas le Far West, en revanche un Creusois exilé aux Etats-Unis pour des raisons politiques, Alfred Assollant, écrit à cette date *Scènes de la vie américaine*, éditées par la *Revue des Deux Mondes*, trois nouvelles: *Walter et les émigrants américains au Nicaragua* (1856), "une étrange histoire de flibustiers"; *Acacia* (1867) et *Les Butterfly* (1858), deux intrigues pleines de violence, avec enlèvements, coups de revolver, galopades, qui traduisent la rudesse des moeurs Outre-Atlantique. Mais les chasseurs et les Peaux-Rouges n'y tiennent aucun rôle. Quant à la découverte de l'or en Californie, elle n'inspire qu'une littérature médiocre. Qui connaît encore *Le Jeune Voyageur de Californie* de Jean-Baptiste Champagnac (1852); *Les Petits Voyageurs de Californie*, d'Henri Chavannes de la Giraudière (1854); *Les Chercheurs d'or*, d'Armand de Solignac (1854); *La Sonora* (1855) et *Le Batteur d'estrade* (1856) de Paul Duplessis, le neveu de Ferry; *Le Journal* de Marie Giovanni (1855); *Bras d'acier* d'Alfred de Bréhat (Alfred Guézennec) (1859)? Des écrivains connus sacrifient à la mode. Alexandre Dumas compose un *Gil Blas en Californie* (1852), Mérimée, *Les Mormons* (1853) (cette religion bizarre le passionne), Paul Féval, *Les Couteaux d'or, Les Pawnies des Rocheuses* (1856). Il n'est pas jusqu'à la comtesse de Ségur, née Rostopchine qui ne fasse allusion au Far West dans *Les Vacances* (1859). Ces livres, brûlant d'un patriotisme cocardier, opposent le Français romanesque et débrouillard, animé d'ambitions politiques ou guerrières au Yankee avide, grossier et déloyal. Mais les images de l'Indien et du trappeur sont floues, évanescentes; elles n'expriment ni la poésie de la prairie ni l'attrait de l'aventure.

Un aventurier du Far West: Gustave Aimard

C'est en 1858 qu'un Français, Gustave Aimard, donne au roman indien ses lettres de créance avec *Les Trappeurs de l'Arkansas*. Bien que son oeuvre romanesque soit entachée de multiples défauts (intrigues mal bâties, psychologie des personnages rudimentaire, tendance au manichéisme, dialogues fastidieux, style ampoulé...), elle crée à l'usage du lecteur cette mythologie indienne qui restera vivace jusqu'à la fin du siècle. La vie du romancier à elle seule est une illustration de l'existence au Far West dont il est une créature typique, l'archétype du casse-cou européen égaré dans le Nouveau Monde. Comme plusieurs de ses héros, il a une naissance et une vie mystérieuses. Ce que nous savons de lui, nous le déduisons de la préface des *Trappeurs de l'Arkansas* et de quelques confidences éparses dans plusieurs ouvrages[5]. L'un d'eux, *Les Outlaws du Missouri* (1868) met en scène Olivier, "un fier et beau jeune homme" dont le destin ressemble au sien.

> Il avait cinq pieds six pouces au moins; ses épaules étaient larges, ses membres solidement attachés. Son teint était pâle, ses cheveux noirs, longs et bouclés; jamais son regard ferme ne se perdait dans le vague et, lorsqu'il réfléchissait et se concentrait en lui-même, il prenait une expression plus sombre et plus profonde; son nez, légèrement recourbé, se rattachait au front par une ligne presque droite, brusquement interrompue par un pli... Sa bouche, un peu grande, meublée de dents magnifiques et aux lèvres dédaigneuses, était ombragée par une fine moustache brune.[6]

Est-ce le portrait de l'auteur? Méfions-nous... Aimard mourut fou et toujours il eut tendance à créer des fantasmes. Une certitude: il s'appelle Olivier (comme par hasard) Gloux et naquit à Paris en 1818. Enfant illégitime, il demeure quatre années aux Enfants Trouvés, puis il est adopté par un jeune couple qui vit misérablement rue Plumet jusqu'au jour où sa mère adoptive devient la maîtresse d'un riche fournisseur aux armées. La famille s'installe alors dans un hôtel du Faubourg du Roule. Mais le bambin est curieux, indiscret. Décrété incorrigible par la dame, il est confié à un sien parent, capitaine d'un chalutier à Boulogne. Voilà Olivier mousse, pêchant le hareng en mer du Nord, livré à un homme brutal. Il a neuf ans. De 1827 à 1838, il est marin, morutier, négrier, baleinier. A vingt ans, il s'embarque au Havre comme harponneur, chasse la baleine dans le Pacifique sud. Descendu à terre aux environs de la baie de Barbara près du cap Horn, il est capturé par les Patagons. Ils s'évade, gagne le poste argentin

---

[5] *Le Grand Chef des Aucas; Le Garanis; Valentin Guillois; Une Chasse aux bisons; Un Mustang; Les Vaudoux.*
[6] *Les Outlaws du Missouri* (Tallandier, 1867), pp. 3-4.

de Carmen de Patagones, puis navigue jusqu'à Buenos-Ayres. De là, il traverse la pampa d'est en ouest jusqu'à San Luiz de Mendoza, affrontant mille dangers. Il passe au Chili l'hiver 1839-1840, se rend de Valparaiso à Callao au Pérou et parvient à Lima, malgré les *saltadores* (bandits de grand chemin) qui infestent les routes.

Que lui advint-il? A l'en croire, il aurait été naufragé dans un îlot du Pacifique, "abandonné sur les côtes du Nouveau Mexique (?) au milieu des tribus indiennes les plus cruelles." Il aurait erré dans "toutes les contrées du monde, du cap Horn à la baie d'Hudson, de la Chine à l'Océanie, de l'Inde au Spitzberg." Impossible. Il vécut sans doute au Mexique de 1840 à 1847 et dans les régions de langue espagnole qui deviendront américaines. Chasseur, chercheur d'or en Arizona, il est adopté par la tribu comanche des Castors, et il mène la vie d'un Indien. Les Apaches l'attachent deux fois au poteau de torture. Il se perd dans le désert del Norte, vagabonde plus d'un mois, "en proie aux horreurs de la faim, de la soif et de la fièvre", et faillit être englouti par les "prairies mouvantes". En 1847 il regagne l'Europe. Voyage-t-il en Espagne, en Turquie, au Caucase? Il ne semble pas pressé de revoir sa patrie où règne la Monarchie de Juillet. On le retrouve en 1848 lieutenant de la garde nationale. Mais il reste peu de temps en France. Libéral convaincu, il n'apprécie ni la répression de Cavaignac en juin ni la présidence de Louis-Napoléon Bonaparte. On vient de découvrir des mines d'or en Californie; toutes les têtes brûlées se précipitent vers cette nouvelle terre promise. Aimard se rend à San Francisco, s'enrôle dans la compagnie de Raousset-Boulbon où il commande la cavalerie avec un ancien officier, M. Lenoir. Il fait la campagne d'Hermosillo (automne 1852), mais ne participe sans doute pas à la seconde expédition, un coup de tête sans espoir qui aboutit à la capture et à l'exécution du comte le 12 août 1854. "Au lieu de m'embarquer à Guaymas avec mes compagnons, je partis au contraire pour l'Apacheria où je demeurai plusieurs mois"[7]. C'est en hiver 1852 qu'il rencontre Raphaël Garillas, au printemps de 1853 qu'il participe avec un chef comanche, la Tête d'Aigle, à une chasse aux bisons. Les agaceries des jeunes indiennes le laissent insensible. "J'aimais ailleurs; je courtisais en ce moment une délicieuse jeune fille nommée la Hure de Sanglier que j'épousai plus tard"[8]. Après cinq années de mariage, il la vend à un sachem pour trois peaux de bison.

---

[7] *Un Mustang* p. 2; texte publié à la suite de *Valentin Guillois*, 1864.
[8] *Ibid.*, p. 3.

A la fin de 1853, il chevauche à travers le Mexique, de la Sonora à Vera Cruz, monté sur un mustang, Negro, et met à la voile pour la France. En juillet 1855, le voilà de retour à Galveston d'où, craignant les fièvres, il part explorer le nord ouest du Texas[9]. Il fait la connaissance de Valentin Guillois, un coureur des bois français, qui sera le héros central de plusieurs romans. Nouveau séjour en France (fin 1857). Il publie entre 1858 et 1863 une suite indienne[10] consacrée au Far West, au Chili, au Mexique. Brusquement, jugeant cette veine épuisée, il repart pour l'Amérique (automne 1863), après avoir donné un premier roman maritime, *Les Aventuriers*, dont le cadre est Saint-Domingue. Pourquoi ce départ? Il est célèbre, presqu'autant que Walter Scott et Fenimore Cooper. Mais en 1861, les Français ont occupé Vera Cruz (ils prendront Puebla en 1863), installeront un prince autrichien Maximilien sur le trône du Mexique. Napoléon III rêve de fonder un empire latin et catholique, capable de contenir la poussée anglo-saxonne en Amérique du Nord. Quant aux Américains, ils sont déchirés par la guerre civile. Le rêve de Raousset-Boulbon semble sur le point de se réaliser. Poussé par ses vieux démons, Aimard désire suivre de près ces événements. Ce séjour Outre-Atlantique dure deux ou trois années. En 1866, il est de retour en France, séjourne à Viry-Châtillon où il dédie *Une Vendetta mexicaine* à son ami Armand Lapointe. Pendant son absence, d'autres livres ont paru, inspirés de *Costal l'Indien*. Ils traitent de la guerre d'indépendance mexicaine. Aimard écrit encore d'autres oeuvres indiennes qui se déroulent au Far West: *Les Bois brûlés*, qui constituent le dénouement de *Valentin Guillois*, *Les Outlaws du Missouri* dont l'action se situe en 1801, *La Forêt vierge* qui se déroule en 1805. Quant à *La Belle Rivière* et au *Souriquet*, ils cherchent à rivaliser avec *Le Dernier des Mohicans*, parlent du Canada qu'Aimard ne connaît pas et du conflit franco-anglais de 1756. Sentant son inspiration s'étioler, le romancier invente des histoires de plus en plus anciennes, recourt à la fiction et non plus au souvenir. A partir de 1865, il rédige deux sortes d'ouvrages: les uns consacrés aux Frères de la Côte et aux boucaniers, qui prolongent *Les Aventuriers*[11], les autres, peintures des bas fonds

---

[9] *Le Grand Chef des Aucas*, 1858, p. 1.

[10] *Les Trappeurs de l'Arkansas, Le Grand Chef des Aucas, Le Chercheur de pistes, Les Pirates des prairies*, en 1858; *La Loi de Lynch, L'Eclaireur*, en 1859; *La Grande Flibuste, La Fièvre de l'or, Curumilla*, en 1860; *Les Rôdeurs de frontières, Les Francs Tireurs, Balle-Franche*, en 1861; *La Main ferme, Le Coeur loyal, Valentin Guillois*, en 1862.

[11] *La Castille d'or; Les Bohémiens de la mer; Ourson Tête de fer; Les Titans de la mer; L'Olonais; Vent-en-panne; Les Rois de l'océan*.

parisiens, dans la tradition d'Eugène Süe[12]. Il s'associe des collaborateurs, Crisafulli, Jean-Baptiste d'Auriac (avec ce dernier, il produit
encore des romans indiens, simples plagiats de son oeuvre antérieure).
En 1870, à cinquante-deux ans, il organise le corps de francs-tireurs
de la Presse qui se distingue le 28 décembre à la bataille du Bourget.
Le patriote fougueux, l'ancien compagnon de Raousset-Boulbon, le
chercheur d'aventures retrouve une seconde jeunesse. Après un voyage
au Brésil dont il rapporte un récit qui paraît rédigé par un déséquili-
bré, il meurt à Sainte-Anne en 1883, atteint de la folie des grandeurs.

Seules pour cette enquête nous intéressent les oeuvres de la suite
indienne, publiées entre 1858 et 1862, que l'on peut regrouper en trois
cycles, d'après le personnage dominant: cycle du Coeur Loyal, cycle
de Valentin Guillois, cycle de Balle Franche; et aussi *Les Outlaws du
Missouri* (1868), *Les Bois brûlés* (1875); pour *La Belle Rivière* et *Le Souriquet* qui sont de la même veine, Aimard utilise des documents de
seconde main. Car ces romans se déroulent au Canada, sous le règne
de Louis XV. S'ils parlent de Hurons et d'Iroquois, de chasseurs et
de batteurs d'estrade, s'ils ont une composition à peu près cohérente,
s'ils célèbrent avec emphase les forêts d'érables, les calmes rivières,
les fleuves tumultueux et les lacs agités, ils montrent un pays primitif, encore à l'état de nature, que n'a guère touché la civilisation et
qui ne ressemble pas au Far West de la légende. Les autres livres
américains traitent du Mexique au début du 19e siècle, de ses pro-
nunciamentos, de la révolte contre les Espagnols. Insurgés, lanceros,
picaros, gouverneurs logeant dans de somptueux palais, sociétés secrètes tenant leurs réunions dans des maisons truquées, pourvues d'es-
caliers dérobés, de portes à ressort, de souterrains... Nous voilà trans-
portés bien loin de la prairie, dans un monde urbain et hispanisant,
sensuel et raffiné qui laisse pressentir la décadence ibérique, où des
señoritas à l'oeil de velours sont passionnément éprises du héros sympathique qui est rituellement le chef des conspirateurs. *Cornelio d'Amor,
Le Coeur de Pierre, Le Guaranis* appartiennent plutôt à la lignée des
romans antillais[13] qui racontent les prises à l'abordage de galions par
les esquifs des flibustiers ou l'enlèvement par surprise de forteresses
espagnoles. Les Indiens n'apparaissent que furtivement, silhouettes
miteuses et méprisées qui prennent une part mineure à l'action. En
revanche *Les Trappeurs de l'Arkansas* ou *Le Chercheur de pistes* ont fixé

---

[12] *Les Invisibles de Paris* (5 vols.); *Les Vauriens du Pont-Neuf* (4 vols.).
[13] *Vent-en panne; Ourson Tête de fer; L'Olonais; Les Rois de l'océan.*

dans l'imagination du Français la vision d'une Amérique du Nord encore peu exploitée, mal connue, à la réputation inquiétante, regorgeant de richesses, dont les immensités sont parcourues par des peuplades étranges, cruelles et criardes. C'est la patrie des Peaux-Rouges dont les féroces exploits font frémir les chaumières et de blancs solitaires, vivant à l'indienne, trappeurs ou chasseurs. Ils proposent une litanie d'images violemment exotiques et déterminent cette mythologie indienne dont les personnages, les accoutrements, le vocabulaire, les actions et les coutumes insolites sont confusément parvenus jusqu'à nous.

Le Far West de Gustave Aimard

Le théâtre des événements est bien délimité: la Sonora et les provinces enlevées au Mexique en 1848 par les USA. Il a, sous la plume de Gustave Aimard, féconde en descriptions lyriques, la beauté et la fraîcheur de la terre à l'aurore du monde. Le désert de sable et de cailloux n'est peint qu'à deux reprises, au début des *Trappeurs* et dans *La Grande Flibuste* où l'on voit une expédition française engloutie dans "les prairies tremblantes", au nord de Paso del Norte. C'est le pays des terres calcinées, du soleil torride, du vent infernal et de la soif.

> L'on ne voit, à de rares intervalles, que des arbres à bois de fer, des gommiers, des arbres du Pérou aux grappes rouges et pimentées, des nopals et des cactus, seuls arbres qui peuvent croître dans un terrain calciné par les rayons incandescents d'un soleil perpendiculaire. De loin en loin apparaissent comme une amère dérision les longues perches des citernes ayant un seau de cuir tordu... Mais les citernes sont taries et le fond n'est plus qu'une croûte noire et vaseuse dans laquelle une myriade d'animaux immondes prennent leurs ébats.[14]

Du Far West, au contraire, le lecteur garde le souvenir d'étendues verdoyantes, à l'herbe drue, de forêts impénétrables où rôdent les jaguars, de fleuves démesurés coulant entre des rives fleuries, de rivières furtives se faufilant sous les palétuviers, de savanes illimitées que parcourent d'innombrables troupeaux de bisons. Un paysage d'idylle, l'immensité en plus. Tout est colossal, plein de sève et de vitalité. La campagne rit et ensorcèle le passant.

---

[14] *Les Trappeurs de l'Arkansas*, p. 12. Abrégé *TA*.

Rien de plus grandiose et de plus majestueux que l'aspect de ces prairies dans lesquelles la Providence a versé à pleines mains d'innombrables richesses; rien de plus séduisant que ces vertes campagnes, ces épaisses forêts, ces larges rivières; le murmure mélancolique des eaux sur les cailloux de la plage, le chant des oiseaux cachés sous la feuillée, les bonds des animaux s'ébattant au milieu des hautes herbes, tout enchante, tout attire et entraîne le voyageur fasciné.[15]

Bref, le Far West semble en général une région paradisiaque, une sorte d'Eden où la nature déploie ses charmes. Ce tableau ne ressemble pas aux paysages qu'a popularisés le cinéma: rocs tourmentés, buissons maigrelets, collines arides, couleurs fauves. Point de chariot suivant des pistes poussiéreuses, de diligences pourchassées par une horde de Visages rouges, point de bourgades surgies dans la solitude avec leurs saloons, leurs maisons en bois, leurs scieries, leurs puits de mine, point de ranchs à balustrades jouxtant des corrals et des pâturages chichement arrosés

Dans ces immenses océans de verdure que l'on nomme forêt vierge, les arbres semblent tous se tenir tant ils sont mêlés et enchevêtrés les uns dans les autres; attachés et reliés entre eux par des réseaux de lianes qui entrelacent leurs troncs, se tordent autour de leurs branches, plongent dans le sol pour surgir de nouveau comme les tuyaux d'un orgue immense, tantôt formant de capricieuses paraboles, montant et descendant sans cesse au milieu des immenses touffes de cette espèce de gui parasite nommé barbe d'Espagnols qui tombent en larges bouquets à l'extrémité des branches. (*RE*, 312)

Partout des cavernes hospitalières dont "les murailles hautes et chargées de stalactites brillantes renvoient la lumière en la décuplant et forment une illumination féérique" (*TA*, 59) des tertres escarpés qui mettent l'émigrant à l'abri d'un coup de main, des clairières où jaillit une source, des vallées fortunées emplies de fleurs. Quant aux nuits d'Amérique, elles ont la douceur ineffable que leur prête Chateaubriand. "La nuit était splendide, le ciel d'un bleu sombre était plaqué de millions d'étoiles qui déversaient une lumière douce et mystérieuse." Ce Far West rappelle les descriptions d'*Atala* et du *Génie du Christianisme* dont Aimard s'est peut-être inspiré. La laideur, la stérilité, la sécheresse, la tristesse navrante des étendues pierreuses sont ignorées.

---

[15] *Les Rôdeurs de la frontière*, p. 43. Abrégé *RF*.

Trappeurs et Indiens

Les hommes qui vivent dans ces contrées sont peints de façon schématique, mais expressive. Ce sont des silhouettes typiques, au dessin net, sans grande épaisseur humaine, certes, mais rehaussées de couleurs vives qui accrochent l'oeil. Par leur stylisation, elles se gravent dans la mémoire du lecteur, lui imposent le portrait définitif de l'Indien et du trappeur. Entre 1820 et 1860, période où se situe l'action de ces romans indiens, les Américains n'occupent que les territoires à l'est du Mississippi et une frange côtière de la Californie. La partie centrale et occidentale de leur pays, les Montagnes Rocheuses comprises, de la frontière canadienne au Rio Grande, est le domaine des Peaux-Rouges, des coureurs des bois, des hors-la-loi. Il commence à être parcouru par des caravanes d'émigrants qui, pleins d'espoir, mènent des kyrielles de chariots surchargés de progéniture, de provisions, d'outils, de fourrage. "Go west!", c'est le mot d'ordre de ces pionniers qui s'établissent dans des sites fertiles, abattant les forêts, défrichant les prairies, exterminant le gibier; puis, à partir de 1848, ils se mêlent aux chercheurs d'or qui, par le Grand Cañon du Colorado, gagnent la prestigieuse vallée du Sacramento. En 1821, William Becknelle trace la piste de Santa Fé; dix ans plus tard, le captaine Sublette, utilisant pour la première fois une voiture à grandes roues, celle de l'Orégon.

Le romancier semble ne connaître que la partie sud des USA, mais son témoignage a une valeur générale. Il rend célèbre le personnage du trappeur qui souvent est aussi un chasseur et, en cas de guerre, un batteur d'estrade. Cooper a créé Daniel Boone, Ferry, Bois Rosé. Aimard campe à plusieurs reprises des héros analogues qui sont canadiens, français, une fois mexicain. Les Yankees, qu'il déteste, tiennent le rôle ingrat de brigands, de négriers ou de squatters. Le parfait coureur des bois, le modèle idéal, c'est l'ancien spahi Valentin Guillois. Avant lui, l'auteur a mis en scène un noble mexicain qui expie au désert un crime de jeunesse, Raphaël Garillas, dit Le Coeur Loyal, et des canadiens, Belhumeur, l'Elan Noir, Tranquille, qui sont ses compagnons. Puis il invente les personnages de Balle-Franche et de Bon Affût. Tous se ressemblent: ils sont de haute taille, bien proportionnés, puissamment musclés, dotés d'une vigueur et d'une endurance peu communes. Leur visage exprime la franchise, l'intelligence, la bonté. Ils ont les cheveux et la moustache blonds, les yeux bleus des antiques Gaulois. Rompus à toutes les fatigues, insoucieux du danger, ils connaissent la vie de la prairie aussi bien que les Indiens et font preuve en toute circonstance d'un sang-froid et d'un courage exemplaires. Malgré leur rudesse et leur manque de culture (Tranquille avoue qu'il ne sait pas lire), ils ont le coeur tendre, l'âme sensible, beaucoup de délicatesse sous des dehors farouches. Paladins du désert, ils paraissent n'avoir qu'une fonction: secourir les faibles et les malheureux. Ils sont les protecteurs des pauvres gens que harcèlent les Indiens, les sauveurs des jeunes filles abandonnées par leurs parents ou persécutées par un indigne tuteur et sont toujours prêts à mettre leur rifle au service d'une cause charitable.

Depuis Fenimore Cooper, il n'est point de western sans Indiens. Plus que quiconque, Aimard a familiarisé le public français avec une certaine conception du Peau-Rouge qui traque les voyageurs, les postes de soldats, incendie les haciendas, se livre entre tribus à des conflits incessants. Deux peuplades s'affrontent tout au long de son oeuvre, les Comanches Antilopes et les Apaches Bisons qui ont déterré la hache de guerre, les Pawnies faisant une courte apparition au début des *Rôdeurs de frontières*, les Pieds-Noirs étant les acteurs principaux de *Balle-Franche*. Le dessein manichéen de l'écrivain est flagrant: les Comanches ont toutes les vertus; loyaux, hospitaliers, rarement cruels, ils sillonnent la prairie en centaures, menant d'incessantes chevauchées sur leurs mustangs, toujours disponibles pour voler au secours des causes justes. Leurs sachems, le Cerf Noir ou l'Unicorne ont leur place dans le Panthéon des héros. Leur nation est invincible, elle est la reine des prairies et le Wacondah sourit à leurs exploits. Les autres, les Apaches surtout, sont passés maîtres en fourberie, à l'instar de leurs chefs, le Renard Bleu ou Addick. Traîtres en puissance, on les entrevoit toujours tapis dans les broussailles, chercheurs de noise, méditant un mauvais coup. Leur façon de combattre est souterraine, faite de surprises, d'embuscades, de guets-apens nocturnes, alors que les Comanches combattent au grand jour, la poitrine découverte. Eux sont les bons Indiens, défenseurs des opprimés; ils jouent le jeu que jouera dans les westerns le 7° régiment de cavalerie, qui intervient à la suprême minute pour sauver les justes aux abois. Cette fonction de protecteur est d'autant plus méritoire qu'elle est désintéressée. La victoire obtenue, les amis sauvés, les morts ennemis scalpés, ils rentrent dans leurs villages sans réclamer de récompense. La Tête d'Aigle et ses guerriers exterminent une bande de pirates et assurent le bonheur du Coeur Loyal. Les Antilopes du Cerf Noir s'opposent avec succès aux intrigues du Renard Bleu et permettent le triomphe de

Tranquille. Les Comanches de l'Unicorne aident Valentin à traquer le Cèdre Rouge que protègent les Apaches de Stapanat. Presque tous les romans sont construits sur cet antagonisme: trappeurs et Comanches contre forbans et Apaches. Evidemment après bien des péripéties, les premiers l'emportent et la morale est sauve.

Portraits

Ces personnages s'imposent visuellement: ils ont des contours précis, une allure particulière, qui surprend l'Européen, un comportement déterminé, très éloigné des coutumes de l'Occident. Le romancier nous décrit leur costume, leurs moeurs, leur vie quotidienne. Le trappeur est invariablement coiffé d'un bonnet de castor dont la queue retombe en arrière sur ses épaules. Il porte une blouse de chasse serrée à la taille par une ceinture où sont enfilés deux pistolets, une machette. En bandoulière, un cornet plein de poudre, une gourde de rhum et un "sac médecine" renfermant des remèdes en cas de blessure. Ses pieds sont chaussés de mocassins qui rendent sa démarche silencieuse. Il tient à la main un rifle et sur son dos est arrimé un sac bourré de balles et de provisions. C'est l'équipement de Davy Crockett. L'Indien a le torse nu, ou, quand il fait frais, couvert d'une tunique à franges. Il est revêtu d'une sorte de caleçon, le mitasse, et ses mocassins sont ornés de queues de loups, en nombre égal à celui des ennemis qu'il a tués. Est-il un sachem? Il coiffe sa tête d'une corolle de plumes multicolores. Simple guerrier, il se contente de ficher une plume dans ses cheveux relevés en chignon. Son visage et sa poitrine sont zébrés de peintures criardes afin d'effrayer les adversaires. Il se pare de bracelets, de colliers, monte à cru des chevaux à demi sauvages et charge en poussant des hurlements terrifiants. Ses armes? Le couteau à scalper, le tomahawk, à la fois hache et casse-tête, un arc et des flèches dont le carquois est assujetti à ses épaules, quelquefois, un vieux fusil. L'auteur insiste sur l'impression de terreur et de majesté qu'inspirent ces hommes dont le maintien ne manque pas de panache. Voici le portrait qu'il trace d'un chef pied-noir, Natah Otann.

> Sa taille haute, ses membres bien proportionnés, la grâce de ses mouvements et son apparence martiale en faisaient un homme remarquable... Il portait derrière la tête une peau d'hermine et au cou un collier de griffes d'ours entremêlées de dents de bison. Sa chemise en peau de bison, à manches courtes, était garnie autour du col d'une manière de rabat en drap écarlate, orné de franges et de soies de porc-épic; les

coutures de ce vêtement étaient brodées avec des cheveux provenant de scalps. Il tenait dans sa main droite un éventail tout d'une aile d'aigle et, pendu au poignet de cette main par une ganse, le fouet à manche court et à longue lanière particulier aux Indiens des prairies. (*Balle-Franche*, p. 15)

On conçoit que cet accoutrement raffiné et barbare puisse impressionner la Face pâle. Parfois le récit présente un troisième personnage caractéristique, un caballero mexicain à la tenue chamarrée. Coiffé d'un sombrero aux vastes ailes, il est vêtu d'une veste brodée, de larges pantalons qui disparaissent dans des bottes de cavalier munies d'énormes éperons. Ses épaules sont couvertes d'un zerapé. Un lasso est lové à sa selle. Rifle, pistolets, navaja, machette, tout un arsenal, lui permettent de se défendre en cas de mauvaise rencontre. Dans sa botte droite, il a glissé un couteau effilé pour trancher le lasso si par malheur il est "lacé". Quant aux comparses, peones, gambucinos, squatters, pirates, ils sont à peine évoqués. On signale simplement, au passage, leurs guenilles, leur mine patibulaire, leur grossièreté et leurs jurons. L'auteur a pour eux trop de mépris pour les avoir bien regardés.

Coutumes et rites

Cette population du désert obéit à d'étranges coutumes. Nous avons sous les yeux l'existence d'une ferme de la Sonora. Ces haciendas, situées près du Rio del Norte, font partie du folklore des aventures indiennes. Postes avancés de la civilisation, souvent isolées, elles abritent une colonie de propriétaires, d'intendants, de vaqueros, de tigreros, anciens coureurs de bois spécialisés dans la chasse aux fauves. Chaque année, à la lune du printemps, elles sont en butte aux agressions des Comanches et des Apaches qui déferlent de l'Arizona. On nous raconte l'abatage du bétail sous la surveillance du maître, scène cruelle qui prouve l'insensibilité de ces gens. Car avant de tuer l'animal, on lui coupe le jarret pour l'immobiliser. Si la bête esquive le coup, on la capture au lasso. L'adresse des Mexicains à manier cette arme est proverbiale. Avec elle, don Raphaël est terrassé par le truand Cornejo. La communauté de la ferme a des structures patriarcales: le repas est pris en commun; dans une immense salle, seigneurs, peones, servantes sont assis à la même table, chacun occupant la place que lui valent son rang et son âge. Le chef préside au haut bout, sous un immense crucifix. Malgré sa noble origine, il participe aux activités du domaine, assisté par le "catapaz". Si l'un des siens a failli, il s'érige en juge, s'arrogeant le droit de haute et basse justice. Haciendero, épouse, enfants, serviteurs constituent une cellule homogène, unie par le travail collectif, et le danger que les incursions de pillards du désert ramènent à date fixe. Alors le père se métamorphose en capitaine, l'hacienda devient une forteresse dont les occupants forment la garnison. Le péril passé, chacun reprend sa houe, sa serpe, son lasso (*TA*, 4). Aimard parle avec sympathie de cette vie fondée sur la rigueur patriarcale, l'obéissance au père de famille et la foi en Dieu.

Si ces moeurs paraissent désuètes, n'oublions pas que ces hommes vivent aux limites du désert, dans un perpétuel état d'insécurité, en contact permanent avec les Indiens, les terribles habitants de la prairie, rouges ou blancs. Parmi ces derniers, les plus sympathiques sont les trappeurs ou coureurs des bois, canadiens ou français. Les Yankees du Far West, si l'on en croit Aimard, négligent le commerce des fourrures pour des occupations plus lucratives. Les autres, qui chassent le loup, le castor, le jaguar ou l'ours mènent une existence solitaire. Perpétuels errants, ils couchent à la belle étoile ou, quand la saison est rude, dans un jacal de branchages. Ils n'ont point de famille, ignorent les attaches amoureuses. Valentin a fui, du Chili au Far West, le souvenir de doña Rosario. Tranquille a reporté toute la somme de son affection sur une enfant abandonnée, Carméla. Le Coeur Loyal, certes, finit par se marier; mais alors, il rejoint le sort commun: épouse, enfants, vieux parents vénérés, existence douillette d'un riche haciendero; il renonce à l'aventure, à la violence et aux spectacles merveilleux de la nature sauvage. Parfois ces hommes s'associent à un compagnon, comme les Frères de la Côte s'amatelotaient, — Valentin et Curumilla, Tranquille et le nègre Quoniam, Balle Franche et Bon Affût, Le Coeur Loyal et Belhumeur... autant de couples fraternels. En cas de péril, les trappeurs se rassemblent; car ils constituent une véritable fédération, sans loi, ni statut. L'Elan Noir, gardien des trappes du Coeur Loyal, mobilise ses amis quand son chef est aux prises avec les Comanches (*TA*, 284). *Les Bois brûlés* présentent une confrérie de métis indo-canadiens, réfugiés dans les Rocheuses. Les membres de ces associations sont unis par la communauté d'origine, l'amitié, l'estime réciproque, un amour identique pour une vie libre, dans des paysages vierges, loin des villes et de la civilisation européenne. Ecologistes avant l'heure, ces nomades se sentent à l'étroit dans une société où ils risquent de perdre leur âme. Ils dédaignent richesses et honneurs, troquent leurs fourrures dans des comptoirs contre des munitions et des vivres, puis retournent au désert. Songent-ils à se fixer? C'est pour guetter le tigre sur le territoire d'une hacienda. Possédant des secrets de la prairie une expérience consommée, ils constituent l'élite de la population du Far West.

Les autres, visages pâles ou métis, sont aussi pittoresques, mais moins recommandables; les uns, gambucinos en loques, errent dans ces solitudes, le pic sur l'épaule, la poêle de l'orpailleur en bandoulière, sondant le sol, lavant les sables des torrents et vont dépenser dans les tripots des villes les parcelles d'or recueillies au prix de mille fatigues. Ils s'enivrent dans les pulquerias, jouent au monte, se battent à la navaja, dorment au soleil, entortillés dans leur zerapé crasseux. Les moines mexicains ne sont guère mieux traités. Fra Antonio est un drôle équivoque qui mange à tous les rateliers: il prête une oreille complaisante aux insinuations du Renard Bleu qui l'incite à trahir, accompagne la cuadrilla du capitaine Melendez pour l'attirer dans une embuscade et ne pratique pas les vertus évangéliques: buveur, gourmand, paillard, il passe pour commander en secret une bande de brigands. Plus abominable encore est le complice du Cèdre Rouge, le sinistre Fra Ambrosio qui se sert de son sacerdoce comme d'un masque afin de couvrir ses perfidies et ses crimes. Il existe aussi dans la prairie des êtres de sac et de corde, ces hors-la-loi appelés pirates. Gens sans aveu, ils écument le désert comme leurs confrères marins les océans, détroussent les convois, parfois s'allient aux Peaux Rouges et parfois les combattent. On les voit dans leur repaire, caverne ou ravin, avec leurs nippes dépareillées, leurs débauches, leurs ivresses, leurs bagarres: troupe d'Ouaktheno, horde de Sandoval, acolytes du Cèdre Rouge; ils n'ont qu'une vertu, la bravoure. La partie perdue, ils se font tuer ou se poignardent en souriant (*TA*, ch. 14). Ils sont les ancêtres de ces voleurs de chevaux que poursuivent les shérifs, de ces Dalton, terreurs des bourgades du Far West qu'ils traversent au grand galop, en tirant à tort et à travers des coups de colt.

Ces hommes, au sang vif, au tempérament querelleur, annoncent ces cowboys à l'épiderme chatouilleux, à la détente facile, personnages traditionnels des Westerns. Chose étrange, ces déclassés, prêts au meurtre, sont des croyants qui portent sur eux chapelets et reliques, vénèrent la Vierge. La crainte de l'enfer est, avec la loi de Lynch, le seul frein capable de retenir ces natures farouches.

Des Indiens, Aimard parle longuement. Une partie du *Coeur loyal* évoque la vie quotidienne d'un village comanche, déroule une série d'images qui fixeront la mythologie de l'Indien: squaws piaillardes, papouses turbulents, vieillards silencieux que l'on consulte dans les circonstances critiques, guerriers bariolés caracolant dans la prairie, fumant le calumet au conseil, suivant la piste des Visages pâles, tendant un guet-apens, menant une attaque soudaine contre un campement, dansant la danse du scalp autour du poteau de torture... Pawnées, Pieds-Noirs, Apaches, Comanches, autant de démons dressés fièrement sur leurs montures, galopant droit devant eux sans se soucier des obstacles. Infatigables, agiles, ils ont les muscles durs, l'âme intrépide, méprisent la souffrance et la mort. Ils possèdent l'instinct des bêtes sauvages, le stoïcisme des fakirs, savent interpréter le silence du désert, lire les indications du soleil, du vent, de la tempête, vivent en fraternité avec une nature dont ils sont les enfants. Ils s'appellent: "Mon frère", quitte à s'assommer la minute suivante, qualifient les blancs de "chiens", raillent leurs ennemis en les traitant de vieilles femmes peureuses qu'ils affubleront de jupons. Certes ils ne sont pas toujours les bons sauvages chers au coeur de Rousseau. Les Apaches sont présentés comme des menteurs, des voleurs, indignes de confiance. Même les Comanches ne sont pas blancs comme neige: les mois de pleine lune, ils ravagent les frontières mexicaines et s'enorgueillissent de la moisson de scalps accrochés à leur selle. Mais sympathiques ou non, ils ont une prestance, un sens du cérémonial inattendu chez ces créatures primitives. Avec quelle majesté siègent-ils au feu du conseil, se passant gravement le calumet avant de prendre la parole! Quel sens de l'hospitalité! Quelle fidélité envers leurs amis! Barbares? Non, répond le romancier qui révèle leur civilisation de modèle rustique que régissent des rites complexes. Ils achètent leurs épouses après un enlèvement simulé, adorent leurs enfants, respectent les aînés, ensevelissent pieusement leurs morts en les enroulant dans des peaux de bisons ou les exposent sur des estrades, croient qu'une fois trépassés, ils chasseront dans les prairies bienheureuses. Pénétrés de sentiment religieux, ils ont foi en un Etre Suprême, le Wacondah, qu'ils invoquent au début de leurs discours. Ils reconnaissent le prestige du sorcier, l'autorité des sachems, se soumettent au verdict de la tribu. Aimard ne cache pas l'affection que lui inspirent ces fils de la forêt et de la savane. Car ces Peaux Rouges, tueurs, scalpeurs, pillards, sont des victimes: leur ennemi principal en ce temps-là, ce n'est pas encore le gouvernement des USA avec ses cavaliers, ses juges, ses réserves. (La dernière révolte de Sitting Bull, de Géronimo, de Cochise eut lieu entre 1875-1880.) Ce sont les quatters américains, tourbe venue de l'est, qui abattent les arbres, défrichent les halliers, exterminent les bisons et les daims, souillent la pureté de la nature vierge. Ces affameurs d'Indiens, ces destructeurs des beautés champêtres, le romancier les maudit et les incarne dans un affreux personnage, le Cèdre Rouge, pionnier, scalpeur et trafiquant de chevelures, gambucino, agent secret de l'état américain. Dès le milieu du 19e siècle, avant d'être parqués dans les régions les plus ingrates, les Indiens voient se rétrécir leur espace vital et l'auteur qui, vivant dans leur intimité, a pu les apprécier et les aimer, pressent leur disparition qu'il juge inéluctable.

L'aventure au Far West

Il était une fois, dans l'Ouest... L'aventure est présente, à chaque instant. Ce pays admirable est la patrie de la peur et des périls. L'être humain y est rare et ses jours sont sans cesse menacés: cataclysmes, incendies gigantesques qui tordent les troncs et dévorent les hautes herbes, ouragans de sable, famine et soif quand on se risque dans les espaces arides... Il y a aussi le jaguar lové dans les branches qui guette l'imprudent, les bisons dont la harde va de l'avant, masse compacte qui broie tout sur son passage, les ours gris d'une férocité inouïe. Mais le pire ennemi de l'homme, c'est l'homme. Ces solitudes sont le théâtre d'événements violents, de luttes sans merci où le vainqueur ne fait pas quartier au vaincu. Les westerns contemporains sont riches en histoires de cowboys qui se défient, le stetson rejeté en arrière et le revolver au poing, de chevauchées de rangers à la poursuite de voleurs de bétail, de shérifs recherchant sur les territoires indiens des individus dont la tête est mise à prix. Le roman indien de Gustave Aimard situe ses intrigues à une époque plus ancienne: les acteurs sont différents, les conflits ont d'autres causes, mais l'impression de brutalité est identique. Les épisodes dont beaucoup ont été inventés par Cooper et Ferry constituent la trame du récit et suggèrent au lecteur des images caractéristiques de l'aventure au Far West, vers 1850.

La savane, le désert, la forêt sont peuplés d'adversaires. Tout inconnu est suspect.

> L'homme dans la prairie est plus redouté de son semblable que la bête la plus féroce. Un homme, c'est un concurrent, un associé forcé qui, par le droit du plus fort, vient partager avec le premier occupant et

souvent cherche à lui enlever le fruit de ses ingrats labeurs. Aussi blancs, Indiens ou demi-sang, lorsqu'ils se rencontrent, se saluent-ils toujours, l'oeil au guet, les oreilles tendues, le doigt sur la détente du rifle. (*TA*, 175)

Toute trace de pas ou de sabots est inquiétante et la recherche des pistes répond à un réflexe d'auto-défense. Indiens et trappeurs excellent dans ce genre d'exercice, qui est un acte grave, supposant une préparation minutieuse. Le Renard Bleu se risque à la découverte d'un tireur invisible.

> Il se débarrassa de sa robe de bison dont l'ampleur aurait pu gêner ses mouvements, quitta tous les ornements dont sa tête, son cou et sa poitrine étaient chargés et ne conserva sur lui que son mitasse, espèce de caleçon, en deux parties, cousu d'espace en espace avec des cheveux et qui descend jusqu'aux chevilles. (*RF*, 248)

Puis il se roule sur le sable pour faire prendre à son corps une couleur terreuse. Ainsi équipé, il déploie une technique savante qui ne laisse rien au hasard:

> Il s'allongea sur le sol et commença à ramper comme un serpent au milieu des hautes herbes. Son départ fut effectué avec une circonspection si grande que ses compagnons le croyaient encore près d'eux; pas un brin d'herbe n'avait été agité sur son passage, pas un caillou n'avait roulé sous ses pieds. De temps à autre, le Peau Rouge s'arrêtait, explorait les alentours d'un regard perçant, puis, lorsqu'il se croyait assuré que tout était tranquille, il recommençait à ramper sur les mains et sur les genoux. (*RF*, 249)

L'imagination populaire a enregistré cette attitude de l'Indien sur le sentier de la guerre, se faufilant en silence parmi les broussailles, son couteau à scalper entre les dents.

Opération inverse: si l'on est pourchassé, il faut savoir brouiller sa piste. Deux trappeurs sont poursuivis par une troupe de Comanches.

> Un ruisseau coulait à une légère distance; le chasseur entra dans son lit avec son compagnon qui suivait tous ses mouvements. Ils traversèrent le cours d'eau, firent une fausse piste d'à peu près deux cents pas; revenant ensuite avec précaution afin de ne pas laisser d'empreinte qui dénonçât leur retour, ils rentrèrent dans la forêt... Ils remontèrent sur un arbre et commencèrent à s'avancer entre ciel et terre... Ils s'avancèrent ainsi au-devant des ennemis dont les pas se rapprochaient de plus

en plus et bientôt ils aperçurent au-dessous d'eux les Comanches. Les deux chasseurs se blottirent dans les feuilles en retenant leur souffle. Les Indiens passèrent sans les voir. (*TA*, 84)

Parfois cette recherche de la piste met en mouvement tout un groupe; par exemple Valentin aidé de quelques amis et des guerriers de l'Unicorne poursuit le Cèdre Rouge qui commande une horde de forbans. Thème déjà traité par Gabriel Ferry qui met en scène Bois Rosé, Pepe, Fabian sur la piste de don Estevan et de ses gredins. La troupe poursuivie s'amenuise au hasard des combats et finalement le Cèdre Rouge reste seul avec l'un de ses fils et don Ambrosio, son âme damnée, voué au poteau de torture.

La marche dans la prairie peut être pacifique. Momentanément. A plusieurs reprises, le romancier décrit une file de chariots qui transportent des émigrants, leur famille et leurs biens. Le soir, on dispose les voitures en cercle, on renforce ce retranchement improvisé avec des troncs d'arbres coupés et les ballots de marchandises. Et l'on veille, dans l'attente du cri de guerre des Indiens et de leur chevauchée furibonde autour du camp. Chez Aimard d'ailleurs, les Peaux Rouges sont moins conventionels que dans les westerns, moins empanachés, plus authentiques. Ils attaquent à l'improviste, à pied, après avoir rampé silencieusement, la nuit. Mais quand ils se ruent sur le bivouac, leur acharnement est extrême. Les blancs, réduits à subir le corps à corps, utilisent leurs rifles comme des massues qu'ils font tournoyer pour parer les coups de tomahawks. Presque toujours ils succombent sous le nombre.

Le Far West est le théâtre de luttes incessantes entre blancs et Peaux Rouges, entre blancs, entre Peaux Rouges. Furieuse empoignade entre deux chefs ennemis: un sachem comanche, le Cerf Noir, a démasqué un espion qui s'est infiltré dans son wigwam.

> Il était demeuré tranquille, accroupi devant le feu, mais son oeil ne perdait aucun mouvement de l'Apache et, lorsque celui-ci se précipita à corps perdu sur lui, il fit un brusque mouvement de côté et, se redressant avec une rapidité extrême, il l'étreignit dans ses bras nerveux et tous deux roulèrent sur le sol. Dans leur chute, ils étaient tombés sur la torche qui s'était éteinte; la lutte continuait donc, silencieuse et terrible, aux lueurs incertaines que répandait le foyer.[16]

Les Visages pâles mettent à s'entretuer un pareil acharnement. Davis et Melendez conviennent des conditions d'un duel à mort.

[16] *Le Coeur loyal*, p. 259. Abrégé *CL*.

Nous nous embusquons chacun derrière ces buissons, nous comptons dix et nous faisons feu — Parfait! Mais si nous nous manquons? — Alors, rien de plus simple; nous mettons la machette à la main et nous chargeons — C'est convenu! Ah! un mot encore; un de nous deux doit rester sur le terrain, n'est-ce pas? — C'est juste. Seulement, promettez-moi une chose — Laquelle? — Le survivant jettera le mort dans le fleuve. (*CL*, 7)

Ces hommes du Far West témoignent d'un parfait mépris de la mort; ils sont animés de sentiments primitifs: haine, colère, instinct de survie, volonté de puissance, orgueil... Tel est le portrait farouche des hôtes de la prairie qu'Aimard veut suggérer.

Le récit prend parfois une dimension épique lorsqu'un seul champion tient tête à plusieurs adversaires. Une bande d'Apaches a cerné le Scalpeur Blanc. Celui-ci

les attendait sans broncher, mais, aussitôt qu'il les vit à sa portée, ramassant les rênes et serrant les genoux, il fit bondir le noble animal au milieu des Indiens et, saisissant son rifle par le canon et s'en servant comme d'une massue, il commença à frapper à droite et à gauche avec une vigueur et une rapidité qui avaient quelque chose de surnaturel. (*RF*, 269)

Autre épisode typique que le western présente souvent: un petit groupe affronte une foule d'ennemis et, contre toute logique, échappe au danger. "C'était un spectacle imposant que celui offert par cette poignée d'hommes cernés de tous côtés par des adversaires implacables et qui, cependant, semblaient aussi tranquilles que s'ils se fussent trouvés tranquillement assis au feu de leur campement" (*Les Francs Tireurs*, p. 36). Aimard a exploité les effets dramatiques du suspense qui engendre l'émotion. Il distille l'angoisse de l'attente. "Les Apaches, leurs longues flèches barbelées dirigées contre les chasseurs n'attendaient qu'un mot, qu'un signe pour commencer l'assaut. Un silence de mort planait sur la prairie: on aurait dit que ces hommes, avant de s'égorger, réunissaient toutes leurs forces pour se précipiter les uns contre les autres" (*ibid.*, p. 37). Voilà un aspect caractéristique, des luttes indiennes: les combattants, tels les héros de l'Iliade, s'observent; l'engagement est retardé comme si les protagonistes savouraient le moment où ils se tueront.

Le plus souvent, les combats opposent des troupes de force égale, mais la violence, la cruauté sont semblables. Peu de batailles rangées puisque les adversaires sont des guerriers qui ignorent les tactiques du monde civilisé. Une seule est narrée, la victoire des Texans à San Jacinto et le discours a la sécheresse d'un compte-rendu dont l'écrivain affirme en note l'authenticité. C'est un fait historique, étranger au Far West (*SL*, 109-10). D'ordinaire les engagements sont fictifs et l'imagination d'Aimard s'envole. Les Mexicains ont surpris l'armée insurgée dans le défilé de Cerro-Pardo. "La mêlée prit alors des proportions terribles, telle une de ces boucheries légendaires du Moyen Age où, arrivé au paroxysme de la fureur, l'homme tue pour tuer avec une volupté de bête fauve" (*CL*, 268). Une certaine outrance ne choque pas dans ces récits exotiques où tout est hors mesure, même les passions humaines. Les luttes entre Peaux Rouges ont la même tonalité sinistre: pour déjouer une embuscade, les Comanches sacrifient une poignée de guerriers dont la mission est de fixer l'ennemi qu'encerclent silencieusement leurs troupes. "La ligne qui enveloppait le petit groupe se rompit soudain et deux cents cavaliers apparurent, faisant caracoler leurs chevaux, éventrant, assommant les ennemis qui se trouvaient à leur portée." La narration est emportée dans un tourbillon, les Indiens apparaissent comme des fantômes, lancés dans une course démoniaque. Le combat se termine toujours par l'extermination. "Les Apaches se serrèrent épaule contre épaule et la boucherie commença. Elle fut horrible et dura jusqu'au jour. Ces hommes qui se haïssaient mortellement, combattaient sans jeter un cri, tombaient sans pousser un soupir" (*CL*, 386). Du sang, de la rage, des monceaux de cadavres... Tout, dans cet univers barbare, est sans pitié. Le Far West d'Aimard, c'est un perpétuel champ de supplices et de massacres.

Ce Far West est non seulement riche en périls multiples et multiformes. Telles les prairies tremblantes, il n'offre ni appui ni sécurité. Partout sévissent la trahison, la fureur, le dédain de la vie et de la dignité humaine. Ces bonshommes rouges ou blancs qui s'épient, se tendent des pièges, se déchirent, relèvent de la tradition populaire comme les mousquetaires de Dumas, Lagardère de Paul Féval, le Rodolphe des *Mystères de Paris*, Rocambole ou Pardaillan. Trappeurs, Indiens ou pirates, ils ont la stylisation, le relief, la dimension épique, la couleur de ces personnages qui font pleurer Margot et emplissent d'exaltation des lecteurs à l'âme ingénue. Arthème Fayard n'a-t-il pas publié la suite indienne dans la collection "Le Livre populaire"? A la fin de sa vie, Aimard a écrit des livres dans la tradition d'Eugène Suë, dont les titres sont évocateurs: *Les Compagnons de la lune, Passe-*

Partout, Le Comte de Warens, Les Vauriens du Pont Neuf. Dès ses débuts, la pente de son talent le porte à grossir les effets et à créer un pathétique à peu de frais.

Mais c'est surtout l'aspect extérieur et le mouvement de ses héros qui imposent au public une image expressive. Leurs costumes pittoresques, leurs plumes et leurs queues de loup, leus bonnets de castor, leurs peintures, leurs galopades, leurs rifles, leurs tomahawks, leurs clameurs, leurs gesticulations... autant d'éléments qui amusent et frappent le lecteur, incrustent dans sa mémoire le portrait animé de Tranquille ou du Renard Bleu. Aimard rend populaires le Far West et ses habitants; il est à l'origine des traditions plus ou moins légendaires qui courent sur ces créatures indomptées.

L'Indien dégradé

A la fin du 19e siècle, le personnage du trappeur disparaît en même temps que le bison et le castor. William Cody, le célèbre Buffalo Bill, grand massacreur de buffles pour le compte de la Kansas Pacific Railway remplace Davy Crockett dans la faveur des foules. Il parcourt l'Europe avec son cirque, donnant une idée vivante, mais approximative des randonnées indiennes, des rodéos de cowboys, des incidents qui traversent la vie dans la prairie. Mais si Tranquille et Valentin n'intéressent plus les romanciers, le cinéma contemporain avec des films comme "Jeremiah Johnson" s'évertue à montrer les épreuves, les misères, le courage dont firent preuve ces isolés du désert. Hommage tardif, mais émouvant à l'héroïque abnégation de héros oubliés. Quant à l'Indien, perdant ses plumes et ses peintures, il se dégrade dans la faveur du public. Géronimo et ses Navajos, Cochise et ses Apaches, Crazy Horse, Sitting Bull et leurs Sioux ont tenté un suprême effort pour chasser les Visages pâles de leurs territoires de chasse. Ils ont tué le terrible Custer et ses cavaliers, mais leur tentative est vaine. Sitting Bull périt à Fort Yales (Dakota du Nord) en 1890; les trois autres capitulent; l'un d'eux dicte ses souvenirs à un journaliste. La presse et la propagande américaines insistent lourdement sur leurs perfidies, leurs actes cruels, leur crasse, leur abêtissement. Au poncif du fier sauvage défiant les Longs Couteaux de l'Ouest, la tête auréolée d'une corolle multicolore, s'est insidieusement substituée l'image d'un vagabond, coiffé d'un vieux chapeau et affublé de haillons, dépravé, voleur d'enfants et de femmes, pillard de caravanes, ravageur d'haciendas, cavalier sanguinaire lancé à la poursuite des diligences, chasseur insatiable de chevelures. Sa méchanceté devient diabolique, les tortures qu'il inflige démoniaques. Il enterre ses prisonniers jusqu'au menton, leur coud les paupières afin de les obliger à regarder le soleil en face et, dans cette situation, les laisse mourir de soif. Plus de chevauchées endiablées, scandées de cris de guerre. Le Peau Rouge prend l'aspect d'un combattant de l'ombre dont la présence invisible se manifeste par d'inquiétants signaux de fumée, des ponts détruits, des maisons incendiées, emplies de cadavres scalpés au milieu d'un amoncellement de planches, des roulements de sabots dans la nuit. En accord intime avec le paysage, il se glisse sournoisement parmi les broussailles et les rochers, avant de décocher sa flèche sur l'émigrant ou le soldat sans méfiance. Son village prend l'apparence d'un repaire; là le fauve vient se tapir après une razzia sanglante. Les wigwams entourent la place où se dresse le poteau de torture, rituel instrument d'odieux sacrifices. La danse du scalp, ponctuée par le tam tam, prélude à la mise à mort des captifs, dans une pénombre où la lueur des torches projette de sinistres reflets sur les faces crispées des guerriers. Seuls les renégats ou les trafiquants d'eau de feu, d'armes de contrebande franchissent impunément les limites de cette tanière. Aussi l'hostilité du public est-elle orientée vers les Visages Rouges qui se veulent en marge des lois et de la société blanche. Un bon Indien, affirme le brave général Custer, est un Indien mort. La sympathie se porte sur les cavaliers au stetson fièrement relevé, au pantalon bouffant soutenu par des bretelles bleues, qui protègent les paisibles colons contre les brutes peinturlurées. Fait significatif: le mot "apache" devient en français une injure et désigne un bandit de la zone.

Indien avili, Indien oublié. Les romans qui le célèbrent ne sont plus au goût du jour. Seul le Saxon Karl May (1842-1912) renoue avec la tradition en campant un chef apache aussi prestigieux que les personnages d'Aimard, Winnetou, qu'une solide amitié lie aux chasseurs Old Death et Old Shatterhand. Il est campé avec complaisance: "Le profil de son visage viril et grave était presque romain. Les pommettes saillaient à peine, le visage était complètement imberbe et son teint mat avait une nuance brun clair avec un léger reflet bronzé"[17]. Pur héros, il est animé par l'amour de l'humanité et le désir de la paix; mais il est au fond de son âme désespéré, car il a la conviction qu'il

---

[17] Karl May, *La Trahison des Comanches*, tr. Nathalie Gara (Flammarion, Bibliothèque du Chat perché), p. 69.

lutte sans espoir pour la défense de son pays et de sa race. Une autre
sorte de western se crée vers 1890. Désormais, le protagoniste, c'est
le chercheur d'or qui s'enrichit et se ruine en quelques mois ou le cowboy avec sa nonchalance, ses ivresses tapageuses, ses regards dédaigneux et ses revolvers prompts à jaillir de leurs étuis. L'Indien ne
tient plus qu'un rôle occasionnel et disgracié.

> N'ayant plus figure humaine, mi-animaux et mi-objets, les Indiens gla-
> pissent, menacent, surgissent; ils tuent parfois (jamais le héros), ils sont
> tués et le tour est joué... Ils n'appartiennent plus au monde wester-
> nien; ils ne sont plus que les dérisoires émanations des puissances mau-
> vaises d'autrefois. Leur apparition et leur mort témoignent seulement
> pour l'ordre d'aujourd'hui.[18]

Un autre Far West

Si Henri-Emile Chevalier et ses *Drames de l'Amérique du Nord*, J.-H.
Robinson avec *Les Pieds-noirs* se réclament encore de Gustave Aimard,
Jules Verne se contente de rapides allusions aux peuplades indiennes (*De la terre à la lune, Nord contre Sud*). Un épisode du *Tour du monde
en quatre-vingt jours* narre l'enlèvement par les Peaux Rouges de la fiancée
indoue de Philéas Fogg. Episode minime. Louis Boussenard publie
dans *Le Journal des voyages* trois médiocres westerns: *Aventures d'un gamin
de Paris au pays des bisons* (1886), des récits de chasse sans intérêt; *Sans
le sou* (1896), une extravagante satire des mineurs et des gardiens de
troupeaux, farcie d'invraisemblances; *La Vallée perdue* (1898) où les
personnages sont des Acadiens français chassés de leur province par
les Anglais et qui trouvent un hâvre de paix dans les Montagnes
Rocheuses. Citons d'autres oeuvres mineures: *Un Chercheur d'or* (1885)
d'Etienne Marcel (Caroline Thurez), et *Loin du nid* (1903) de François Battachon, ces deux livres consacrés aux gambucinos de Californie; *La Fille du pêcheur* (1885) de Victor Vattier d'Ambroyse; *Le
Fleuve d'or* (1885), et *La Vallée des colibris* (1895) de Lucien Biart; *Les
Coureurs de frontières* (1889) de François Hue; *Les Derniers Hommes rouges* (1895) de Pierre Maël, *La Vallée fumante* (1905) de Léo Claretie.
    Le Far West n'est plus alors le théâtre des randonnées à cheval,
des chasses à grand spectacle, des embuscades. Débarrassé des Indiens,
exterminés ou parqués dans les réserves, il est devenue le domaine
des éleveurs, des ranchs d'où s'élancent des centaures au pantalon en

---

[18] Bernard Dort, *Le Western 60* (10/18, 1966).

peau de mouton, au vaste chapeau rejeté en arrière, qui vont sur-
veiller d'immenses troupeaux de bovins et de chevaux. Sillonné par
des convois d'émigrants en route vers le Pacifique, il est traversé de
pistes et les villes y naissent spontanément. A la bourgade du bétail
ou de la pépite, avec ses maisons en bois adornées d'une terrasse, ses
saloons enfumés et bruyants, son *general store*, épicerie, armurerie, grai-
neterie, bazar, ses juges élus et ses shérifs porteurs d'étoiles, succède
la cité champignon dont les buildings dressent leurs terrasses vers le
ciel. Les campements de bûcherons s'évanouissent avec la forêt. La
diligence Butterfield — un tireur sur le siège avant auprès du cocher — se
fait rare. Les voies ferrées se développent avec une vitesse prodigieuse,
lignes de Santa Fé, du Missouri Pacific... C'est à Abilène, au Texas,
qu'on embarque les bestiaux, dès 1870. Et en 1903, l'un des premiers
films consacrés au western, *The Great Train Robbery* de E.S. Porter
conte, non point des histoires d'Indiens, mais l'attaque d'un train par
des desperados[19].

Cowboy et shérif

Car l'aventure n'est pas morte: elle met aux prises presque uniquement des blancs. Ce pays où sévit la féroce loi de Lynch, demeure
la patrie de la bagarre et du meurtre gratuit. Voleurs de chevaux ou
de vaches, détrousseurs de voyageurs, hommes politiques véreux, bandits de tout poil et de tout acabit, financiers corrompus s'affrontent
ou persécutent les gens de bien, fournissant au western nouvelle mou-
ture une abondante matière. Les auteurs sont tous américains, Stephen Crane, Bill Gulick, Ernest Haycox, Robert-Patrick Wilmot,
O.Henry, Cliff Farrell, Bret Harte, — avant guerre, Max Brand et
Zane Grey... qui traitent des sujets neufs et ils sont concurrencés par
le septième art, aux alentours de 1898. La tradition de Fenimore Cooper est négligée. On raconte maintenant par l'écriture ou l'image mou-
vante la vie du vacher, les longues étapes dans la poussière, les périls
de la route, la soif, les pillards indiens, le bétail entassé dans les
wagons — pour finir, les beuveries et les filles à Chicago, à Ellsworth,
à Wichita, à Dodge City... Ou bien on parle des conflits qui éclatent
entre les éleveurs présidant à la migration des bêtes et les fermiers,
les sédentaires, qui entourent leurs prés et leurs champs de barbelés,

---

[19] George Fenin et W.K. Everson, *The Western: From Silents to Cinerama* (New York:
Orion Press).

accaparant les points d'eau. C'est la confrontation entre une civilisation pastorale et une autre civilisation, celle-là de type déjà agricole, avec son cortège d'injustices, de massacres légaux, d'assassinats contractuels. Les hommes de loi se recrutent quelquefois parmi les tueurs à gages repentis. Monde tumultueux et irresponsable, en proie à l'anarchie, qui réagit devant l'ordre banal de la propriété.

Quant au héros, il est "un jeune dieu à cheval, vivant de l'air du temps, se jouant des méchants et des obstacles; il accomplit avec légèreté et grâce une mission de haute justice"[20]. Ou bien il est un homme mûr dont la force et les réflexes sont un défi à l'âge, dont le visage buriné fait la nique à l'éternité. Il peut être un cowboy qui se métamorphose parfois en aventurier ou un marshall, défenseur de la légalité. La plupart du temps, ces deux hommes se combattent, car ils représentent l'un, la liberté sans borne, l'autre, les contraintes de la loi. En marge de cette société sévissent toujours les hors-la-loi, certains fameux, Billy le Kid, Frank et Jesse James, Murieta, John Gilpin... Mais le hold-up des banques remplace l'attaque des chariots. Dans un pareil contexte, Valentin ou le Cerf Noir seraient des anachronismes. Un dessin animé a vulgarisé la caricature de ce nouvel homme fort; c'est Lucky Luke, le justicier, l'impassible shérif qui tire plus vite que son ombre, l'éternel ennemi des Dalton, les quatre frères brigands, avec son allure souple, sa cigarette au coin des lèvres et son sentiment de solitude.

L'Indien réhabilité

Paradoxe? On peut soutenir que ce western rénové a fait disparaître le roman indien. Le vaquero a supplanté le trappeur dans la faveur du public. Ceci jusqu'à l'époque contemporaine où l'on recommence à admettre la grandeur de ces vagabonds du désert, où l'on se demande si le soldat, le squatter, le juge et le marshall étaient tous d'angéliques défenseurs de l'ordre, si l'Indien, par eux pourchassé, n'aurait pas été plus une victime qu'un bourreau. L'intérêt porté aux déshérités attire l'attention sur les descendants des Arapahoes, des Cheyennes, des Navajos... qui cherchent à récupérer leur identité, essaient de sauver les vestiges de leur civilisation. Des savants recueillent leurs

[20] Francis Lacassin, "Le Héros" in *Cinéma 62*, Numéro spécial (juillet-août 1962), p. 7.

légendes, des linguistes reconstituent leurs dialectes. Le cinéma contribue à cette réhabilitation depuis 1950 avec *La Flèche brisée, Le Massacre de Fort Apache, La Porte du diable, Le Grand Chef... Little Big Man* met en scène un enfant que le hasard fait vivre tantôt chez les blancs et tantôt chez les Peaux Rouges et dénonce l'absurdité des luttes entre les deux communautés, que présentent les westerns. Autant d'étapes vers une justice rendue à l'Homme Rouge. La convoitise du Visage Pâle, sa haine raciale sont clouées au pilori. La prairie que l'on évoque maintenant tend à redevenir une région bucolique, douce prairie, séjour paisible dont les fiers habitants ne demandaient qu'à chasser et à vagabonder en paix, avant l'arrivée des Longs Couteaux de l'Ouest, des brutes au bowie-knife. Le film *Bronco Apache* est un modèle exemplaire de ce renversement de tendance: il exalte un Robin des Bois indien, agile, insaisissable, qui se bat pour conserver son champ et semer son maïs. Il semble que ces romans imparfaits, déjà vieillots, coulés dans un moule identique, qui célébraient la noblesse des premiers hôtes de l'Amérique et flétrissaient les outrages qui les ont accablés, connaissent un regain de faveur. La collection "western" republie *Les Trappeurs de l'Arkansas* et *Le Chercheur de pistes*. Est-ce une indication? Voilà une vingtaine d'années, la revue *Tintin* offrit à ses lecteurs de sept à soixante dix sept ans une aventure indienne qui, à l'aide d'images parlantes, sur le mode humoristique, racontait les tribulations d'un chef de tribu, le bon géant Oum Papa et de son inséparable compagnon Hubert de la Pâte Feuilletée. Elle dessinait un Far West farfelu et amusant qui recourait, en la caricaturant, à toute l'imagerie du genre: les lieux communs du roman indien, son vocabulaire exotique et spécialisé, ses rites, ses coutumes étranges, ses couleurs criardes étaient utilisés de façon cocasse. On voyait les guerriers sur la piste de guerre, tomahawks au poing, la danse effrénée du scalp, le conseil des vieillards, fumant gravement le calumet et prononçant des discours emphatiques, le digne sachem Gros Bison, le sorcier Y Pleut, toujours berné, le grincheux N'a qu'une dent, les squaws entourés de leurs papouses, ravaudant des hardes dans les tipis ou préparant leur repas entre deux pierres, le poteau de torture, évidemment, peinturluré en rouge, en bleu, en violet, en jaune... Mais tout est narré avec bonhomie. Jamais on ne ressent de crainte pour qui que ce soit, indigènes ou soldats à bicorne, style Louis XV. Les plus farouches combats ne font pas couler de sang, le supplice le plus effroyable consiste à chatouiller avec une plume le nez du patient.

L'astuce constamment employée, c'est d'établir un décalage amusant entre les propos toujours terrifiants et les actions, inévitablement anodines. Oum Papa est prisonnier de ses ennemis héréditaires; en guise de vieille ruse indienne, d'un effort de ses énormes muscles, il brise en se jouant ses liens; La Pâte Feuilletée est scalpé, mais on ne lui enlève... que sa perruque.

Il existe aujourd'hui un regain d'intérêt pour ces histoires rebattues d'Indiens galopant autour de chariots renversés. Et si, en rêve, on retrouve son âme d'enfant, on peut revoir la Tête d'aigle menant à l'assaut des squatters ses Comanches, dans un tourbillon bariolé, ou, quand on vit un cauchemar, s'imaginer que des chacals rôdent autour d'un campement dévasté, empli de cadavres au crâne sanglant.

Fin-de-siècle Fairs:
Social and Cultural Crossroads

CHARLES REARICK

On stage at the Alcazar in 1885, two women danced with an exuberant vulgarity and attracted spectators not usually found in popular cafés-concerts. The dancers, known as La Goulue (Glutton) and Grille d'Egout (Sewer-Grating), were "seducing" Parisians with "celebrated names," wrote Jules Claretie in his chronicle of Paris life in *Le Temps*. Almost increduously, Claretie savored the irony: it was evidently "good form" to go see the high-kicking performances only recently confined to the cheapest Montmartre dance halls. "Perhaps before long," he mused, "the chic will be to frequent low company [*s'encanailler*], to dine at the Duval soup kitchens, and to cry *bravo* to Grille d'Egout in the same way that Lord Seymour went up to see dogs slaughtering each other at the Combat city-gateway [*barrière*]".[1]

Claretie professed to be unable to imagine La Goulue's splits becoming the favorite spectacle of the *mondains*. But anyone who had followed his columns would have to judge his apparent shock disingenuous or ironic. He not only knew about the elite of the 1830s going to the riff-raff's dog fights, but also had reported on similar experiences of his own era. In 1882 he himself had gone on a tour of some of Paris' seamiest dives, which he described vividly for his readers, perhaps thereby contributing to the vogue of low-life amusement. And in 1883

---

[1] Jules Claretie, *Le Temps*, September 29, 1885, p. 3.

he had reported that a well-pedigreed woman, the Princess Pignatelli, was masking her debut as a singer in an ordinary "café-concert" — ordinary except that for that evening the place "flowed" with aristocrats "like full bocks." Claretie, like other "celebrated names," had also plunged into the dust, sweat, smoke, and din of plebeian crowds at the Neuilly fair. He continued to "join low company" at the fairs and to report on the experience even after he became director of the temple of France's classic culture, the Comédie-Française, in October 1885, just weeks after reporting on La Goulue.[2] Claretie's excellent columns never fully explained why the "canaille"'s fun was important to people like himself. But testimony like his does provide hints, which are particularly telling in the case of the fairs. That testimony, further, can help us to understand fin-de-siècle *changes* in the fairs and in the larger culture; in turn some knowledge of those changes makes more understandable the bourgeois responses to popular entertainment.

Unlike La Goulue's dancing, the appeal of the fairs to the fashionable and well-off was not an ephemeral novelty, a passing *frisson*. Nor was their interest limited to the fête de Neuilly in a privileged neighborhood near the Bois de Boulogne. Toward the end of the nineteenth century, many of bourgeois culture not only frequented the fairs, but also recorded their experiences and findings in articles and an unprecedented outpouring of books on the traditional entertainers in fairs and circuses, the *forains*. Most notable among those books were Gaston Escudier's *Saltimbanques* (1875), Hughes Le Roux's *Jeux du cirque et de la vie foraine* (1889), Henri Frichet's *Cirque et les forains* (1898), and Georges Strehly's *Acrobatie et les acrobates* (1903). After this belle époque of writing on *forains,* nothing so informative appeared until Jacques Garnier's large study of 1968, *Forains d'hier et d'aujourd'hui.*

That spring tide of writing around 1900 seems to reflect general public interest in *forains*. Turn-of-the-century reports of large crowds attending the fairs corroborates this inference, and so do recollections in memoirs written well after. Looking back from the 1930s former animal-trainer Henry Thétard called the period 1875 to 1900 "the belle époque of *fêtes foraines*," meaning in particular the period of their greatest prosperity.[3] In Paris the number of street and fairground performers had grown dramatically through the nineteenth century, partly

[2] Jules Claretie, *Le Temps*, October 19, 1883. Other Claretie columns on fairs appeared in *Le Temps*, June 27, 1884, November 27, 1885, and November 11, 1897.
[3] Henry Thétard, *Coulisses et secrets du cirque* (Plon, 1934), pp. 16, 28. For a study

in response to the expanding market offered by the city's steeply rising population. By the end of the century, the number of *forains* in Paris had increased from the several hundred customary early in the century to an estimated six thousand during times of fairs, and that meant most of the year. Their numbers had grown also with the proliferation of fêtes in the capital after the city and the economy recovered from the disasters of 1870-1871. By the early1890s, those public fêtes numbered some twenty-seven a year.[4] The *forains* came out in force for traditional seasonal fairs like the spring *Foire aux pains d'épice* at the Place de la Nation, for the new national celebrations of Bastille Day from 1880 on, and for local fund-raisers for schools and charities throughout the city. In the summer and fall, the "strolling players" and their customers shifted to the *banlieue* and nearby towns; the most important were the fête de Neuilly in early summer and the fête de Saint-Cloud in September. And on ordinary days throughout the year many of the entertainers performed on the *grands boulevards*, exhibiting trained bears, juggling, and eating fire in return for contributions from leisured strollers. Reporters like Claretie could not ignore the importance of funfair entertainment in Paris life—for upper as well as lower levels of society.

For Paris residents minding their own business in many parts of the city, too, it was hard not to notice the *forains*. In the normally quiet and genteel Neuilly, the annual summer fair produced "a horrible, deafening, infernal noise," observed Escudier in the 1870s. Orchestras of eight or ten players in closely neighboring booths competed to drown each other out, all combining into a blaring uproar. The racket grew only worse as the fair grew in size and popularity. The hubbub of crowds, the music of organs and hurdy-gurdies, the fanfares of trombones and drums, and the shouts and cries of competing barkers were punctuated by the cracking of target-shooting rifles, shrill sirens, and ear-splitting steam engine whistles. To its environs, the fair also broadcast pungent odors of old grease cooking *frites* and *gauffres*, smoke from gun powder and firecrackers exploding, and the sweat, cheap perfume, and two-*sou* cigars of the pleasure

of the parallel interest of painters see Jean Starobinski, *Portrait de l'artiste en saltimbanque* (Geneva: Albert Skira, 1970). See also J.-C. Delannoy, *Bibliographie française du cirque* (Odette Lieutier, 1944).
[4] Municipal Councilor Foussier, *Rapport... au sujet du roulement des fêtes foraines dans Paris* (Conseil Municipal de Paris, 1895), p. 4.

seeking throngs. In the vicinity of the fairs, further, an extraordinary traffic of vehicles and pedestrians as well as an exceptional flotsam of trash blazoned the presence of the *forains*.[5]

By the 1880s, *fêtes foraines* were flourishing so blatantly that prominent bourgeois Parisians launched concerted attacks on them. Economist Frédéric Passy of the Institut was one of the most vocal and highly placed foes of the fairs. In articles and speeches, he lodged complaints and perorated in sweeping condemnations (saved from being diatribe only by an occasional admission that working people did need some compensatory rest and fun). Predictably, he deplored the "excesses of drinking brawls, debaucheries," the immorality and bad taste of the spectacles and games — criticisms as old as the fairs. For two or three weeks of the year, Passy charged, the normal order of cleanliness, order, and morality was overturned. Local taxpayers who had to pay for extra policing and cleanup also had to suffer from what ordinarily would not be tolerated: offensive noise, odors, litter, increased danger of disease, and corrupting spectacles to which even young people and women were exposed, while peace-loving inhabitants were deprived of sleep until as late as 2:00 a.m. Bastions of urban civilization became temporary camps of Bohemians lacking respect for society's basic conventions of decency and modesty: in public view they washed their dirty linen, engaged in all sorts of physical exercises, and relieved themselves wherever nature called. Passy not only complained about the common nuisances, but also sounded alarms about the most fear-inspiring and shocking of possibilities. The disturbances accompanying fairs endangered sick people's convalescence and threatened to drive the nervous crazy. Normally swept streets became sewage dumps poisoning the air and creating a life-threatening "miasma." Against the danger of itinerants spreading epidemics, of stray rifle shots striking innocent strollers, of siren fortune-tellers luring young men to be killed in some dark booth — what good could be invoked to justify the fairs? On economic grounds how could they be defended when the municipality had to bear extra expenses and the local economy lost income to outsiders?[6]

Other notables such as the academic painter J.-L. Gérome and the drama critic Francisque Sarcey joined in raising the same objections.

[5] Gaston Escudier, *Les Saltimbanques, leur vie, leurs moeurs* (M. Lévy Frères, 1875), pp. 23, 29. See also Frédéric Passy's *Mémoire* cited below in note 6.

[6] Frédéric Passy, "Les Fêtes foraines et les administrations municipales" (1883), *Pages et discours* (Guillaumin, 1901), pp. 234-47.

For Gérome, the November fête de Montmartre, extending from the Place de Clichy to the Boulevard Magenta, was a particularly grave nuisance, since he lived at 65, Boulevard de Clichy. In 1888 those opponents of the fairs organized a *Ligue antiforaine*, with Gérome as president, to bring pressure on legislators and municipal councilors for action against the urban fairs. In self-defense, the *forains*, who already had a union to represent their interests, organized their own "league" with the support of entertainment promoter Jules Roques, editor of *Le Courrier Français*. The Paris Municipal Council responded to the conflict by authorizing an extended study and finally by issuing a report in 1895. In that report the special commission recommended eliminating fairs in crowded, more central areas like the one on the Boulevard Richard Lenoir and issued twenty-three new regulations curtailing the disturbing noises and sights associated with the *forains*. Municipal law already had given mayors considerable authority in these matters. In 1893, responding to the outcries of the *antiforains*, the mayor of Neuilly used his power to decree a lengthy municipal ordinance banning the throwing and selling of confetti and spirals, "exhibits having an immoral or repugnant character," games of chance, pigeon shooting, the use of percussion caps or firecrackers placed under the wheels of bicycle merry-go-rounds, and the sale of all objects deemed indecent or of a nature to disturb order."[7] The nuisances accompanying the fairs, long tolerated liabilities, were now being brought under stricter control in a general middle-class effort, building on Haussmann's foundations, to order the unruliness of urban life.

But the attacks and clamp-down were not due just to the fact that the middle classes were stronger and more exigent by the end of the century, nor was it simply a consequence of the fairs becoming bigger and more numerous. As Passy noted, the Paris fairs had fundamentally changed their nature. They were no longer important markets for the exchange of goods; "honest" buying and selling by "serious merchants and consumers" was no longer the principal activity. Rather, the once "accessory amusements" had become the principal activity for crowds now made up of "the curious and idle." "The mountebank, the hypnotist, the lottery operator, the exhibitor of living or dead freaks and all the rest of the more or less useless and harmful operators [*industriels*] that every human gathering attracts invade

---

[7] L. Perrin-Dandin, "Pages d'aujourd'hui": "Les Forains," *Le Courrier Français*, November 25, 1888; Foussier, *Rapport*, pp. 29-52; *Le Courrier Français*, June 18, 1893, p. 9.

the public way and reign there as masters," observed the indignant Passy. "It is now a matter of people's amusing themselves purely and simply, and the fête for the majority is no longer anything in effect but a time for having fun."[8] As a moralist and an economist, Passy attacked the modern funfairs as open threats to order, morality, and work.

For Frédéric Passy as for the *mondains* who dropped by the Neuilly fair after dinner at the exclusive Pré Catalan, *fêtes foraines* were indeed alien to their ordinary world. The fairs were the playground primarily of the plebs. They "smelled of the sweat of the Populo," as a journalist said of the *Foire du trône* in 1905. Even the Neuilly fair, planted in the better-off end of the city, retained a venerable popular character in the majority of its visitors as in its tawdry attractions. Nowhere more than in *fêtes foraines* did the bourgeois and *mondains* mix more intimately with the lowly: workers, domestics, clerks, soldiers, and an accompanying underworld of what Passy characterized as "swindlers, thieves, drunks, prowlers from the *barrière*," prostitutes and pimps as well. The fair's personnel may have been strangers from afar, but socially they were close to their popular clientel. The low economic status of most traditional *forains* showed in their worn costumes and equipment and in their simple horse-drawn trailer. Many *forains* came from the same social milieux as their most numerous customers. Before La Goulue set up her dance booth at the *Foire du trône* in 1895, after her days of glory in dance halls and cafés-concerts, she had been a washerwoman. In her fairground years she married an unremarkable magician and, as she aged and grew in unattractiveness, held on in the resourceful *forain* manner by taking up lion-taming and then simply exhibiting an old lion, a hyena, and a bear—a menagerie reduced by 1914 to two porcupines. Charles Pathé began in his family's business as a *charcutier* before working the fairs playing an Edison phonograph, an occupation in turn abandoned for that of selling movies and projectors to other *forains*. The celebrated Pétomane, Joseph Pujol, whose father was a stonemason and sculptor, began his working life as a baker; his famous stint performing at the Moulin Rouge in the early 1890s was only an episode in a longer career at the fairs where he not only displayed his remarkable anal talent but also showed movies for three years at least. Others, such

[8] Passy, "Les Fêtes foraines," p. 236.

as Ravels and the Rancys, came from families which for many generations had passed on their entertaining skills and secrets in the traditional manner of apprenticeship once common to artisans and
peasants.[9]

These show people addressed themselves primarily to "the little people," whose favor they courted. Pitchmen commonly addressed their
audiences in a loud banter that was irreverent and witty, exchanging
knowing asides with the commoners thus acknowledged to be no fools.
When they promised marvels and pitched in hyperbole, they leaven-
ed it all with a self-mocking humor, joking and cajoling with wag-
gish verve:

> Step right up, Gentlemen! Step right up, Ladies! We have everything
> here!... pillows, covers! Soldiers and nannies pay only half-aprice. Zim!
> Boom! And on with the music. We're beginning momentarily. ... Come
> visit our unusual museum. Inside you will see Paul and Virginia, in
> a bathtub, attending the first performance of *L'Assomoir* [*baignoire* also
> meaning ground-floor theater box]. Inside you will see Napoleon I
> telephoning Cardinal Richelieu, after the battle of Rocroy, these historic
> words: "All is lost, except honor."
>
> You will also be able to admire in our superb gallery the painting
> of Queen Escabeau of Bavaria visiting, on the arm of M. Loubet [Presi-
> dent of the Republic], the basement of the Big Ferris Wheel. You will
> be gripped with astonishment and admiration on beholding the new
> painting of Raphael depicting Romeo and Juliette in an automobile.[10]

Along with the playful cascade of words, the barkers communicated
as well through vivid grimaces and gestures. Making a virtue and
strength of roguish marginality, they enjoyed an easy rapport with
plebeian crowds at the outset—outside on *la parade*.

Altogether the fair offered a fuller variety of popular amusements
than any other place of entertainment. Strong men lifting their stag-
gering weights, fat ladies (*colosses*) showing their colossal bulk, snake

[9] On "the sweat of the Populo" at fairs, see "Pierrot" 's column in *Le Courrier Français*, May 4, 1905, p. 4. On the social origins of notable *forains*, see Jacques Garnier, *Forains d'hier et d'aujourd'hui: Un Siècle d'histoire des forains, des fêtes et de la vie foraine*
(Orléans: Garnier, 1968), pp. 190, 319; Jacques Deslandes et Jacques Richard *Histoire
comparée du cinéma*, II (Casterman, 1968), 103, 112, 205.
[10] Henri Gallici-Rancy, *Les Forains peints par eux-mêmes* (Bordeaux: Music-hall Gallici-
Rancy, 1903), pp. 43-44. For another example, see Quatrelles, "L'Opulente
Limousine," *La Revue Illustrée* (1886), p. 425.

women and dwarfs had long been commonplace *forains*, yet they remained extraordinary and a magnet to curious spectators. Fair entertainment was vivid and direct, requiring neither sustained nor close attention. Swallowers of swords and flames, acrobats, wild-animal tamers, wrestlers and pantomimes, panoramas of colorfully arrayed armies and distant cities, wax museum recreations of horrible murders — in all these the strikingly visual predominated. At the Corvi Miniature Theater-Circus in the 1890s, trained monkeys, dogs, goats, and horses mimed simple dramas: in one the animals first partake of a meal together, during which an attempted poisoning occurs; accused is a black dog, who goes on trial and is condemned by the monkey judge, and finally is shot and solemnly buried.[11]

If the *forain* theater was less verbal than the boulevard and bourgeois theaters, it was also less inhibited in its subject matter. One of the reasons was more lax censorship: just as itinerants were permitted to make more noise than the resident street singers and hurdy-gurdy players, so their dancing booths, playlets, exhibitions, and early erotic movies enjoyed more license than did permanent local spectacles. Another reason was that the troupers did not feel constrained by normal bourgeois compunctions of morality and taste: they readily offered whatever customers would pay to see. Only at the fairs could villagers and city dwellers alike find so accessible such spectacles as "the Salon of the Beautiful Amanda" — an exhibit of enlarged photographs showing women with dresses unfastened — and the Cinématographe géante's "*Soirées parisiennes* in 40 suggestive tableaux" — "for men only." Fair entertainments generally ran to the unmuted and the sensational: the tallest giant, the tiniest dwarf, the strangest "phenomenon" — all bigger than life... and truth, like the painted canvases on the booths' façades. Brazenly the *forains* ministered to common hopes, hatreds and fears. Fortune-tellers sold advice and foresight to those craving a windfall of money, a triumph over an enemy, or fulfillment in love while the operators of *jeux de massacre* gave people the chance, for a few *sous*, to throw objects at dolls representing Bismarck, a Jesuit, an obnoxious Englishman, an officious gendarme, or (while anti-Dreyfus passions ran high) Emile Zola.[12]

[11] Garnier, *Forains*; Victor Fournel, *Ce qu'on voit dans les rues de Paris* (E. Dentu, 1867), pp. 132-166; Tancrède Martel, "Le Théâtre chez les forains," *Le Figaro Illustré* (November 1897), p. 204.

[12] Deslandes, *Histoire*, II, 189, 206-207. Gallici-Rancy, *Les Forains*, p. 104. Garnier, *Forains*, pp. 40-41, 334.

The fairs were aggressively popular, too, in the sense of catering to those of modest means. A soldier on leave, a domestic with a Sunday afternoon off, or an unskilled worker could pass hours strolling and sampling the free outside attractions without ruining a small budget. While the itinerant merchants hawked cheap dishes (often factory rejects) and inexpensive "perfumes from the Orient," *forain* theaters and — after 1895 — *forain* cinemas offered entertainment at the lowest prices. In one of the better traveling theaters, one paid fifty centimes for a back-row seat or one franc for a front-row seat while a boulevard theater charged five or more times as much. Some small theaters charged as little as thirty *centimes* for a *troisième*, small sideshow exhibitors even less. For only ten or fifteen centimes, one could see Siamese twins, a bearded lady, a three-headed calf, or some trained fleas.[13]

Many of these entertainments, traditions going back to the Middle Ages, were reassuringly familiar — time-honored, comfortable rituals. At fin-de-siècle Paris fairs, one could still find the stock clowns Paillasse, Jocrisse, and Bilboquet, astrologers and fortune-tellers, sword swallowers and fire-eaters, reported Tancrède Martel in a special issue of the *Figaro Illustré* devoted to fairs (November 1897). Two years after the appearance of the Lumière brothers' cinema, Martel also noted, *forains* were still presenting magic lanterns, showing such sure hits as "the voluptuous mysteries of the seraglio" and "picturesque episodes of the Franco-Russian alliance." In itinerant theaters, players still presented the Passion of Jesus to enthusiastic audiences composed of a wide range of classes. "Fairs today," concluded Martel, "carry on the old tradition of Saint-Germain and Saint-Laurent," the capital's oldest fairs of the Old Regime.[14] A part of what late-nineteenth-century fairs offered their public was renewed contact with a traditional culture still instantly recognizable in its surviving, still resonating pieces.

Yet as such diverse observers as Jules Vallès, Escudier, and Passy testified in the 1870s and 1880s, the ancient tradition of the fairs was dying. "Everything is changing," Claretie summed up. The future was clear: no more *saltimbanques*, no longer "the naive or bantering traditional clown working the crowd with some debonaire Hercules,"

---

[13] Jules Vallès, "Les Foires," *Le Tableau de Paris* (Les Editeurs réunis, 1971 — originally appearing in *Gil Blas*, April 1882), pp. 95-96; Jean Copain, "La Vie foraine," *Le Figaro Illustré* (November 1897), p. 10.
[14] Martel, "Le Théâtre," pp. 200-03.

no more humble horse-drawn *roulottes*. In the early Third Republic a prospering bourgeoisie making capital intensive investments emerged in the fairs just as conspicuously as it had some fifty years before in the political life and railroad building of the July Monarchy. By the 1880s successful *forains* moved by trains and trailers full of expensive equipment, exotic animals, and the homey comforts of heavy furniture, lace curtains, and abundant bric-à-brac. In the place of the wooden-horse carousel turned by a working horse, now *forains* or their stock companies were investing in mechanical rides (costing 100,000 to 200,000 francs) powered by giant steam engines or their own electric generators. "Steam swings," motor-driven roller coasters (*montagnes russes*), Ferris wheels, and whirling platforms (*tourbillons*) — such industrial novelties were supplanting traditional attractions. Prosperous new fair theaters were boasting flashy palatial decor and the comfort of large padded seats, up-to-date plays and vaudeville, and colorful poster publicity — all rivaling the best boulevard establishments. Showman Henri Gallici-Rancy, for example, mounted a mobile music hall that around 1900 presented such stars as Paulus and Ouvrard along with comic operettas, dance acts, and farces; his troupe and family moved in fifteen wagons, one of them carrying a fifty-horsepower steam engine. In the last years of the nineteenth century, other *forains* moved quickly to invest in the inventions of Edison and the Lumière brothers. Long accustomed to offering magic lanterns, stereoscopes, and diaramas, they now bought movies and projectors and were first to take them to many a remote village and town. Fair people were becoming businessmen like the others in modern society, socialist journalist Jules Vallès showed better than anyone else in his *Tableau de Paris* (1883). *Banquistes* were becoming *banquiers*. "Bilboquet today would be a notable merchant," Claretie remarked, adding that the *embourgeoisement* showed even in the current pitchmen's more correct, less colorfully spirited language.[15]

The most publicized new captains of the fair industry were liontamers, "kings of the fair," journalist Charles Dauzats dubbed them in 1897. The *dompteurs* Bidel and Pezon were reported to be millionaires living in "sumptuous villas in the environs of Paris." At Asnières, Bidel and his wife — a virtuoso pianist — presided over a modern château filled with Louis XV salon furniture and paintings by Rosa Bonheur.

---

[15] Vallès, "Les Foires," pp. 94-96, 100. Escudier, *Les Saltimbanques*, p. 473-74. Claretie, *Le Temps*, November 11, 1897, p. 2.

When they went "on the road," they traveled in their own special train of forty cars pulled by two locomotives; in their mobile living- and dining rooms, amid antique faience, oak paneling, and fine paintings, they dined like royalty, their sparkling crystal filled with *grands crus* served by waiters "in impeccable attire." For journeys away from train tracks, they traveled in large horse-drawn trailers costing between 25,000 and 30,000 francs each, fully equipped with the most supple springs for comfort and the latest electric buzzers and telephones for communication with the caravan. Henri Gallici-Rancy, who lived similarly, publicized his success himself not only by writing a book presenting similar details, but also by selling fifty centime tickets for public visits to his opulent living quarters.[16]

By the end of the century, the old division between the big and little troupers—the *grande* and *petite banque*—was not only sharper but also more formally established. The small-time strong men and exhibitors of "freaks" banded together in 1882 to form a union that had as its voice *Le Voyageur Forain*, a periodical soon renamed the modern-sounding *Industriel Forain*. For their part, Bidel and other kingpins formed the *Union Mutuelle des Industriels Forains* in 1887. In place of a family feeling reportedly traditional, a competitive spirit raged, admitted Gallici-Rancy. The little people felt "extraordinary hatreds" toward the *gros bonnets*, Le Roux noted. Being responsible for large troupes, the big *forains* were the advantaged ones with whom municipal authorities negotiated for sites and authorization to do business. They were powerful bosses to a growing number of dependent wage earners, employees cramped in tiny cabins and subject to rules and fines, the factory system of work-discipline imported into the fairs. Using Barnumesque barrages of poster advertising, the big-show impresarios were so successful in drawing customers to impressive large *baraques* that they dispensed with the alluring pitches out front (*la parade*). The classic *saltimbanque* performing in lonely dignity, spare and humble in his simple tights and trunks, became rare and marginal, like the dedicated artisan confronted by industrialization. So did the marionette operator, the thin man, and other traditional small entertainers.[17]

---

[16] Charles Dauzats, "Les Dompteurs," *Le Figaro Illustré* (November 1897), pp. 205-06. Claretie, *Le Temps*, November 11, 1897, p. 2.

[17] Gallici-Rancy, *Forains*, pp. 126-28, 138. Hughes Le Roux, *Les Jeux de cirque et la vie foraine* (E. Plon, Nourrit, 1889), p. 18. Copain, "Vie foraine," pp. 209-10.

To see these modernizing tendencies carried to an extreme, Parisians could go to a place called Luna Park at the Porte Maillot from 1903 on. There they found the complete new *fête foraine*, the permanent funfair whose early signs Passy had assailed in the 1880s. Established by an American, obviously inspired by New York's Coney Island, Luna Park was full of the latest mechanical rides, most imported from the United States. The new fair specialized in the fun of bodily sensations, especially "fear and dizziness" produced by the "water-chute" the "vortex," and other industrial shakers and movers.[18] The new *forains*, removed from bantering give-and-take relations with the crowds, were operatives tending the grand amusement machines.

Writers on fin-de-siècle fairs shared an awareness that a decisive transformation was in process. But beyond that shared awareness, the observers were sharply divided in their value judgments — as sharply as the fates of the two groups of *forains*. On the one hand, writers like Hughes Le Roux happily showed how bourgeois and affluent the entertainers had become. Such reporters were clearly impressed by the kingpins' splendid possessions, which they carefully described. French counterparts of Horatio Alger and Samuel Smiles, they found in the success of Bidel and Pezon parables for the gospel of capitalist success possible even in the traditional poverty-ridden world of nomads. On the other hand, former Communard and socialist Jules Vallès found at the fairs another deplorable case of the subjection of independent workers to the dominance of big capital and bourgeois work-discipline; to the old Romantic sympathy for the humble and the outsider, he added a precise and penetrating account of the new economic plight of the traditional *saltimbanque*.

About a decade later in an essay infused with similar sympathies, writer Georges d'Esparbès added that the *saltimbanques* were not the only losers. The lowly had long come to the fairs as to "some Church of joy" whose ritual mysteries offered hope and solace, he noted. But in the new fairs, the unfortunates no longer met with amusers of similar fate to share their sufferings "through laughs and buffooneries."[19]

---

[18] G. Chalmarès, "Divertissements forains," *La Nature*, 2 (1909), 75-76. Copain, "Vie foraine," p. 211. Jean Cazeneuve, "Jeux de vertige et de peur," in *Jeux et sports*, ed. Roger Caillois (Gallimard, 1967), pp. 683-730.
[19] Georges d'Esparbès, "Les Forains," in *Demi-cabots* (G. Charpentier and E. Fasquelle, 1896), pp. 203-07.

Belle-époque writers on fairs expressed less directly and fully what the changes meant to their own social group, but some of their remarks betrayed a sense that the decline of a form of popular culture also diminished life for the bourgeois. To Claretie, playwright and theater director as well as journalist, the old fairs were "the last reign of free fantasy," whose demise he mourned. What Georges d'Esparbès found most moving at the fairs of the Throne and of Neuilly was "the soul of the Middle Ages, candid and monstrous soul."[20] A man-about-town like Claretie could understand well that not only work lives but also entertainments were becoming regimented and constrained: the music hall, hippodrome and big circus, and (after 1895) the cinema — spectacles for an industrial age — were centrally produced, mechanically organized according to quickly stale formulas, and ballyhooed impersonally through newspapers and posters. People who saw how little the modern order had to offer as substitutes for the fairs could most keenly appreciate and mournfully miss the old havens of rich imagination, honest simplicity, and "meeting of sadnesses" in laughter.

The passing of the traditional fairs also evoked laments for a vanishing freedom identified with the traveling entertainers. Like the fabled cowboy in American popular culture, the *forain* represented unfettered personal movement, being able to venture out into uncrowded byways and to stop or go in work and travel whenever one pleased. In the argot of the *forains* themselves, they were *voyageurs*, and everyone else was a peasant, parochial and bound. "The attraction of the itinerants, who come and go like fugitive generations, remains very keen," explained Henri Frichet, "because these eternal travelers bring back again the delicious memory of space, of the enchantment of rivers, of the mystery of twilight forests." Using almost the same images, *Revue Bleue* columnist Jacques Lux explained that such a vagabond life appealed particularly to people in ordered modern cities where they were subjected to subdivided and routinized tasks and cut off from adventure and leisurely respites amid nature's beauties.[21] In an era when remote parts of France were being integrated into a national, more uniform civilization, as Eugen Weber has shown so well, *forains* seemed to be the enviable last ones to savor

[20] Claretie, *Le Temps*, November 11, 1897, p. 2; d'Esparbès, "Les Forains," p. 202.
[21] Henri Frichet, *Le Cirque et les forains* (Tours: Alfred Mame et fils, 1889), p. 113; Jacques Lux, "Divertissements parisiens," *La Revue Bleue*, 7, April 13, 1907, 479-80.

the delights of diversity. No one put it more eloquently than journalist Jean Copain, ostensibly quoting the old "noble" *voyageur* Chabot de Gironville: while railroad travelers were channeled along the same fixed way, past a dizzying succession of telephone poles "like the bars of an interminable cage," and were deposited in towns and hotels resembling one another from Pau to Paris, the vagabonds meandered freely across frontiers and provinces "where the air is pure," camped in thick forests and mountains never known to tourists, awakened in spectacular sites unsuspected the night before, and discovered en route a rich variety of "languages, customs, costumes, and bibelots." Animating such poetic reveries around the turn of the century was, I think, the sense that what Gironville called "the monotony of disappointing uniformity" was becoming pervasive, extending even into the *fêtes foraines*.[22] Bourgeois city dwellers like Frichet and Jacques Lux were realizing with regret that they would no longer be able to share in the *forain* experience of adventure and unpredictable diversity — by traveling or by going to the fairs.

Upper- and middle class Parisians went to popular entertainments in the late nineteenth century as nobles had a century before — in search of a livelier social experience, a vibrant playfulness that they found missing in their own sphere. At what was left of the traditional fairs they still encountered some thrill of danger and the unfamiliar, not only from explosions of target shooting and fireworks (recalling the capital's civil war, according to Le Roux) and menacing animals, but also from mysterious and crafty "Bohemians" and their camp followers, prostitutes and thieves from all corners. The fairs brought elites into close contact with common people normally shunned and scorned at least since the seventeenth century. There bourgeois visitors encountered life on the other side of their self-limiting comforts and respectability; they exposed themselves not only to the *frisson* of bizarre sights, but also to strong sensations of smell and touch. Plunging into sweaty crowds brought them close to "the terrible odor of popular joy," incitement of erotic fantasy if not anticipation of a delicious bawdiness, as Louis Chevalier has provocatively argued.[23] Le Roux reported that "many pretty women jostled by the rough-elbowing

---

[22] Copain, "Vie foraine," pp. 209 ff; Eugen Weber, *Peasants into Frenchmen: The Modernization of Rural France, 1870-1914* (Stanford: Stanford University Press, 1976).

[23] Louis Chevalier, *Montmartre du plaisir et du crime* (Robert Laffont, 1980), pp. 88ff, 142.

throngs of common people," experienced an "indefinable anguish" that was nonetheless "sweet" and pleasurable. Vallès reported that well-dressed bourgeois women took off their gloves to feel the sweaty wrestler who approached them for a donation — and some slipped him a note giving name and address along with coins.[24] For their part, the men did not admit to having similar pleasures. Freer and less sheltered, they could engage in much greater direct physical contact by taking on a wrestler at Marseille's establishment, for example — not to mention going to a brothel. At the least, the fairs afforded such men and women opportunity for sensual adventure and sensous contact with colorfully diverse people from whom they ordinarily distanced themselves.

In short, the traditional *fête foraine* was a refreshing haven from bourgeois civilization, while the modern fair was but an extension of that civilization. Unlike the insecure, still "conquering" bourgeois like Passy, sympathetic witnesses like Hughes Le Roux and Jules Claretie realized that in fact the new order was triumphing so decisively that the world was the less for it. In celebrating the luxuriant imagination and personal freedom of the old-time *forains*, such writers expressed aesthetic and artisanal reservations about forms of modernization becoming commonplace in their time. Their elegies for the *saltimbanque* were not just sentimental sympathies for a miserable victim, but laments for a disappearing way of life free from routine and orderliness, work-discipline and economic domination by the few. As fairs became subject to captains of business and industrial power, they could no longer serve as restorative antidotes for people like Claretie.

Reports of the death of the old *forains* were, of course, exaggerated; the transition was not complete. The aggressively modern was claiming center stage, but the quaintly traditional clung to the edges, as around the Beaubourg Center today. Juxtaposed to the industrial, the modestly artisanal survived, at least marginally. Middle-class observers could focus on either the declining *saltimbanques* or the rising businessmen, on some of the most traditional or some of the most resourcefully adaptive people in France. They could report on traditional *tableaux vivants* or on a burgeoning twentieth-century culture of entertainment dominated by machine technology, big business, and novelty from America. Turn-of-the-century fairs abounded in such house-of-mirrors reflections, amusing and fascinating, or disturbing and frightening.

[24] Le Roux, *Les Jeux*, p. 28. Vallès, *Tableau*, p. 381.

The Spectator as Genre in Nineteenth-Century Paris

In the course of the nineteenth century, Paris underwent four revolutions, a fourfold increase in population, and complete physical redesign: it became the prototype of the modern city. Under the new urban pressures people sought guidelines for daily behavior that were in part met by a burgeoning popular art and literature. Radical technical changes in communication, the discovery of lithography and the importation of the steam press made the proliferation of illustrated newspapers and paperbound books possible. Cultural emphasis shifted toward topical urban themes in media which could respond with alacrity to new developments. The encounter with the ephemeral data of city life as prime material for arts and letters is the beginning of a social self-consciousness which is one of the components of modernity.[1]

As the increase in the population altered the character of the city, so did the spectrum of urban subjects and types expand in the arts both high and low. Illustrated newspapers, *La Caricature*, *Le Charivari*, *Le Journal Amusant*, *Le Monde Illustré*, *L'Illustration* and publications such as the *Physiologie Aubert*, *Les Français peints par eux-mêmes*, *Tableaux de Paris* were vehicles for identifying, deciphering, and communicating

---

[1] This material is drawn in part from my book, *A Human Comedy: Physiognomy and Caricature in Nineteenth-Century Paris* (London and Chicago, 1982).

227

the signals and norms of urban exchange. Genre imagery which always had a minor place in the hierarchy of subject matter in painting became primary in popular illustration and caricature. Typical situations both public and private as subjects for popular art were responses to the mid-century cry of Romantics and Realists—"to be of one's time."[2] A new range of urban types were recorded—the landlord, the speculator, the conman, the leader of the claque, the blue-stocking, and the shopgirl. Of all the types the most indicative of Paris life is the spectator who spans all social and professional divisions. Adopted by many caricaturists and illustrators, the spectator expresses not only the caricaturists' perception of the Paris population, but is also an analogue of his own. The appearance and development of the spectator, as spectacle himself, is the focus of this article.

The spectator can be seen as a genre in its own right, a topos with multiple manifestations that can be studied as a critical and historical key to the time. Like history painting for high art, the genre of the spectator in the popular arts can be viewed as an index to political, social, moral, and aesthetic attitudes.

Above all, the spectator is a means for presenting the spectacles and diversions which increasingly made up the substance of city life: spectacles and spectators are both elements in the equation of nineteenth-century Paris. The theme is ubiquitous in this period: a response to life seen as a diversion. Balzac observed "In Paris, everything is a spectacle. No other people in the world have had such voracious eyes."

The genre of the spectator has a double aspect: it comprises two contrasted but intimately related types. One is the isolated and conscious observer, the *flâneur*; the other is the member of an audience or a crowd of bystanders, the passive gaper, the *badaud*. (The crowd, Walter Benjamin asserted, became a customer wishing to find itself portrayed in the contemporary novel.)[3]

In the course of the nineteenth century, with the proliferation of caricatures and illustrations and a new receptivity to urban genre on the part of the audience, the motif of the spectator developed from

[2] For a discussion of this theme, see George Boas "Il faut être de son temps," *Journal of Aesthetics and Art Criticism*, 1 (1941), pp. 52-65.

[3] See Walter Benjamin, "The Paris of the Second Empire in Baudelaire" in *Charles Baudelaire: A Lyric Poet in the Era of High Capitalism* (London: NLB, 1973), p. 40, written in 1938.

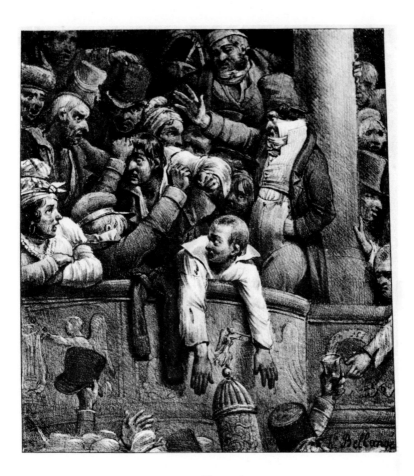

Figure 1
Hippolyte Bellangé, *Spectacle gratis* (1822). Bibliothèque de l'Arsenal, Paris.

Figure 2
Henry Monnier, *Les Delettanti a l'Opera Buffa* (1822). Cabinet des Estampes, Bibliothè-que Nationale, Paris.

Figure 3

Clement Pruche, *Les Spectateurs attentifs* in *Physionomies Théâtrales* (1837). Bibliothèque de l'Arsenal, Paris.

Figure 4
Cham, *Types emblématiques des théâtres de Paris* (1852), in Texier, *Tableaux de Paris* (1852-1853).

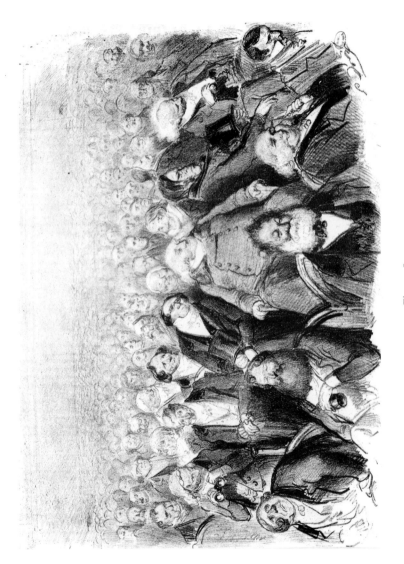

Figure 5

Gustave Doré, *Public du théâtre français*, in *Les Différents Publics de Paris* (1851). Cabinet des Estampes, Bibliothèque Nationale, Paris.

Figure 6
Gavarni, *La Loge* (1852), in Texier, *Tableaux de Paris* (1852-1853).

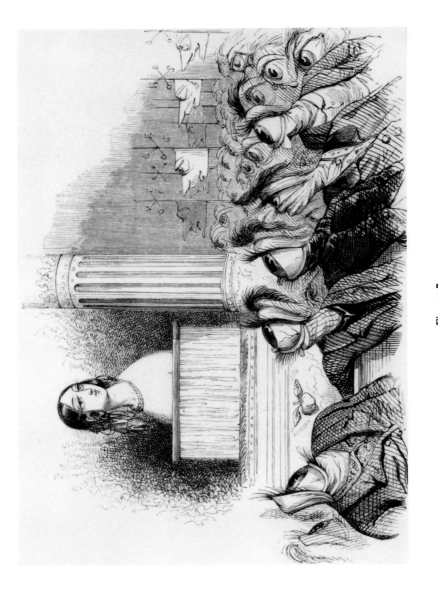

Figure 7
Grandville, *Vénus à l'Opéra*, in *Un Autre Monde* (1844).

Figure 8

Honoré Daumier, *Les Badauds*, in *Les Parisiens*, D. 755 (1839). Trustman Collection, Brandeis University.

Maison Martinet, r. Vivienne 41 et 11 r. du Coq.   Imp. Tinney Cour des Miracles 3 Par.

— Voilà pourtant notre chambre nuptiale, Adélaïde . . . . ces limousins ne respectent rien, ils n'ont pas le culte des souvenirs ! . . .

Figure 9
Honoré Daumier, "Voilà pourtant notre chambre nuptiale," in *Croquis Parisiens*, D. 2429 (1853). Trustman Collection, Brandeis University.

Figure 10
Honoré Daumier, *Aux Champs-Elysées*, in *L'Exposition Universelle*, D. 2676 (1855).
Trustman Collection, Brandeis University.

Figure 11
Honoré Daumier, *Physionomies de spectateurs de la Porte Saint-Martin pendant une représentation de Richard III*, in *Actualités*, D. 2274 (1852). Trustman Collection, Brandeis University.

Figure 12
Honoré Daumier, "Il n'y a pas à dire...", in *Le Public au Salon*, D. 3316 (1864)
Trustman Collection, Brandeis University.

a means of classifying the Parisian population according to its diversions, to a more individuated portrait that is then adopted by painters associated with the avant garde. The spectator reifies the act of seeing.

In the hands of Daumier, Grandville, Gavarni, and Monnier, the spectator becomes a psychological vehicle much more than either Hogarth's and Rowlandson's spectators who convey raucously reprobate, satirical, political, erotic, and occasionally aesthetic interchanges. Unlike portraits in high art, the spectator as depicted in Paris evokes the moods and circumstances of urban life with its contrasts of class, attitude, and degrees of self-consciousness. The action of the spectator is one of response or reflexiveness.

The spectator is the analogue of the caricaturist, the detached observer. He becomes a symbol of the modernist artist. Balzac and Baudelaire both deploy the spectator to present their perspective of Paris. Proust will present the artist as the spectator remembering life as a spectacle.

On another level, the spectator enters into the canons of painting with the Impressionists' adoption of the subject from the 1860s until the 1880s. Through the motif of the spectator we can trace the essential role caricature plays in relation to high art, as the source of compelling themes. Duranty, in *La Nouvelle Peinture* (1876), in effect exhorts painters to enter the shifting urban world of the illustrators, and to record the modern person "in his house and on the street."[4] In the work of the painters who responded most closely to this program — Degas, Caillebotte, and even Manet — there is an affirmation of urban, bourgeois genre in which the spectator has a special place.[5]

Spectators as a motif are particularly urban, represented in the art of cities with burgeoning populations. From the sixteenth century on, spectators are deployed like a chorus: they are used to direct the attention of the viewer to the central event being depicted. Spectators imply attitudes to events: they set the tone for the beholder of the painting.[6] In sixteenth-century Venice in paintings of Carpaccio, they

[4] Edmond Duranty, *La Nouvelle Peinture* (Paris, 1876).
[5] For discussions of Impressionism and popular imagery, see Beatrice Farwell, ed., *The Cult of Images — Baudelaire and the Nineteenth-Century Media Explosion* (Santa Barbara, California, 1977); Ulrich Rinke, ed., *French Nineteenth-Century Painting and Literature*; Anne Coffin Hanson, *Manet and Popular Tradition* (New York, 1977); and Theodore Reff, *Degas, the Artist's Mind* (New York, 1976).
[6] See E.H. Gombrich, "Art and Expression in Western Painting," *Non-Verbal Communication* ed. R.A. Hinde (Cambridge, 1972).

are shown attending civic or religious parades. In seventeenth-century Amsterdam in the work of Terbruggen and de Hoogh, the spectators' role is expanded beyond the religious or historical setting to include scenes of daily life—at home and in the marketplace. Eighteenth-century London witnessed the expansion of caricature into a more public medium through broadsheets and series of print (safeguarded by the newly enacted copyright laws). The earliest range of examples of audiences and spectators as the principal content of a scene rather than its complement appears at this point. Hogarth's *Laughing Audience* (1733) shows the sweep of common response revealing not only certain common physiognomic traits of his audience, but the subject of casual and manipulative social exchange. Thomas Rowlandson focuses more frequently on the theme of the spectator, in a variety of circumstances, from the audience in its stall, to the implied voyeurism of his more private themes.[7] By contrast with earlier centuries, the "noble" emotions of spectators are replaced with a new reprobate vulgarity. Rowlandson's fashionable settings are echoed in France at the turn of the nineteenth century in the paintings and prints of Debucourt and Boilly with their groups of spectators and bystanders.

In Paris of the 1820s, theater audiences are represented with greater frequency. One of the earliest examples is Bellangé's *Spectacle gratis* of 1822 (fig. 1)—a fierce and rowdy crowd of working class spectators is shown in a crowded balcony. By contrast, Henry Monnier's *Les Delettanti a L'Opera Bouffa*, also 1822 (fig. 2), depicts an upper class audience, ornate and fatuous, paying little attention to the spectacle or each other. Everyone is posing. Monnier's series of 1829, *Galerie théâtrale* explores other situations—the public at a side show, a box-office queue, and a garrulous audience.

After the Revolution of 1830, with the great influx of population from country to city, social life took increasing place on the street and in other public places. People became spectacles for one another. The city itself was a diversion: theaters, fairs, and street performances were offered. The arcades were built by this time, and strolling and gazing became increasingly popular pastimes, even avocations.

With the censorship laws of 1835 and the demise of political caricature and rise of social satire, audiences as a subject become increasingly common in the illustrated newspapers. One volume of the

[7] For a discussion of theme of spectator in Rowlandson, see Ronald Paulson, *Rowlandson: A New Interpretation* (New York: Oxford University Press, 1972), pp. 80-92.

series *Physiologie Aubert* (1842) is devoted to the spectator, *Le Physiologie du flâneur*. *Les Français peints par eux-mêmes* (1840-1842) includes a chapter, "Le Flâneur." The spectator also figures as a type in *Le Museum parisien* (1841), *La Grande Ville* (1843), and Texier's *Tableaux de Paris* (1851-1852).

Theater audiences for all the caricaturists and illustrators provided a simple device for classification: the stately patrons of the Opera are not the same species as the gamins in the upper galleries of the Funambules. Illustrations and caricatures of audiences developed rapidly in formal and psychological inventiveness — starting from the static and undifferentiated groups of Clément Pruche's series on audience responses, *Physionomies Théâtrales* of 1837 (fig. 3). Eustache Lorvay's *Public des petits théâtres* of 1845 is a full-page print of distinct thumbnail sketches of facial types which draw on the older tradition of physiognomic variations to be found in Le Brun, Lavater, and Hogarth. Cham's *Types emblématiques des théâtres de Paris* (fig. 4), published in *Tableaux de Paris* in 1852-1853, presents a full page of vignettes of the typical audiences of the principal theaters. Gustave Doré's *Les Différents Publics de Paris*, which appeared as a series of prints in *Journal Amusant* in 1851, presents thirteen different audiences ranging from the Comédie Française (fig. 5) and Funambules Theater, to the amphitheater of the medical school and the Bourse. Doré's lithographs develop variations within each audience type as well as strong and inventive spatial compositions.

The more skilled the caricaturist, the more carefully the individual spectator is scrutinized. The caricaturist's art, like that of the mime, consists in finding the salient clues of character and points of exaggeration that trigger a quick and accurate reading. Both caricature and mime use vernacular codes. Both are directed to the eye — the caricatured spectator, like the mime, indicates what is going on around him by his gestures and expressions of reaction.

Each caricaturist has his own manner of depicting spectators as well as a particular genre of spectator that corresponds to his outlook as a whole. Gavarni, typically, drew grisettes and lorettes, the débardeurs and the dandy on display at the foyers and boxes, at the theaters and balls (fig. 6). There is a languorousness to his demi-monde audience. In his series *Les Gens de Paris*, published in *Le Diable à Paris* of 1845, class distinctions are conveyed by the degree of decorum in the poses of the spectators, the prim and demure bourgeoise in her bonnet, the cocky stance of the dandy with his lorgnette. Gavarni rarely depicts a crowd. His focus is on one or two individual figures in a minimal setting with close attention to the details of their appearance, costume, and pose.

Grandville is a special case: a Surrealist *avant la lettre*. *Vénus à l'Opéra* from *Un Autre Monde* (1844), presents the viewers as heads of eyes, the stare epitomized (fig. 7). In a vignette from *Misères de la vie humaine*, Grandville, painfully emphasizes how a female member of the audience becomes — in this case unwillingly — the object of curiosity to those about her. The gapers' lorgnettes, spectacles, and opera glasses both insulate them and intrude indecently upon her.

Daumier developed the motif of the spectator with greater variety and intensity than any other caricaturist: over the course of approximately forty years he portrayed the spectator 234 times. The spectator is first introduced as a subject in his repertory of social caricature after the 1835 censorship laws. Daumier often drew the Parisian as a passive bystander during this interrevolutionary period. Though theater audiences and spectators at the Salon predominate, he also drew people on the streets, turning the slightest event into a spectacle (fig. 8). During the period of the reconstruction of the city under Baron Haussmann from 1854-1870, the spectators were depicted with increasing frequency — as witnesses to the disruption: gaping as buildings are torn down, dodging obstacles of construction (fig. 9). We also see the effect of the new scale and grandeur of the city: women strolling in wide crinolines down broad boulevards are part of the spectacle of Paris parading to see and be seen (fig. 10). This was also the period of the Exposition Universelle and Daumier drew several series on the World Fairs, concentrating on the responses of the visitors, their bewilderment at the artifacts of progress.

The theme of the spectator is not overtly political, but there are political implications in underlining citizens' acceptance of the role of passive observers of an empire's reconstruction. Action had shifted after 1848 and until 1870 from barricades to boulevards and from strikes to strolling. The spectator seemed to accept the city as spectacle rather than as a place in which they had a stake. The Parisian is characterized as essentially a spectator.

The diversity and detail of Daumier's theater audience reflect his close attention to spectator as spectacle.[8] In *Physionomies de spectateurs de la Porte Saint-Martin pendant une représentation de Richard III* of 1852,

---

[8] Daumier's attendance at the theater is discussed by Jean Cherpin, *Daumier et le théâtre* (Aix-en-Provence, 1978); his assertion that Daumier only began to attend the

he focuses on four variations of standard bourgeois poses but with distinctive facial types and expressions — varying from avid interest, composed attention, skepticism to sleep (fig. 11).

The spectator becomes individuated: at times figures are presented as more self-conscious than conscious of what they see. This new distinctiveness is often expressed in the conflicts between spectators. The series *Croquis Pris au Théâtre* (1864) suggests contrast and confrontations: a wife tries to keep her husband from walking out during the play; one man weeps and the other laughs at him; a man challenges an interloper in his seat.

Daumier shows his viewers at the Salon to be resistant, offended, or bored. He captures the spectators' conservatism and confusion at the new painting. The Salon spectator is depicted with less sympathy than his bourgeois at their domestic pursuits: there is no one in these scenes at the Salon with whom Daumier identified. He shows people baffled and outraged before the work of Courbet and Manet, women shocked by Realist nudes, men strutting proudly before their own portraits (fig. 12). Daumier himself had submitted his paintings to the Salons, and experienced rejection and neglect.[9] At the end of his life, Daumier draws a jester with a quill, the hallmark of *Charivari*, the emblem of the caricaturist, the one who bears witness to the tragedy of his time. The conscious spectator becomes the commentator and critic.

In the mid-1860s spectators enter painting as primary subject matter. Following the caricaturists' lead, painters show people at the theater, at exhibitions, at cafés on the street. Degas' spectators are elegant, oblique, and complex. *Count Lepic and His Daughters* (also titled *Place de la Concorde*), ca. 1875, is a class portrait in a public square. In paintings of the Café Concert, Degas balances the world of performer and spectator. Caillebotte in 1875 presents a man looking out his window, his back to us, a link to the world outside: we see him and we see what he sees.

Manet's *Bar at the Folies Bergères* (1883), the most spatially complex picture of its time, features the elusive glance. The barmaid, central as an icon, gazes out toward the space of the spectator, self-absorbed, the object of reflection. In the mirror behind her, we see the world

theater regularly after 1851 is challenged by Paula H. Harper who introduces evidence for earlier attendance in her "Daumier's Clowns," Diss. Stanford University 1976.
[9] Daumier participated in the Salons of 1849, 1850-1851, and 1861, exhibiting a total of six works that did not receive much attention.

234 Popular Traditions and Learned Culture

upon which she gazes. Baudelaire reflected in "Les Foules," *Le Spleen de Paris*: "Multitude, solitude. Synonymous terms and convertible by the active and creative poet."

The spectator is repeatedly evoked in texts of mid-nineteenth-century Paris. Balzac presents a full-scale eulogy of the observer in *Théorie de la démarche* (1853). In his *Ce qu'on voit dans les rues de Paris* of 1858 (a small book with no illustrations, in six chapters, one of which deals with the spectator), Victor Fournel elevated the *badaud* to a *flâneur*, with the dignity of an active collaborator in the artistic enterprise:

> This life [that of the *baudad*] is, on the contrary, for one who can under-
> stand it and practice it, the most active and the most fruitful in useful
> results: an intelligent and conscientious *badaud* who fulfills his obliga-
> tions scrupulously, that is to say, who observes everything and registers
> everything, can play the leading role in the republic of art. This man
> is a mobile and dedicated Daguerrotype, who retains the slightest traces,
> and in whom are reproduced, with their changing reflections, the march
> of things, the movement of the city, the multiple physiognomy of public
> morale, of the beliefs, the antipathies and the admirations of the crowd.[10]

Fournel elevated the common audience to the level of connoisseurs. The metaphor of the Daguerrotype is pivotal in the evolving descriptions of observer and social scene. The "mobile Daguerrotype," like Stendhal's mirror which is walked along the road, means fidelity, literal registration of things seen, rather than personal organization or interpretation: it is the emblem of programmatic Realism, which aspired to impersonality. The Realists, both writers and artists, adopt the spectator, the man-in-the-street, as their emblem; he is the recorder of city life, and specifically of its circumstantial and fragmentary qualities.[11] His virtues are "faithfulness" and diligence; his attributes, the mirror and the Daguerrotype.

Baudelaire brings about a further change: the conscious spectator, the *flâneur*, begins to shift his preoccupation from the city scene to his own relation to the scene; he becomes the emblem of the modernist artist. Baudelaire welcomes "the value and the privileges afforded by circumstance; for nearly all our originality comes from the stamp

[10] Victor Fournel, *Ce qu'on voit dans les rues de Paris* (Paris, 1858), p. 263.
[11] Baudelaire observed "Modernity is the transient, the fleeting, the contingent," in "The Painter of Modern Life," *Selected Writings on Art and Artists* (London: Penguin, 1972), pp. 292, 403.

that time impresses on our sensibility."[12] He introduces an essential change—"he, the lover of universal life, enters into the crowd as into an immense reservoir of electricity. He may also be compared to a mirror as vast as this crowd: a self athirst for the not-self, and reflecting it in energies more vivid than life itself, always inconstant and fleeting."[13] Baudelaire's imaginative "mirror" is more powerful than the would-be neutral mirror of the Realist program; it yields images more vivid than those it receives.

In the same "Salon of 1859," Baudelaire stated his position vis-à-vis the Realists, whom he called Positivists, with high panache and generality: "The positivist says 'I want to represent things as they are, or as they would be on the assumption that I did not exist. The universe without man.' In the other camp there are the imaginative ones who say 'I want to illuminate things with my mind and cast its reflections on other minds.'"[14]

Although his subject in the "Salon of 1859" is painting, Baudelaire's "imaginatifs" clearly include himself; here, the turn inward to self-reference has been made: external things are the reflectors of the imaginative artist's mind; the particular light it casts on things is now the *subject* of the work of art. The implication is that the external scene no longer commands interest in its own right. Baudelaire takes an active grasp on his own separation from society, his "feeling of an eternally solitary fate," and transforms it into something new and powerful, of which his deliberately anonymous *flâneur* is the vehicle. Baudelaire no longer classifies or codifies the urban crowd, but he still, like Manet, depicts his own Paris, vividly and with passion, in his verse and prose poems.

Baudelaire in his self-portrait as *flâneur* is as confident of his own illuminating consciousness as Balzac. But contrast Balzac's image of the artist as a "sublime bird of prey" with Baudelaire's private eye. Balzac's "birds-eye-view" presents the artist as an observer who organizes his observations into a complete systematic map of social

---

[12] *Ibid.*, p. 405.

[13] *Ibid.*, p. 400.

[14] "Salon of 1859," p. 307. The chapter "The Intellectual Physiognomy in Characterization" in Georg Lukács, *Writer and Critic and Other Essays* (New York, 1970), draws the consequences of these two procedures in his contrast between "description" and "narrative," as exemplified by Zola and Tolstoy. Zola enumerates observed details, Tolstoy *uses* and *heightens* events so that they emerge from character and advance our understanding of it.

reality, its codes and its masks, which would allow his typical protagonist, and himself, to impose themselves successfully on the city and win its rewards. Baudelaire like his "hero of modern life," the conscious spectator, the *flâneur*, explored the city from within.

Baudelaire's rewards lie in the imaginative skirmishes of the spectator along the way; he dwells on visual contacts between strangers; his own consciousness and the enigmatic consciousness of others. Baudelaire's preoccupation is not with decoding visual evidence, still less with defining himself in the eyes of others, but with the electricity of the contact itself.[15]

Perhaps the comparable moment in painting is the confrontational gaze of Manet's *Olympia* which forces the viewer to recognize his and the painter's position as voyeur. The balcony motif in Caillebotte and Degas' scenes at the ballet or the café concert also force back the viewer's attention to the painter's viewpoint: the viewpoint becomes the subject of the painting.

For Baudelaire the experience of the street is a starting point for imaginary life — the transformation of observation. Baudelaire writes: "To see the world, to be at the very center of the world, and yet to be unseen of the world, such are some of the minor pleasures of those incandescent, intense and impartial spirits... The observer is a prince who rejoices in his incognito..."[16]

[15] See Baudelaire's poem "A une passante" from *Les Fleurs du mal*.
[16] "The Painter of Modern Life," p. 400.

Désespérer Billancourt

JEAN BORIE

> Encore une minute d'attention, et tu vas
> voir la bestialité dans toute sa candeur.
>
> Méphistophélès à Faust
>
> Ai-je besoin de dire que le peu qui res-
> tera de politique se débattra pénible-
> ment dans les étreintes de l'animalité
> générale.
>
> Baudelaire

J'écris *désespérer Billancourt*, comme je citerais le poème en prose de
Baudelaire, *Assommons les pauvres*. Désespérer, assommer: ce sont évidemment des choses à ne pas faire. Eviter d'en arriver là est le souci
constant des *amis du peuple*: ne pas démoraliser, ne pas scandaliser
le monstre faible dont ils ont la charge. Etrange souci qui trahit la
conviction qu'il y a, en vérité, matière à désespérer. Mais c'est un
secret à garder. L'ami du peuple agit comme s'il avait un cancéreux
dans sa famille: il faut, par tous les moyens, cacher à ce malheureux
la vérité sur sa situation. Pour toutes sortes de motifs, d'ailleurs contradictoires: parce que le malade est perdu, malgré les efforts thérapeutiques, malgré les améliorations passagères et apparentes — aussi
peut-être parce qu'il a une chance de s'en tirer (ce qui signifierait,
pour le peuple, assurer seul sa transformation). L'important, c'est de
préserver le calme, la routine des journées, adoucies par la tonicité
de l'espoir. Le Progrès ne se fera pas en un jour.

237

In petto, nul n'ignore—l'ami du peuple moins que les autres—l'existence du cancer en général, ni que nous sommes ici-bas pour mourir. La Révolution est une appellation déférente qui a remplacé ce que l'on nommait autrefois l'au-delà. Les religions, hélas inévitables, sont toujours légèrement comiques. D'ailleurs, Dieu merci, *nous* nous portons bien. Ce n'est pas nous qui sommes atteints, c'est cet ami très cher. Non pas que nous puissions espérer, personnellement, nous en tirer. Mais, dans le fait même que *nous* savons[1], et que l'autre, qui est atteint, ne sait rien et se gaspille dans des rêves, il y a de quoi goûter le confort d'une immunité provisoire, jouir d'une supériorité qui durera bien autant que nous. La supériorité, ce n'est pas rien. A l'immunité vraie, nul ne peut prétendre. Faute de mieux, la supériorité est un élixir dont on serait bien sot de mépriser la douceur. D'autant que cette supériorité se contente d'être symbolique: ne pas confondre les amis du peuple avec des ci-devant, des Marie-Antoinette! Ne pas non plus les confondre avec ces névrosés que la vue de la faiblesse et de la misère angoisse et terrorise. La supériorité des amis du peuple ne peut susciter aucune hostilité: elle est amoureuse des victimes qui ne sont *ses* victimes que dans le sens où le médecin dit, lui aussi, *mes* malades. Les sages ne se détournent pas des misérables, ils s'emparent chaleureusement de cette clientèle et, dans leur dévouement, ressentent pleinement leur maîtrise—ersatz d'immunité. La charité est une nécessité sociale, avant d'être une vertu chrétienne. Quelques farceurs ont prétendu opposer justice et charité: il s'agit évidemment de la même chose. Toute justice est une charité, charitablement déguisée. Toute charité a pour but de faire croire à la justice. Aimer le peuple, le cancéreux, le fou, le criminel, les entourer d'une libérale bienveillance, les accoucher de leur légitimité irritée et blessée, les réconforter, leur donner raison. En tout, se faire leur avocat. Quand viendra—si elle vient!—l'heure des râles et des fusillades, ne pas céder à la panique: le réservoir est inépuisable, après les spasmes la comédie recommence, et les sages seront toujours une minorité.

Considérons Baudelaire en face des deux grands amis du peuple ses contemporains, Michelet et Hugo. On ne peut manquer d'être surpris par l'opposition symétrique, terme à terme, des arguments,

[1] "Du moins, si l'on périt, on sait pourquoi. Grande, très grande *sécurité* de conserver l'esprit lucide, l'âme en pleine lumière, résignée aux effets quelconques des grandes lois divines du monde qui, au prix de quelques naufrages, font l'équilibre et le salut" (Michelet, *La Mer*).

des thèmes, des projets. Mais, si l'on se replace dans l'époque, on sera
frappé bien davantage par l'opposition des statures. A sa mort, en
1867, Baudelaire laisse des écrits dispersés qui ne feront une oeuvre
que beaucoup plus tard. Dans les dernières années de sa vie, ce qu'on
peut appeler son personnage littéraire qui, malgré une réputation dérisoire ou fâcheuse, avait cependant gardé jusque-là une certaine con-
sistance parisienne—rôle de composition, plutôt que vedette—eh bien,
ce personnage s'est défait, dissout, est devenu diaphane, du fait du
catastrophique exil belge (dont une des causes fut une rivalité inconsciente et insensée avec Hugo, la volonté de l'imiter et aussi de se mettre
en son pouvoir, tout en le haïssant...). La correspondance des dernières années de la vie de Baudelaire porte trace d'une nouvelle
angoisse qui témoigne de cet amenuisement: la crainte d'être oublié,
de ne plus trouver d'endroit où publier, où paraître, la terreur de disparaître encore vivant[2]. Personnage minuscule que ce Baudelaire, bu
en quelques mois par l'absence, disparu à Bruxelles plus radicalement
qu'en une expédition lointaine, à côté du colosse Hugo dans la gloire
rayonnante des *Misérables*: même pas un o.s. dans l'ombre de Marcel
Dassault. La renommée de Michelet, pour être plus modeste que celle
de Hugo, n'en est pas moins considérable et d'excellent aloi. Ses petits
livres de prédication naturaliste, populiste et conjugale (*L'Insecte, L'Oiseau, La Femme, L'Amour, La Mer, La Montagne*), ses *Evangiles* pour
employer un terme devant lequel, un peu plus tard, Zola ne reculera
pas, s'ils n'atteignent point aux ventes énormes que réalise Hugo,
suffisent à le faire vivre confortablement, et lui donnent la satisfaction de garder une tribune, de continuer son entreprise d'éducation
populaire. Toute comptabilité mise à part (la comptabilité est sor-
dide en ces matières), on peut dire que Michelet et Hugo sont de sta-
ture comparable, ce que d'ailleurs ils reconnaissent, s'écrivant rarement, mais avec une prudence et des éloges infinis[3], se traitant de
grande puissance à grande puissance. Pour un peu, ils commence-
raient leurs missives en s'appelant *mon cousin*. Qui songerait à mettre
l'un d'eux sur le même plan qu'un Baudelaire, homme invisible?

---

[2] *"Et si l'affaire ne se fait pas?* dis-tu. Pourquoi ne pas me dire *qu'aucun livre* de moi
ne se vendra *plus jamais"* (à sa mère, 13 novembre 1865); "de temps en temps, je
conclus fort sérieusement que jamais plus je ne pourrai faire imprimer quoi que ce
soit de moi, et que jamais plus je ne verrai ma mère et mes amis" (à Lejosne, même
date).
[3] Pour cette correspondance, voir *Michelet et son temps* de J.-M. Carré.

Il me semble qu'aujourd'hui la situation n'est plus la même (sans que j'ose affirmer qu'elle se soit absolument renversée). Ayant eu l'occasion de présenter *La Mer* dans une collection de poche[4], je me suis aperçu qu'il n'existait plus, et depuis longtemps, d'édition courante et de large diffusion des ouvrages "naturalistes" de Michelet. Le peuple ne s'intéresse plus, semble-t-il, aux merveilles de l'histoire naturelle, et aux *leçons de choses* que les démocrates, pour son édification, avaient su en tirer. Certes, l'oeuvre de Hugo résiste bien (l'oeuvre romanesque mieux que l'oeuvre poétique), mais le simple fait de se demander lequel de ces deux poètes, Hugo ou Baudelaire, est aujourd'hui le plus largement lu, le plus populaire, la possibilité même d'une telle question est, en soi, l'indice d'un changement remarquable. Il n'est pas facile de repérer l'instant précis où une telle évolution put être considérée comme accomplie. Tout au plus peut-on repérer des indices. En voici un.

En 1909, un lycéen de Clermont-Ferrand, le jeune Armand Nény, se suicide pendant une composition de thème latin. Ce drame, qui fournira plus tard à Gide le point de départ des *Faux-monnayeurs*, dut avoir une répercussion assez profonde, puisqu'il fut évoqué à la Chambre. Le député Maurice Barrès posa, à propos du suicide de Nény, une question au Ministre de l'Instruction publique. Voici un extrait du débat, d'après les *Cahiers* de Barrès (21 juin 1909):

M. MAURICE BARRES: Je voudrais répondre à M. Trouin. Il y a d'abord, dans ce que je disais un point de fait, M. le ministre me dit que je me trompe et que le lycée de Grasse ne porte pas le nom de Fragonard. J'enregistre sa déclaration. Un de mes collègues m'accuse d'injustice envers un grand homme, je suppose que c'est envers Fragonard? Eh bien, il est heureux que l'on n'ait pas donné à un de nos collèges le nom de ce grand artiste libertin, du peintre de l'*Absence des père et mère mise à profit*, du peintre du *Baiser surpris*, de l'*Escarpolette*, le nom du décorateur du boudoir de la Guimard, le gentil et licencieux Frago. Mais ce n'eût pas été beaucoup plus surprenant que ce fait qui, lui, n'est pas contesté, à savoir que vous avez donné à un groupe scolaire le nom d'un poète de décadence, de cet admirable et dangereux poète qu'est Charles Baudelaire, l'auteur des *Fleurs du mal*.

Au reste, vous ne pouvez pas ouvrir une revue, un ouvrage de pédagogie sans y sentir une inquiétude mortelle, et qui d'ailleurs fait grand honneur à ceux qui l'expriment, sur le programme qu'on est en train

---

[4] (Folio, Gallimard, 1983).

de nous élaborer. Oui, il est indéniable, c'est un fait, qu'à l'heure qu'il est il y a un problème de la morale; c'est un fait que dans l'Université vos pédagogues et vos sociologues, les gens de la plus grande autorité, sont en quête pour fonder, dégager comme ils disent "une nouvelle morale". Eh bien, monsieur le ministre, où en êtes-vous?

J'ai ouvert vos livres scolaires; j'ai cherché quelle était votre conception de la morale. Préoccupé du cas qui nous retient aujourd'hui, j'ai cherché dans les manuels de nos écoles ce qu'on dit du suicide. Dans les manuels autorisés que j'ai regardés, je n'ai rien vu qui concernât le suicide. (*A l'extrême gauche: "Naturellement".*)

Je vous parle des traités de morale et je vous dis que vos traités de morale sont muets sur la question du suicide. J'ai tenu à lire les chapitres où il aurait pu être question du suicide; j'ai examiné ce que vous enseignez à nos enfants sous le titre "Devoirs envers eux-mêmes". J'y ai vu comme chapitre premier que les enfants doivent se laver. (*"Très bien", à gauche.*)

La raison qu'en donnent vos professeurs c'est que "lorsqu'on est malpropre, on est sûr d'être atteint tôt ou tard de maladies dangereuses". Je me permettrai de faire observer à l'auteur des manuels que, lors même qu'on est très propre, on est sûr d'être atteint tôt ou tard de maladies dangereuses, voire mortelles. (*Rires à droite et au centre.*) En tout cas, je vous rappellerai qu'un jour un professeur qui enseignait ces conceptions élevées à ses élèves fut interrompu par l'un d'eux qui lui dit fort justement: "Je ne demanderais pas mieux que de me conformer à la morale, mais au lycée nous ne prenons que trois bains par an."

Je suis passé à l'article 2 de la nouvelle morale; j'y ai vu qu'il fallait éviter les boissons malsaines. A ce propos je ferai une observation de détail à M. le ministre de l'Instruction publique. Ces temps derniers un maître du lycée de Clermont fut renvoyé pour avoir franchi les murs avec des élèves qu'il menait dans les cabarets borgnes. Le fait ne m'avait pas d'abord paru autrement intéressant; mais je me rends compte que nous étions en présence d'un moraliste qui allait apprendre aux enfants à distinguer les bonnes et les mauvaises boissons. (*Rires à droite et un centre. Interruptions à l'extrême gauche.*)

Nos maîtres de l'Université, à l'heure qu'il est, rougissent de ces platitudes. Je me suis renseigné; dans les lycées de Paris, dans la classe de troisième précisément, correspondante à celle où se trouvait le malheureux petit Nény, les élèves ont une heure de morale par semaine, mais le professeur découragé n'ayant pas de morale à enseigner à ses élèves...

M. FERDINAND BUISSON: "Oh! voyons."

J'interromps ma citation sur l'indignation de Ferdinand Buisson. Et certes, cette indignation n'est pas feinte, et certes Ferdinand Buisson a de quoi s'indigner. Que fut l'oeuvre scolaire de la Troisième République (et qui la connaît mieux que ce collaborateur de Jules Ferry) sinon une entreprise de moralisation et d'acculturation? Entreprise géniale et génialement efficace — elle permit 1914! Ferdinand Buisson, vraiment, peut se désoler: "le professeur découragé n'ayant pas de morale à enseigner à ses élèves..." Pas de morale, alors que les plus grands écrivains du siècle précédent en sont pleins! Ce jeune pédagogue n'a donc pas lu Michelet, Hugo — ou même le douteux Zola, auquel évidemment on ne saurait se référer devant Maurice Barrès? Et pourtant les faits sont là: un élève de troisième se suicide (et trouve immédiatement des imitateurs), on a, par je ne sais quelle distraction, inscrit le nom de Charles Baudelaire au fronton d'un "groupe scolaire..." Non, lecteur, nous ne sommes pas en 1968, il s'en faut de soixante ans, mais tout de même... Je le dis, les faits sont là. Et d'ailleurs, je ne sais trop comment comprendre le "Oh! voyons" de Monsieur F. Buisson. J'y ai vu de l'indignation, peut-être me trompais-je. Peut-être l'indignation était-elle fortement tempérée de découragement: "Tout de même! vous exagérez! La *Morale!* S'il y a un domaine où...! Et pourtant! Mais vous exagérez..."

Ce n'est pas peu de chose que ce débat: un lycéen se suicide, Baudelaire est reçu classique, la démoralisation s'est infiltrée dans la citadelle du civisme, et tout est mélangé! Indiscutablement, Barrès a le beau rôle: rejeter Baudelaire hors de l'Institution, ce n'est pas le censurer, c'est préserver la valeur subversive de son nom. C'est l'Institution qui ne sait quoi répondre, sinon hausser les épaules, car c'est elle qui a tout confondu, *la référence culturelle à une oeuvre profondément perverse et le règlement de discipline des internats*. Barrès peut bien ironiser à propos de bains de pieds. Ces pieds qu'on doit baigner (baigner *sur le papier*, si j'ose dire, baigner d'imprimé et de règlement, car, dans la pratique, il est évident qu'on ne les baigne pas), cet autre organe qui mériterait éminemment une surveillance hygiénique, cela symbolise les exigences collectives de la normalisation. Mais que vient faire Baudelaire là-dedans? S'il faut mettre les points sur les i, je dirai qu'à ouvrir la *Correspondance* de Baudelaire — et tout de suite, en son début, les premières lettres, celles de l'adolescent *pensionnaire* — on comprend le rôle déterminant du Lycée — de l'internat, du règlement — comme révélation et mise en oeuvre du malheur et de la dépendance. Il n'y a pas que l'irréparable trahison de la mère, il y a aussi, dans sa séduction diabolique et invalidante, le Règlement de discipline. Au règlement, Baudelaire essaiera d'opposer une autre règle (il appelle *Hygiène* une des sections des *Journaux intimes*), au travail, auquel il ne peut se soumettre, il essaiera d'opposer un autre travail. Alors qu'en France on garde indéfiniment les mêmes choses en changeant tous les vingt ans les mots qui les désignent, Baudelaire voudrait garder les mêmes mots — qui lui paraissent inévitables, imprimés qu'ils sont, déjà, et pour toujours — en leur donnant un autre sens. Est-ce pour cela qu'il est récupérable — parce que seuls comptent les mots, comme des aveux dont la sincérité n'importe guère?

En 1909, Baudelaire est largement régularisé, l'Université est accusée de se dévergonder, et des lycéens se suicident. Mais pourquoi ne pouvait-on se contenter des Pères fondateurs? Ceux-ci, déjà, ne fonctionnaient-ils donc plus?

Si l'on en revient aux textes, aux arguments de la dispute, l'opposition de Baudelaire et des grands humanistes, du poète et des prophètes, garde quelque chose de l'ambiance scolaire que la mort du jeune Nény avait évoquée: un *gamin* et des maîtres, un dissipé égoïste et brouillon en face de régents clairvoyants et généreux. Bien sûr, il ne s'agit plus de maîtres à l'ancienne, militaires ou jésuites. Baudelaire n'est pas non plus un Des Grieux. Mais, exactement là où les maîtres signalent le risque de la plus grave délinquance, exactement là, la mauvaise tête affirme la virulence pernicieuse de sa désobéissance.

Le maître prohibe particulièrement la paresse, les drogues, les mauvaises habitudes, les jeux de hasard, la rêverie, la lecture des romans[5], tous les affaiblissements, toutes les démissions de la volonté — et encore le célibat, la solitude, l'exaltation individualiste, l'infatuation aristocratique, et la fréquentation des écclésiastiques de l'Eglise romaine.

Or, le rebelle s'enivre, et revendique son ivresse, essaie de toutes les drogues qui élargissent à l'infini la liberté du rêve, pratique l'art de l'évasion, abandonne sa volonté aux savants chimistes qui se chargent de la pulvériser, et s'applique à cette construction inutile, compliquée, incompréhensible, tyranniquement individuelle, qu'il appelle dandysme. Pour finir, sincérité ou provocation dernière, il fera à tout propos l'éloge des jésuites.

[5] "La confession, le roman, l'alcool, grands corrupteurs du monde au 19e siècle" (Michelet, *Histoire du 19e siècle, Oeuvres complètes*, XXI [Flammarion], 463).

Le maître s'exalte devant la nature, les profondes leçons qu'elle nous prodigue, sa fécondité inépuisable et vivifiante. Il y trouve argument pour glorifier l'enfant, la femme et le peuple, s'attendrir sur les jeunes ménages de condition modeste, se passionner pour la grande besogne du travail collectif, de l'éducation universelle, pour les miracles de la Science et les volontés unies qui assurent la marche triomphante du Progrès.

Le rebelle ricane. Le rebelle se fout des mots à majuscules, du Progrès, de l'Humanité, de la Femme. Le rebelle se fout de George Sand — faute d'oser s'en prendre directement à MM. Michelet et Hugo, encore qu'il se permette, à leur égard, quelques petites farces et réflexions *a parte*, les seules armes qu'autorise sa faiblesse objective, et subjective. Le rebelle pense intensément et sombrement à l'esclave et au despote, à l'enfant et au Prince, aux grotesques, aux comploteurs, aux traîtres, aux pervers, à l'anonymat monstrueux des foules, desquelles il ne voit jaillir aucune lumière, mais où il entend partout gronder la haine et gémir le désespoir.

A résumer tout ceci, je sens très bien que j'enfonce des portes ouvertes. C'est là d'ailleurs où je voulais en venir, à cette absence de résistance, à cette évaporation de la transgression par disparition des barrières. Il n'y a plus d'*hypocrites* lecteurs. La banalité est devenue complète de ce que Baudelaire appelait, beaucoup trop théâtralement pour notre sang-froid de blasés, le Mal. Les excitants modernes se sont singulièrement vulgarisés depuis les années où Balzac en rédigeait le traité, où Baudelaire recopiait, dans Moreau de Tours, la recette de la confiture verte, où Michelet tonnait contre les agents de décadence. Si j'en crois la presse, les haschichins s'activent dans les aéroports, le Vieux de la Montagne a rouvert et modernisé son échoppe. La culture pop a vampirisé tout le contenu "scandaleux" des *Fleurs du mal*, et, telle une photo-copieuse ultra-moderne, elle a recadré cette antiquité au format convenable, puis l'a multipliée et répandue comme une manne et comme un tract aux quatre vents des média. Tous les thèmes s'y retrouvent, à peine traduits: refus du travail, universalisation des écrans électroniques où défilent les merveilleux nuages fabriqués par les usines à rêves, tolérance sympathique envers les perversions et les terrorismes, goût de l'artificiel, du travesti, goût opposé d'une brutalité primitiviste...

Cela s'est fait pourtant sans la moindre référence à Baudelaire. Le copyright était éteint depuis longtemps. Le poète, on le sait, n'avait laissé comme héritier que sa mère. D'ailleurs, par le paradoxe qu'avait bien perçu Barrès, une référence explicite aurait paru *scolaire*, et donc fausse. La culture pop est un radar, un lanceur et un récepteur d'échos, un appareil de production et de propagande qui n'existe que pour susciter et consommer une expression immédiate. L'érudition n'est pas son affaire. Mais surtout la référence à Baudelaire était impossible pour une raison bien simple: la culture pop a fleuri dans une société totalement, euphoriquement collective et démocratique. Aucune dictature n'a droit d'y résister, et les Soviet ont été forcés d'accepter et le rock et les jeans. C'est le monde même que Baudelaire ressentait comme incompatible avec sa personne, le monde même qui l'exilait dans le mal, qui assure, comme par mégarde, la plus large et sympathique diffusion aux formes les plus hardies d'une transgression qu'il s'imaginait avoir inventée et où il croyait trouver refuge. Quand cent mille adolescents favorisés d'un physique agréable, d'une santé heureuse, fruit d'une éducation moderne et hygiénique, écoutent, allongés sur une verte pelouse, les vibrations d'une musique qui s'intriquent aux arabesques de la fumée odorante, ce n'est pas à Baudelaire qu'ils doivent ce privilège, mais bien aux pères fondateurs de la démocratie (vérité que leurs papas, qui n'ont pas fondé la démocratie mais une famille, trouvent généralement amère). Le général Aupick, ambassadeur à Madrid, pouvait se permettre un "conflit de générations". C'est plus dur dans une H.L.M. Baudelaire, je le rappelle, fut mis en musique par Duparc et non par les Beatles.

En vérité, ce sont bien les prophètes qui ont gagné, même si leur oeuvre a été comme dynamitée, soufflée par leur triomphe, et leur morale grandement assouplie de se prêter à un public élargi au-delà de toute probabilité. Car il faut contempler tout le théâtre, ne pas rester l'objectif braqué sur le *Hollywood Bowl* où se démènent les *Rolling Stones*, mais, par un hardi *travelling*, embrasser toute l'*agglomération* (on ne peut plus, sauf en Suisse, parler de cité, à peine encore de ville, les Américains disent *urban sprawl*, le vautrement urbain). C'est le naturalisme universel — le darwino-capitalisme et le darwino-marxisme — qui atteste clairement la victoire des amis du peuple (en dépit des ajustements de doctrine). Les bains de mer, les randonnées et les escalades refaisant une santé aux travailleurs industriels, l'amélioration de la nourriture, et particulièrement le fort accroissement de la consommation de produits laitiers (yaourts, etc.), la relative diminution de l'alcoolisme populaire, la vogue nouvelle des jus de fruits, comment Michelet n'approuverait-il pas? Evidemment, ce qu'il appelait *drogue* est devenu d'usage quotidien, mais le plus souvent sous le nom de médicament; la médecine, qui n'a pas failli à sa tâche, contrôle *assez bien* les puissances de l'évasion. Quel bonheur si Michelet revenait, pour s'attendrir avec nous. Il cherchait une synthèse entre deux déséquilibres diététiques — deux cultures — la viande (l'Angleterre) et la soupe (la France). En apparence, les pays qu'on appelle ici anglosaxons l'ont emporté, et le biftèque a vaincu le potage. Tout de même, la miche (Poilâne), la baguette, si jacobine, sans compter ces nouveaux aliments déjà mentionnés, le yaourt — indiscutablement oriental — et les jus de fruits — importés d'incroyables florides — sont venus tempérer ce que le régime carné avait d'impitoyablement victorien, pléthorique, coléreux, impérialiste. Comme il se serait enflammé, Michelet, devant la gloire de la Famille, les aides innombrables à la Maternité, et l'heureuse déchéance des modèles de sociabilité anti-familiaux (le bistro). La petite fille en haillons n'a plus besoin d'aller chercher, en le tirant timidement par la manche, le brutal qui s'attarde au cabaret. Le père de famille ne s'égare plus dans les assommoirs, mais rentre au plus vite pour retrouver la petite flamme chaude de la télévision, symbole du foyer. Quant à Fantine, elle est devenue franchement préhistorique depuis que le Bois de Boulogne grouille de travelos brésiliens — follement baudelairiens, ceux-là, il faut bien le dire.

Ce qui tient tout cela ensemble, c'est que, comme le serinait la publicité, *c'est naturel*. Tel était déjà le maître-mot des amis du peuple. Certes, eux l'entendaient d'une manière honnêtement restrictive, et cherchaient dans la Nature la garantie d'une norme et d'une orthodoxie tout à fait rigides. Leur grande astuce consistait à prétendre que la nature et le travail, la nature et le devoir, la nature et la sanction morale marchent d'un même pas, qu'ils baptisaient Progrès. C'est à ce point que s'est produit tout de même une sorte d'accident: comme si l'inauguration d'un barrage avait coïncidé avec sa rupture, comme si les autorités réunies sur l'estrade en barbiches et hauts de forme avaient été d'un coup balayées par les eaux, au moment précis où leur chef appuyait sur le bouton qui devait ouvrir les vannes, contrôler le débit, faire démarrer les turbines et déclencher l'exécution de l'hymne national.

Aujourd'hui, la nature, si elle fixe plus que jamais la sécurité et la conformité des conduites, échappe à toute permanence, à tout ancrage historique, et varie librement, au gré des conjonctures. Il peut être naturel, ici et en ce moment, de faire son service militaire (cela vous forme un homme), et naturel, ailleurs ou demain, de n'en point faire. Il peut être naturel de se marier (règle universelle, les animaux eux-mêmes, etc.) et il peut devenir tout aussi naturel de s'en dispenser. Il peut être naturel de porter une cravate (tout le monde le fait, voyons, c'est naturel) et naturel de n'en point porter (le col ouvert est bien plus naturel). Il peut être naturel de ne pas prendre de bains de mer (regardez les chats!), d'en prendre entièrement vêtu, d'en prendre avec un maillot — de plus en plus petit — et d'en prendre tout nu. Ne croyez pas d'ailleurs qu'ici une limite soit atteinte, puisque la nature n'a point de "contenu", qu'elle n'est qu'une sanction de conformité: la pédérastie était contre nature, elle ne l'est plus, mais peut très bien le redevenir. Devant une telle accélération, les prophètes apparaissent un peu dépassés, vieillis avant d'avoir fait leur temps, obsolètes au moment de leur triomphe. Si l'on osait les ressortir tels qu'ils furent — et non soigneusement maquillés pour de très brèves apparitions — ils auraient l'air ridicules et jaunis. Sans doute ont-ils pris plusieurs modes, plusieurs natures de retard: mais ce sont eux qui mirent la nature à la mode.

Avaient-ils pressenti que, leur victoire consommée, la société à venir leur apporterait des bustes et des plaques de rues — mais plus guère de lecteurs? Ils savaient, en tout cas, que leur doctrine, pour généreuse et populiste qu'elle fût, avait certaines coulisses, certains ressorts cachés assez démoralisants, durs sinon désespérants, qu'il valait mieux ne pas trop exposer aux regards, et réserver aux seuls initiés. Au coeur de la prédication démocratique, optimiste, chaleureuse, progressiste, se cache un ésotérisme glacé, remarquable par la place éminente qu'il accorde à la mort. Il y a, dans la nouvelle Bible humaniste, des livres publics et des livres réservés. Faire d'instinct ce partage, c'est déjà apprendre à ne pas désespérer Billancourt.

Pour expliquer cette contradiction, on serait tenté d'invoquer un stoïcisme réservé aux chefs (toujours solitaires, malgré leur coeur immense), aux savants, aux sages, aux organisateurs, et dont les masses pourraient, en quelque sorte, faire l'économie. Que les masses se contentent d'être heureuses, de travailler, de produire de beaux enfants qui les assurent de l'avenir. Qu'elles s'absorbent avec courage dans leur tâche. L'harmonieuse routine les maintient le regard baissé et l'esprit paisible.

On dit aussi que les nouvelles sociétés démocratiques ne supportent pas la mort: de nombreux ouvrages, depuis trente ans, ont décrit le rejet de la maladie, de l'agonie, exilées à l'hôpital, de la mort, cachée et maquillée dans les frigorifiques des maisons funéraires.

Aucun de ces arguments ne me paraît juste. D'abord, il n'est pas vrai que la société moderne ne supporte pas la mort. Jamais on ne vit de tels chefs-d'oeuvre d'holocauste, jamais le voyeurisme du massacre ne fut à ce point banalisé, stimulé et servi par l'empressement des média. Le sujet démocratique — si telle chimère existe — supporte très bien la mort des autres, on peut même le soupçonner d'en jouir, d'y rêver, de participer aux atrocités de toutes les forces, il est vrai bien émoussées, d'une imagination trop masturbée. Ce à quoi on l'a habitué, par contre, c'est d'être débarrassé du cadavre, comme on lui a appris à être débarrassé de ses excréments.

Il n'est pas vrai non plus que la part réservée, l'ésotérisme caché de la doctrine des pères fondateurs, soit simplement un stoïcisme d'aristocrates, une façon de contempler en face un destin dont il vaut mieux celer la cruauté à un peuple dont on doit soutenir le moral. La part de la mort dans le système de Michelet, par exemple, est infiniment plus grande que celle qui lui revient, de par son caractère définitif, pour un matérialiste ou un agnostique — à supposer que Michelet fût l'un ou l'autre.

La part de la mort chez Michelet n'est nullement une part maudite, nullement la part du mal, comme l'a imaginé Bataille. Elle est au contraire la part bénie, la part du bien, la part la plus utile, le dynamisme de l'espèce et le secret de sa survie. Les systèmes socioécologiques imaginés par les prophètes du Progrès ne fonctionnent que grâce à la mort, moteur nécessaire, moteur unique. Avec allégresse, et avec une agilité magique, Michelet et Hugo ont joué constamment avec le christianisme, ne laissant voir leur haine que par éclairs, et pour le reste réchauffant, en cuisiniers virtuoses, les vieux fonds de sauce refroidis. "Je suis la Résurrection et la Vie", cette parole leur plaît infiniment, à condition qu'on la "laïcise" et que le *Je* (Jésus) disparaisse. Ce qui est clair, pour eux, ce qui leur permet d'utiliser les anciens livres, c'est que la vie, ils en sont émerveillés, est *résurrection*. Leur *Nouveau Testament* devrait s'appeler le livre de Lazare, et Lazare, c'est l'humanité. C'est ce que pensait Leroux avec sa belle théorie du circulus. Il n'utilisait comme carburant qu'une version atténuée du cadavre, l'excrément. L'excrément fertile, dont nous sommes si prodigues, lui paraissait une réponse suffisante à Malthus, une réponse à la chinoise, comme on aurait dit en soixante-huit, ou avant. Michelet, historien, *roi des morts*, aura moins de scrupules. Comment en aurait-il, puisqu'il tient la chronique et assure l'éternité à ceux qui la méritent? Quant aux masses — c'est-à-dire quant à la vie considérée globalement, la bio-masse comme on dit aujourd'hui — eh bien, son maître en biologie, le docteur Pouchet, lui a fourni le mode d'emploi: quelques débris organiques, de l'air, de l'eau, un peu de chaleur et, *pop*, tout recommence, la vie renaît, originale, renouvelée, spontanément. Comprenez bien les débris organiques: ce peuvent être quelques brins de paille qu'on laisse macérer au laboratoire dans une infusion; ou bien les feuilles qui tombent en automne et qui, tassées et décomposées par l'hiver, se transforment au printemps en un fertile humus; mais ce sont aussi vous et moi, futurs cadavres bientôt rendus à la vie universelle. Sublimité de la Vie qui d'un seul individu, médiocre et égoïste d'aventure, tire tout un peuple organisé et laborieux. C'est ici qu'on touche au plus près des vérités réservées: l'ami du peuple a peu de sympathie pour l'individu qui n'existe que par tolérance dans le grand dessein de l'univers. Bernanos, qui a vécu les yeux ouverts le grand lever de rideau sur les merveilles de l'humanisme, toutes les prophéties, comme le bouquet d'un feu d'artifice, éclatant ici en belles fumées grasses sur les forêts polonaises, là en beaux champignons dans les prairies du Pacifique, Bernanos a profondément compris la *vision* derrière ces merveilles, mais n'en fut pas séduit:

> Un cadavre est essentiellement, cela va sans dire, une chose inanimée, au sens exact du mot, privée d'âme. Mais ce n'est pas une chose inerte. Le cadavre est au contraire tout frémissant, tout vibrant, tout grouillant de mille combinaisons nouvelles, dont l'absurde diversité se retrace dans les diaprures et les chatoiements de la pourriture. Ces histoires ne sont pourtant pas une histoire. Le cadavre en décomposition ressemble beaucoup — si un cadavre peut ressembler à quelque chose — à un monde où l'économique l'a emporté décidément sur le politique, et qui n'est plus qu'un système d'intérêts antagonistes inconciliables, un équilibre sans cesse détruit dont le point doit être cherché toujours plus bas. Le cadavre est beaucoup plus instable que le vivant, et si le cadavre pouvait parler, il se vanterait certainement de cette révolution, de cette évolution accélérée qui se traduit par des phénomènes impressionnants, par des écoulements et des gargouillements sans nombre, une fonte générale des tissus dans une égalité parfaite, il ferait honte au vivant de sa relative stabilité, il le traiterait de conservateur. Oui, certes, il se passe beaucoup de choses, énormément de choses à l'intérieur, ou même à l'extérieur d'un cadavre, et si nous demandions leur avis aux vers, et qu'ils fussent capables de nous le donner, ils se diraient

engagés dans une prodigieuse aventure, la plus hardie, la plus totale des aventures, une expérience irréversible. Et pourtant, il n'en est pas moins vrai qu'un cadavre n'a pas d'histoire ou — si vous aimez mieux — son histoire est une histoire admirablement conforme à la dialectique matérialiste de l'Histoire. Il ne s'y trouve pas de place pour la liberté, sous quelque forme que ce soit. Le déterminisme y est absolu. L'erreur du ver de cadavre, aussi longtemps que son cadavre le nourrit, est de prendre une liquidation pour l'Histoire.[6]

"Prendre une liquidation pour l'Histoire": certes, les pères fondateurs ne s'en croyaient pas arrivés là. Sur le cadavre de tous les anciens régimes, ils rêvaient la résurrection d'un peuple sain et affairé (un peu vermiculaire, évidemment). Quant à eux, ils se voyaient bien dans le rôle d'un Jésus-Christ *modeste*, un Jésus qui s'effacerait avec tous les gouvernements *provisoires*, ausssitôt la nouvelle souveraineté dûment installée. Zola, *modestement*, écrivit des *Evangiles*.

Mais, au 20e siècle, lorsque levèrent les moissons des peuples libérés, lorsque s'opérèrent les résurrections collectives, lorsque de *Germinal* les germes eurent germé, lorsque surgirent des peuples homogènes et vraiment collectifs, des races neuves et superbes, cette grande aurore fut tout de suite si sanglante qu'on dut, partout et fort vite, tempérer les rigueurs de l'expérience. En attendant le dîner final d'un siècle (ce sera peut-être un souper *après spectacle*) qui, à en juger par ses deux premiers repas, pourra se coucher en se vantant d'avoir bien mangé, il faut reconnaître que, jusqu'ici, les grandes prophéties du 19e siècle, dans leur passage à la pratique, ont dû, pour paraître viables, se mitiger d'une certaine dose d'incohérence. Leur naturalisme assure toujours une sorte de caution "morale", très dégradée par rapport aux exigences des fondateurs, très souple quant à son contenu, mais suffisante. En même temps, il a bien fallu tolérer les illusions, les perversités, les rébellions de l'individu, ce mauvais élève, gamin inéducable, fanatique de ses petits vices. L'immaturité individualiste, facteur permanent d'anarchie, a été admise dans le système au nom du libéralisme et du droit à l'accomplissement.

Ce n'est pourtant pas au nom du libéralisme ou du droit à l'accomplissement que Baudelaire écrivait. Pris, coincé, comme un peu plus tard le docteur Stockmann d'Ibsen, entre la dure loi conservatrice (loi de famille et de patrimoine) et l'éloquence "fraternitaire" des

---

[6] Georges Bernanos, *Français, si vous saviez...* (Gallimard, 1961), pp. 230-31 (première publication dans *Carrefour*, 25 décembre 1946).

humanistes, il vomissait l'une autant que l'autre. Il ne revendiquait aucune légitimité, aucun droit. Pourtant, il ne subit la loi d'aucun des deux partis, ne démissionna pas, mais créa entre eux quelque chose. Les paradis artificiels, n'importe où hors du monde, ne l'absorbèrent jamais complètement. La folie, qu'il côtoya, ne l'attirait nullement (voyez la réticence et comme la méfiance avec lesquelles, dans sa *Correspondance*, il tempère son éloge de Méryon). Tout étranger qu'il se sentît à un débat social et politique dont les termes lui paraissaient truqués, il n'arrêtait pas d'y penser. Si, comme je le crois, et comme il en avait l'ambition, il mérite d'être appelé *philosophe*, c'est bien à l'intensité de son effort pour comprendre l'essence du lien social qu'il le doit. Il cherchait, semble-t-il, quelque chose d'apparemment contradictoire ou impossible, une politique de l'individu. Je sais bien qu'il en existe une, fort ancienne, du côté de Machiavel ou de Napoléon. Mais, tout dandy qu'il se croyait, Baudelaire, par force, était démocrate, et bien qu'il fût obsédé par le Tyran, il ne trouvait pas, de ce côté, d'issue autre qu'imaginaire. Il aurait souhaité, j'imagine, une politique non située, une politique sans partis, mais qui ne fût pourtant pas utopique, une politique nullement "subjective", pleinement individuelle, peut-être une politique où le vrai confondît enfin son efficacité et sa révélation. "Je n'ai pas de convictions, disait-il, comme l'entendent les gens de mon siècle, parce que je n'ai pas d'ambition." Et il ajoutait: "Cependant, j'ai quelques convictions, dans un sens plus élevé, et qui ne peut pas être compris par les gens de mon temps."

L'oeuvre de Baudelaire, comme celle de Michelet, se construit à partir d'un ésotérisme. Les cyniques penseront que c'est le même, mais je suis persuadé du contraire. La part ésotérique, chez Michelet, est une sorte de moteur occulte qui fait marcher tout le système — moteur dont il vaut mieux, sans doute, ne pas trop parler au peuple, mais dont le haut clergé connaît parfaitement et approuve l'existence. Chez Baudelaire, elle se résume en quelques *considérations intempestives* que le poète voudrait dévoiler, mais *qui ne peuvent être comprises par les gens de son temps*. Il lui faut se taire ou parler par aphorismes, fables et paraboles.

L'une de ces vérités scandaleuses — universelle dans ses effets, secrète dans son principe — concerne la haine. La haine est le sentiment social par excellence. Cette idée appartient aussi bien à Tocqueville, mais Tocqueville pouvait se réfugier dans les mythologies féodales qu'il cultivait avec dévotion. Pas d'exception pour Baudelaire: la haine est le sentiment égalitaire, universel et fraternel. Elle ne vise pas l'autre comme différent, mais comme identique à soi-même. Ce n'est pas un abus de langage de parler à son propos de fraternité, c'est au contraire définir le sens réel de ce mot. *Assommer les pauvres*, selon le conseil charitable de l'avant-dernier des *Poèmes en prose*, c'est les provoquer à une riposte qui mette en pleine lumière, dans sa nécessité splendide, la force du lien social. Révolutions et répressions sont les plus forts moments d'harmonie fraternelle.

Une autre vérité du même ordre concerne la pauvreté. La pauvreté, non la misère qui enflamme l'éloquence réformatrice de Hugo. La misère en elle-même — très réelle, et dans sa cruauté, et dans son étendue — est malgré tout peu de chose, tant l'humanité supporte habituellement la souffrance. Mais la misère, phénomène objectif, engendre la pauvreté, sentiment autant qu'état, et, comme la haine, sentiment générateur de sociabilité. La pauvreté est une privation qui éveille une envie, elle n'existe que par le regard du pauvre sur les félicités du riche, ce regard qui unit et sépare les deux acteurs indispensables en élevant entre eux une grille, image fondamentale de toute société. Une barrière sépare la veuve pauvre et l'orphelin de la joie bruyante du concert public (*Les Veuves*). Une grille sépare l'enfant du château de l'enfant de la grande route (*Le Joujou du pauvre*). Ce dernier tient à la main un rat enfermé dans une petite "boîte grillée", son jouet à lui. Le pauvre, le riche, le rat se regardent derrière les barreaux, ils nous regardent et nous les regardons derrière leurs barreaux (les nôtres), le bonheur des massacres futurs s'élève comme un encens, tout le monde rit "fraternellement, avec des dents d'une *égale* blancheur". Deux gamins rencontrés par le touriste-narrateur sur un chemin de montagne (si étonnamment identiques que le second apparaît comme par dédoublement spontané du premier) appellent *gâteau* la tranche de pain que le voyageur est tout prêt à partager avec eux, mais qu'ils préfèrent se disputer avec la dernière férocité (*Le Gâteau*). Les hommes ne se battent jamais pour du pain. Marie-Antoinette le savait bien: "S'ils n'ont pas de pain, qu'ils mangent de la brioche." Ce qu'ils firent, et *la* mangèrent.

D'autres, après Baudelaire, s'essayèrent dans cette voie d'une politique de l'individu: le docteur Stockmann, personnage d'Ibsen, tente de la définir au long d'un discours-fleuve adressé à ses concitoyens rassemblés, discours vraiment philanthropique qui lui vaut d'être déclaré, à l'unanimité, un *ennemi du peuple*. Céline reprend l'entreprise, partout dans son oeuvre, avec, à peu près, les mêmes résultats.

L'enquête la plus superficielle ne permet donc pas de confondre les deux ésotérismes, le sens caché au coeur de l'oeuvre de Michelet, le sens caché au coeur de l'oeuvre de Baudelaire. D'un côté un ésotérisme de haut clergé, de l'autre un ésotérisme de scandale. Cette différence, dans la pratique, n'a aucune importance. Michelet voulut être populaire (éduquer et former le peuple démocratique). Il le fut, puis ayant "réussi", tomba dans un oubli glorieux. Baudelaire, qui n'y prétendait pas, le devint. Tous les deux ne le furent certainement que dans la mutilation et le malentendu. Ce qui devrait intéresser l'historien, c'est que, de ces oeuvres si opposées et dont l'opposition apparaît aussi riche de sens, la postérité et la popularité aient réussi à opérer une sorte de mélange.

Nous vivons la démocratie, selon ses règles, comme un conformisme de l'opinion. Cette opinion, fluctuante, mais toujours avide de garanties, cherche dans la nature ce qu'elle ne peut plus demander à Dieu, et ce sont les prophètes humanistes du 19e siècle qui ont, pour notre usage, moralisé la nature. Mais, à travers les actions et réactions de masse dans lesquelles ils s'impliquent, les participants, chacun isolément, entendent aussi récupérer une perversité individuelle (une perversité *résiduelle*) qui leur fait retrouver des conduites par lesquelles, au 19e siècle, se singularisa Baudelaire: le goût du rêve, l'usage des adjuvants chimiques qui en multiplient la vigueur et la gloire, le dégoût du travail, la persistance sournoise d'une immaturité et d'une dépendance, la fermentation secrète d'une révolte qui n'éclate qu'en orages isolés... L'inconséquence est sans doute de prétendre à la fois à la sanction du collectif, et à la rébellion de l'individuel. Tout le chahut qu'on a mené depuis vingt ans autour de l'homosexualité et de la drogue n'avait qu'un but, d'ailleurs candidement avoué: légaliser la déviance!

La postérité n'a que faire de l'intégrité des oeuvres et de la pudeur des auteurs. Les amis du peuple voulaient s'effacer devant la cause qu'ils servaient. Etait-ce leur faute si, à force d'effacement, les tirages s'envolaient? Ils ne cessaient de répéter "moi, je ne compte pas" et leur modestie ne pouvait que grossir encore une gloire, hélas, tout individuelle. Les poètes maudits ne furent pas mieux traités. Baudelaire ne demeura ignoré que le temps qu'il fallut pour le rendre utilisable, et dès qu'il le devint, son oeuvre se trouva comme renversée par une vague de gloire qui la charria dans l'écume d'un hommage brutal et destructeur. Quel meilleur sujet pour un *best seller* ou un film à succès que la vie de Van Gogh! — ou de Baudelaire (même si Kirk

Douglas est maintenant trop vieux! *Central Casting* pourvoira). Confondant sans même le savoir des oeuvres qui s'édifièrent les unes *contre* les autres, la popularité mélange tout. Il n'y a pas de raison de s'en affliger. D'abord ce serait ridicule; et puis, si l'on tient cette science-là pour le dernier mot, Baudelaire, Michelet, Hugo, furent, en même temps que les auteurs, les *produits*, contradictoires et accordés, de leur époque.

Une Littérature en situation de diglossie:
La Littérature occitane

FAUSTA GARAVINI
PHILIPPE GARDY

En Occitanie comme dans le reste de l'Europe occidentale, c'est au cours du 16e siècle que se produit une mutation fondamentale, économique, sociale et politique, mais également culturelle. Des rapports nouveaux s'établissent peu à peu entre les langues et les cultures, tandis que la diffusion de plus en plus large des techniques d'imprimerie transforme en profondeur les modes de production et de réception du texte écrit, donc de la littérature. Dans l'espace français, cette mutation s'accompagne d'une redéfinition tout à fait considérable des mentalités et des comportements linguistiques: l'édit de Villers-Cotterêts (1539) "sur le fait de la justice" est essentiellement destiné à officialiser l'emploi du français au détriment du latin dans certains actes publics ou privés, mais il constitue également, par ses articles 110 et 111, une barrière mise à l'utilisation juridique des autres sortes de "vulgaires" largement pratiqués dans le royaume de François 1er. Cette barrière, en réalité, ne doit pas être comprise comme une mesure isolée: elle apparaît bien plutôt comme l'émergence législative d'un mouvement beaucoup plus large, qui, en France, place le français, écrit ou parlé, à la cime d'une représentation hiérarchisée des pratiques linguistiques. Si les "autres" langues, et en particulier l'occitan, continuent à être pratiquées massivement, leur statut se trouve d'ores et déjà être celui de langues dévalorisées, qui renvoient à des formes de cultures

255

inférieures, tandis que le français met en oeuvre de son côté tout un ensemble de constructions institutionnelles qui assurent sa prééminence idéologique et factuelle. Cette situation de conflit est une situation de diglossie au sens que donne à ce terme l'école sociolinguistique catalane contemporaine[1].

Parmi ces institutions, la littérature n'est pas la moindre; et c'est seulement par l'emploi du français qu'il est possible d'y accéder de plein pied, malgré l'importance de la production néo-latine au 16e ou au 17e siècle en France. On ne s'étonnera donc pas si c'est en empruntant des cheminements différents que la création en occitan se renouvelle dans la deuxième moitié du 16e siècle. Il s'agit tout à la fois de tirer profit du décalage déjà bien installé entre l'image d'une culture des élites, liée à l'utilisation du français comme langue d'écriture, et celle d'une culture "populaire", en tout cas représentée comme marginale, ou souterraine, dont l'occitan peut être le véhicule et le symbole linguistique; et de reprendre cependant à son compte les fonctionnements et les formes de l'institution littéraire française, qui fait dorénavant office de modèle, fascinant et lointain. De l'exploitation patiente et diversifiée de cette contradiction majeure prend naissance une production littéraire occitane relativement foisonnante, qui doit trouver sa place spécifique, entre le succès de genres "popularisants", nourris directement aux sources de la voix carnavalesque, estudiantine ou basochienne, et les attraits de plus en plus forts de la littérature française en langue dominante, dont la pratique devient très vite considérable un peu partout en Occitanie à partir des années 1560-1600[2].

[1] Parmi les nombreux travaux des sociolinguistes catalans, on peut citer: Lluis V. Aracil, *Papers de sociolingüística* (Barcelona: La Magrana, 1982); Rafael Ll. Ninyoles, *Idioma i prejudici* (Palma de Mallorca: Moll, 1971, 1975); Francesc Vallverdú, *Aproximació a la sociolingüística catalana* (Barcelona: Ediciones 62, 1981). On consultera également l'ouvrage de référence, avec bibliographie très complète, de Georg Kremnitz, *Sprachen im Konflikt. Theorie und Praxis der Katalanishen Soziolinguistiken* (Tübingen: Gunter Narr, 1979), auquel on adjoindra, pour la sociolinguistique occitane, du même auteur, *Entfremdung, Selbstebefreiung und Norm. Texte aus der okzitanischen Soziolinguistik* (Tübingen: Gunter Narr, 1982).

[2] Dans le domaine d'une littérature liée au milieu universitaire, il faut signaler l'existence d'une poésie macaronique indépendante de l'exemple italien dont le représentant principal est Antonius Arena (autour de 1500-1544): l'édition critique des macaronées provençales, par Fausta Garavini et Lucia Lazzerini, est sous presse. Il faut mentionner par ailleurs l'importance en Gascogne de la poésie de Pey de Garros (1525-1581).

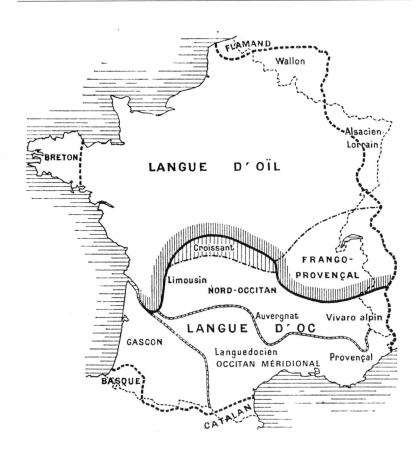

Les langues ethniques de France et les dialectes occitans
(Pierre Bec, *La Langue occitane* [PUF, 1973]).

Un fait essentiel caractérise l'apparition et le développement de cette
contre-institution littéraire en occitan: sa distribution géographique
et, déjà, sa parcellisation, à la fois linguistique et mentale. Il n'existe
pas, à la fin du 16e siècle, *une* littérature occitane, consciente de sa
différence structurelle, mais bien *plusieurs* littératures en voie d'auto-
nomisation plus ou moins affirmée. Des espaces distincts se font jour,

dont les expériences, selon toute probabilité, ne sont pas échangées, malgré leur relative proximité. Deux "centres", surtout, comme l'a montré Robert Lafont dans sa fondamentale *Renaissance du Sud*, définissent alors cette dislocation de la pratique littéraire occitane: à l'ouest, Toulouse, dont la prééminence est notamment signifiée par l'intervention décisive de Pierre Godolin (1580-1649), à travers les livraisons successives de son *Ramelet Moundi* (Le Bouquet toulousain), en 1617, 1621, 1637-38, 1647 enfin; à l'est Aix-en-Provence et Marseille, où le ton est donné par des oeuvres aussi dissemblables que celles de Louis Bellaud de la Bellaudière (1543-1588), dont les *Obros et rimos provenssalos* sont imprimées après la mort de leur auteur (Marseille, 1595), ou Claude Brueys (1570?-après 1635) qui fait publier en 1628 son *Jardin deys Musos prouvensalos*, où sont rassemblés des textes, essentiellement de théâtre, écrits et représentés entre 1595 et 1600 pour la plupart.

Ces oeuvres, sans être totalement exemplaires, sont néanmoins révélatrices des voies sur lesquelles s'engage, parfois avec grande difficulté, l'écriture occitane autour des années 1600. Pierre Godolin, comme Claude Brueys, écrivent en rupture assez nette avec toute la production occitane médiévale, qu'ils ignorent ou, au mieux, ne connaissent que de façon très approximative. Rupture graphique, en premier lieu: leur occitan, languedocien ou provençal, est désormais noté avec un système graphique qui n'est plus celui des troubadours ni de l'écrit administratif du moyen âge, mais un système très dégradé, hétérogène et largement influencé par la norme française moderne. Rupture thématique et sociologique ensuite: affrontés aux exigences opposées d'un projet d'institution littéraire à l'imitation de la littérature française et d'une "voix" occitane marquée d'oralité carnavalesque et popularisante, les écrivains occitans, par ailleurs de culture savante et maniant parfaitement le français, se situent, dans leurs oeuvres, sur la ligne de crête qui sépare deux ensembles culturels et linguistiques de plus en plus étroitement imbriqués et cependant concurrents, antagonistes même. Ainsi Pierre Godolin, fils d'un chirurgien toulousain, élève des Jésuites, étudiant en droit et avocat au Parlement de sa ville, mûrit son entreprise d'écrivain occitan au double contact d'un milieu francophone et francisant, celui du Collège de Rhétorique (qui lui accorde en 1609 la récompense du "Souci" pour un chant royal en français), et d'un milieu occitanophone d'artisans et de paysans dont les pratiques culturelles sont bien différentes. Et c'est à l'occasion d'une fête transclassiste, à la fois riche de débordements populaires et de fastes aristocratiques, le Carnaval, qu'il parvient à réaliser une sorte de synthèse contradictoire: une littérature "orale", qu'il interprète lui-même devant un large public où les classes sociales se rencontrent et se mêlent, de façon certainement très conflictuelle, qui est en même temps une littérature "écrite", faite pour être lue en dehors de son contexte carnavalesque d'origine, et qui s'affirme alors comme écriture instituée, au même niveau d'élaboration que les littératures majeures du passé (latine) ou du présent (française, castillane, etc.).

La synthèse godolinienne ne fut pas sans effets: les divers volumes du *Ramelet* apparaissent à la source d'une école d'écriture féconde et variée, dont il est possible de suivre la trace tout au long du 17e siècle, non seulement à Toulouse même, mais également assez loin de la métropole languedocienne. Par ailleurs, la veine d'une littérature échafaudée dans la mêlée des langues et des cultures que favorise le Carnaval est exploitée avec un certain succès en d'autres lieux d'Occitanie à la même époque. Ainsi, à Aix, l'exemple de Claude Brueys est repris par d'autres, tel ce Gaspard Zerbin (1590-1640?), avocat au Parlement de Provence, dont on publie, en hommage posthume, *La Perlo deys musos et coumedies prouvensalos* en 1655, recueil de cinq comédies écrites pour le Mardi Gras. A peu près à la même époque, à Montpellier cette fois, Isaac Despuech (1583-1642), rassemble dans un ouvrage très composite intitulé *Les Folies du Sieur le Sage* (1636), un ensemble de textes dans lesquels les formules et les thèmes d'un discours carnavalesque très dense rejoignent une critique vigoureuse des formes littéraires françaises en vogue, entre préciosité et pastorale.

La production littéraire occitane, bien que dispersée géographiquement, trouve dans cette alliance entre inspiration carnavalesque — dans l'acception la plus large du terme: celle d'une prise en compte nonstéréotypée des pratiques culturelles des classes subalternes — et recherche d'un ton et d'une écriture accordés aux bouleversements d'une époque souvent difficile à vivre, où famines, pestes et pillages se succèdent, une certaine unité profonde. Mais cet apparent équilibre ne résiste pas à la pression décisive des pouvoirs: l'affirmation, à partir de 1660, d'une politique de centralisation très appuyée, les progrès, aussi bien dans les actes de la vie quotidienne que dans l'évolution des consciences, de la francisation, accentuent la fragilité d'un projet littéraire occitan déjà largement problématique. Significative

de cet affaiblissement réducteur est assurément la mode du "traves-
tissement", qui prend forme vers 1650 (en 1648, Jean de Valès, ami
et disciple de Pierre Godolin, publie à Toulouse la première partie
de son *Virgilo deguisat o l'Eneido burlesco* [Virgile déguisé ou l'Enéide
burlesque])[3] et se développe tout au long des 17e et 18e siècles. Autour
d'un texte majeur, considéré comme un symbole de la littérature instituée, celui de l'épopée virgilienne la plupart du temps, les écrivains
occitans, profitant d'une mode littéraire par ailleurs fréquemment
adoptée dans une grande partie de l'Europe, mettent en oeuvre une
écriture de l'*écart*, dont la spécificité consiste à amplifier ou distordre
le discours dominant. A lire Bergoing (*L'Eneido de Virgilo, libre qua-
triesmé revestit de naou et habilhat a la brullésco* [L'Enéide de Virgile, livre
quatrième revêtu de neuf et habillé à la mode burlesque], 1652), D'Estagnol (*Traductieu del premie, second, quatrieme et sixieme livre de l'Eneido
de Virgilo* [Traduction du premier, second, quatrième et sixième livre
de l'Enéide de Virgile], 1682), Joseph Pasturel (*Le quatrieme livre de
l'Eneïde de Virgile travesti en Auvergnat*, 1733, mais rédigé à la fin du siècle précédent) ou encore Jean-Baptiste Fabre (*L'Eneida de Celanova*,
écrite autour de 1780, mais demeurée manuscrite du vivant de l'auteur [L'Enéide de Celleneuve, du nom de la paroisse de la banlieue
montpelliéraine où Fabre était curé-prieur]), on peut mesurer les
difficultés d'être d'une littérature qui, pour éviter la destruction ou
l'éparpillement dans l'écriture de circonstance la plus banale, choisit
de s'affirmer sur les marges d'un texte qui n'est pas sien. Affirmation
timide et limitée, lorsqu'il s'agit simplement, pour D'Estagnol par
exemple, de faire entendre la "voix" occitane, les sons et les mots de
la langue, en modeste écho (qualifié pour cela de "traduction") du texte
latin; affirmation plus pressante, chaque fois que, dans les interstices
du chef-d'oeuvre de Virgile, l'écriture occitane développe de courtes
séquences plus autonomes (chez Valès, héritier en cela de l'écriture
émancipée d'un Godolin); affirmation véritable lorsque, comme c'est
le cas dans l'oeuvre de Fabre, il est vrai plus tardive, la voix occitane, à certains moments, parvient à prendre de véritables distances
avec l'*Enéide* et recompose, en toute liberté créative, les linéaments
d'un sujet écrivant original, en prise sur ses définitions spécifiques.

Entre l'*Enéide* en occitan de Jean de Valès (1648) et celle de Jean-
Baptiste Fabre (vers 1780), se laisse lire, en oscillation, l'incertitude
sociale et psychologique d'une écriture certes abondante, mais con-

---

[3] L'oeuvre de Jean de Valès est strictement contemporaine du *Virgile travesti* de Scarron
dont elle n'est donc pas une imitation.

damnée à rester confinée dans les limites souvent très contraignantes d'une situation de dépendance linguistique chaque jour un peu plus pesante. Pour s'épanouir et rencontrer un public porteur d'un certain poids de légitimité sociale, la littérature occitane est ainsi conduite à occuper des lieux spécifiques, où ces contraintes apparaissent plus légères. Un bon exemple de cette sorte d'exutoire est fourni par la remarquable tradition théâtrale que l'on observe en Bas Languedoc, à Béziers très exactement, tout au long du 17e siècle. A l'occasion des fêtes de *Caritats* (Charités), que l'on célébrait chaque année dans cette ville pendant la semaine du jeudi de l'Ascension, était donnée une suite de représentations théâtrales qui constituaient le point culminant des festivités. L'écrivain, dans ce cadre très particulier, pouvait rencontrer un large public, susceptible de recevoir des oeuvres occitanes, ou françaises mêlées d'occitan. La fête, admise, plus ou moins facilement, par tous, suppléait, par son caractère exceptionnel (en partie carnavalesque, malgré sa date), à l'absence d'institution littéraire occitane et rendait socialement possible un théâtre écrit et représenté majoritairement dans une langue autre que le français. Les vingt-quatre pièces conservées de ce théâtre (monologues sur des thèmes folkloriques, pastorales surtout) témoignent, par les allusions fréquentes qui y sont faites à la situation de conflit linguistique dans laquelle vivaient auteurs, acteurs et spectateurs rassemblés sur la place où se déroulaient les représentations, du caractère assez exceptionnel de ce genre de production: littérature en voie d'émergence, mais qui n'est acceptée en tant que telle qu'à l'intérieur des parenthèses que la fête installe au coeur de la vie sociale.

Un contre-exemple de ces pesanteurs de l'institution sur la production littéraire occitane se trouve dans l'oeuvre de Jean-Baptiste Fabre, déjà mentionné, et dans celle, provençale, de l'aixois Jean de Cabanes (1654-1717). Cabanes, héritier de l'écriture carnavalesque d'un Brueys ou d'un Zerbin, refuse de s'inscrire dans cette voie, qu'il juge condamnée à ne favoriser la production que d'oeuvres mineures, par trop marginales par rapport aux grandes littératures européennes. Il s'engage donc dans une entreprise toute différente, de construction d'un texte occitan majeur, accordé aux grands courants intellectuels de son temps. Le résultat obtenu n'est certes pas toujours à la hauteur de cette ambition, de toute façon démesurée sociologiquement parlant; mais il fait de l'oeuvre de Cabanes—comédies psychologiques, contes en vers, satires de la vie contemporaine, réflexions sur la situation culturelle de la Provence—un ensemble fort intéressant. Or cette oeuvre est demeurée manuscrite et n'a pu bénéficier, de ce fait, que d'un très petit nombre de lecteurs, amis ou familiers de l'écrivain. Comme si ce projet de littérature dégagée des contraintes sociologiques qui étaient celles de la langue occitane dans les années 1700 à Aix était, littéralement, incommunicable, irrecevable, sinon comme expérience individuelle. Une analyse assez semblable pourrait être faite à propos de l'oeuvre de Jean-Baptiste Fabre (1727-1783), dans laquelle on peut discerner un certain nombre d'avancées tout à fait remarquables. Fabre, comme Cabanes, poursuit pendant de longues années l'élaboration d'une oeuvre en trois langues: latine, française et occitane. Une étude minutieuse de la distribution des genres selon les langues montrerait comment l'écrivain reproduit dans ses choix l'essentiel de la hiérarchie des langues et des cultures instaurée en son temps. Mais, paradoxalement en apparence, c'est dans la part occitane de son oeuvre que Fabre, sans aucun doute, se montre écrivain authentique et parvient à innover, non seulement avec ses travestissements très libres de l'*Enéide* et de l'*Odyssée*, mais encore en produisant une oeuvre aussi inattendue que l'*Histoîra dé Jean l'an prés* [Histoire de Jean-l'ont-pris], récit en prose où sont transgressés avec une habileté presque diabolique les interdits qui définissent alors l'écriture en occitan. En passant du discours versifié, caractéristique de l'ensemble, ou peu s'en faut, de la production occitane du 18e siècle, à la prose narrative, Fabre détruit toute une série de contraintes formelles qui renvoient à l'impossibilité sociale d'une littérature en occitan à cette époque. Or le récit de Fabre, tout comme d'ailleurs l'ensemble de son oeuvre occitane, ne connaît pas l'impression. Il faut attendre la première moitié du 19e siècle pour que plusieurs éditions, fort incorrectes au demeurant, en soient publiées. Assurément, Fabre, tout comme Jean de Cabanes, n'a pas composé son oeuvre dans une absolue solitude: ses manuscrits, soigneusement recopiés, circulaient dans un cercle choisi d'amis, dont certains, comme Emmanuel de Saint-Priest, intendant de la province de Languedoc, ne connaissaient que très approximativement l'occitan. Mais cette diffusion restreinte, quelles qu'en puissent être les causes anecdotiques, est révélatrice d'une situation historique particulière: dans le cours du 18e siècle, l'écriture en occitan, alors même qu'elle sait conquérir, avec des écrivains tels que Fabre ou Cabanes, des fonctionnements nouveaux qui lui ouvrent des perspectives réelles d'existence, en tant que *littérature* ne conserve une certaine légitimité publique qu'en refusant ces fonctionnements.

Parallèlement à ces tentatives très confidentielles en leur temps pour dessiner les chemins d'une littérature occitane "majeure", le 18e siècle offre l'image très générale d'une production directement liée aux circonstances qui la rendent possible: monologues carnavalesques, très souvent imprimés et assez largement colportés, dont le modèle le plus achevé est certainement le *Procez de Caramentran* [Le Procès de Carnaval], pour la Provence; récits charivariques (comme le célèbre et omniprésent *Crebo-couer d'un payzan sur la mouert de soun ay* [Crève-coeur d'un paysan sur la mort de son âne]); également pièces de circonstance, destinées, la plupart du temps, à célébrer tel ou tel événement propre à consolider le prestige monarchique (victoire, naissance royale etc.). La tourmente révolutionnaire ne met pas fin à cette sorte de littérature: alors même que s'esquisse puis se précise une remise en cause—souvent très théorique, il est vrai—de la diglossie plus ou moins passive caractéristique des régions occitanes au profit de la seule langue reconnue comme *nationale*, le français, l'occitan demeure, sans rupture véritable, langue d'écriture. De telle sorte que l'on assiste, au sortir de la période révolutionnaire, à un authentique "retour du refoulé linguistique", qui revêt, selon les circonstances, des aspects extrêmement divers. Dans la région bordelaise, par exemple, Jean-Antoine Verdié (1779-1820), propagandiste légitimiste, personnage carnavalesque qui se pose en porte-parole des classes subalternes de sa ville, diffuse, par la récitation de plein vent ou à l'aide de petites brochures imprimées artisanalement, une oeuvre abondante et fascinante, que les historiens de la littérature d'oc ont eu tôt fait de classer au nombre des soubresauts "populaciers" auxquels s'opposera le mouvement félibréen, alors qu'il s'agit de la manifestation, massive et complexe, d'un phénomène profond et pan-occitan, dont Jacques Boé, plus connu comme Jasmin (1798-1864) sera la figure la plus prestigieuse. A l'autre bout de la chaîne, ce retour, savant et émotionnel tout à la fois, est le fait d'un Antoine Fabre d'Olivet (1767-1825), dont *Le Troubadour* (1803), "poésies occitaniques du 13e siècle", rassemble, en une création poétique totalisante pour laquelle le Moyen Age n'est qu'un prétexte, les thèmes culturels et l'argumentation historique. Emergence de formes culturelles "basses", dominées, et mise en forme d'une légitimité linguistique reconstruite et publiquement affirmée définissent le bouillonnement culturel des années 1800-1820 en Occitanie. Elles en tissent également les contradictions.

C'est dans ce contexte qu'intervient l'action du Félibrige, le phénomène le mieux connu d'une littérature qui l'est si mal dans son ensemble. Mais le nom de son chef, Frédéric Mistral, est à peu près la seul à avoir franchi véritablement les frontières de la France. L'association, qu'il fonda en 1854 à Font-Segugno (près d'Avignon) avec Joseph Roumanille, Théodore Aubanel et quelques autres, se donnait pour but — selon les statuts publiés en 1862 — de "conserver à la Provence sa langue, sa couleur locale, la liberté de sa bonne grâce, son honneur national et son beau rang intellectuel". On notera le terme *conserver*, qui définit d'emblée une perspective traditionaliste (dont le contenu est suffisamment précisé dans ces quelques lignes); on remarquera qu'il n'est pas question de l'ensemble des pays d'oc, mais de la seule *Provence* et de son honneur *national*. Ces deux facteurs, qu'on pourrait condenser dans la formule *traditionalisme provençal*, seront lourds de conséquences pour l'avenir de la littérature occitane.

On peut dire, pour aller vite, que le Félibrige est un mouvement romantique et antijacobin, dans la mesure où il s'oppose au nivellement centralisateur prôné par la Révolution (rappelons la campagne contre les langues minoritaires menée par Barrère à la Convention et la célèbre enquête de l'abbé Grégoire sur les *patois*) et qu'il assume la défense d'une civilisation qui risque de disparaître, et dont la représentation se fige en conséquence dans une image idyllique et mythique de la vie paysanne. C'est aux "pastre e gent di mas" (pâtres et gens des fermes) que Mistral — jeune homme de race terrienne, romantiquement amoureux des traditions populaires — dédie son premier chef-d'oeuvre, *Mirèio* (1859).

Le Félibrige, qui porte au "peuple" un intérêt paternaliste, se distingue ainsi du mouvement plus authentiquement plébéien des poètes ouvriers citadins et des *patoisants* de Marseille, très actifs au milieu du siècle. Il est vrai que les aspirations démocratiques de ces poètes s'estompent souvent sous une tonalité idyllique et débonnaire assez proche de celle des félibres (à l'exception des extraordinaires *Chansons marseillaises* [1840] de Victor Gelu). Il ne faut pas oublier non plus l'opacité du concept de "peuple", donc de culture ou de poésie "populaires": les poètes ouvriers, tout comme les félibres, sont dans l'ignorance du fonctionnement culturel sur lequel ils inscrivent leur production, méconnaissant d'un même aveuglement que leur appareil littéraire, qu'ils le posent dans un cadre urbain ou dans la pastorale, dérive des appareils rhétoriques et idéologiques depuis longtemps classicisés et scolarisés. Qui se veut "peuple" l'est toujours moins qu'un autre et la poésie "populaire" suit immanquablement et en dégradation le sillon des modèles littéraires dominants, donc d'une culture nonpopulaire.

Toujours est-il que le Félibrige, s'éloignant des villes et d'une réalité qui pourrait être porteuse d'histoire, abandonne le front linguistique citadin et donne ainsi à la langue d'oc un statut de langage paysan, lié à une civilisation immobile, à des valeurs archaïques. L'*Armana prouvençau*, organe annuel du Félibrige, révèle l'ambiguïté des intentions: chaque volume réunit, à côté des ingrédients habituels de tout almanach, des poèmes sans doute incompréhensibles par le public "populaire" auquel ils s'adressent.

Que l'oeuvre de Mistral, puissante d'élan vigoureux, ait su échapper au risque de la momification folklorique, que son travail constant et acharné sur la forme se situe aux frontières des expériences contemporaines dans le domaine de la poésie n'est pas ce qui intéresse ici, mais plutôt le fait que l'action linguistique du Félibrige est, dès le début, puriste et qu'elle devient vite normative. Il s'agit d'abord de redonner la dignité d'une norme graphique à une langue qui l'avait perdue sous l'influence du français; mieux encore, de restituer son statut de langue littéraire à un idiome qui n'était plus considéré que comme un patois (d'où la liaison que les félibres établissent avec les troubadours — découverts et remis en honneur entre temps par les travaux de Rochegude, Raynouard, Fauriel, etc. — en effaçant la production des siècles intermédiaires qu'ils déprécient parce que "patoisante"). La graphie grosso modo phonétique appliquée au sous-dialecte rhodanien, prônée par Roumanille et à laquelle Mistral — partisan d'abord d'une graphie plus étymologique — finira par se ranger, devrait, dans la perspective félibréenne, être adoptée dans le reste des pays d'oc; de plus, le "vulgaire illustre" mistralien devrait s'imposer, "par droit de chef-d'oeuvre" (selon la formule utilisée beaucoup plus tard par Sully-André Peyre, un mistralien orthodoxe du 20e siècle), sur l'ensemble du territoire occitan.

C'est là la première difficulté que rencontre le Félibrige et qu'il a lui-même bâtie, lorsque la grille de l'association, s'étendant au-delà de la Provence rhodanienne, éveille dans toutes les provinces d'oc une foule de rimeurs, au demeurant petits bourgeois cultivés pour la plupart, qui se consacrent à l'organisation de concours littéraires et de réunions *inter pocula*, à grand renfort de costumes locaux et de chansons bachiques. Une réaction ne tardera pas à se manifester dans les provinces occidentales, du côté de Montpellier, où l'opposition au par-

ticularisme provençal des Rhodaniens se double d'une opposition idéologique à leur orientation catholique et conservatrice. Un Félibrige
"rouge" se constitue en Languedoc, dont les chefs de file seront Louis-
Xavier de Ricard, un communard qui vient de Paris où il avait fondé
le *Parnasse*, et l'anticlérical Auguste Fourès. Leur héritage est repris
par Antonin Perbosc (1861-1944) et Prosper Estieu (1860-1939): ceux-
ci, deux instituteurs publics de la région toulousaine, se feront auteurs
d'une réforme graphique à base étymologique (qui s'imposera par la
suite dans l'Ouest du pays et qui est à l'origine de la réforme contemporaine mise au point par Louis Alibert). Fondateurs du mensuel
Mont-Segur (1896-1904), ils se réclament de la tradition libertaire des
pays d'oc dont la Croisade Albigeoise devient le symbole.

On voit ainsi une dichotomie opposer l'Est et l'Ouest du domaine
occitan. Hâtons-nous de souligner la simplification grossière de ce
schéma. Il est vrai que plusieurs Provençaux, disciples fidèles de Mistral, s'engagent décidemment dans la voie d'un nationalisme droitier
(plus loin même que le Maître qui, tenté peut-être, en 1867, de s'entendre avec l'opposition républicaine pour essayer de faire tomber
Napoléon III, se retire ensuite de toute politique active et rédige, au
lendemain de la constitution de la république espagnole, une ode "blanche" à Doña Blanca de Bourbon): tel Marius André (1868-1927), très
proche de Charles Maurras, qui signe avec ce dernier, en 1892, la
Déclaration des jeunes félibres fédéralistes et qui étale un patriotisme hyper-
provençaliste dans son long poème *La Glòri d'Esclarmoundo* (1894); tel
Folco de Baroncelli (1869-1943) qui, après avoir dirigé l'*Aiòli* (journal fondé per Mistral à Avignon en 1891 et qui paraîtra trois fois par
mois jusqu'en 1899), se retire en Camargue et fonde la *Nacioun Gar-
diano* (c'est lui le modèle du grand prêtre du culte taurin dans les *Bes-
tiaires* de Montherlant, où sont cités de longs extraits de son poème
Lou Biòu [Le Taureau]); tel, encore, l'autre poète de la Camargue,
Joseph d'Arbaud (1872-1950), en qui Mistral reconnut la voix la plus
importante de la nouvelle génération et que Sully-André Peyre indi-
quera comme le point de départ de la deuxième phase de la renaissance provençale, dans la mesure où il abandonne les "poncifs féli-
bréens" pour se tourner vers un lyrisme discret appuyé sur une rigoureuse mesure formelle: son poème *Esperit de la terro* [Esprit de la terre],
dans le recueil *Li Cant Palustre* [Les Chants Palustres] (1951, posthume), ne laisse aucun doute sur son orientation idéologique. Mais
il ne faut pas oublier que le provençal Félix Gras (1844-1901), beau-
frère du catholique Roumanille, chante en vers l'épopée de la guerre

albigeoise, *Toloza* (1881) et en prose celle des *Rouge dóu Miejour* [Les
Rouges du Midi] (1896) — quoiqu'il l'achève par l'apothéose de
Napoléon — ; que c'est à Marseille que se situe Auguste Marin, républicain et plutôt anticlérical — quoique, dans les chroniques de son
Armana Marsihés (1888-1896), il concilie revendication sociale et défense
de la tradition — ; que le plus grand parmi les poètes marseillais de
cette génération, Valère Bernard (1860-1936), exprime dans son
roman en dialecte marseillais *Bagatóuni* (nom des quartiers de Marseille au nord du Vieux Port; 1894) un christianisme social d'inspiration tolstoïenne, et décrit la misère des pauvres dans son recueil en
vers *La Pauriho* (1899). Pourtant les contradictions sont partout et cons-
tantes: Bernard demeure proche de la rédaction du *Feu*, mensuel aixois
d'orientation nationaliste dirigé pendant vingt ans par Joseph d'Arbaud, et *capoulié* du Félibrige de 1909 à 1918, finit par s'adonner à
un mysticisme patriotique diffus dans son long poème *La Legenda d'Es-
clarmonda* (1936), où il abandonne le dialecte marseillais pour un idiome
panoccitan fabriqué en puisant dans tous les dialectes et graphié selon
la norme élaborée entre temps par les Toulousains. Ceux-ci contre-
disent leurs propres orientations démocratiques dans la mesure où,
tout en voulant se faire lire par le peuple, ils proposent une orthographe puriste et académique, qui essaie d'effacer les différences dialec-
tales per un retour au Moyen Age, un lexique encombré d'archaïs-
mes et une syntaxe trop souvent calquée sur le français. C'est le cas
surtout de Prosper Estieu, dont les nombreux recueils poétiques, inspirés par le désir de rivaliser avec Victor Hugo ou Leconte de Lisle,
ne dépassent pas l'imitation de ces modèles (avec plusieurs décennies
de retard); au contraire Perbosc se débarrasse aussi bien du mistra-
lisme pompier (qu'on relève encore dans son *Gòt occitan* [La Coupe
occitane], 1903) que du classicisme vieillot, et sait tirer profit de ses
recherches ethnographiques pour retrouver la tonalité de la chanson
folklorique dans *L'Arada* [Le Labourage] (1906), et surtout *Lo Libre
dels auzèls* [Le Livre des oiseaux] (1924). Quant à Michel Camélat
(1871-1962), qui a touché un peu à tous les genres et dont on rappelle surtout le poème pastoral en trois chants *Beline* (1899), inspirée
par *Mirèio* et qui fait de lui le "Mistral gascon", il évolue vers le nationalisme occitan dans son épopée *Mourte e bibe* [Morte et vivante] (1920),
où sont évoqués les épisodes marquants de l'histoire du pays, depuis
la conquête romaine jusqu'à la défaite de Muret, pour terminer sur
l'apothéose de Mistral et sur l'appel aux jeunes gens réveillés par le
Félibrige.

Bref, à l'Ouest comme à l'Est, le Félibrige échappe difficilement à l'hypothèque nationaliste provinciale et succombe, d'un côté comme de l'autre, à la contradiction d'une littérature qui se voudrait populaire mais qui ambitionne en même temps de reconquérir un statut de littérature "majeure" en se haussant au niveau de la littérature dominante (française). La littérature d'oc se présente comme informée et structurée par sa fonction de réponse au centralisme français. Du même coup, sur le plan de la langue, le Félibrige, blanc ou rouge, est également antidiglossique: au lieu d'assumer la réalité des fonctionnements et des conflits linguistiques, il l'efface dans l'intention de récupérer la dignité et la pureté de l'idiome, et reproduit ainsi en termes d'oc l'idéologie normative et totalisatrice des défenseurs de la langue française.

C'est le risque auquel n'échappera pas non plus l'Institut d'Estudis Occitans (qui remplace en 1945 la Societat d'Estudis Occitans, fondée à Toulouse en 1936 sur l'exemple de l'Institut d'Estudis Catalans). Cet organisme para-universitaire prend la relève d'un Félibrige désormais sclérosé en dépit de la pesée sur lui de Sully-André Peyre: celui-ci refuse les poncifs provençalistes pour se réclamer de d'Arbaud et regroupe autour de sa revue *Marsyas* (1921-1962) à peu près toute la nouvelle génération provençale (Max-Philippe Delavouët, Charles Galtier, Jean-Calendal Vianès, Pierre Millet, Emile Bonnel, etc.), dont quelques-uns se détacheront—comme le marseillais Georges Reboul—pour s'orienter vers une littérature à la fois moderniste et engagée.

La *Gramatica occitana* (1935) de Louis Alibert, qui perfectionne sur le modèle catalan de Pompeu Fabra la réforme entamée par Estieu et Perbosc, dans l'intention d'établir dans la langue écrite une *Koinè* compromise dans l'oralité, devient la norme à laquelle se réfèrent les écrivains qui se regroupent dans l'Institut d'Estudis Occitans. Il s'agit en même temps, pour eux comme pour les mistraliens fidèles, de se libérer du contexte traditionnel, de décrocher la langue d'une réalité moribonde pour produire des oeuvres de style contemporain. Leur maître reconnu est d'abord le roussillonnais Joseph-Sebastian Pons (1886-1962), dont s'inspire en particulier Max Rouquette qui jouera à son tour un rôle de guide (ses contes, parus en revue et recueillis ensuite dans *Verd paradís* [1962], sont l'un des plus purs exemples de prose poétique occitane). La discrétion mesurée de ces voix constitue un point de repère pour beaucoup de poètes (Jean Mouzat, Pierre Bec, Pierre Lagarde) dont plusieurs se tournent par ailleurs vers les

avant-gardes surréalistes. Lorca ou Eluard auront eu une influence
déterminante sur ceux qui avaient vingt ans pendant la guerre, qui
sont passés par la Résistance et pour lesquels l'écriture en langue d'oc
épouse le combat pour la liberté; et aussi pour ceux dont l'expérience
de la guerre sera celle d'Algérie, comme pour le plus jeune Serge Bec.
Mais, même en dehors d'une position politique affirmée et exprimée,
l'emploi de la langue occitane est en soi un choix d'engagement, jusque dans la poésie hyper-intellectuelle de René Nelli (le carcasson-
nais ami de Joë Bousquet) ou du provençal Henri Espieux, ou encore
du gascon Bernard Manciet, l'un des écrivains les plus singuliers de
notre temps (il continue ces temps-ci à animer la revue *Oc*, fondée
en 1923 par Ismaël Girard et reprise en 1970 après une interruption).
Le même engagement soutient tout le parcours de Jean Boudou
(1920-1976), des *Contes del meu ostal* [Contes de ma maison] (1951),
interprétation d'écrivain du conte folklorique, jusqu'à *Las Domaisèlas*
[Les Fées] (1976), roman inachevé du fantastique contemporain; ainsi
que l'oeuvre vaste et variée (poèmes, romans, théâtre) de Robert
Lafont, qui s'est fait en même temps le théoricien du mouvement occitan (plus largement de la révolution régionaliste) et qui a animé la
revue sans doute la plus importante des vingt dernières années, *Viure*
[Vivre] (1965-1973), avec son cadet Yves Rouquette, qui devait se
détacher plus tard de lui par populisme d'écriture et nationalisme
idéologique.

Ce ne sont là que quelques noms qui prouvent la vitalité de la littérature d'oc. Il faudrait en ajouter beaucoup d'autres, surtout tous
ceux des écrivains qui ont aujourd'hui entre vingt et quarante ans
et qui ont fini par abandonner l'Institut d'Estudis Occitans à son tour
sclérosé pour se regrouper ailleurs. Autour de la jeune revue *Jorn*
[Jour] se retrouvent par exemple Roseline Roche et Philippe Gardy,
que la crise du comité de rédaction de *Viure* en 1973 avait opposés
à Yves Rouquette et à son frère l'abbé Jean Larzac: crise qui dépas-
sait la circonstance en traduisant le malaise profond de certains vis-
à-vis d'une conception de la langue, de la littérature et du mouvement occitans encore une fois gelée dans le mythe identitaire, régres-
sive au regard du changement sociologique et du développement de
la réflexion linguistique.

Ce problème mérite sans doute qu'on en précise les termes. Considérée dans la totalité de son devenir historique, la langue d'oc n'est
pas seulement un ensemble de formes orales entrées en conflit avec
la norme française et aujourd'hui près de s'éteindre. La poésie des

troubadours a donné matière au Moyen Age à une langue littéraire diffusée dans toute une partie de l'Europe, dont le rayonnement ne cesse de hanter la mémoire culturelle occitane. En même temps une langue administrative normalisait les usages civiques. Il y a donc dans toute la tentative littéraire du 19e siècle une nostalgie qui s'exprime par les termes de "re-naissance" et de "nouveaux troubadours", nom que se donnent les poètes patoisants précédant le Félibrige. Cette nostalgie entre naturellement en contradiction avec les condensations provinciales qui ne manquent pas de se produire à chaque fois qu'une région, dans ce pays très vaste et très divers qu'est l'Occitanie, prend la parole pour elle-même. On atteint les limites du paradoxe quand on voit des félibres d'obédience mistralienne comme Pierre Dévoluy, au demeurant écrivain non négligeable, prendre en charge la conscience "nationale" de tous les pays d'oc en refusant le terme même d'Occitanie et la norme linguistique qui réaliserait l'unité utopique. Mais à l'intérieur de la vocation panoccitane d'un Estieu et de ses disciples directs n'y a-t-il pas inversement un certain régionalisme toulousain? Dans le texte littéraire lui-même il peut arriver que ces contradictions croisées donnent occasion à des réussites spécifiques: ainsi le classicisme linguistique de Perbosc s'accompagne d'un assez extraordinaire enracinement thématique et lexical. Dans la *"Mireille* gasconne" qu'est *Beline*, l'imitation de Mistral déclenche un témoignage exceptionnel et profond sur la vie pyrénéenne. Dans l'occitanisme contemporain le modernisme qui peut paraître exaspéré de Manciet ne l'empêche pas d'écrire une langue hyper-locale à l'état sauvage sous sa vêture graphique normalisée.

Ce drame de la forme des oeuvres où leur fond est à tout instant engagé n'est évidemment productif que dans la mesure où ces deux données, le classicisme historiciste et l'authenticité orale dialectale, restent vivaces. Or, depuis vingt ans environ, les progrès de l'usage français ont été tels que rares se sont faits les écrivains capables de témoigner d'un idiome hérité, même dans leur enfance, même au niveau de leurs parents. Le phénomème s'aggrave de la réussite même d'un occitanisme qui va éveiller des vocations dans les villes les plus désoccitanisées. On pourrait imaginer que cette situation ait favorisé la mise en circulation d'un nouvel occitan pleinement normé, dédialectalisé et véhiculaire, dans la mesure où la langue des jeunes gens qui reviennent à l'occitan est une langue apprise, se conformant aux modèles proposés par les écoles félibréennes ou par l'Institut d'Estu-

dis Occitans. En fait c'est l'inverse qui s'est produit: la perte de substance orale a recourbé le texte littéraire vers la nostalgie non pas des
hautes époques culturelles mais d'un passé immédiat douloureusement
perdu, mythifié, où l'on va chercher les restes d'une langue concrète,
authentique parce que locale. La production occitane contemporaine
est ainsi déchirée entre la construction volontariste d'un avenir littéraire ("mes racines sont dans l'avenir", écrit Florian Vernet) et une
réactivation des thèmes régressifs de l'authentique, du viscéral, du
fondamental. Le Félibrige de cette façon est constamment nié et constamment recommencé.

On découvre quelques points encore d'équilibre, par exemple lorsque le limousin Jan dau Melhau, dans son roman *Los Dos Einocents*
[Les Deux Innocents] (1978), réussit à marier une idéologie contemporaine (un thème écologiste) avec la connaissance d'un dernier réduit
d'usage occitan traditionnel. La tentative actuelle de Robert Lafont
n'appartient pas à l'équilibre, mais à la mise en perspective romanesque des contradictions elles-mêmes. Après avoir pendant trente ans
produit des oeuvres dans l'actualité en une langue dégagée de tout
ruralisme, il déterritorialise l'occitanité faisant circuler le discours occitan poli dialectal à travers l'Europe (*La Festa* [La Fête], 1984).

Un proche avenir dira si cette production occitane qui a traversé
les siècles parviendra à se sauver par un nouveau sursaut. La réponse
n'est pas du ressort du seul acte littéraire, mais celui-ci y sera nécessairement engagé: l'espace occitan a montré jusqu'à ce jour et dans
tout son malheur linguistique une bien curieuse vocation à produire
de la littérature. Ainsi, dans sa dénégation spéculaire du centralisme
français, l'écriture d'oc porte témoignage d'une réalité plurielle que
l'officialité unitaire ne parvient pas à effacer.

Bibliographie

On trouvera une bibliographie détaillée dans l'ouvrage de Fausta Garavini,
La Letteratura occitanica moderna (Firenze-Milano: Sansoni-Accademia, 1970).
On pourra également consulter François Pic, *Bibliographie des sources biblio-
graphiques du domaine occitan* (Béziers: Centre International de Documenta-
tion Occitane, 1977).
Ces deux ouvrages fondamentaux peuvent être complétés par Pierre-Louis
Berthaud et Jean Lesaffre, *Bibliographie occitane (1919-1942)* (Les Belles Let-
tres, 1946); *Bibliographie occitane (1943-1956)* (Les Belles Lettres, 1958); Jean
Lesaffre, *Bibliographie occitane (1957-1966)* (Les Belles Lettres, 1969); Jean

Lesaffre et Jean-Marie Petit, *Bibliographie occitane (1967-1972)* (Montpellier: Centre d'Etudes Occitanes, 1974) et *Bibliographie Occitane (1972-1973)* (Montpellier: Centre d'Etudes Occitanes, 1974). Ce travail de recension est actuellement poursuivi par la revue trimestrielle *Libres Occitans* (S. Drouin, rue des Bourguignons, 92270 Bois-Colombes).

Deux anthologies, de conception très différente, présentent un panorama de la production littéraire moderne et contemporaine: André Berry, *Anthologie de la poésie occitane* (Stock, 1961; plusieurs rééditions) et René Nelli, *La Poésie occitane* (Seghers, 1972).

Sur la langue et son histoire, on se référera essentiellement à Auguste Brun, *Recherches historiques sur l'introduction du français dans les provinces du Midi* (Champion, 1923); Paul Pansier, *Histoire de la langue provençale à Avignon du 12e au 14e siècle*, 4 vols. (Avignon: Roumanille, 1924-1927); Pierre Bec, *La Langue occitane* (Presses Universitaires de France, 1963; plusieurs rééditions); Robert Lafont, *La Phrase occitane* (Presses Universitaires de France, 1967); Georg Kremnitz, *Versuche zur Kodifizierung des Okzitanischen seit dem. 19 jh. und ihre Annahme durch die Sprecher* (Tübingen: Gunter Narr, 1974).

Concernant l'histoire de la littérature, on citera: Charles Camproux, *Histoire de la littérature occitane* (Payot, 1953); Robert Lafont et Christian Anatole, *Nouvelle Histoire de la littérature occitane*, 2 vols. (Presses Universitaires de France, 1971); Fausta Garavini, *La Letteratura occitanica moderna* (v. *supra*).

Il n'existe pas d'ouvrage traitant convenablement de la production littéraire occitane aux 17e et 18e siècles. La synthèse la plus complète, pour les années 1550-1650, est celle de Robert Lafont, *Renaissance du Sud: Essai sur la littérature occitane au temps de Henri IV* (Gallimard, 1970), qu'il faut compléter par Robert Lafont, *Anthologie des baroques occitans* (Avignon: Aubanel, 1974) (choix thématique de textes avec traduction française et notes abondantes).

Des aperçus très suggestifs sur la littérature des années 1550-1600 dans les actes du colloque *Pey de Garros et son temps, Annales de l'Institut d'Etudes Occitanes*, 3 (Toulouse, 1968), en attendant la publication des actes d'un plus récent colloque sur le même sujet (Lectoure, 1981). Les connaissances à propos de la littérature toulousaine de la première moitié du 17e siècle ont été fortement renouvelées au cours du colloque *Pèire Godolin* (Toulouse, 1980) dont les *Actes* recueillent l'essentiel (Université de Toulouse III, 1983). On pourra consulter également la réédition toute récente du *Ramelet Moundi* de P. Godolin (Aix-en-Provence: Edisud, 1984).

Emmanuel Le Roy Ladurie, *L'Argent, l'amour et la mort en pays d'oc* (Seuil, 1980), consacre de nombreux chapitres au théâtre occitan des 17e et 18e siècles, et fournit une édition critique (par Philippe Gardy) de l'*Histoîra dé Jean l'an prés* de J.-B. Fabre. On recourra également à l'ouvrage essentiel de Marcel Barral, *Jean-Baptiste Favre* [= Fabre], *sa vie, son oeuvre* (Montpellier: Centre d'Etudes Occitanes, 1971).

Quelques rares (mais généralement bonnes) éditions d'oeuvres importantes ont vu le jour ces dix ou quinze dernières années: Ernest Nègre, *Auger Gaillard, Oeuvres complètes* (PUF, 1970); Catharina C. Jasperse, *Michel Tronc, Las Humours a la Lorgino*, 2 vols. (Toulon: L'Astrado, 1978); Ernest Nègre et Mathieu Blouin, *Les Troubles à Gaillac* (Toulouse: Collège d'Occitanie, 1976); Marcel Barral, *Jacques Roudil, Oeuvres poétiques* (Montpellier: L'Entente Bibliophile, 1982).

On complètera par une récente livraison de la *Revue des Langues Romanes* (Montpellier), *Recherches actuelles sur la littérature en Occitanie*, 86, no. 1, 1982 (sous la direction de Fausta Garavini: contributions de Lucia Lazzerini, Robert Lafont, Philippe Gardy, et Gaston Bazalgues).

L'ouvrage de Philippe Gardy, *Un Conteur provençal au 18e siècle: Jean de Cabanes* (Aix-en-Provence: Edisud, 1982), propose une brève synthèse sur la situation de l'écrivain occitan face à la diglossie ambiante, dans la Provence des années 1660-1730.

Peu, ou pas de travaux décisifs concernant la fin du 18e siècle, la période révolutionnaire et les premières années du 19e siècle. Quelques hypothèses dans Philippe Gardy, *Langue et société en Provence au début du 19e siècle: Le théâtre de Carvin* (PUF, 1978). Emmanuel Le Roy Ladurie, *La Sorcière de Jasmin* (Seuil, 1983), rappelle le rôle essentiel d'un écrivain considérable mais peu étudié jusqu'à présent.

Pour l'ensemble de la littérature d'oc aux 19e-20e siècles, le travail le plus complet reste celui de Fausta Garavini, *L'Empèri dóu Soulèu. La Ragione dialettale nella Francia d'oc* (Milano-Napoli: Ricciardi, 1967), premier essai d'analyse critique de cette littérature dans le contexte du centralisme français. L'historique du mouvement félibréen a été minutieusement retracé par René Jouveau, *Histoire du Félibrige, I (1978-1914)* (chez l'auteur, 1970), et *II (1914-1941)* (1977). L'ouvrage de Robert Lafont, *La Revendication occitane* (Flammarion, 1974), en apportant sur cette même histoire un regard critique, prolonge l'analyse jusqu'à l'occitanisme contemporain.

Parmi l'immense bibliographie sur Mistral, nous nous bornons à signaler Robert Lafont, *Mistral ou l'illusion* (Plon, 1954; nouvelle éd. revue et actualisée, Vent Terral, 1980).

Pour l'orientation du Félibrige traditionaliste post-mistralien, voir Alphonse V. Roche, *Provençal Regionalism: A Study of the Movement in the "Revue Félibréenne", "Le Feu" and Other Reviews of Southern France* (Evanston, Ill., 1954).

Faute d'un travail spécifique sur le Félibrige "rouge", voir R. Lafont, *La Revendication occitane*.

Pour la littérature d'obédience félibréenne du 20e siècle, on peut avoir recours à l'anthologie *Pouèto prouvençau de vuei* (Saint-Rémy de Provence: Groupamen d'estudi prouvençau, 1956). Le livre de Sully-André Peyre, *La Branche des oiseaux* (Aigues-Vives: Marsyas, 1948), expose le credo des mistraliens fidèles.

Le numéro spécial des *Cahiers du Sud, Le Génie d'oc et l'homme méditerranéen* (1943; rééd., Marseille: Rivages, 1981), est important pour la reprise du mouvement occitan après la guerre. L'*Anthologie de la poésie occitane (1900-1960)* d'Andrée-Paule Lafont (Editeurs Français Réunis, 1962), qui fait place aussi à quelques "aïeux", offre surtout un bon panorama de la production contemporaine. Le travail de Fritz-Peter Kirsch, *Studien zur Languedokischen und Gaskognischen Literatur der Gegenwart* (Wien-Stuttgart: Wilhelm Braumüller, 1965), souligne la relation régionale et sociologique des oeuvres avec le cadre d'existence des auteurs languedociens et gascons. Du même Kirsch, la première anthologie consacrée à la prose: *Okzitanische Erzähler des 20. Jahrhunderts* (Tübingen: Gunter Narr, 1980).

Pour la poésie plus récente, en dehors des anthologies déjà signalées qui lui font place, voir Marie Rouanet, *Occitanie 1970: Les Poètes de la décolonisation* (P.J. Oswald, 1971), qui prend la suite de l'anthologie d'A.P. Lafont, mais avec un parti pris nettement protestataire et nationaliste. *Sègle Vint*, numéro spécial de la revue *Obradors*, nos. 6-7 (Montpellier: Centre d'Estudis Occitans, 1971-1972), recueil de poèmes, proses, articles divers sur l'actualité, jette un regard d'ensemble sur la culture occitane des années 1950-1970. Le numéro spécial de la revue *Vagabondages: Poètes de langue d'oc*, nos. 32-33 (septembre-octobre 1981), dû à Frédéric-Jacques Temple, en remontant jusqu'à Mistral, est surtout branché sur la période contemporaine et présente les poètes d'aujourd'hui sur tout l'ensemble du domaine d'oc (y compris la Provence "mistralienne").

La revue scientifique *Amiras/Repères* (Aix-en-Provence: Edisud) couvre le domaine des sciences humaines, regroupant la plupart des spécialistes (historiens, historiens de la littérature, linguistes, géographes, sociologues, musicologues, etc.) qui travaillent sur la matière occitane.

Astérix, Brassens, and Cabu:
The ABC's of Popular Culture

CHRISTOPHER PINET

A good way to gain a better understanding of contemporary France and the French, their values, preoccupations, behavior, and self-image, is to read their popular comic books and cartoon strips, and to listen to the records of their popular singers. Although numbers sold do not always reflect the impact of a particular cartoonist or singer, they can serve as a good index if maintained over time. Such is the case of *Astérix le Gaulois*, popular for over twenty years now and translated in at least twenty-one languages. In fact, the books have sold an average of one and one-half million copies per book and over thirty million copies had been sold by 1976. The popularity was so great that an animated cartoon, "Les Douze Travaux d'Astérix" was made and for a time a number of American newspapers ran the strips in serial form in English.[1] Though René Goscinny, the creator and writer of *Astérix*, died in 1977, the comic book, now written by Albert Uderzo (the illustrator), has remained popular with the French and a new book appears about every eighteen months.

Songs are just as important as comic books and strips. One singer who had a profound influence on millions of Frenchmen for nearly thirty years was Georges Brassens, who died in 1981. First noticed

---

[1] See my article, "Myths and Stereotypes in *Astérix le Gaulois*," *Contemporary French Civilization*, 1, no. 3 (Spring 1977), 317-36; rpt. *Canadian Modern Language Review*, 34, no. 2 (1978), 149-62, for a full discussion of *Astérix*.

in 1952 in a small nightclub, "Les Trois Baudets," in Paris, Brassens soon found fame and by 1966 sales of his records had reached sixteen million. The texts of his songs in the series "Poètes d'Aujourd'hui" had surpassed a quarter million by the same time.[2] Thus, Georges Brassens and his songs are also fertile ground for understanding the popular mind.

Usually, however, critics choose not to study artists who have had great popular success; during the last ten years, a time when "B.D." has become a multimillion-dollar industry in France, most critics (especially semioticians) have concentrated on the so-called "counterculture" or underground comic books so popular with Parisian students. These books criticize the established values, norms, and mores of French society and tend to be leftist in orientation. Many critics have felt that this was the way to find out what the French were thinking. Consequently, very little critical attention was paid to those cartoonists and song writers such as Brassens and Goscinny who seemed (over time) to both proffer and reinforce values accepted and embraced by large numbers of Frenchmen. These values include individualism, the spirit of resistance, "débrouillardise" and a large measure of "je m'enfoutisme." Insofar as they subscribed to such values, both Brassens and Goscinny served to conserve long-established myths that the French hold dear about themselves, myths which do not question the character or identity of most Frenchmen, but instead offer values which can be readily approved and accepted by all. Even when there appear to be critical or ironic remarks in the songs or books, they are always directed at "les autres," be they bourgeois, foreigners, one's neighbors, provincials, or Parisians. Thus one need never see oneself as the "other." As Bergson claimed for the plays of Molière, one finds one's own superiority confirmed. This helps to explain why both *Astérix* and Brassens have remained popular for so long: they have served to institutionalize long-standing character traits often associated with the French.

Cabu, on the other hand, much like Bretécher, is a relatively recent phenomenon in France and in many ways could be considered a representative of the counterculture. A journalist and illustrator for the left-wing satirical paper, "Charlie Hebdo," and "the best contemporary French journalist" according to Jean-Luc Godard,[3] Cabu has

[2] See my article, "The Image of the French in the Songs of Georges Brassens," *Contemporary French Civilization*, 6, no. 3 (Spring 1982), 271-94, for an analysis of Brassens' role in postwar France.

[3] Quoted from the back cover of *La France des beaufs*.

written comic books such as *Le Grand Duduche*, where he attacked the militarism he sees inherent in the French character, *Les Aventures de Madame Pompidou* and *A bas toutes les armées*. Recently (1979) he published two albums on the French which use the term "beauf," an abbreviation for *beau-frère*, in the title.[4] The first album, *Mon Beauf*, and the second, *La France des beaufs*, subtitled "reportages dans la France profonde" (provincial France), are both published in the "Série Bête et Méchante" of "Les Editions du Square." What Cabu attempts to do in these two subversive and biting albums is to categorize in cartoon form what he sees as the "average" Frenchman, and his values based on his own interviews and research conducted throughout France. His types, unlike the greatly generalized and inoffensive types found in *Astérix* or the all-purpose bourgeois of Brassens, are specifically identified with their models, veterans of the Algerian War, for example, and seem to represent what one used to refer to in the United States as the "silent majority."

My purpose in contrasting two enormously successful and essentially conservative forms of popular culture with what many would term a writer and illustrator of counterculture is to suggest how we can better understand the context in which writers like Goscinny, Brassens, and Cabu present conflicting notions and views of the French, how the French see themselves, and how they form their values.[5]

René Goscinny himself helped define the tone for *Astérix* when he declared that he had no political goal in writing the strip: "...je suis essentiellement un amuseur. Je ne suis pas moraliste, je ne donne pas de leçons, je n'ai jamais pu me prendre au sérieux et j'aime faire rire."[6] If he had no avowed political aims, Goscinny did hold strongly to the notion of individualism, the one trait above all which for him characterizes the French: "Pour moi la liberté c'est de se foutre de tout." As we shall see later, Goscinny's "je m'enfoutisme" is very much akin to Brassens' own brand of individualism. Goscinny's goal,

[4] Though "beauf" is an abbreviation for "beau-frère," it is also close in spelling to "boeuf" and in pronunciation it resembles the French expression for indifference or sometimes disgust, "bof."

[5] Cabu's books are based on the strips he did for *Charlie Hebdo*. Though Cabu has not had the success or general appeal of Goscinny or Brassens, it is interesting that his books on the "beaufs" caused such a stir in Paris that in the summer of 1980 he appeared on the French talk show, "Apostrophes."

[6] Sophie Lannes (interviewer), "L'Empire d'Astérix: *L'Express* va plus loin avec René Goscinny," *L'Express*, 22-28 juillet 1974, pp. 61-62. Unless otherwise noted, all of Goscinny's remarks are taken from the above interview which includes pages 58-63.

then, was to present a character who was both funny and individualistic without subscribing to any political views. Thus, it is not surprising that Astérix, the protagonist of the series, is described at the beginning of each book as a "Petit guerrier à l'esprit malin, à l'intelligence vive, toutes les missions périlleuses lui sont confiées sans hésitation. Astérix tire sa force surhumaine de la potion magique du druide Panoramix." Hence it is Astérix who must lead "un village peuplé d'irréductibles Gaulois (qui) résiste encore et toujours à l'envahisseur."

From the outset then, we see the essential character traits that will be put into action and highlighted in each succeeding book. Every Frenchman can readily identify with such traits which become a kind of popularly accepted code: the "résistant" always associated with the Resistance itself, the positive use of the word "petit," so frequently used in everyday conversation, ostensibly as self-deprecation but ultimately as an affirmation of the individual's own identity;[7] the positive reference to "esprit malin" (Frenchmen pride themselves on their verbal prowess and talent for *esprit de répartie*). Finally, there is the notion of "intelligence" which implies both mental alertness and awareness so that one is never taken in by others. In the series itself, we find that Astérix is resourceful and always manages to get out of tough situations by using his wit and capacity for ruse ("débrouillardise"). As Goscinny says, "Dans mes livres, l'astuce l'emporte régulièrement sur la force, d'abord parce que je ne suis pas très costaud, ensuite parce que j'ai une grande admiration pour l'intelligence... Laisser faire Obélix, ce serait trop facile." Although Astérix and Obélix often do overcome the enemy by force, this serves mainly as an outlet for the slapstick so important to comedy. More important is the fact that Goscinny does place a premium on verbal prowess and cunning and his characters do the same. In *Astérix le Gaulois* for example, Panoramix says to Astérix, "Ta force vient de mon breuvage, mais ton intelligence et ruse n'appartiennent qu'à toi... ." Astérix most often uses cunning, e.g., when he is trying to find the Druid: "Je me fie à ma ruse pour retrouver le druide." In difficult times the characters echo what many Frenchmen often express about making do and getting by as when a merchant in *Astérix et le chaudron* says "Avec la crise, au prix où sont les choses... enfin, on se débrouille, on fait aller." All Frenchmen pride themselves on their "débrouillardise."

---

[7] See Laurence Wylie, *Les Français* (New York: Prentice-Hall, 1970), p. 98, for a discussion of "petit."

Astérix shows other sides of the French which, though only ironic in this series, are seen in a different light by Cabu. For example, everyone knows that the French love food, especially good food; almost all the books in the series refer to food and present new and sometimes funny gastronomical creations. Because Obélix adores wild boar, it is served on a spit while Obélix and Astérix debate how to prepare the mushrooms to be served with it: should they be in a soup, an omelette, or a salad? Though Goscinny does poke fun at the French obsession with food, he also shows that his characters find French food superior to that of other nationalities as in *Astérix et les Goths, Astérix en Hispanie*, and *Astérix chez les Helvètes*. Nonetheless, food fancies are seen as more amusing than anything else and Goscinny often gives his characters the names of foods: e.g., Pamplemus, Faimoiducuscus, Goudurix, Soupalognon y Crouton, Tartopum, Lachelechampignon et Causon, Gaspachoandalus, Petitsuix et Salamix, to name a few. Even when *Astérix* seems to show that the Gaulois do have their foibles, they mean well and so these weaknesses become strengths. For example, Panoramix says of the villagers in *la Zizanie*: "...oh ils sont braillards, tête en l'air, farfelus, mais il faut bien les aimer... ils sont humains." Astérix himself admits in *La Grande Traversée* that the Gaulois have their imperfections, but that they are not beyond redemption: "Nous sommes courageux... nous n'avons peur que d'une chose: c'est que le ciel nous tombe sur la tête... nous aimons rigoler! nous aimons bien manger et boire... nous sommes râleurs... nous sommes indisciplinés et bagarreurs mais nous aimons les copains...! [and Obélix completes the sentence] ...Nous sommes des Gaulois!"[8]

Minor defects are also used to accentuate positive qualities in *Astérix*. If the Frenchman is critical and complains ("râleur"), this is just what is needed to react to faceless corporations and the unresponsive centralized bureaucracy that he must deal with every day (see *Obélix et compagnie*). If Parisians criticize provincials, provincials criticize Parisians. In the world of *Astérix*, everyone has redeeming qualities except the Romans, who are so incompetent that they are simply laughable.

---

[8] The idea of "copains" is very important to the French generally, and especially to Georges Brassens who wrote a song "Les Copains d'abord" for a French movie of the same title, "Les Copains." Brassens himself was surrounded by an entourage of "copains" including René Fallet. Brassens often opposed the "copains" to "les autres" in his songs.

It is true that Goscinny also mildly criticizes French stereotypical views of Spaniards, the English, Swiss, Germans, Belgians, Corsicans, etc., but his criticism of French chauvinism is lessened by the comic context of the remarks and caricature of the other nationalities. As Agécanonix puts it in *Le Cadeau de César*: "Moi, tu me connais, je n'ai rien contre les étrangers, quelques-uns de mes meilleurs amis sont des étrangers. Mais ces étrangers-là ne sont pas de chez nous!" Later he refuses even to meet the newcomers: "Non, moi, les étrangers ne me dérangent pas tant qu'ils restent chez eux!" This is about as far as satire goes in *Astérix*; Agécanonix is made to look ridiculous and the reader can only feel superior to him, which mitigates any potentially serious statement about French attitudes towards foreigners. The reader of *Astérix* is truly "sans souci," he is not a target of *Astérix*, he is celebrated by the books and invited to further self-congratulation by sharing the values of Astérix. Indeed, every episode ends with a "safe" description of the Gaulois as in *Le Devin*, where we are told that "...les Gaulois réunis se réjouissent du présent sans penser à l'avenir."

As one might expect, the songs of Georges Brassens are very different from *Astérix* and yet there are important similarities. For example, individualism is one of the main themes of the songs. For Brassens this individualism finds its source in Brassens' early attachment to the anarchist movement in France. As in *Astérix*, the emphasis is on the fundamental opposition between the group and institutions (represented by the Romans in *Astérix*) on the one hand, and the individual on the other. In one of his first popular successes, "La Mauvaise Réputation" (1952), Brassens explains how, being a nonconformist, he decides to stay in bed on Bastille Day. The reaction of "les autres" is not good:

> Mais les brav's gens n'aiment pas que
> L'on suive une autre route qu'eux,
> Tout le monde médit de moi,
> Sauf les muets, ça va de soi.

A little like Goscinny, Brassens claims the right to "se foutre de tout"; he says that everyone should be able to live the life he chooses. For him that means the life of a nonconformist, someone who deliberately or even naturally challenges society's institutions. Sometimes Brassens seems to want to subvert those institutions (e.g., the police) as in "La Mauvaise Réputation," where he says that he trips someone who is trying to catch a thief. But in the next line he explains that the thief has only stolen some apples, so his own "crime" seems less serious. Nonetheless, Brassens does oppose most forms of authority, especially the police, and in "L'Hécatombe" (1953) he cries "mort aux vaches." Brassens' antiestablishment stance is anarchist in tone; he rarely wrote political songs and never committed himself to any political party or ideology. The two exceptions are his avowed pacifism reflected in "La Guerre de 14-18" (1962) and his opposition to capital punishment presented humorously in "Le Gorille" (1952) and in real life when in 1960 Brassens signed a petition protesting the death penalty for Caryl Chessman. Songs like "Les Deux Oncles" (1966) and "La Tondue" (1966), in spite of their generalized criticism of World War II and the period of "épuration" which followed it, do not take sides or propose that the one side was right and the other wrong, evidence of Brassens' essential conservatism. As he says in "Les Deux Oncles," while talking about Uncle Martin and Uncle Gaston:

> On peut vous l'avouer maintenant chers tontons
> Vous l'ami des Tommies vous l'ami des Teutons
> Que de vos vérités vos contre-vérités
> Tout le monde s'en fiche à l'unanimité.
>
> De vos épurations vos collaborations
> Vos abominations et vos désolations
> De vos plats de choucroute et vos tasses de thé
> Tout le monde s'en fiche à l'unanimité.

For Brassens, "il est fou de perdre la vie pour les idées," a theme oft repeated in songs like "Mourir pour les idées" (1972). Though Brassens is antimilitarist, an antipatriot (see "Les Patriotes") and a pacifist, he refuses to offer a leftist political solution or indeed any political solution to societal problems. In fact, his refusal to join any of the leftist groups in 1968 left him discredited among many of that generation of youth. More important, however, is the fact that Brassens remained faithful to his nonconformist individualism and it is precisely this nonthreatening stance which made him so popular among the French in the postwar years.[9]

Brassens' other themes: a sentimental view of love and the past, his use of four-letter words to "épater le bourgeois" (Brassens maintains the Rabelaisian tradition of "esprit gaulois") and his anticlericalism

[9] It is important to state that Brassens had much to do with French popular psychic recovery after the years of Occupation and Collaboration. The fact that so many French people could identify with his individualism undoubtedly contributed to this.

all appeal to and reflect traditional French values and have a special affinity with the Third Republic. Even when he is attacking the "bourgeois" as in "Le Pornographe" (1958), he remains appealing to most listeners:

> Chaque soir avant de dîner
> A mon balcon mettant le nez
> Je contemple le bonnes gens
> Dans le soleil couchant
> Mais
> Me d'mandez pas d'chanter ça si
> Vous redoutez d'entendre ici
> Que j'aime à voir de mon balcon
> Passer les cons.

These "cons" or "braves gens" never have names; they are always anonymous, and we realize that for the listener the "bourgeois" is always someone else or "les autres," or one's neighbors. They are the ones who have taboos against swearing and sex. Since we can always blame someone else (we identify with the singer), we are never implicated by Brassens and so his societal criticism becomes muted; it lacks the focus and acerbic quality that one finds in Cabu. Everyone can agree with Brassens when, in "La Mauvaise Herbe" (1954), he says:

> Les hommes sont faits, vous dit'on,
> Pour vivre en band' comm' les moutons.
> Moi, je vis seul, et c'est pas demain
> Que je suivrai leur droit chemin.

This idea is repeated even more forcefully in "Le Pluriel" (1966):

> Moi, je n'ai pas besoin de personn' pour être un
> Le pluriel ne vaut rien à l'homme et sitôt qu'on
> Est plus de quatre on est une bande de cons,
> Bande à part sacré bleu c'est ma règle et j'y tiens
> Dans les noms des partants on ne verra pas le mien.

The same theme is present in "Mélanie," "Lèche-Cocu," "Fernande," "La Ballade des gens qui sont nés quelque part," and "Le Blason" and, finally, "Le Roi des cons" from Brassens' last album (1976).

If Georges Brassens had a message, it was to be found in "Don Juan" (1976). The continuity in Brassens' notion of individualism is apparent:

> Gloire à qui n'ayant pas d'idéal sacro-saint
> Se borne à ne pas trop emmerder ses voisins.

"Leave me alone," "let me lead the life I choose," this was Brassens' real message. It was not a political message in spite of his early status as an antiestablishment singer. It was, rather, a theme that could and did appeal to most Frenchmen because it was so nonthreatening. Brassens glorifies the individual, but does not confront him with the risks or imperatives of existential choice or compromising political commitment. The right not to choose was perhaps the single most important value for Frenchmen in the postwar period when many were insisting that one had to take sides. One was then a "Résistant" or a "Collaborateur." Brassens told people that one did not have to choose and thus they did not have to accept responsibility for World War II and the Occupation or the choices they had made. What was done was done. In this sense, the songs of Brassens and the *Astérix* comic books of Goscinny have served to conserve and institutionalize traditional French values and it is their conservatism clothed in the colors of individualism which explains their enormous popularity over a thirty-year span.

There are many similarities between Cabu and the points of view found in the songs of Brassens: like Brassens, he is antibourgeois and is critical of societal institutions like the military and the police. There are even anticlerical statements in his comic books. But, for Cabu, at least in his two recent albums, *Mon Beauf* and *La France des beaufs*, the bourgeois he lampoons are flesh and blood types who resemble each other physically as well as in their ideas. The "beaufs" of Cabu, almost without exception, have moustaches (a bit like in *Astérix*). He has little to say about women except to imply that they are treated as sex objects by many Frenchmen (Brassens uses the traditional and conservative dualism of woman as both temptress and angel). In *Mon Beauf* he documents his physical types with photographs of real people who serve as the prototypes for his cartoon figures. These photos depict men with moustaches, most of whom are overweight. Thus, Cabu, unlike *Astérix*, is critical of French gourmandise. Many also appear to be between thirty and fifty years old and are losing their hair. Among the photos, three types predominate: military and former military men, including former Algerian campaigners, hunters, and physical culturists—three favorite targets of Cabu. When looking at the photos, one feels that not only have these men eaten too much, but that they have had too much to drink (a certain reddish coloring around the eyes and large bags under them). Cabu, unlike Brassens and Goscinny who mythify drinking (see "Le Vin" and "Le Bistrot" of Brassens) and eating, criticizes alcoholism and obesity in French society.

According to Cavanna, another journalist for *Charlie Hebdo*, the physical traits of the "beauf" can be summed up as follows:

> Le beauf d'autrefois avait toujours un clope [cigarette] collé au coin de la lèvre du bas, une casse-croute à la musette et portait une casquette voyoute. Il joue à la belote et à la pétanque. Il a une résidence secondaire.

According to Cavanna, the "beauf's" moustache

> ...se veut gauloise mais n'est que flicarde, des valoches sous les yeux qui font de sa vie un perpétuel lendemain de réveillon, la carrure qui se croit puissante mais n'est que lourdasse, le muscle bouffé par la graisse à l'insu du propriétaire, le bide qu'il se figure être toujours capable de rentrer s'il le voulait... Habillé sport. Et encore c'est un expert du vin, il aime les sauces au vin rouge. Il est séducteur—phallocrate si vous voulez—chauvin. Il est raciste, il n'aime pas les immigrés, il connaît tous les sports à la télé. Il est un ancien d'Algérie, plutôt violent avec les femmes, contre l'écologie, pour le progrès technique, surtout le Concorde, le nucléaire et le béton.[10]

For Cavanna, all these traits define "C'est mon beauf à moi, mon beauf. Et moi, je suis son beauf à lui." Unlike *Astérix* and most of the songs of Brassens, however, Cabu's point of view is definitely political and partial; Cabu's message is much too far to the left for the general public to accept it, all the more so because Cabu's "beauf" is portrayed as both middle-class and reactionary. Yet, some of his traits, like the games he plays and the hatreds he harbors, seem to be equally working-class. This composite, then, seems to be a kind of French equivalent of the American "silent majority" with a dose of red-neck thrown in for good measure. Thus, too many Frenchmen are specifically satirized for large numbers of them to identify with Cabu's portrayal. Most important, however, is that Cabu, unlike Goscinny or Brassens, does not offer the reader anything or anyone he (and certainly not she!) can identify with. There is no countervailing, positive set of values such as individualism or ruse that the

---

[10] Cavanna is quoted from pp. 2-3 of *Mon Beauf.*

reader can adopt or embrace in order to let himself off the hook. Cabu is unremitting in his zeal to expose the faults and weaknesses of French character and French society. His attacks go to the core of French insecurities. For example, the criticism he levels at former Algerian combatants and their use of torture reopens old wounds and divisions in French society as do his references to Pétain and Maurras.[11] Cabu uses black humor when exposing French hypocrisy and social problems such as alcoholism and prostitution, arms trafficking, the exploitation of soft pornography as a way of selling newsmagazines like *L'Express* (Cabu's point of reference is the issue of *L'Express* dealing with *L'Histoire d'O*), problems of pollution, etc. Cabu wants not only to draw the reader's attention to these problems, but to force people to confront the contradictions he sees inherent in French society. Finally, he wants to influence people to act to change things. This is precisely the opposite of what *Astérix* and Brassens seek to do or to achieve, and it is yet another reason why Cabu's books have not had the widespread success of *Astérix* or Brassens.

On the other hand, Cabu's leftist critique of society does not prevent him from attacking Communists (for example, he shows the hypocrisy of "La Fête de l'humanité" in espousing capitalist values to "sell" itself) and he points out the contradiction in Georges Marchais's position as Secretary of the French Communist Party and his penchant for hunting—considered a bourgeois pastime. He also points up the hypocrisy of a policy of modernization which employs immigrant workers in nuclear plants.

Cabu's strips offer no respite from the problems of daily life. He won't allow his readers to take refuge in "je m'enfoutisme" or individualism. For Cabu, such attitudes are but posturing and an irresponsible reaction to problems that demand a serious response. For Cabu, the comic book is a tool or weapon, a form of counterculture and, ultimately, a kind of rejoinder to the self-congratulatory values of an *Astérix* or the dogged insistence on noncommitment found in the songs of Brassens.

By attacking the hypocrisies and contradictions inherent in the capitalist system and politicians such as Jacques Chirac, Valéry Giscard d'Estaing, Georges Marchais, Gaston Deferre and his omnipresent "beaufs," Cabu consciously limits his audience and popularity

[11] Brassens' songs, "La Tondue" and "Les Deux Oncles" (1966) also caused quite a controversy when they appeared, but not so much for their criticism as for their refusal to place blame on those who had collaborated.

to a relatively small number of primarily leftist readers and places himself in the tradition of Voltaire and the generation of '68. In a sense, his books suggest that the generation of '68 required stronger stuff than the generation of Georges Brassens could offer: the need for political commitment had replaced the need for peace of mind. But, if it is true that Cabu sees France as "Une France, bétonnée, fliquée, majorettisée, militarisée, hypermarchérisée, nucléarisée," it is also true that he does not really offer us any solutions or alternate vision. Perhaps because of this and the exaggeration inherent in his comic books, which present only negative criticism, Cabu's pessimistic vision of French society is no "truer" than what we find in the comfortable worlds of Goscinny and Brassens. Goscinny's romantic vision of the French and traditional values raises few questions and uncovers few weaknesses. Brassens' anarchic individualism combined with nostalgia for a better time serves ultimately to reinforce many of the same values as Goscinny, though his bite is sharper.

Finally, however, what we learn from *Astérix* and Brassens is that popular culture conserves traditional values and the status quo, though it may well begin, as in the case of Brassens, as a form which seems to question and challenge established values. In fact, the career of Brassens and his songs demonstrate what is "acceptable" criticism to the French and what the limits of such criticism are. The fact that Brassens softened his anticlerical stance and his hostility toward the police in his later songs confirms these limits and would seem to place him somewhere midway between Goscinny and Cabu.

Counterculture popular literature, on the other hand, is always critical, often political, and holds nothing sacred; it offers few positive values to its readers and leaves one feeling uneasy. Ironically, however, if we are to better understand French society and values, we must read both popular culture and the literature of the counterculture. One can only fully understand the France of Goscinny and Brassens by reading Cabu and his *France des beaufs*.

Figures populaires, figures mythiques dans *La Femme du boulanger*

JEAN-MARIE APOSTOLIDÈS

La carrière cinématographique de Marcel Pagnol (1895-1974) est considérée comme marginale par rapport à son oeuvre littéraire. A l'exception d'*Angèle* (1934), qu'on s'accorde à voir comme son chef-d'oeuvre, il est de bon ton de n'y trouver qu'une mise en scène assez plate de types méridionaux, toujours plus ou moins semblables d'un film à l'autre. *Regain* (1937), également adapté d'un roman de Giono, est analysé comme une oeuvre passéiste. Le retour à la terre préconisé comme une panacée à la guerre, au chômage et à la mécanisation laisse les spectateurs sceptiques à la veille de la seconde guerre mondiale. L'année suivante, Pagnol explore la même veine dans *La Femme du boulanger*. Il reprend des figures provinciales, exploitées dans ses ouvrages précédents tant au théâtre qu'au cinéma, et choisit des comédiens qui ont une formation de cabaret (Raimu) ou qui sont des vedettes grand public (Charpin, Delmont). Dans une étude sur le cinéma de cette époque, Georges Sadoul voit dans *La Femme du boulanger* une oeuvre "sans prétentions philosophiques", gage à ses yeux d'un accès facile pour le grand public. Il la décrit comme "un fabliau, une grosse farce, dans la tradition de certaines pièces de Molière"[1], dont la réussite tient avant tout au caractère réaliste. Cette attitude, où l'on peut

---

[1] Georges Sadoul, *Le Cinéma français* (Flammarion, 1962), p. 85. Dans son *Histoire du cinéma mondial*, le même auteur dit que "*La Femme du boulanger* fut un film truculent et savoureux qui resta un peu au niveau de la galéjade, en dépit de la puissante

déceler la condescendance de l'intellectuel pour un produit destiné
à la majorité, nous paraît symptomatique en ce qu'elle associe le public
populaire à la représentation de types qui lui renverraient une image
plus ou moins exacte de ce qu'il est. Elle consiste à enfermer la culture populaire sur elle-même, ou plutôt à affirmer son existence dans
la mise à jour de cette clôture. Tout en admettant que la production
de telles oeuvres ne relève pas du "peuple", une telle critique admet
implicitement que le populaire se reconnaît dans ces films, qu'il y
retrouve les drames quotidiens de ceux qui n'ont pas accès à l'Histoire.

Bien accueilli à Londres, acclamé à New York, *La Femme du bou-*
langer qu'Orson Welles considérait comme l'un des plus grands films
du monde, n'a guère suscité d'autres éloges que la sympathie de commande qu'on accorde aux oeuvres mettant en scène des personnages
folkloriques. Si sa dimension "populaire" est indéniable, elle a cependant occulté une autre lecture possible, qui ne contredit pas la première mais la prolonge dans de multiples voies. Dit autrement, il n'est
pas sûr que la représentation de types populaires soit liée à l'émergence au 20e siècle d'un public de masse. Il faut peut-être y chercher
une nécessité interne au récit. Notre hypothèse est que par delà les
lieux communs d'un sociologisme élémentaire le choix de ces "types"
caricaturaux est producteur de sens. Il tire le récit dans une autre
direction, mythologique et non pas psychologique, lui permettant de
dire quelque chose qui ne peut apparaître qu'à travers cette option
esthétique. C'est le contenu latent, sociologique et non pas psychologique, qu'on voudrait ici mettre au jour.

Le drame réaliste

Au niveau du contenu manifeste, *La Femme du boulanger* se présente
comme un drame réaliste qui se déroule dans le sud de la France.
Réalisé à partir d'une nouvelle de Jean Giono, nous considérons ce
film comme appartenant à Marcel Pagnol, qui l'a produit et en a signé
l'adaptation et la mise en scène[2]. Cette oeuvre, dont presque tous les
personnages sont des paysans, peut être vue aujourd'hui comme un
documentaire ethnologique, exagéré pour les nécessités de la représentation. Les moeurs qui y paraissent sont aussi éloignées de nous

création de Raimu et du succès considérable qui accueillit le film aux Etats-Unis"
(*Histoire du cinéma mondial* [Flammarion, 1949], p. 275).
[2] Jean Giono développera lui-même sa nouvelle en 1942, la transformant en une
pièce en trois actes, très différente dans le ton du film de Pagnol. Voir *Théâtre de*
Jean Giono (Gallimard, 1943).

que celles des tribus Bororo de la forêt amazonienne. Si, selon Tocqueville, la structure de la France moderne se met en place pendant la période de l'absolutisme[3], on peut dire à l'inverse que des attitudes féodales se maintiennent aussi jusqu'à la veille de la seconde guerre mondiale. Pagnol met en scène un isolat, un groupe ethnique qui a résisté à la centralisation, et les problèmes qu'engendre dans ce milieu le contact avec l'extérieur, c'est-à-dire la lente acceptation de la modernité. Toute l'histoire se déroule dans un petit village de la Provence intérieure, situé à flanc de colline. Cette région, aujourd'hui en état de dépeuplement, conservait encore en 1938 une unité géographique et humaine, malgré la présence de Marseille, principal foyer d'émigration intérieure. Depuis 1876, c'est la gauche qui domine politiquement dans cette région. Aux élections de 1936, c'est-à-dire peu avant que débute l'histoire, cette tendance ne s'est pas démentie. Certains auteurs n'hésitent pas à voir dans cette constante originalité politique une forme inconsciente de l'esprit régional, c'est-à-dire une résistance passive à l'assimilation[4]. Dans ce film, l'esprit régional se manifeste déjà au niveau linguistique. Certains passages sont strictement incompréhensibles pour un spectateur non familiarisé avec le parler régional. Les paysans de Pagnol vivent loin de la ville, repliés sur eux-mêmes; ils ont leur langue, leurs coutumes, leurs valeurs. Bien que proche de l'Italie, le village qui nous est présenté vit en autarcie. Coupé du reste de la France (la radio ne joue ici aucun rôle), éloigné des grands centres urbains, sa situation de repli favorise une identité originale, agressive parce que se sentant menacée, où l'esprit de clocher l'emporte sur toute autre considération.

Le lieu de l'action est la place du village où chacun passe vingt fois par jour. C'est le carrefour obligé des échanges, celui des biens de consommation, celui des signes, celui des femmes. Toutes les informations y transitent, qu'elles soient "secrètes" (les ragots) ou officielles. Si les premières circulent d'une façon horizontale, les secondes le font d'une façon hiérarchique. Elles partent de la mairie pour descendre vers la population par le canal de Maillefer, le tambour de ville. La place est également le centre économique du village. On y trouve la boulangerie et le café, qui sert de lieu de réunion ("le cercle"). On y trouve aussi l'église et la mairie qui abrite l'école communale. Cet endroit est le lieu privilégié de la socialité, une sorte de caisse de résonance qui amplifie le moindre mot qui s'y dit. On s'y salue,

---

[3] Alexis de Tocqueville, *L'Ancien Régime et la Révolution.*
[4] A. Olivesi et M. Roncayolo, *Géographie électorale des Bouches-du-Rhône* (1961).

on s'y toise selon un rituel tout aussi élaboré que celui du Cours de l'Ancien Régime: "L'on se donne à Paris, sans se parler, comme un rendez-vous public, mais fort exact, tous les soirs au Cours ou aux Tuileries, pour se regarder au visage et se désapprouver les uns les autres"[5]. Cependant, si la ville est caractérisée par la séparation et la spécialisation de l'espace, le village au contraire l'est par l'absence de division. Sa structure spatiale a la forme d'un cercle, ce qui facilite à la fois la multiplicité des échanges et leur caractère redondant, un même être cumulant plusieurs rôles sociaux dans un temps donné[6]. Pas plus qu'il n'existe de division sociale du travail dans les communautés traditionnelles on n'y rencontre de spécialisation de l'espace: la rue, le bistrot, le fournil servent indifféremment de lieu de réunion. La division qui existe emprunte encore les catégories traditionnelles du sacré (l'église) et du profane (le café ou la mairie). La structure circulaire du village favorise les mouvements centripètes plutôt que le contraire, la tendance centrifuge, la fuite vers l'extérieur. En 1937, cette communauté paraît riche et prospère. L'autonomie par rapport à l'extérieur engendre une plus grande dépendance des individus entre eux; les métiers sont liés les uns aux autres, et si l'un vient à disparaître, il compromet la survie économique de l'ensemble. Par exemple, l'absence du boulanger oblige les villageois à descendre la colline pour aller chercher du pain ailleurs. Au début du film, ceux-ci évoquent avec effroi le temps récent où ils n'avaient le choix qu'entre deux solutions aussi peu agréables, manger du pain de mauvaise qualité ou bien faire douze kilomètres à pied pour s'en procurer du frais.

L'autonomie locale se marque par de multiples signes. Le village possède ses lois, non écrites; il règle lui-même ses affaires, sans en appeler à l'extérieur. La justice n'est pas rendue en fonction des normes édictées par l'Etat, elle prend la figure traditionnelle de la vendetta. Le curé a beau rappeler en chaire qu'il a été désigné à ce poste par "Monseigneur", l'évocation d'un pouvoir extérieur ne peut que soulever l'indifférence ou l'hostilité. A la veille de leur intégration dans la masse française, ces paysans maintiennent une indépendance d'autant plus revendiquée qu'elle est illusoire. Pour eux, l'homme le plus important n'est ni le chef de l'Etat ni l'évêque, trop lointains pour être compris autrement que comme une puissance tutélaire, mais celui qu'ils appellent "monsieur le marquis", qui est en même temps le maire

---

[5] La Bruyère, *Les Caractères*, "De la ville", 1.
[6] A.M. Rocheblave-Spenlé, *La Notion de rôle en psychologie sociale* (PUF, 1962).

du village. Il se présente comme une sorte de Gilles de Rais bonasse, à la fois paillard et généreux. Il cumule les attributions militaires ("commandant") et juridiques; il est l'instance suprême, concentrant entre ses mains la puissance politique et économique. Lui seul en effet peut commander le dimanche dix kilos de pain, lui seul possède assez de liquidité pour payer la réparation du toit de l'église. Son pouvoir se traduit d'une façon ostentatoire par l'entretien de plusieurs "nièces", demoiselles de petite vertu qui n'apparaissent pas au cours du film mais qui y tiennent la place obsédante de l'Arlésienne. Le marquis monopolise les fonctions administratives pour renforcer son image de seigneur féodal. C'est moins son titre de maire qu'il met en avant que ses quartiers de noblesse. Il s'arroge le droit de tutoyer tout le monde, comme si les paysans n'étaient que des serfs attachés à son domaine. Les seules personnes à qui il donne du vous sont les dames (galanterie oblige) et les deux frères ennemis dont il tente de contrôler le pouvoir, le curé et l'instituteur. Monsieur le marquis est plein de cordialité pour tous, il se montre amical mais ne supporte pas la familiarité. Si le nouveau boulanger souhaite conserver sa clientèle, il devra se plier à la règle commune, ôter son bonnet lorsque son seigneur lui adresse la parole, ne répondre que par "oui monsieur le marquis" ou bien "non monsieur le marquis" et perdre l'habitude de tendre le premier la main. Le curé ferme les yeux sur les frasques sexuelles du marquis. Outre qu'il a besoin de son aide financière, il sait qu'un tel exemple n'est pas contagieux. Les villageois sont trop pauvres pour se débaucher avec des nièces, s'ils en trouvaient. Comme sous l'Ancien Régime, les vêtements permettent de distinguer le rang de chacun. Si le marquis s'habille de tweed et arbore des bottes d'équitation comme un hobereau, le curé porte soutane et barrette, et l'instituteur la cravate et le costume de ville. Quant au reste de la population, il est soumis au velours côtelé ou au drap, l'uniforme des travailleurs.

Après le marquis, les deux personnages les plus haut placés dans la hiérarchie locale sont le curé et l'instituteur. Le premier représente la tradition; il a pour lui le prestige de son état et le souvenir du temps où la Provence était à la fois catholique et monarchiste. A ce titre, il reçoit à dîner le marquis presque sur un pied d'égalité. Son insistance sur l'étiquette est cependant le signe de sa perte de pouvoir effective. Il ne règne plus que sur les femmes, les hommes ayant opté pour les valeurs laïques et manifestant un anticléricalisme de bon aloi. Le curé mettra à profit la mésaventure du boulanger pour récupérer un peu de pouvoir sur la gent masculine. Cependant, ses envolées lyriques du haut de la chaire n'ont qu'une efficacité réduite. Dès qu'il s'agit de chasse ou de pêche, activités viriles par excellence, il n'est plus question de messe. Le bon prêtre essaye bien de se mesurer à celui qui incarne à ses yeux l'esprit nouveau, l'instituteur, mais en vain. Ce dernier le lance sur l'épineuse question des voix de Jeanne d'Arc, que le Vatican a canonisée quelques années plus tôt, et le défenseur de la foi bat en retraite devant l'esprit fort nourri de Zola et de Renan. En quelques phrases, Pagnol résume les principaux débats qui ont traversé la Troisième République, poussant jusqu'à la caricature la présentation de ses personnages. Ceux-ci n'ont d'autre existence que sociale; leur être de classe constitue une essence dont ils ne peuvent se départir. Même dans le cas du boulanger, ils n'accèdent pas à une vie individuelle, car le drame que raconte l'auteur est collectif, c'est celui du passage à la modernité des derniers groupes ayant maintenu une tradition d'autonomie et un particularisme local.

Si le curé règne sur l'église, l'instituteur domine l'école et le café. Il est la tête pensante du "cercle", lieu de rencontre de tous les hommes du village. La réunion dominicale dans l'arrière salle du bistrot leur tient lieu de messe. C'est l'endroit de la parole libre, par opposition à l'église qui est celui de la parole liée, religieuse au premier sens du mot (*religare*, relier). L'instituteur vote à gauche, milite pour des valeurs laïques et démocratiques, sans que celles-ci pourtant enracinent le village dans la modernité. Si le discours est audacieux, les comportements restent traditionnels, tant que les pratiques quotidiennes reposent sur un mode de vie agricole. L'instituteur fait cependant figure de nouveau notable, et le marquis doit compter avec lui. Il est sûr de lui, aussi dévoué à la cause républicaine que le curé l'est à la foi catholique. Moins puissant par son argent que par son savoir, il doit exhiber ce dernier sur la place publique afin d'éliminer l'obscurantisme[7]. Chaque fois qu'il croise son rival, un duel oratoire s'engage, où il n'y a ni vainqueur ni vaincu, car ils ont trop besoin l'un de l'autre. En effet, le village se structure partiellement autour de leur parole respective; il faut donc qu'elle s'équilibre sans s'anéantir. Le maître d'école est le détenteur d'un savoir qu'on requiert à tout moment. Personnage public, il prend des décisions, donne des conseils, modère les passions. Dans l'affaire du boulanger, c'est lui qui décide d'aller chez Castanier, lui qui le ramène en état d'ivresse, etc.

---

[7] Jacques Ozouf, *Nous les maîtres d'école* (Coll. Archives, Gallimard, 1977).

Si d'un côté l'instituteur attise les passions, d'un autre il est un facteur de concorde car il se trouve au carrefour de tout, entre l'extérieur et l'intérieur, entre le marquis et les villageois, entre la tradition et la modernité. Il n'oublie pas que socialisme rime avec pacifisme,
et qu'il incarne les vertus républicaines autant que l'esprit occitan.
Cependant, pas plus que celle de son frère ennemi sa parole n'est absolue. Pour résoudre un problème qui met en jeu l'ensemble de la communauté, il saura passer sur ses divergences d'opinion et faire appel
au curé. C'est ainsi qu'on les verra, l'un juché sur le dos de l'autre,
partir à la recherche de la boulangère infidèle et ramener au bercail
la brebis perdue.

A côté de ces types, d'autres figures non moins attendues apparaissent, celles des villageois qui forment le choeur antique du drame
du boulanger. Ils se distinguent moins en fonction de leur statut économique qu'en fonction de catégories plus traditionnelles, l'appartenance à un lignage, à une catégorie d'âge, à un groupe sexuel. D'un
côté, le groupe féminin, qui se réunit à l'église sous la conduite du
pasteur des âmes; de l'autre, le groupe masculin, qui possède ses rites
d'introduction, ses us et coutumes, comme une société secrète: échange
de nourriture, de boisson, pratique de la camaraderie "virile", traditions et histoires communes, etc. Les deux groupes sont pourtant solidaires malgré l'animosité "naturelle" qui les sépare. Face aux adultes
se dresse le groupe des enfants qui apparaît dès le premier plan du
film (la sortie de l'école). Ces derniers interviennent constamment dans
le déroulement de l'histoire, même s'ils n'y prennent pas directement
part. Le boulanger les prend à témoin de son infortune conjugale.
Les enfants ne sont pas relégués dans un univers puéril — cette spécialisation de l'enfance étant liée au développement urbain[8] — ils sont
les observateurs ironiques d'un drame dont ils comprennent les tenants
et aboutissants. Dans la figure des aînés, ils contemplent une image
dégradée de ce qu'ils sont eux-mêmes, de ce qu'ils sont appelés à
devenir.

En dépit des multiples intérêts qui unissent les villageois, des tensions inverses menacent la cohésion du groupe. Certaines sont dues
au contact avec l'extérieur, d'autres relèvent de la dynamique interne
du village. Parmi ces dernières, il faut compter les querelles de clans
qui se poursuivent sur plusieurs générations. Comme dans la société
médiévale que le village rappelle à plus d'un titre, tout le lignage épouse

---

[8] Philippe Ariès, *L'Enfant et la vie familiale sous l'Ancien Régime* (Plon, 1960).

la querelle du chef et met son honneur à le venger[9]. Si l'insulte n'est pas lavée, la vendetta se poursuit indéfiniment. Malgré tout, étant donné le caractère obligatoire des rencontres à l'intérieur du village, chacun finit par adresser la parole à son ennemi, sans pourtant oublier qu'il l'est: son statut lui est d'ailleurs signifié par le ton différent avec lequel on lui parle. De plus, les discordes anciennes sont soigneusement entretenues par de nouveaux motifs. Pour un oui ou un non, des bagarres éclatent, les amis d'hier se brouillent, les alliances ligna- gères se reforment autrement. Le tableau des tensions serait incom- plet si l'on n'évoquait celles qui proviennent de la hiérarchie et qu'en vocabulaire marxiste on classerait sous la rubrique de "lutte de classe". Le marquis est à la fois semblable aux villageois et différent. S'il par- tage leur vie et leurs valeurs, il s'en distingue également en trans- gressant les interdits sexuels d'une façon ostensible. Alors qu'il y a peu de femmes au village, que chacun doit se contenter de la sienne ou bien rester célibataire, lui manifeste sa différence en possédant plu- sieurs épouses, ce qui fascine et révolte ses administrés. Les "nièces" cristallisent sur elles le désir des hommes, mais elles sont réservées au maître. Les villageois partagent donc le même désir que le mar- quis, s'identifient à lui en quelque sorte, en même temps qu'il reste pour eux un modèle inaccessible. Ils se trouvent aliénés par une identification à un personnage qu'ils ne peuvent pas imiter et dont ils ne se délivrent pas non plus. C'est dans cette relation inconsciente autant que par son statut économique, l'une étant dépendante de l'au- tre, que le marquis puise l'assurance de son éternelle supériorité. La situation changera avec l'arrivée d'Aurélie. Celle-ci n'est pas la maî- tresse du seigneur, elle ne relève pas du monde du château. De par son origine, elle semble appartenir de droit au groupe des villageois.

La place du boulanger

Le village poursuivrait son existence stagnante si un malheur ne le frappait, le suicide de son boulanger. La place sociale de ce dernier est exceptionnelle et explique le retentissement que sa mort provo- que. La nourriture de base des sociétés traditionnelles, en France par- ticulièrement, est le pain. Il n'est pas seulement un aliment à haute valeur nutritive, il est un symbole commun à de nombreuses civilisations[10] et intervient dans plusieurs rituels. Le nombre d'expres- sions où le mot "pain" est employé témoigne de sa place dans la vie

---

[9] Marc Bloch, *La Société féodale* (Payot, 1939).

[10] Jean Chevalier et Alain Gheerbrant, *Dictionnaire des symboles* (Laffont/Jupiter, 1982).

physique et imaginaire. Jusqu'à une époque très récente, il était interdit de jeter le pain, plusieurs recettes permettant d'en utiliser les restes. On le bénissait, on l'échangeait au cours de cérémonies religieuses, on en faisait don aux pauvres et aux affamés. Aujourd'hui encore, la baguette est un des aliments dont le prix est réglementé par l'Etat qui mesure sa popularité aux réactions provoquées par son augmentation. Celui qui fabrique le pain de la collectivité est un personnage jouissant d'un statut considérable, équivalent à celui du forgeron dans les sociétés primitives. L'un et l'autre sont indispensables à la communauté, ils entretiennent le feu, le premier pour cuire les aliments, le second pour forger les instruments[11]. La tradition compte le boulanger parmi les enfants de Saturne, elle en fait un mélancolique, un être dominé par la bile noire[12]. Après la disparition d'Aurélie, on verra plus d'une fois Castanier dans la posture du mélancolique, la tête appuyée sur la main. Si l'on se tourne vers l'Histoire, la place du boulanger paraît tout aussi importante. Le pain a été en effet un des premiers produits qu'on pouvait acheter. A l'origine, les impôts n'étaient qu'une redevance en blé, que les paysans ont dû peu à peu convertir en argent. Dans la société médiévale, le boulanger est un personnage qui manipule l'argent, qui le prête au besoin, et qui est pour cela adulé et haï. Au cours des émeutes, qui se déclenchent à cause de la cherté du pain, les émeutiers se rendent d'abord à la boulangerie qu'ils mettent à sac, faisant souvent un sort à son propriétaire. Son rôle est vital, il est le centre de la vie matérielle, puisqu'il fabrique la nourriture de base, autant que de celle de l'esprit, puisque le pain est l'aliment symbolique par excellence. Le roi est au niveau de l'existence sociale ce que le boulanger est à celui de la vie physique, l'être qui entretient l'existence communautaire. Lorsque, après la fuite de Varennes, la population arrête Louis XVI et sa famille et qu'elle les reconduit à Paris, ceux qui gardent le carrosse royal crient qu'ils ont "ramené le boulanger la boulangère et le petit mitron".

La popularité excessive dont jouit le boulanger possède son revers. Il est vu comme un personnage dangereux, qui peut tricher sur la qualité de la marchandise ou qui a la capacité d'empoisonner toute

---

[11] La mythologie permet déjà de rapprocher le boulanger du forgeron. Hephaïstos, le dieu du feu, patron des forgerons, est infirme comme Aimable Castanier: le premier boite, le second est sexuellement impuissant. Aux dires d'Homère, Hephaïstos était marié à Aphrodite, déesse de l'amour. Comme Aurélie, cette dernière devint rapidement infidèle et trompa son mari avec Arès. Hephaïstos se vengea en piégeant les amants dans un filet, qui devinrent ainsi la risée de tout l'Olympe.

[12] Maxime Préaud, *Mélancolies* (Herscher, 1982), p. 58.

la population. Il est surtout considéré comme un affameur, qui spé-
cule sur le prix du blé, et plus communément comme un voleur qui
s'enrichit sur la misère d'autrui. De fait, il est une des premières figures
pré-capitalistes que l'on rencontre, un être sur qui se cristallise la har-
gne populaire. Manipulateur d'argent dans une économie non monétaire, il est l'homme de l'échange nouveau, celui qui fait payer un
aliment de première nécessité dans une société fondée sur le service.
Pour toutes ces raisons, c'est un individu diabolique qui vend quelque chose qui appartient à Dieu. La boulangère n'est pas plus épar-
gnée que son époux par la vindicte publique. Tandis que l'homme
est au pétrin, elle peut recevoir ses galants. Femme moins surveillée
que les autres dans la société traditionnelle, elle peut s'échanger contre de l'argent, comme le pain du mari. L'échange marchand modifie
la mentalité des échangeurs, les aliène à la valeur monétaire, et cette
aliénation gouverne l'ensemble de leurs comportements. Du mariage
traditionnel, le boulanger peut glisser vers un autre type d'union que
la société désapprouve en l'associant à la prostitution. Une chanson
du folklore français se fait l'écho de la réputation mercantile de la
femme du boulanger:

> La boulangère a des écus
> Qui ne lui coûtent guère...
> J'ai vu la boulangère aux écus
> J'ai vu la boulangère.

Ce que raille cette chanson, devenue aujourd'hui une comptine d'enfants, c'est la vénalité de la femme qui vend ses charmes pour arron-
dir son magot.

Le village de Provence s'enlise dans une lente décadence lorsqu'il
passe deux mois consécutifs sans boulanger. La conduite de celui-ci
a tout d'abord été imprévisible. Tantôt il vendait de l'excellent pain,
tantôt une pâte empestant l'alcool. Puis il a ouvertement livré une
marchandise frelatée et a fini par se suicider. Si au début du film on
ignore le pourquoi de cette déchéance, on le comprend peu à peu puisque son successeur suit bientôt le même parcours. La mélancolie qui
s'empare du boulanger n'est pas une maladie individuelle, elle est due
à la situation sociale, elle est le prix que doit payer celui qui prend
cette profession. Si Pagnol représente donc un stéréotype, il faut se
garder de n'y voir qu'un lieu commun mais plutôt une tentative pour
sortir de l'ornière psychologique et donner à son film une dimension
mythologique. Deux mois après le suicide de son prédécesseur, Aima-

ble Castanier s'installe au village. Il arrive de Bandol qu'il dit avoir quitté à cause de sa femme: "Elle n'aime pas le climat du nord." Après s'être installé, il devient rapidement conscient de l'ambivalence que sa présence soulève. Il doit séduire l'un après l'autre les clients s'il veut se maintenir dans le village qui a besoin de lui et le rejette. Castanier tranche sur les villageois déjà parce qu'il est un homme à l'aise, plus riche que le curé ou l'instituteur, peut-être aussi riche que le marquis. Il proposera à ce dernier de lui payer douze mille francs le cheval qu'on lui a pris, somme considérable pour l'époque. Cependant, le boulanger n'étale pas son avoir, d'abord pour ne pas rebuter la clientèle, ensuite parce que, en tant qu'individu, il est resté un homme simple. De même qu'il possède deux costumes, l'un pour le dimanche, l'autre pour la semaine, de même il a une double personnalité. L'une est quotidienne: il se présente comme un travailleur courageux et honnête. Il se montre généreux, même si ses dons ne sont jamais exempts d'arrière-pensées. L'autre est exceptionnelle, mais contribue à déterminer de nombreux comportements. Il est un homme riche, à qui manque la reconnaissance sociale, et qui possède suffisamment pour ambitionner le statut d'un bourgeois. Seulement, d'une part il n'est qu'un commerçant, d'autre part il vient s'établir dans un milieu qui exclut la bourgeoisie. Le village met face à face le personnage du noble féodal, même de façon dégradée, et des paysans qui sont ses féaux. Le curé et l'instituteur ne représentent pas une classe mais ils sont chacun l'intellectuel des deux partis en présence. Castanier, lui, incarne les pratiques bourgeoises, l'échange marchand, et son irruption dans un univers clos risque d'avoir des conséquences dramatiques sur le tissu social. C'est la raison pour laquelle il se méfie et s'arrange pour satisfaire à des exigences contradictoires: tenir son rang d'homme riche, et rester semblable aux autres pour conserver leur clientèle. Ne pouvant se comporter librement en bourgeois, il accapare certains signes d'appartenance à cette classe, le costume du dimanche, et surtout Aurélie, son épouse de luxe, son épouse du dimanche également. Le boulanger ne cache pas qu'il se l'est offert comme un objet précieux. Il l'a littéralement achetée et n'en éprouve aucune honte puisqu'il ne voit pas que sa pratique échangiste l'amène à réifier autrui. Il ne lui demande rien que de se conduire en objet, de servir au décorum. Il n'attend ni affection en retour ni service, seulement des apparences. Fier de l'exhiber dans le magasin, de vanter son apparence moëlleuse, il la compare à ses produits, à la brioche surtout. Aurélie est un aliment de luxe qu'Aimable ne consomme pas. Elle sert à attirer la clientèle, elle est à elle seule la vitrine de la boulangerie. Certes, le boulanger n'est sans doute pas complètement dupe du comportement de son épouse; il doit savoir, quelque part, qu'elle se donne au tout venant. Mais il ferme les yeux tant qu'elle remplit son contrat tacite. Pour le reste, il ne saurait la traiter comme une femme "réelle", trop conscient des multiples différences qui les séparent: l'âge, le milieu, les valeurs. Pas plus qu'il n'ose être ouvertement un bourgeois, Aimable Castanier n'ose être un mari. Il n'a pas intériorisé les valeurs de son rang, son ascension ayant sans doute été trop rapide. Celle qui est pour lui le meilleur signe de sa réussite, et qu'il ne considère pas vraiment comme son épouse, va devenir l'incarnation du rêve des villageois, un rêve bleu qui dégénèrera vite en cauchemar.

Celle par qui le scandale arrive

Aurélie est jeune, elle est belle, elle s'ennuie, elle "bovaryse". Ayant quitté la ville sous l'opprobe (on le comprend à travers les bourdes de son époux), elle se morfond à la campagne, prise entre un mari trop complaisant et un rôle de "poupée de luxe" qui ne la satisfait guère. Lectrice de romans populaires, elle a l'âme romanesque et brûle de vivre des aventures passionnantes. On la sent prête à suivre le premier beau garçon qui se présentera, surtout s'il arrive sur un cheval et qu'il lui propose une idylle semblable à celle des magazines féminins de l'époque. Dominique, le berger piémontais du marquis, incarnera pendant une journée l'idéal romanesque de la belle boulangère. Cependant, même si le village n'avait pas rattrapé la fugitive, la romance n'aurait guère duré. Dominique n'est qu'un numéro dans une longue série de figures qui ont séduit Aurélie et l'ont déçue aussi vite. Son côté rêveur n'empêche pas la boulangère de garder les pieds sur terre: comme la chatte Pomponette, elle sait où trouver la jatte de lait, et tôt ou tard elle serait revenue vers Castanier dont le prénom souligne le caractère: brave homme, complaisant, s'il ne peut être aimé d'amour du moins est-il assez "aimable" pour qu'une femme accepte de partager sa vie, d'autant plus que sa fortune lui permet d'offrir, outre la sécurité, le prestige et le luxe.

L'arrivée du couple dans le village agit comme un catalyseur. Mari et femme apportent ce dont la communauté manque le plus, lui la nourriture physique, le pain qu'il fait "bon comme de la brioche", elle la nourriture spirituelle, le pain du rêve. Car, pour tous, Aurélie est la femme désirée: "Je n'en ai jamais vu une comme ça", confiera Dominique à Esprit. Aurélie est leur revanche sur le marquis, ils ont immédiatement le sentiment qu'elle leur appartient puisque Castanier la leur offre en l'exposant dans sa vitrine. Le maître peut bien avoir ses nièces, qu'il cajole, solitaire et gourmand, dans son château; eux, ils possèdent la belle boulangère, qu'ils consomment métaphoriquement sous l'espèce du pain que leur vend Castanier. "Elle est le pain du village", dira justement l'instituteur. A travers elle, ils communient dans le sentiment d'une même appartenance; elle est le dieu de leur religion libidinale; ils la possèdent toute entière sans qu'elle appartienne à personne, ni au berger, ni même à son époux. Elle est le rêve commun, l'image sur laquelle la collectivité dirige son désir, les femmes comme modèle d'identification, les hommes comme objet de possession, et se structure en une totalité[13]. Elle constitue le levain de la communauté, ce qui lui permet de survivre en acceptant l'évolution vers une société marchande. Aurélie est à la fois celle qui déclenche les jalousies et les apaise, celle qui provoque le changement et le rend acceptable. En ce sens, elle joue le rôle de la prostituée sacrée, la femme que tous les hommes peuvent avoir lors d'une cérémonie religieuse, et qui n'appartient à personne. Sauf qu'ici l'échange marchand tient lieu d'acte sacré, même si l'un et l'autre utilisent le pain comme support symbolique. Aurélie devient ainsi l'épouse collective, la mère universelle; sa figure fait pendant à celle du marquis comme symbole de la communauté. Par son intermédiaire, le village retourne à une structure matriarcale, mais cette régression marque en fait une progression puisqu'elle lui permet d'entrer sans douleur dans la modernité, d'abandonner sa tradition féodale au profit d'un mode d'être franchement capitaliste.

On pourrait s'étonner qu'Aimable Castanier ne dissimule pas davantage ses infortunes conjugales passées et présentes. Il s'assume dans le rôle du mari trompé et content de l'être, ce que souligne le marquis lorsqu'il lui lance: "Vous êtes un cocu de naissance!" Mais, au-delà de l'anecdote grivoise, il faut revenir à la position sociale du boulanger plutôt qu'au caractère d'Aimable pour comprendre son attitude. Loin de relever du folklore du "mari trompé", le comportement de Castanier part d'une nécessité qu'imposent les circonstances. D'une part, il arrive dans un monde fermé sur lui-même, où le poids de

[13] Freud, *Psychologie collective et analyse du moi.*

la tradition empêche l'émergence de la nouveauté, vécue comme une menace à un état de chose d'autant plus respecté qu'il semble remonter à la nuit des temps. Il est le nouveau, celui qui apporte avec lui les valeurs de la ville. S'il veut s'intégrer, il ne doit pas trop trancher sur les autres, d'autant plus que sa profession comporte autant de menaces qu'elle apporte de bienfaits. Lorsqu'il débarque, le boulanger possède plusieurs choses que les autres n'ont pas, un savoir nécessaire, de l'argent et une femme telle que personne n'en a vue. Il incarne un idéal dangereux et fascinant, il est le symbole d'une réussite à laquelle ils ne peuvent prétendre sans le rejet de leurs traditions. En acceptant d'être la fable du village, en avouant à tous qu'il est cocu, le boulanger se met au même niveau que les autres. De même que les premiers capitalistes niaient monopoliser les moyens de production et qu'ils faisaient de l'achat de la force de travail des gens dépossédés un échange égalitaire où chacun y trouvait son compte, de même Aimable Castanier paraît ne pas posséder Aurélie. Elle n'est à lui qu'en apparence, il n'en a pas la propriété réelle, elle semble n'avoir aucun lien avec la vente du pain. Le mari la "loue", à tous les sens du mot, c'est-à-dire ne cesse de vanter ses mérites et de la prêter aux autres hommes. Elle représente l'excès, la part réservée aux dieux, celle que le boulanger refuse de consommer lui-même. Comme la brioche du dimanche, il ne peut la garder, il la fait circuler sur un autre mode. La scène où Aimable s'enivre devant la communauté assemblée doit être vue comme un rite d'initiation par lequel il s'intègre au village. Lui aussi rêve d'une femme inaccessible; il est aussi "cocu" qu'eux. Seul le marquis a accès aux femmes en surnombre, par une sorte de résurgence de l'antique droit de cuissage. Le boulanger, qui incarne un nouveau pouvoir, fondé non plus sur la tradition mais la possession, nie qu'il accapare. Il se contente des apparences; en dépit de sa richesse, il n'est pas plus heureux que les autres, au contraire. Mieux, en prêtant Aurélie, il leur rend sous une autre forme l'argent que ceux-ci apportent à la boulangerie. Ainsi, il maintient l'autarcie au niveau de l'apparence, en laissant circuler symboliquement son épouse parmi les villageois. Facteur de dissociation, le boulanger contribue d'un autre côté, par le don de sa femme, à empêcher l'effritement de la collectivité. Il n'y aurait donc pas de drame si la boulangère acceptait le rôle de l'épouse collective. Seulement, le berger la veut pour lui tout seul, erreur que le boulanger se garde de commettre. Or, Dominique est également un facteur de dissociation: c'est l'étranger, le Piémontais, celui qui vient chercher du travail de l'autre côté de la montagne, c'est l'ennemi. Le rapt de la femme la plus belle va donc déclencher la guerre.

La fonction de la fable

Ce que Pagnol nous donne à lire ici, c'est une version parodiée de *L'Iliade*. Sous le visage d'Aurélie, il faut deviner celui d'Hélène, la plus belle femme de la Grèce, celle à qui tous se sont liés par le serment prêté à Tyndare. Dans la Grèce féodale, Hélène joue également le rôle de la prostituée sacrée: ni Thésée ni Ménélas ni Pâris ni aucun des époux que les mythographes lui prêtent ne sauront la retenir. Son côté négatif est contrebalancé par un autre puisqu'elle permet le passage de la féodalité à la royauté unique, qu'elle est en quelque sorte à l'origine de la nation hellène. L'énergie libidinale collective que monopolise son image se change en énergie guerrière sitôt qu'elle est enlevée par Pâris, et c'est la guerre de Troie qui fond les différents féodaux en une nation nouvelle dont Agamemnon devient le monarque. Si Aurélie est Hélène, Dominique devient Pâris. Comme ce dernier, le Piémontais est étranger; lui aussi a profité de l'hospitalité pour enlever la femme d'autrui. Aimable lui donne de la fouace, Dominique lui prend son épouse. Il rend bien don pour don, non pas dans l'amitié mais dans la violence. De même que les Grecs s'étaient unis pour venger Ménélas, selon la promesse qu'ils avaient faite à Tyndare, de même le village oublie ses querelles et s'unit pour venger son boulanger. Les rivalités de lignage sont oubliées, la structure féodale s'effondre au profit d'une nouvelle unité. Les paysans qui reviennent ivres avouent avoir trouvé quelque chose à l'occasion de leur battue: l'amitié, la réconciliation. Celle-ci naît du report des conflits internes à l'extérieur, sur l'ennemi commun. Si le sang ne coule pas, le vin rouge qui en forme le substitut dégradé coule à flot au moment de la reconquête de la belle boulangère. Chez Homère, le passage d'un état archaïque à un autre est vécu sous la forme d'une tragédie; chez Pagnol, il l'est sous la forme d'une farce qui parodie la tragédie, parce que l'état nouveau auquel le village accède, celui de l'échange marchand, ne repose sur aucune transcendance mais seulement sur le souvenir de la gloire de l'Ancien Régime.

La réunion des hommes au cercle équivaut au conseil préparant l'invasion de Troie. Le marquis, désormais appelé commandant, prend la figure d'Agamemnon. Si Aimable joue le rôle du "cocu Ménélas", Tonin devient Achille, et l'instituteur fait montre d'une sagacité digne d'Ulysse. Quant au curé, qui vitupère du haut de son perchoir et réclame qu'on fasse pénitence, il lui revient le rôle de Calchas. Il ne réclame cependant le sacrifice d'aucune Iphigénie. Le seul sacrifice, c'est Aimable qui l'accomplit, celui de sa haine et de son désir légitime de vengeance. S'il accepte le retour d'Aurélie, c'est autant pour lui que pour le village. En tant que nouveau monarque, il fait don à la population de son bien le plus précieux, son épouse, pour détourner de sa personne l'agressivité naturelle que suscitent ceux qui s'élèvent. La dernière partie du film met en scène cette guerre de Troie parodiée. Le cheval qui permet aux soldats d'entrer dans la place n'est plus une figure de bois, c'est l'instituteur lui-même, qui porte le curé sur son dos. A eux deux, ils traverseront les marais pour atteindre la cabane où s'est réfugié le couple d'amants. Une fois de plus, Aurélie fera rêver le village: "Il paraît qu'elle était nue dans l'île." Hélène s'oublie ici pour prendre la figure de l'Eve primitive, l'ancêtre de toutes les séductrices. Lorsqu'elle revient au village, Aurélie demande que la place soit déserte, afin qu'elle regagne sans honte la boulangerie. Nouvelle Lady Godiva, elle traverse le village désert sur son cheval noir. Elle était partie en éteignant le feu du four, en allumant celui de la discorde[14]. A son retour, elle rallume le four et les désirs masculins. Elle reprend sa place au centre du village, au coeur des fantasmes des hommes et des femmes. Elle permet à toute la population de se nourrir, d'intégrer dans sa vie sociale la dimension marchande par l'intermédiaire du désir collectif. Celle qui fut un temps la pécheresse, la sorcière, redevient l'épouse universelle. C'est moins à son mari qu'elle jure fidélité qu'à l'ensemble du village dont elle est la nourriture la plus secrète et la plus indispensable.

Le retour d'Aurélie équivaut au sacre d'Aimable. Il a subi victorieusement l'épreuve, il est désormais au centre de l'économie monétaire comme son épouse est au centre de l'économie libidinale. En tant qu'individu privé cependant il doit régler ses comptes. Il le fait par l'intermédiaire d'une autre fable, qui fait pendant à la référence mythologique. Celle-ci permet de penser ce qui concerne l'espace public, celle-là l'espace privé. Ce qui serait innommable dans l'un est acceptable dans l'autre, puisque le domaine privé est celui de la liberté

---

[14] Selon les mythographes, Hélène était la fille de Némésis, la déesse de la vengeance Pierre Grimal, *Dictionnaire de mythologie grecque et romaine* (PUF, 1969).

de jugement, de la subjectivité et de la critique[15]. Cette seconde fable emprunte la tradition animale des fabliaux. Parallèlement à la mésaventure d'Aimable s'est déroulée celle du chat Pompon dont la femelle est partie pendant trois jours, attirée par un chat de gouttière plus jeune et plus vigoureux. Une fois ses désirs satisfaits, la Pomponette est revenue au bercail, là où l'attendait la jatte de lait. Aimable profite de l'ambiguïté du mot chatte, qui a désigné successivement la femme débauchée, allumeuse, puis le sexe de la femme[16], pour dire son fait à Aurélie. Pomponette devient une "traînée", une "salope" dont les chaleurs conditionnent le comportement. Ayant ainsi déchargé son agressivité, ayant évacué en une fois la dimension individuelle de l'affaire, Castanier peut devenir le roi du village. L'argent qu'il gagnera désormais ne lui sera pas reproché. Le sacrifice absolu qu'il a fait de son orgueil, de son honneur, excuse par avance et même justifie la fortune qu'il accumulera. Il peut ainsi considérer le spectre de son prédécesseur. Après avoir failli se pendre comme l'autre, Castanier a réussi. Le fantôme du précédent boulanger ne viendra plus le hanter. Grâce à la conscience collective des villageois, grâce surtout au fait que le boulanger ait accepté de faire de sa mésaventure privée un problème public, la solution finale satisfait tout le monde, à l'exception de Dominique qui demeurera l'ennemi. Cette solution maintient les apparences de la vie féodale tout en ayant permis le changement de régime. Ce n'est plus le marquis qui imposera désormais sa loi, c'est Aimable Castanier. Là où les êtres et les biens s'échangeaient jadis sur le mode du don-contre don, ils vont désormais le faire sur le mode égalitaire, par l'intermédiaire de l'argent. Le village provençal a réussi son entrée dans la France moderne; son particularisme local ne sera plus désormais que du folklore.

Le choix des figures populaires ne correspond pas seulement à une mode ou un calcul de rentabilité chez Pagnol. Le refus de la psychologie et le fait que le film néglige le drame individuel, au demeurant assez banal, du boulanger cocufié, ne vise pas uniquement à rendre l'oeuvre accessible au plus grand nombre. Le recours aux stéréotypes est commun à la farce, au fabliau et à l'épopée. Il ne provient pas d'une incapacité à saisir le problème en terme de retentissement psychique mais du fait que le drame est ailleurs. Il ne se trouve pas dans l'homme (réduit à un type, considéré comme une marionnette),

---

[15] Reinhart Koselleck, *Le Règne de la critique* (Minuit, 1979).
[16] Jacques Cellard et Alain Rey, *Dictionnaire du Français non conventionnel* (Hachette, 1980).

il est dans la collectivité. Celle-ci ne peut pas être pensée dans le psychologique, car son intériorité est inconsciente, elle ne possède pas d'instance équivalente au "moi" individuel. D'où l'utilisation du mythe pour structurer les événements et leur donner une cohérence globale. Le mythe ne s'oppose pas à l'histoire, il en tient lieu quand celle-ci ne peut être pensée directement. Mais lorsqu'il le fait il perd sa fonction religieuse; il ne se présente plus comme un discours absolu, une épopée racontant la geste de l'ancêtre fondateur, il est au contraire redonné sous forme de farce, dans un style parodié. Ce qu'on appelle aujourd'hui culture populaire m'apparaît plutôt comme la variante populaire d'une culture globale, d'une culture de masse. Le choix de types populaires, hier comme aujourd'hui, n'est pas lui-même déterminé par les prétendues attentes du public mais plutôt, nous avons tâché de le démontrer, par le contenu même de l'oeuvre. Le fond et la forme sont indissociables.

Les Revenants de la ville:
Mémoires de Paris

MICHEL DE CERTEAU

Un fantastique du "déjà là"

La stratégie qui, hier, visait un "aménagement" d'espaces urbains nouveaux s'est peu à peu transformée en "réhabilitation" de "patrimoines"[1]. Après avoir pensé la ville au futur, se met-on à la penser au passé? Comme un espace de voyages en elle-même, une profondeur de ses histoires. Une ville désormais hantée par son étrangeté — Paris — , plutôt que portée aux excès qui réduisent le présent à n'être que déchets dont s'échappe un avenir — New York.

A Paris, ce retournement n'a pas été subit. Déjà, dans le quadrillage des planificateurs fonctionalistes, surgissaient des obstacles, "résistances" d'un passé têtu. Mais des opacités qui troublaient les projets de cité transparente, les techniciens devaient faire table rase. Mot d'ordre: "Je ne veux pas le savoir". Ces restes, il fallait les éliminer pour les remplacer. Aussi bien cet urbanisme a-t-il plus détruit que la guerre. Pourtant, même pris dans ses filets, d'anciens immeubles survivaient. Ces vieilleries qui semblaient dormir, maisons défigurées, usines désaffectées, débris d'histoires naufragées, elles dressent encore

---

[1] "Aménagement" et "réhabilitation" désignent deux temps de la politique urbaine française, l'un caractérisé par la volonté "fonctionaliste" d'organiser l'espace en *construisant* de nouveaux bâtiments, l'autre, surtout depuis cinq ans, spécifié par la volonté de *restaurer* des bâtiments déjà existants.

aujourd'hui les ruines d'une ville inconnue, étrangère. Elles font irruption dans la ville moderniste, massive, homogène, comme les lapsus d'un langage insu, peut-être inconscient. Elles surprennent. De mieux en mieux défendus par des associations de fidèles, ces îlots créent des effets d'exotisme à l'intérieur. Tour à tour ils inquiètent un ordre productiviste et ils séduisent la nostalgie qui s'attache à un monde en voie de disparition. Citations hétéroclites, cicatrices anciennes, ils créent des aspérités sur les utopies lisses du nouveau Paris. Les choses anciennes se rendent remarquables. Un fantastique est tapi là, dans le quotidien de la ville. C'est un revenant, qui hante désormais l'urbanisme.

Naturellement, le fantastique n'est pas revenu tout seul. Il a été ramené par l'économie protectionniste qui se renforce toujours en période de récession. Il fait aussi l'objet d'opérations fructueuses menées par les promoteurs de *lofts* ou de quartiers rénovés. Il permet une valorisation des terrains et une transformation des commerces. Ainsi, dans l'îlot Saint-Paul rénové, les négoces se réduisent désormais à des magasins d'antiquités et à des librairies. La restauration se place à Paris, sur un marché international de l'art. Elle multiplie les investissements profitables.

Bien plus, ce revenant est exorcisé sous le nom de "patrimoine". Son étrangeté est convertie en légitimité. Les soins accordés à des îlots ou à des quartiers détériorés prolongent d'ailleurs une politique remontant à la loi Malraux (1962) sur la sauvegarde (encore ponctuelle) d'architectures anciennes, civiles et quotidiennes, et, plus loin encore, à la loi du 2 mai 1930 sur les sites à protéger (des ensembles, déjà), ou même à celle de 1913, qui ne concernait que les monuments. Une tradition s'amplifie, dont l'origine serait le discours de l'abbé Grégoire contre le vandalisme (1794): elle articule sur la destruction nécessaire d'un passé révolu la préservation de biens sélectionnés qui ont un intérêt "national". Placée d'abord sous le signe de "trésors" à extraire d'un corps voué à la mort, cette politique muséologique prend déjà, chez Malraux, le caractère d'une esthétique. Aujourd'hui, elle rencontre le point de vue des urbanistes qui constatent le vieillissement précoce d'immeubles modernes rapidement changés en constructions obsolètes et démodées[2]. Faut-il donc renouveler tous les vingt ans le parc bâti? Pour des raisons économiques autant que nationales et culturelles, on revient à ce passé qui a souvent moins vieilli que le neuf.

---

[2] Voir J.-C. Jolain, "Inventer du nouveau sans défigurer l'ancien", in *Le Monde*, 15 février 1979.

Dès lors, on *rénove* plus qu'on n'innove, on *réhabilite* plus qu'on n'aménage, on *protège* plus qu'on ne crée.

Mais par là quelque chose s'insinue, qui n'obéit plus à l'idéologie "conservatrice" du patrimoine. Ce passé fait figure d'imaginaire. Un étranger est déjà là, dans la demeure. Cette situation de roman fantastique s'accorde avec les recherches d'écoles d'architecture qui, telle *Site* aux USA, visent à donner aux citadins la possibilité d'imaginer la ville, de la rêver, donc de la vivre. Plus que sa transparence utilitaire et technocratique, c'est l'opaque ambivalence de ses étrangetés qui rend la ville habitable. Un nouveau baroque semble se substituer aux géométries rationnelles qui répétaient partout les mêmes formes et qui clarifiaient géographiquement la distinction des fonctions (commerce, loisirs, écoles, habitat, etc.). Or les "vieilles pierres" offrent déjà partout ce baroque. Inutile, comme à Berlin, d'inventer au bout des avenues un paysage de campagne où elles débouchent, telles des fleuves sur la mer. Les restes de passés déchus ouvrent, dans les rues, des échappées vers un autre monde. Au quai des Célestins[3], à l'îlot Saint-Paul[4], en tant d'autres lieux, des façades, des cours, des pavés, reliques d'univers défaits, viennent s'enchâsser dans le moderne comme des pierres orientales.

Bien loin de s'aligner sur la pédagogie historienne qui organise encore souvent le musée en *vaterländische Museum* d'une petite ou d'une grande "patrie"[5], la nouvelle rénovation s'éloigne des perspectives éducatrices et étatiques qui animaient la préservation d'une trésor "d'intérêt public". Elle s'intéresse moins aux monuments qu'à l'habitat ordinaire, moins à la circonscription de légitimités nationales qu'aux historicités exogènes de communautés locales, moins à une époque culturelle privilégiée (le Moyen Age, le Grand Siècle, la Révolution) qu'aux "collages" produits par les réemplois successifs des mêmes bâtiments. Elle entreprend toujours de "sauver", mais il s'agit de complexes débris impossibles à classer dans une linéarité pédagogique ou à loger dans une idéologie référentielle, et disséminés dans la ville comme les traces d'autres mondes.

---

[3] Voir F. Chaslin, "Réhabilitation par la vide", in *Le Monde*, 18 février 1982.

[4] Voir A. Jacob, "Du neuf dans le vieux pour le ive arrondissement", in *Le Monde*, 22 novembre 1979.

[5] Voir Volker Plageman, *Das deutsche Kunstmuseum. 1790-1870* (Munich: Prestel, 1967), sur l'organisation des musées allemands au cours du 19e siècle: ces monstrations pédagogiques conjuguent le progrès de l'esprit avec la promotion de la patrie.

Une économie d'objets légendaires

L'imaginaire urbain, ce sont d'abord les choses qui l'épellent. Elles
s'imposent. Elles sont là, renfermées en elles-mêmes, forces muettes.
Elles ont du caractère. Ou mieux, ce sont des "caractères" sur le théâtre
urbain. Personnages secrets. Les docks de la Seine, monstres paléo-
lithiques échoués sur les berges. Le canal Saint-Martin, brumeuse
citation de paysage nordique. Les maisons-épaves de la rue Vercin-
gétorix ou de la rue de l'Ouest, où grouillent les survivants d'une invisible catastrophe... De se soustraire à la loi du présent, ces objets inanimés acquièrent une autonomie. Ce sont des acteurs, des héros de
légende. Ils organisent autour d'eux le roman de la ville. L'étrave aiguë
d'une maison d'angle, un toit ajouré de fenêtres comme une cathédrale gothique, l'élégance d'un puits dans l'ombre d'une cour miteuse:
ces personnages mènent leur vie propre. Ils prennent à leur compte
le rôle mystérieux que les sociétés traditionnelles accordaient au grand
âge, qui vient de régions outrepassant le savoir. Ils témoignent d'une
histoire qui, à la différence de celle des musées ou des livres, n'a plus
de langage. De l'histoire, en effet, ils ont la fonction, qui consiste à
ouvrir une profondeur dans le présent, mais ils n'ont plus le contenu
qui apprivoise avec du sens l'étrangeté du passé. Leurs histoires cessent d'être pédagogiques; elles ne sont plus "pacifiées" ni colonisées
par une sémantique. Comme rendues à leur existence, sauvages,
délinquantes.

Ces objets sauvages, issus de passés indéchiffrables, nous sont l'équivalent de ce qu'étaient certains dieux de l'antiquité, les "esprits" du
lieu. Comme leurs ancêtres divins, ils ont des rôles d'acteurs dans
la cité non pas à cause de ce qu'ils font ou de ce qu'ils disent, mais
parce que leur étrangeté est muette, et leur existence, soustraite à
l'actualité. Leur retrait fait parler—il génère des récits—et il permet
d'agir—il "autorise", par son ambiguïté, des espaces d'opérations. Ces
objets inanimés occupent d'ailleurs aujourd'hui, dans la peinture, la
place des dieux anciens: une église, une maison, dans les tableaux
de Van Gogh; une place, une rue, une usine, dans ceux de Chirico.
Le peintre sait "voir" ces pouvoirs locaux. Il précède seulement, une
fois de plus, une reconnaissance publique. A réhabiliter une vieille
usine à gaz en béton, le maire de Tours, M. Royer, et M. Claude
Mollard, du Ministère de la Culture, honorent un "esprit" du lieu[6],

[6] Voir P. Maillard, "L'Art s'installera-t-il dans l'usine à gaz?", in *Le Monde*, 7 avril
1982.

comme Lina Bo Bardi le fait à Saõ Paulo pour la *Fábrica da Pompei* (devenue le Centro de Lazer), ou beaucoup d'autres "ministres" de ces cultes locaux.

Mais où s'arrêter, comment délimiter la population de ces choses qui sont des "esprits"? Les arbres aussi en font partie, eux qui sont "les seuls vrais monuments", — "les majestueux platanes centenaires que la spéculation des entrepôts a préservés parce qu'ils étaient utiles et abritaient les chais des ardeurs du soleil"[7]. Mais encore une fontaine, le détail d'une façade, le maïs ou le jambon pendu au plafond d'un troquet, un orgue de Barbarie ou un phono d'Edison dans l'ombre d'une boutique, la forme incurvée d'un pied de table, des jouets, des photos de famille, les fragments voyageurs d'une chanson... Cette population étend ses ramifications, elle pénètre tout le réseau de notre vie quotidienne, elle descend dans les labyrinthes de l'habitat, elle en colonise silencieusement les profondeurs. Ainsi la chemise de lin qui ouvre, telle une Muse, *Le Cheval d'orgueil*[8]: elle passe les générations, portée successivement par les membres de la famille, lavée et ornée deux fois l'an comme naguère les statues de saints patronymiques, déesse muette, sujet d'une histoire dont les humains constituent seulement, tour à tour, les circonstances et les adjectifs. Avec la montre, l'armoire, la bêche ou le costume bigouden brodé de vert et de jaune, elle traverse le temps, elle survit à l'usure des existences humaines, elle articule un espace. Expérience paysanne? Non. La rationalité urbaine l'occulte sans doute, au titre de l'idéologie citadine—"bourgeoise" ou technocrate—d'une rupture volontariste par rapport aux "résistances" de la campagne, mais, en fait, cette expérience est celle-là même que la ville amplifie et complexifie, en créant le panthéon où les "esprits" de tant de lieux hétérogènes se croisent et composent les entrelacs de nos mémoires.

Michelet avait raison[9]. Si les grands dieux anciens sont morts, les "petits"—ceux des forêts et des maisons—ont survécu aux séismes de l'histoire; ils pullulent, transformant nos rues en forêts et nos buildings en maisons hantées; ils débordent les frontières dogmatiques d'un supposé "patrimoine"; ils possèdent les lieux, alors qu'on croit les avoir enfermés, empaillés, étiquetés et placés sous vitrine dans les

[7] M. Champenois, in *Le Monde*, 12 septembre 1979.
[8] Pierre-Jakez Helias, *Le Cheval d'orgueil* (Plon, 1975), pp. 14-16.
[9] Jules Michelet, *La Sorcière* (Calmann-Lévy, s.d.), pp. 23-24.

hôpitaux d'arts et traditions populaires. Sans doute quelques-uns d'entre eux meurent-ils dans ces zoos muséologiques. Mais ils ne représentent après tout qu'une infime proportion parmi la population des revenants qui grouillent dans la ville, et qui forment l'étrange, l'immense vitalité silencieuse d'une symbolique urbaine.

Les promoteurs de la réhabilitation se méfient donc à juste titre. Ils devraient même se méfier davantage, lorsqu'ils ouvrent la ville et accordent une légitimité à ces immigrants inconnus. Ils procèdent pourtant avec prudence. De ces choses anciennes, ils admettent ce qui peut être titularisé comme "patrimoine". D'après quels critères? Ce n'est pas clair. Sa taille, son âge, sa valeur (économique) et surtout l'importance (sociale ou électorale) de ses "supporters" ou de ses habitants peuvent valoir à une "vieillerie" son agrégation au patrimoine. Alors on la restaure. Les objets ainsi anoblis se voient reconnus une place et une sorte d'assurance sur la vie, mais, comme tout agrégé, moyennant une conformation à la loi de la réhabilitation. On les modernise. Ces histoires corrompues par le temps, ou sauvages, venues d'on ne sait où, on les éduque au présent. Certes, les procédures pédagogiques dont elles sont l'objet comportent une contradiction interne: elles doivent à la fois préserver et civiliser l'ancien; faire du neuf qui soit du vieux. Les produits qui sortent de la restauration sont donc des compromis. C'est déjà beaucoup. Les "vieilles pierres" rénovées deviennent des lieux de transit entre les revenants du passé et les impératifs du présent. Ce sont des passages sur les multiples frontières qui séparent les époques, les groupes et les pratiques. A la manière des places publiques où affluent des rues différentes, les bâtiments réhabilités constituent, sur un mode historique et non plus géographique, des échangeurs entre des mémoires étrangères. Ces "shifters" assurent une circulation d'expériences collectives ou individuelles. Ils jouent un rôle important dans la polyphonie urbaine. A cet égard, ils répondent à l'idéologie qui sous-tend la réhabilitation et qui associe le "salut" de la ville à la sauvegarde d'immeubles âgés. Quel que soit le cadre dans lequel s'inscrit cette volonté "salvatrice", il est vrai que les bâtiments restaurés, habitats mixtes appartenant à plusieurs mondes, délivrent déjà la ville de son emprisonnement dans une univocité impérialiste. Ils y maintiennent, si ripolinées soient-elles, les hétérodoxies du passé. Ils sauvegardent un essentiel de la ville, sa multiplicité.

Une politique d'auteurs: les habitants

La réhabilitation tend cependant à muer ces hétérodoxies en nouvelle orthodoxie culturelle. Il y a une logique de la conservation. Même répartis hors des temples patrimoniaux du souvenir et mis à la disposition d'habitants, les objets restaurés se muent en pièces de collection. Leur dissémination travaille encore à étendre le musée hors de ses murs, à muséifier la ville. Ce n'est pas que le musée soit un fléau, ou puisse être transformé en épouvantail ou en bouc émissaire. Il exerce souvent un rôle de laboratoire, en avance sur l'urbanisme[10]. Mais il a un fonctionnement propre. Il soustrait à des usagers ce qu'il présente à des observateurs. Il relève d'une opération théâtrale, pédagogique et/ou scientifique qui retire à leur utilisation quotidienne (d'hier ou d'aujourd'hui) les objets qu'il offre à la curiosité, à l'information ou à l'analyse. Il les fait passer d'un système de pratiques (et d'un réseau de pratiquants) à un autre. Employé à des fins urbanistes, l'appareil continue à produire cette substitution de destinataires: il enlève à leurs usagers habituels les immeubles que, par leur rénovation, il destine à une autre clientèle et à d'autres usages. La question ne concerne plus les objets réhabilités, mais les bénéficiaires de la réhabilitation.

Si l'on récuse la logique de la conservation, quelle autre hypothèse la relaie? Quand le musée recule, qu'est-ce qui gagne? La *loi du marché*. Telle est l'alternative qui se présente aux interventions de l'Etat ou de la mairie de Paris: soit soutenir les institutions de conservation (plus ou moins pédagogiques), publiques (musées) ou privées (associations et hobbies de toute sorte); soit entrer dans le système de la production-consommation (sociétés immobilières, bureaux d'études, cabinets d'architectes). Dans la seconde hypothèse, la "soustraction" muséologique (immeubles enlevés à l'habitat privé pour être transformés en institutions théâtrales publiques) est remplacée par une désappropriation économique (immeubles retirés aux habitants défavorisés pour être améliorés et vendus à des acquéreurs plus fortunés).

---

[10] Dominique Poulot, "L'Avenir du passé. Les musées en mouvement", in *Le Débat*, no. 12 (mai 1981), pp. 105-15; ou Jean Clair, "Erostrate, ou le musée en question", in *Revue d'Esthétique*, nos. 3-4, intitulé "L'Art de masse n'existe pas" (10/18, 1974), pp. 185-206.

Vingt exemples de ces dernières années le montrent: le quartier du Marais, la rue Mouffetard, le quartier des Halles, etc. Cette restauration urbanistique est une "restauration" sociale. Elle ramène sur un terrain dégradé et réparé les bourgeois et les professions libérales. Les loyers montent. La population change. Les îlots réhabilités forment les ghettos de gens aisés, et les "curetages" immobiliers deviennent ainsi des "opérations ségrégatives"[11].

Une politique de la réhabilitation cherche à jouer entre les "conservateurs" et les "marchands". Des règles visent à limiter ou à contrôler les uns par les autres. Dans ces rapports de force, des pouvoirs intermédiaires s'insinuent. Le Corps de Ponts et Chaussées, en particulier, s'est lentement taillé un empire dans cette jungle, au nom d'une position technique et de technocrates échappant à la fois à l'étroitesse idéologique de la conservation et au pragmatisme incohérent du marché. Mais les premiers "intermédiaires" à promouvoir, ce devrait être les gens qui pratiquent ces lieux à restaurer.

Par son mouvement propre, l'économie de la restauration tend à séparer des lieux leurs pratiquants. Une désappropriation des sujets accompagne la réhabilitation des objets. Plus que d'intentions malignes, ce mouvement résulte de la logique même d'un appareil (technique et scientifique) qui s'est constitué en isolant de la considération des sujets le traitement des objets. Dans ce cas particulier, il n'est pas surprenant que des administrations techniques s'intéressent tant aux immeubles et si peu aux habitants, ou que, par exemple, en un temps de récession qui exige une lutte contre la dégradation d'un parc, elles accordent aux choses capables de résister au temps une valeur qu'elles refusent aux personnes âgées. Elles sélectionnent et gèrent ce pour quoi elles sont armées, — ce qui relève d'une production ou d'une réparation d'objets.

A titre même d'institutions thérapeutiques, elles obéissent à cette règle. La réhabilitation participe en effet à la médicalisation du pouvoir, un processus qui ne cesse de se développer depuis deux siècles. Le pouvoir devient de plus en plus un pouvoir "soignant". Il prend en charge la santé du corps social, et donc ses maladies mentales, biologiques ou urbaines. Il se donne la tâche, et le droit, de guérir, de protéger et d'éduquer. En passant du corps individuel au corps urbain, ce pouvoir thérapeutique ne change pas ses méthodes. Il traite les

---

[11] Sur le Marais, voir D. Benassaya, "Un Luxe sur le dos des pauvres", in *Le Monde*, 15 mai 1979. Même problème en d'autres villes, par exemple pour la rue des Tanneurs à Colmar.

organes et les circulations en faisant abstraction des personnes. Au foie malade se substitue seulement l'îlot délabré. Dans cette administration médicale élargie, la désappropriation des sujets reste le préalable d'une restauration des corps. Aussi les parties urbaines atteintes sont-elles mises sous tutuelle, enlevées aux habitants et confiées aux spécialistes de la conservation, de l'immobilier ou des Ponts. C'est le système de l'hôpital.

Tout comme la relation thérapeutique se réintroduit, encore très marginalement, dans le champ d'une technocratie médicale, la dynamique des relations entre habitants et spécialistes doit être restaurée. Elle met en jeu des rapports de force entre citoyens supposés égaux devant la loi. Une politique est ici en cause, qui déborde et contrôle une gestion économique. Bien des projets ou des réalisations montrent comment les habitants peuvent être informés et consultés par la médiation d'instances locales; comment des associations de quartier (par exemple, au quartier Guilleminot) sont à même de participer aux décisions; ou comment l'Etat ou la ville peuvent protéger des locataires contre l'exclusion qui les menace pour raison de réhabilitation. En 1979, à propos de l'îlot Sainte-Marthe, M. Léon Cros, conseiller de Paris, déclarait que "les propriétaires, pour bénéficier des subventions de la ville et de l'Etat, devront signer une convention qui mettra les locataires à l'abri d'une trop forte augmentation" et que "les locataires concernés bénéficieront de l'aide personnalisée au logement"[12]. Certes, aucune mesure n'est tout à fait satisfaisante. Outre que celle-ci amène à s'interroger sur les contribuables imposés pour financer de telles subventions (qui paie, et pour qui?), elle pousse les propriétaires à pratiquer un malthusianisme de la location. Un débat politique s'impose afin d'élaborer les meilleures solutions.

Dans la mesure où une politique s'inspire du principe que le "patrimoine", comme disait M. J.-P. Lecat, doit "devenir l'affaire de tous les Français"[13], une forme particulière mais fondamentale doit en être soulignée: le droit à la création, c'est-à-dire une autonomie par rapport aux réglementations draconiennes fixées par des spécialistes. Les habitants, surtout défavorisés, n'ont pas seulement, dans le cadre des lois, un droit d'occupation des lieux; ils ont droit à leur esthétique. En fait, leur "goût" est systématiquement dénigré, et celui des techniciens est privilégié. L'art "populaire" n'en est pas moins porté aux

[12] Voir *Le Monde*, 20 novembre 1979.
[13] *Ibid.*

nues, mais seulement lorsqu'il s'agit d'un passé ou d'un lointain mué en objet de curiosité[14]. Pourquoi cette estime s'effondre-t-elle dès qu'il s'agit de travailleurs ou de commerçants vivants, comme s'ils étaient moins créatifs qu'autrefois, ou comme si les promoteurs et les fonctionnaires faisaient aujourd'hui preuve d'une écrasante inventivité? Depuis le musée paysan d'Albert Demard, à Champlitte[15], jusqu'au Musée d'art brut de Michel Thevoz à Lausanne, tout prouve au contraire les insolites capacités poétiques de ces habitants-artistes dédaignés par les ingénieurs-thérapeutes de la ville.

Entre beaucoup d'autres raisons, la prospective urbaine elle-même requiert que ces artistes méconnus retrouvent leurs droits d'auteur dans la cité. Depuis la télé jusqu'à l'électronique, l'expansion rapide des médias va mettre à la disposition des individus les moyens qu'une paléotechnique réserve à une élite. A cette démocratisation des techniques doit correspondre une démocratisation de l'expression artistique. Comment étendre la première si l'on censure la seconde? Peut-on allier à un progressisme technologique un conservatisme culturel? Cet alliage contradictoire est malheureusement fréquent (loi générale: un traditionalisme culturel compense, dans une société, la promotion économique). Mais c'est gaspiller le vrai capital d'une nation ou d'une ville. Car son patrimoine n'est pas fait des objets qu'elle a créés, mais des capacités créatrices et du style d'invention qu'articule, à la manière d'une langue parlée, la pratique subtile et multiple d'un vaste ensemble de choses manipulées et personnalisées, réemployées et "poétisées". Le patrimoine, finalement, ce sont tous ces "arts de faire"[16].

L'art aujourd'hui en fait et y reconnaît l'une de ses sources, à l'égal de ce qu'étaient pour lui, hier, les créations africaines ou tahitiennes. Les artistes quotidiens des manières de parler, de se vêtir, d'habiter sont des revenants dans l'art contemporain patenté. Il serait grand temps qu'un urbanisme encore en quête d'une esthétique leur reconnaisse la même valeur. Déjà la ville en est la permanente et mobile exposition. Mille façons de s'habiller, de circuler, de décorer, d'imaginer tracent les inventions nées de mémoires inconnues. Fascinant théâtre. Il est composé des gestes innombrables qui utilisent le lexique des produits de consommation pour donner langage à des passés

[14] M. de Certeau, *La Culture au pluriel*, 2e éd. (Christian Bourgois, 1980), ch. 3, pp. 49-80.
[15] J. de Barrin, "Le Musée d'un paysan", in *Le Monde*, 9 avril 1977.
[16] M. de Certeau, *L'Invention du quotidien*, I: *Arts de faire* (10/18, 1980).

étranges et fragmentaires. "Idiolectes" gestuels, les pratiques des habitants créent, sur le même espace urbain, une multitude de combinaisons possibles entre des lieux anciens (secrets de quelles enfances ou de quelles morts?) et des situations nouvelles. Elles font de la ville une immense mémoire où prolifèrent des poétiques.

Une mythique de la ville

Dans la perspective d'une démocratisation, condition pour une nouvelle esthétique urbaine, deux réseaux retiennent particulièrement l'attention: les *gestes* et les *récits*. Ils se caractérisent tous les deux comme des chaînes *d'opérations* faites sur, et avec, le lexique des choses. Sur deux modes distincts, l'un tactique et l'autre linguistique, les gestes et les récits manipulent des objets, ils les déplacent, ils en modifient les répartitions et les emplois. Ce sont des "bricolages", conformes au modèle que Lévi-Strauss reconnaissait au mythe. Ils inventent des collages en mariant des citations de passés à des extraits de présents, pour en faire des séries (procès gestuels, itinéraires narratifs) où les contraires symbolisent.

Les gestes sont les vraies archives de la ville, si l'on entend par "archives" le passé sélectionné et réemployé en fonction d'usages présents. Ils refont chaque jour le paysage urbain. Ils y sculptent mille passés qui ne sont peut-être plus nommables et qui n'en structurent pas moins l'expérience de la ville. Manières dont un Maghrébin s'installe dans un HLM, dont un Rodézien tient son bistrot, dont le natif de Malakoff marche dans le métro, dont la fille du 16e porte son jean ou dont le passant marque d'un graffiti sa façon de lire l'affiche. Tous ces arts de "faire avec", usages polysémiques des lieux et des choses, devraient être soutenus par la "réhabilitation". Comment offrir davantage à leurs inventions la place, la rue ou l'immeuble? Programme pour une politique de rénovation. Trop souvent, elle enlève leur vie aux îlots qu'elle mue en "tombeaux" pour familles enrichies.

Les histoires sans paroles de la marche, de l'habillement, de l'habitat ou de la cuisine travaillent les quartiers avec des absences; elles y tracent des mémoires qui n'ont plus de lieu — des enfances, des traditions généalogiques, des événements sans date. Tel est aussi le "travail" des récits urbains. Dans les cafés, dans les bureaux, dans les immeubles, ils insinuent des espaces différents. Ils ajoutent à la ville visible les "villes invisibles" dont parlait Calvino. Avec le vocabulaire des objets et des mots bien connus, ils créent une autre dimension, tour à tour fantastique et délinquante, redoutable ou légitimante. De ce fait, ils rendent la ville "croyable", ils l'affectent d'une profondeur inconnue à inventorier, ils l'ouvrent à des voyages. Ce sont les clés de la ville: ils donnent accès à ce qu'elle est, mythique.

Aussi les récits constituent-ils des instruments puissants, dont l'utilisation politique peut organiser un totalitarisme. Même sans être l'objet de la première exploitation systématique qu'en a faite le nazisme[17], ils font croire et ils font faire: récits de crimes ou de bombances, récits racistes et chauvins, légendes de rues, fantastiques de banilieues, cocasseries ou perversités de faits divers... Ils requièrent une gestion démocratique de la crédibilité urbaine. Depuis longtemps déjà, le pouvoir politique sait produire des récits à son service. Les médias ont fait mieux. Les urbanistes eux-mêmes ont essayé d'en produire artificiellement dans les nouveaux ensembles: ainsi à la Défense, ou au Vaudreuil. A juste titre. Sans eux, les quartiers neufs restent déserts. Par les histoires de lieux, ils deviennent habitables. Fomenter ou restaurer cette narrativité, c'est donc aussi une tâche de réhabilitation. Il faut réveiller les histoires qui dorment dans les rues et qui gisent quelquefois dans un simple nom, pliées dans ce dé à coudre comme les soieries de la fée.

Certes, les récits ne manquent pas dans la ville. La publicité, par exemple, multiplie les légendes de nos désirs et de nos mémoires en les racontant avec le vocabulaire des objets de consommation. Elle débobine à travers les rues et dans les sous-sols du métro le discours interminable de nos épopées. Ses affiches ouvrent dans les murs des espaces de rêve. Jamais peut-être une société n'a bénéficié d'une aussi riche mythologie. Mais la ville est le théâtre d'une guerre des récits, comme la cité grecque était le champ clos de guerres entre les dieux. Chez nous, les grands récits de la télé ou de la publicité écrasent ou atomisent les petits récits de rues ou de quartiers. Il faudrait que la réhabilitation vienne au secours de ces derniers. Elle le fait déjà en enregistrant et diffusant les mémoires qui se racontent chez le boulanger, au café ou à la maison. Mais c'est en les déracinant de leurs lieux. Des fêtes, des concours, l'aménagement de "caquetoirs" dans les quartiers ou les immeubles rendraient aux récits les sols où ils poussent. Si l'événement, c'est ce qu'on raconte, la ville n'a d'histoire, elle ne vit qu'en préservant toutes ses mémoires.

---

[17] Jean-Pierre Faye, *Langages totalitaires* (Hermann, 1972).

L'architecte Grumbach disait récemment que la ville nouvelle qu'il voudrait construire serait "les ruines d'une ville qui aurait existé avant la ville nouvelle". Ce serait les ruines d'une ville qui n'a jamais été, les traces d'une mémoire qui n'a pas de lieu propre. Toute vraie ville correspond en effet à ce projet. Elle est mythique. Paris, a-t-on dit, est une "uchronie". Sur des modes divers, Anne Cauquelin, Alain Médam, bien d'autres encore ont pointé ce foyer d'étrangeté dans la réalité urbaine. Cela signifie que la réhabilitation ne sait pas, finalement, ce qu'elle fait "revenir" — ou ce qu'elle détruit — quand elle restaure les citations et les fragments de mémoires insaisissables. A ces revenants qui hantent le travail urbain, elle peut seulement fournir un jalonnement de pierres déjà marquées, comme des mots pour ça.

Voix d'en bas et des marges*

MARC BERTRAND

Malgré la vigueur et la créativité de l'école historienne française contemporaine, les leçons de cette "Nouvelle Histoire" s'intègrent lentement dans la pratique enseignante et les manuels d'histoire culturelle qui continuent à sous-estimer, sinon à ignorer, la diversité des productions culturelles à toutes les époques, et en particulier la culture populaire. L'importance de cette culture populaire dans l'ancienne société, ses rapports et ses liens avec la culture savante, ont été pourtant mis au jour dans des études maintenant classiques: celles de Robert Mandrou, Geneviève Bollème, Marc Soriano, M. Bakhtine, Robert Muchembled et Natalie Davis, entre autres. Pour les époques plus proches — 19e et 20e siècles — , les rééditions et anthologies de textes populaires se sont multipliées et ont mis en circulation un abondant corpus.

En histoire littéraire, l'occulation est encore plus prononcée, en dépit d'efforts isolés comme l'*Histoire de la littérature prolétarienne* de Michel Ragon qui a mis en évidence la spécificité d'une littérature d'expression populaire. Cependant, déplorait Michel Ragon, "tout le monde s'en moque... La littérature d'expression tongouze, bravo, on peut

* Un premier état de cette étude a paru dans *Contemporary French Civilization* (Winter 1983).

319

lui consacrer une double page du *Monde*, mais la littérature d'expression populaire française, ça n'existe pas" (p. 9)[1]. Elle existe donc, mais sa reconnaissance et son intégration restent à faire par l'institution culturelle et universitaire.

Hors les murs de l'institution, cependant, les choses ont évolué autrement. Parmi les succès de librairie de ces dix dernières années, trois groupes d'ouvrages se détachent du peloton: les études d'histoire sociale et des mentalités; les romans historiques; les témoignages vécus d'artisans, d'ouvriers et de paysans. A titre de repères: la même année 1975 paraissaient *Montaillou* d'Emmanuel Le Roy Ladurie, *Le Cheval d'orgueil*, témoignage breton de Pierre Jakez Helias et, peu après, le roman historique de Robert Merle, *Fortune de France*: le tout avec le succès d'estime et de vente que l'on sait. A quoi s'ajoute, pendant la même période, l'égal succès des revues historiques à grande diffusion[2]. Quelles que soient les causes profondes de cet engouement public pour les choses du passé, on ne fera que constater pour l'instant un véritable retour du refoulé historique, afin de situer le contexte de parution des ouvrages dont il sera question ici, ces récits biographiques d'origine populaire.

Ces ouvrages ont été largement diffusés par plusieurs collections d'éditeurs, entre autres: "Terre humaine" chez Plon; "Voix du pays" et "Témoigner" chez Stock; "Actes et mémoires du peuple" chez Maspéro; "Mémoire vive" chez Seghers; "La France des profondeurs" aux Presses de la Renaissance; "Témoins" chez Gallimard. Sans omettre la doyenne de ces collections: "Vie quotidienne" chez Hachette, où les meilleurs historiens et ethnologues contemporains font revivre les microcultures de la quotidienneté. Par ailleurs, plusieurs revues ont contribué à cet effort de dissémination, ainsi *Peuple et Culture; Le Peuple Français, Revue d'Histoire Populaire; Actuel* et tout particulièrement la revue *Autrement* qui a déjà consacré plusieurs numéros spéciaux remarquables à des aspects divers de la culture populaire ancienne et contemporaine.

Cet impressionnant éventail de diffusion vient donc confirmer l'audience accordée à ces textes populaires. Longtemps étouffées ou ignorées, voici donc que nous parviennent quelques-unes de ces voix d'en

---

[1] Nous donnons, en fin d'étude, les références complètes aux ouvrages cités et consultés.

[2] "La presse de vulgarisation historique représentait déjà dans ce pays un phénomène d'une ampleur unique, avec un tirage total d'environ six cent mille exemplaires contre trente mille dans le Royaume-Uni. (Ventes 1980: *Historia*: 154.598; *His-*

bas et des marges, témoignages directs et émouvants de la France profonde, d'hier et d'aujourd'hui. Emouvants non seulement parce qu'ils font sortir de l'ombre une individualité aux prises avec les difficultés de la quotidienneté et de l'Histoire, mais aussi parce qu'ils constituent une certaine prise de parole de la part de ceux que l'on a appelé les muets de l'Histoire.

Dans un ouvrage récent, *La Nuit des prolétaires; archives du rêve ouvrier* (Fayard, 1981), Jacques Rancière a rassemblé une anthologie du "rêve ouvrier" au dix-neuvième siècle, à partir d'articles non doctrinaux, de correspondances, de mémoires et de journaux intimes; cet écrit ouvrier privé nous restitue les aspirations, désirs et refus de tout un secteur populaire de l'époque et finit par constituer une histoire des singularités, d'individualités aux prises avec leur destin et leur temps.

De même, les témoignages vécus publiés ces dernières années pourraient servir à une entreprise semblable pour ces artisans, ouvriers et paysans qui sont nés peu avant ou avec notre siècle — époque à laquelle débutent la plupart de ces récits personnels. Ecrits directement, ou recueillis puis transcrits par un écrivain ami ou de rencontre, tous ces écrits biographiques déroulent bien sûr le récit d'une longue existence privée, mais aussi, par elle et autour d'elle, ils font revivre les pratiques journalières d'un milieu, d'un espace régional et d'un temps, proche de nous et pourtant déjà si lointain. On savait déjà un peu que la Belle Epoque n'avait été belle que pour quelques-uns: ces témoignages en apportent la confirmation douloureuse, valable non seulement pour le début du siècle mais encore pour la période subséquente, ponctuée par les deux guerres mondiales, par les bouleversements socio-économiques de l'entre-deux et de l'après-guerre. Il y a, dans ce corpus de textes, ample matière pour un complément populaire à cette "difficulté d'être" bourgeoise dont plusieurs écrivains se sont faits l'écho à la même époque. A l'introspection des écrivains bourgeois, les récits populaires ajoutent le constat d'une expérience vécue au jour le jour, sans bénéfice d'inventaire ou de mise au point. Par ailleurs, ces témoignages présentent pour le futur historien un intérêt qu'il est inutile de souligner: Pierre Goubert l'a déjà fait, qui exhortait l'historien des mentalités à "se replonger inlassablement dans l'océan des témoignages, de tous les témoignages, en essayant de les sonder dans toutes leurs dimensions, d'y chercher même l'inexprimé"[3].

torama: 194.536)": Pascal Ory, *L'Entre-deux-Mai; Histoire culturelle de la France, Mai 1968-Mai 1981* (Seuil, 1983), p. 144.

[3] Pierre Goubert, *L'Ancien Régime* (Colin, 1969), I, 257.

Les Prolos de Louis Oury; *L'Escarbille, histoire d'Eugène Saulnier ouvrier verrier; Louis Lengrand mineur du Nord; Histoire passionnante de la vie d'un petit ramoneur savoyard* de L.J. Fénix; *Mémoires d'un enfant du rail* d'Henri Vincenot; *Gaston Lucas serrurier*: sélectionnés parmi d'autres, ces récits biographiques d'ouvriers et d'artisans nous rappellent tout d'abord les origines paysannes, hier encore, de la classe ouvrière française. Tous les sujets de ces livres sont issus de milieu paysan pauvre, et la plupart garderont un pied à l'usine et l'autre aux champs jusqu'à l'âge de la retraite, dans les années 1960-1970. Historiens et hommes politiques ne tiennent peut-être pas suffisamment compte, dans leurs chroniques ou leurs prévisions, de cette double appartenance, laquelle joue probablement un rôle dans le comportement politique de ce qu'ils nomment globalement "la classe ouvrière". A l'exception des *Prolos* de Louis Oury, ce qui se dégage en effet de la plupart de ces récits, qui couvrent parfois jusqu'à quarante ans de service en usine ou en atelier, c'est le manque d'intérêt, la méfiance ou la démission à l'égard du politique. Le mineur Louis Lengrand, à l'époque du Front Populaire, se dit socialiste et sa fiancée est aux Jeunesses communistes, mais, remarque-t-il, "La politique n'était pas faite pour moi... Je n'y suis pas resté longtemps aux Jeunesses socialistes ni ma femme aux Jeunesses communistes... Il faut laisser la politique à ceux qui ont leur bac, eux ils peuvent en discuter. Mais nous on lit les journaux, alors qu'est-ce qu'on sait? C'est tout des menteries. On est pas assez instruits. Quand deux ouvriers discutent politique, chacun suit son idée, ce n'est pas une discussion, je ne sais pas pourquoi ils sont deux à parler" (p. 45).

A défaut d'ardeur militante et d'adhésion politique, ce qui continue à compter beaucoup est la solidarité familiale et professionnelle. Eugène Saulnier a douze ans, en 1902, lorsqu'il entre à la verrerie locale; il y travaillera jusqu'à la fermeture de l'usine en 1952 lorsque, âgé de soixante-deux ans, il se retrouve presque sans rien et est obligé de bricoler, ici et là, jusqu'à l'âge de la pension de retraite: en attendant, les enfants, établis et mariés, feront de leur mieux pour aider les parents. Ce n'est là qu'un exemple parmi d'autres de cette entraide familiale et professionnelle, combien nécessaire, étant donné les conditions de vie et de travail alors en cours et que nous avons du mal à imaginer aujourd'hui.

Et ceci d'autant plus pour les apprentis, car l'entrée dans la vie active commençait encore très tôt. Louis Lengrand travaille à la mine à treize ans; il évoque la terreur de sa première decente dans la cage d'ascenseur qui catapultait littéralement les mineurs au fond; les anciens alors conseillent et veillent: "Il ne faut pas te mettre trop près de la porte, il faut te mettre au milieu, entre les vieux... Alors, j'étais avec les vieux et je donnais la main — treize ans!" (p. 32). L'apprentissage ouvrier était non seulement rude, parfois cruel, mais rapide, car il fallait vite aguérir le corps et maîtriser le geste pour tenir sa place dans l'équipe, et bien sûr accéder au plein salaire et aux primes. Il n'y a ni place ni temps ici pour le mûrissement et le cérémonial d'un rite initiatique; dans la grande usine surtout, tout est soumis à la cadence, au règne du physique, comme l'évoque Louis Oury pour les chantiers navals de Saint-Nazaire: tension physique constante dans le bruit, l'inconfort et le danger, mais aussi apprentissage de la ruse qui permet de se reposer tout en ayant l'air de travailler, de tromper la surveillance, etc. Déploiement de force physique tel qu'il mène à l'abrutissement, à peine effacé par le repos, et donc impitoyable aux diminués, soit par l'accident, la maladie ou l'âge. Bien sûr il y a aussi, chez les plus forts, une certaine fierté de l'effort physique, sentiment de compensation pour une tâche parcellaire, dont les métallurgistes de Saint-Nazaire ne voient pas l'aboutissement.

Chez d'autres, dont le travail est plus artisanal, comme le souffleur de verre ou le serrurier, le sentiment d'adhésion à la tâche est plus fort, et la fierté éclate d'un travail bien fait, d'une technique délicate et maîtrisée. On n'ignorera plus rien du métier de cheminot après avoir lu les *Mémoires d'un enfant du rail* de Vincenot, ou de la pratique, aujourd'hui pratiquement disparue, du souffleur de verre relatée dans *L'Escarbille*. Ce n'est pas l'aspect le moins instructif de ces récits ouvriers que de nous faire entrer dans la quotidienneté du travail, lequel est décrit minutieusement, sans éclat et sans écart entre les mots et les gestes qui façonnent la matière, ou qui dominent l'outil et la machine.

Mais ces moments de fière exaltation ne peuvent effacer la longue durée du labeur, au terme de vies qui souvent s'achèvent dans l'épuisement physique et moral, dans la solitude et le désespoir: ainsi Fénix, le ramoneur, suicidé incendiaire avec sa famille; Lucas le serrurier, rescapé d'une tentative de suicide; le mineur Lengrand achevant sa vie en sanatorium pour silicose tuberculeuse à quatre-vingt pour cent; Eugène Saulnier, le souffleur, qui végète avec une retraite insuffisante dans le petit village à moitié abandonné près de la verrerie où il a travaillé quarante ans. Solitude des êtres et abandon des choses que résume la dernière phrase du récit de Saulnier: "Dans la verrerie désaffectée, un ancien souffleur, tous les matins, s'en va soigner les fleurs qu'il a plantées dans le bassin où tournait jadis la grosse roue de pierre" (p. 237).

Si l'intérêt humain et sociologique de ces témoignages ouvriers est indéniable, c'est cependant moins à eux qu'est allée la faveur du grand public qu'aux témoignages "paysans". Le succès du *Cheval d'orgueil* de Pierre Jakez Hélias a déjà été évoqué, mais dès 1966 Alain Prévost avait recueilli les souvenirs de *Grenadou paysan français*, formule reprise par la suite par Serge Grafteaux pour *La Mère Denis lavandière* et *Mémé Santerre*, ainsi que par Max Chaleil dans *Léonce Chaleil: La Mémoire du village*. S'y ajoutent deux remarquables récits écrits directement: *Une Soupe aux herbes sauvages* par Emilie Carles et *Toinou: Le Cri d'un enfant auvergnat* par Antoine Sylvère. Ces récits paysans recoupent les témoignages ouvriers quant à la période historique: depuis le début du siècle jusqu'à la date de leur rédaction dans les années 1960-1970, mais ils sont plus diversifiés quant à la provenance régionale de leurs auteurs, ce qui élargit leur intérêt. Ils se rencontrent, toutefois, sur la dure réalité des conditions de vie paysanne en ce début de siècle, surtout chez le petit fermier ou métayer. Partout l'acharnement au travail harassant et infiniment répété, et partout la même précarité de la vie quotidienne, l'endettement perpétuel; d'où s'ensuit un sentiment permanent d'insécurité et de dépendance; l'indifférence aux êtres, mêmes proches, l'égoïsme et les états dépressifs fréquents, allant jusqu'au suicide. Emilie Carles: "Durs au travail, âpres au gain, comme si à chaque instant le ciel allait leur tomber sur la tête, les paysans vivaient d'un bout de l'année à l'autre accrochés à leur terre... Cette vie difficile, outre l'endurance et la ténacité, développait chez eux des qualités plus contestables, comme l'égoïsme, la méfiance, la suspicion" (pp. 22-23). Et pourtant le témoignage d'Emilie Carles est loin d'être un réquisitoire car, paysanne devenue institutrice rurale, elle est restée toute sa longue vie fidèle aux siens et à sa région. Dans tous ces récits paysans d'ailleurs, une certaine ambiguïté préside à l'évocation des rapports de sociabilité ruraux: d'une part, ils signalent l'isolement du clan familial, la méfiance, les brouilles interminables et parfois les haines qui marquaient autrefois les rapports de voisinage; d'autre part, parlant du présent dans la vie campagnarde, ils expriment la nostalgie d'une contradictoire convivialité: "Pour nous, la vie était plus amicale que maintenant, dit Ephraïm Grenadou. Tous on était pauvres, tous on était amis. Il y avait bien quelques demi-riches qui vivaient parmi nous et ne nous fréquentaient pas... Tandis que maintenant l'argent fait partout la division" (p. 44).

Néanmoins, isolement communautaire et solitude des êtres sont bien les impressions dominantes qui se dégagent de ces récits de la vie rurale jusqu'à la deuxième guerre mondiale. Et ceci pour l'enfance même, jusqu'à la scolarité qui, dans la plupart des cas, est vécue comme une pénible expérience répressive plutôt que comme une libération. A l'école confessionnelle ou laïque, même climat de rigidité, de discipline outrancière: les claques ou les coups de règle sur les doigts tombant avec la même célérité à droite comme à gauche. Sans compter les humiliations, lorsque le milieu social des élèves n'est pas homogène. A l'école des Frères que fréquentait Toinou (Antoine Sylvère), chaque semaine "notre classe se partageait en deux camps nettement tranchés, l'élite et la plèbe, à l'occasion du commentaire des narrations. L'Esprit, comme il sied, se rangeait du côté des visages bien lavés, des cheveux peignés et des chaussures de cuir cirées. L'autre côté, dont je faisais partie, comportait les visages hirsutes et douteux et les lourds sabots de frêne" (p. 189). Plus profonde encore est l'humiliation ressentie à l'école du fait du choc linguistique, les parlers régionaux étant encore alors répandus: les Frères des écoles chrétiennes tout autant que les "hussards noirs de la République" (*dixit* Péguy), étaient aussi intraitables à l'égard du breton que de l'occitan de Claude Duneton (*Parler croquant*) ou de l'auvergnat du petit Toinou:

> Pour nous, le français, parlé seulement à l'école ou au catéchisme, était une langue difficile, rapporte Antoine Sylvère. Chaque phrase d'une composition était le résultat d'une traduction laborieuse; après l'avoir pensé dans le patois originel, il arrivait souvent que nous n'en trouvions pas l'équivalence. Ce qui fournissait à Frère Hermyle matière à observations piquantes, prononcées lentement, le temps de recueillir l'approbation de l'élite. Toute latitude était donnée au groupe des chaussures cirées de s'exercer à l'ironie aux dépens du groupe des sabots. (p. 189)

Curieusement, on trouve rarement, dans ces témoignages paysans, à l'évocation de l'enfance et de la scolarité, ce conflit clochemerlesque du curé et de l'instituteur qui fait partie de la mythologie historique courante de la Troisième République. Au contraire, les auteurs rappellent souvent la religiosité encore fervente et pratiquante de leurs parents et de leurs maîtres, instituteurs compris. Hasard de l'échantillonnage? Cela semble douteux, étant donné la diversité de la provenance régionale des témoins. Comme les historiens trouveront, dans les témoignages ouvriers du premier demi-siècle, matière à réflexion quant à l'attitude des travailleurs à l'égard du politique, ils trouveront peut-être aussi, dans ces textes paysans de la même époque, matière à un léger rectificatif quant à la mentalité rurale à l'égard du religieux.

De plus, ces récits paysans révèlent non seulement la permanence des traditions religieuses mais aussi celle des pratiques magiques. Emilie Carles (née en 1900) évoque encore la présence de la sorcière Laetitia: "Tous les paysans du Lauzet la fuyaient comme la peste et ils la chargeaient de tous les maux et de toutes les calamités... Si un bête était malade dans l'année, c'était à cause de la sorcière, ils en étaient convaincus. C'était la même chose pour les récoltes..." (p. 169). Au cas où nous serions tentés de remiser cette attitude au musée des traditions populaires d'une autre âge, il suffira de se reporter à l'ouvrage de Danièle Carrer et Geneviève Yver, *La Désencraudeuse* (1978), relatant l'histoire de Léontine Esnault, une "désenvoûteuse" qui exerça ses dons dans le bocage normand entre 1956 et 1976, c'est-à-dire pendant les vingt ans de changements considérables dans la vie sociale contemporaine, "vingt ans pendant lesquels la France changera de République, la catholicité de pape, le monde de dimension avec la première marche de l'homme sur la lune. Vingt ans pendant lesquels la télévision s'installera au fond des villages"; et pourtant c'est chez la désenvoûteuse qu'iront les gens "quand leur bétail se mettra à mourir, quand leurs femmes auront des crises nerveuses et que leurs enfants languiront de maladies inexplicables" (p. 39).

Sorcière, puisatier, guérisseuse: rencontrer, au fil des pages de ces textes, les médiateurs de l'éternel irrationel est peut-être moins étonnant que de retrouver ce personnage que l'on croyait disparu quelque part entre la Monarchie de Juillet et le Second Empire: le colporteur.

> En ce temps-là, dit Emilie Carles, pour les enfants que nous étions, qui ne connaissaient du monde que le clocher de l'église, l'odeur de l'écurie et le sarclage des pommes de terre, le colporteur était tout un spectacle. Il en venait de toutes sortes, le marchand de graines, le mercier, le ferblantier, le marchand d'habits et le plus humble de tous, qui brandissait son inventaire sur un bâton en forme de candélabre, je veux parler du marchand de lacets. (pp. 18-19)

Si le passage de ces figures d'un autre âge contribue probablement au charme de ces textes, il faut cependant les reconnaître pour ce qu'elles sont: des figures archaïques. Car depuis trente ans, les conditions de vie et de travail en milieu rural se sont heureusement transformées et améliorées. D'ailleurs tous les textes consultés mentionnent, en fin de parcours, cette évolution considérable du mode de vie paysan et en tirent argument pour justifier la collecte d'une mémoire prête à disparaître. C'est précisément ce qui ressort de *La Mémoire longue*, enquête d'ethnologie rurale menée par Françoise Zonabend auprès des habitants d'un village de haute Bourgogne; leur discours remémorateur s'organise selon un "autrefois", un "hier", et un "maintenant"; les deux premiers termes englobent les origines les plus lointaines jusqu'à la deuxième guerre mondiale: "à partir de cette période, commente F. Zonabend, tout a basculé, toute la vie sociale s'est trouvée bouleversée et tout continuellement change. Le présent est donc perçu comme un temps de changement radical et rapide et s'oppose à un long passé, pensé comme immobile et statique" (p. 14).

Ce qui est vrai des intéressés eux-mêmes l'est certainement aussi pour les lecteurs qui ont fait le succès de ces témoignages paysans. Outre les péripéties de la destinée individuelle qui y est racontée, ils y cherchent, et y trouvent, le sentiment d'une stabilité, d'une continuité qui compense le désarroi et l'insécurité de la vie citadine contemporaine. *Continuité* et *légitimité* ayant de longue date fait partie de la mythologie sociale et politique française, comment s'étonner de voir ce transfert affectif s'effectuer dans l'espace rural, le seul qui semble en avoir gardé sinon la réalité du moins les apparences? La population de la France étant aujourd'hui urbanisée à quatre-vingt pour cent, la campagne, le mode de vie campagnard est probablement perçu comme un phénomène de marginalité, c'est-à-dire, dans l'état d'esprit actuel, comme un symbole d'indépendance, d'isolement recherché, de liberté et, éventuellement, de renouement avec le "naturel".

Cet intérêt post-soixante-huitard pour les formes de vie et de création en marge de la culture officielle a probablement favorisé la publication de ces témoignages populaires. Il a également suscité la production d'albums abondamment illustrés, répertoriant pour la première fois les créations de ces artistes populaires isolés et indifférents aux modes, qui ont souvent consacré les loisirs de toute une vie à la réalisation de leur rêve bâtisseur ou décoratif. Claude et Clovis Prévost ont constitué deux de ces merveilleux albums; l'un, *Quand le songe devient réalité*, est consacré au déjà célèbre facteur Cheval, dont l'étonnant Palais Idéal à Hauterives (Drôme) figure maintenant parmi les Monuments Historiques, grâce à l'action de Malraux; l'autre album est consacré à *Raymond Isidore, dit Picassiette de Chartres*, grand collectionneur d'assiettes cassées (d'où son surnom), de faïences et poteries de toutes sortes, débris qu'il transforme en envahissantes et merveilleuses mosaïques. Le titre de Jacques Verroust, *Les Inspirés du bord des routes* résume bien l'activité de ces artistes "sauvages" et nous donne à voir, en plus des noms déjà cités, l'oeuvre de l'abbé Fouré qui, pendant vingt-cinq ans, a littéralement sculpté les rochers de la côte près de Saint-Malo: univers fantasmagorique peuplé de figures et de personnages hors mesure tirés de l'histoire locale (marins, contrebandiers et corsaires de la haute époque), à quoi s'ajoutent des apparitions monstreuses, diables, gnomes, animaux marins et terrestres, tout un bestiaire fantastique, grouillant, et figé dans ces rochers côtiers que vient battre la rageuse mer bretonne. Tout, ici, formes et contenus, projette avec violence les fantasmes et obsessions d'une micro-société par l'intermédiaire d'un vieux curé solitaire.

Il est fascinant de retrouver, dans les oeuvres de ces inspirés bricoleurs, la patience, la fantaisie et le sérieux, l'alliance sans complexe de l'historique et de l'inventé, le mélange du réel et du merveilleux, bref les composantes inchangées de la création populaire, depuis les contes primitifs et les images archaïques. La documentation iconographique qu'apportent ces albums vient heureusement compléter les témoignages écrits pour illustrer tout un pan de l'imaginaire populaire contemporain. Textes et images qui devraient s'insérer désormais dans toute relation authentique de la diversité culturelle d'une époque.

Indépendamment de la valeur historique incontestable de ces témoignages populaires, la question reste posée de leur succès auprès d'un public qui, rappelons-le, dépasse largement le secteur intellectuel et le parisianisme. Accompagnant le spectaculaire retour du roman historique, au même moment, faut-il voir dans l'accueil réservé à ces chroniques paysannes, l'effet d'un désir d'échapper à l'actuel, et de compenser une existence bétonnée et informatisée par l'association affective avec un temps et un espace où s'enracine une identité perdue? L'écoute de cette parole paysanne d'un autre âge aurait-elle pour fonction de révéler un malaise présent? Comme le remarquait Jacques Revel, dans *Qu'est-ce que la culture française?*: "de même que les messianismes recourent souvent au langage de l'archaïsme pour dire un problème actuel, nous ne cherchons peut-être dans le peuple insaisissable et dans le mirage de sa culture perdue, que l'orient, origine et limite, de notre culture en faillite" (p. 54).

Sans aller jusqu'à ce pessimisme, peut-être s'agit-il, du moins, de la manifestation d'une mise en question, parmi d'autres, d'une société qui s'interroge sur le "progrès" social qu'elle a vécu dans le désordre depuis vingt-cinq ans — et sur la forme de "grand renfermement" urbain et suburbain auquel il a abouti. Car le succès public de ces textes populaires s'inscrit dans une série de faits contestataires qui, depuis 1968, finissent par constituer un courant contre-sociétal non négligeable: renaissance régionaliste, écologisme, marginalité et mouvements "parallèles", "alternatifs", néo-artisans, etc. Que ce dernier phénomène, de lecture, charrie les illusions d'un retour à la nature régénérateur et les fantasmes d'une problématique pureté originelle, peu importe, s'il suscite la recherche d'une nouvelle convivialité et le désir d'une pratique sociale qui vise plus haut, et ailleurs, que l'augmentation du produit national brut.

Ouvrages cités ou consultés

Ouvrages généraux
Andrieu, Irène. *La France marginale*. Albin Michel, 1975.
Aron, Jean-Paul, éd. *Qu'est-ce que la culture française?* Denoël-Gonthier, 1975.
Auffray, Danièle, et al. *Feux et lieux. Histoire d'une famille et d'un pays face à la société industrielle*. Editions Galilée, 1980.
Autrement. No. 12, janvier 1978. No. 16, novembre 1978.
Barnley, Pierre, et Paule Pouillet. *Les Néo-artisans*. Stock, 1978.
Carrer, Danièle, et Geneviève Yver. *La Désencraudeuse: Une Sorcière d'aujourd'hui*. Stock, 1978.
Critique. "Littératures populaires, du dit à l'écrit". Mars 1980.
Ehrmann, Gilles. *Les Inspirés et leurs demeures*. Editions du Temps, 1962.
Favret-Saada, Jeanne , et J. Contreras. *Corps pour corps. Enquête sur la sorcellerie dans le Bocage*. Gallimard, 1981.
Guillemard, Colette. *L'Apprentissage de la vie dans la France d'hier*. Dijon: Civry, 1982.
Magazine littéraire. "Contes et mémoires du peuple". Juillet-août 1979.
Mauger, Gérard, et Claude Fossé. *La Vie buissonnière: Marginalité petite-bourgeoise et marginalité populaire*. Maspéro, 1977.
Olivier-Martin, Yves. *Histoire du roman populaire*. Albin Michel, 1980.
Poujol, Geneviève, et Raymond Labourie, éds. *Les Cultures populaires: Permanences et émergences des cultures minoritaires locales, ethniques, sociales et religieuses*. Privat, 1979.
Ragon, Michel. *Histoire de la littérature prolétarienne en France*. Albin Michel, 1974.
Rancière, Jacques. *La Nuit des prolétaires: Archives du rêve ouvrier*. Fayard, 1981.
Revel, Jacques. "L'Orient d'une culture", in *Qu'est-ce que la culture française?* Denoël-Gonthier, 1975.

Verdier, Yvonne. *Façon de dire, façons de faire. La laveuse, la couturière, la cuisi-nière.* Gallimard, 1980.

Zonabend, Françoise. *La Mémoire longue: Temps et histoires au village.* PUF, 1980.

Témoignages

Blasquez, Adélaïde. *Gaston Lucas serrurier.* Plon, 1976.

Bonte, Pierre. *Histoires de mon village.* Stock, 1982.

Boussinot, Roger. *Vie et mort de Jean Chalosse moutonnier des Landes.* Laffont, 1980.

Carles, Emilie. *Une Soupe aux herbes sauvages.* Simoën, 1978.

—————. *Mes Rubans de la Saint-Claude.* Encre, 1982.

Casals, Rémy, éd. *Les Carnets de guerre de Louis Barthas tonnelier.* Maspero, 1977.

Chabot, Michel. *L'Escarbille: Histoire d'Eugène Saulnier ouvrier verrier.* Presses de la Renaissance, 1978.

Chaleil, Max, éd. *Léonce Chaleil: Mémoire du village.* Stock, 1977.

Costel, Louis. *Bonnes Gens.* Editions Universelles, 1982.

Darcemont, Suzanne. *L'Escalier de service.* Garnier, 1982.

Duneton, Claude. *Le Diable sans porte: Ah mes aïeux!.* Seuil, 1981.

—————. *Parler Croquant.* Stock, 1973.

Fénix, Laurent Joseph. *Histoire passionnante de la vie d'un petit ramoneur savoyard.* Sycomore, 1978.

Fréal, Jacques. *Témoins de la vie paysanne, le Nord.* Garnier, 1980.

Frémontier, Jacques. *La Vie en bleu.* Fayard, 1980.

Gachon, Lucien. *Maria.* Ramsay, 1982.

Grafteaux, Serge. *La Mère Denis lavandière.* Delarge, 1976.

—————. *Mémé Santerre.* Editions du Jour, 1975.

Granet, Danièle. *Journal d'une institutrice.* Lattès, 1973.

Grenadou, Ephraïm, et Alain Prévost. *Grenadou paysan français.* Seuil, 1966, 1978.

Guilly, Jean. *Guette-Tison chasseur de loups.* Editions de Civry, 1979.

Haensler, Alphonse. *Curé de campagne.* Presses de la Renaissance, 1978.

Helias, Pierre-Jakez. *Le Cheval d'orgueil.* Plon, 1975.

Hug, Eugène, et Pierre Rigoulot. *Le Croque-rave libertaire.* Presses d'Au-jourd'hui, 1980.

Jeury, Claudia, et Joseph Jeury. *Le Crêt de Fontebelle.* Seghers, 1981.

Kernaonet, Jeanne-Marie. *Il est mort le fournil.* Seghers, 1980.

Lengrand, Louis, et Maria Craipeau. *Louis Lengrand mineur du Nord.* Seuil, 1974.

Mathé, Marceau. *Les Sentiers d'eau.* Seghers, 1978.

Métrailler, Marie, et Marie-Madeleine Brumagne. *La Poudre de sourire.* Editions du Rocher, 1982.

Michaud, René. *J'avais 20 ans.* Syros, 1983.

Navel, Georges. *Passages.* Sycomore, 1982.

Oury, Louis. *Les Prolos*. Denoël, 1973.

Perrault, Gilles. *Les Gens d'ici*. Ramsay, 1981.

Pollier, Anne. *Femmes de Groix ou la laisse de mer*. Gallimard, 1983.

Poulaille, Henri. *Seul dans la vie à quatorze ans*. Stock, 1980.

Prévost, Claude, et Clovis Prévost. *Quand le songe devient réalité*. Editions du Moniteur, 1981.

_____. *Raymond Isidore dit Picassiette de Chartres*. Editions du Chêne, 1978.

Ragon, Michel. *L'Accent de ma mère*. Albin Michel, 1980.

Recher, Jean. *Le Grand Métier*. Plon, 1977.

Richardot, Jean-Pierre. *Papa Bréchard vigneron du Beaujolais*. Stock, 1977.

Sylvère, Antoine. *Toinou: Le Cri d'un enfant auvergnat*. Plon, 1980.

Verroust, Jacques. *Les Inspirés du bord des routes*. Seuil, 1978.

Villin, Marc. *Les Chemins de la communale*. Seuil, 1981.

Vincenot, Henri. *Mémoires d'un enfant du rail*. Hachette, 1980.

Contributors

MICHEL VOVELLE is professor of history of the French Revolution at the University of Paris I. He has published several books dealing with social history and the history of mentality during the revolutionary period, including *Piété baroque et déchristianisation en Provence au 18e siècle; Idéologies et mentalités*; and *La Mort et l'Occident de 1300 à nos jours* (1983).

MADELEINE LAZARD is professor of French literature at the Université de la Sorbonne Nouvelle. She is the author of *La Comédie humaniste et ses personnages* (1978); *Rabelais et la Renaissance* (1979); *Le Théâtre en France au 16e siècle* (1980); and *Images littéraires de la femme à la Renaissance* (forthcoming).

CLARKE GARRETT, professor of history at Dickinson College, is the author of *Respectable Folly: Millenarians and the French Revolution*. He is currently completing a study of spirit possession in eighteenth-century popular religion in France, England and the United States.

DANIEL ROCHE is professor of social and cultural history of modern France at the University of Paris I. He is the author of *Le Siècle des Lumières en Provence* (1978); *Le Peuple de Paris* (1981); *Le Journal de ma vie* (1982), and is now working on a study of the Ancien Régime and culture.

RAYMOND BIRN is professor of history at the University of Oregon and is the author of *Pierre Rousseau and the Philosophes of Bouillon; Crisis, Absolutism, Revolution: Europe, 1648-1978/91*. Recently guest editor of a volume, "The Printed Word in the Eighteenth Century," *Eighteenth-Century Studies* (Summer 1984), he has published numerous articles on French cultural history.

334 *Popular Traditions and Learned Culture*

ALAIN CORBIN is professor of contemporary history at the University François-Rabelais, Tours. He has published several studies dealing with social history, among them *Les Filles de noce* and *Le Miasme et la jonquille: L'Odorat et l'imaginaire social, 18e-19e siècle.*

ANNIE LHÉRÉTÉ teaches Anglo-American literature at the Lycée Marceau, Chartres. She has written on Richard Wright's *Native Son*, and is now working on a comparative study of eighteenth-century children's literature in France and England.

LAURA S. STRUMINGHER, professor of history at the University of Cincinnati, is the author of *Women and the Making of the Working Class: Lyon 1830-1870* and *What Were Little Girls and Boys Made Of: Primary Education in Rural France, 1830-1880.* She is currently completing of biography of Flora Tristan.

MAURICE CRUBELLIER is professor emeritus of history at the University of Reims. His writings include *Histoire culturelle da la France, 19e-20e siècle* and *L'Enfance et la jeunesse dans la société française, 1800-1950,* and he is a contributor to the fourth volume of *Histoire de la France urbaine.*

CLAIRE KRAFFT POURRAT is the author of *Le Colporteur et la mercière* (Bourse Goncourt du Récit Historique, 1982; Prix Sully-Olivier de Serres, 1982, Section Sciences sociales). Since 1977 she has directed the publication of a thematic reissue of the thousand tales from *Le Trésor des contes* by Henri Pourrat.

ROGER MATHÉ is emeritus professor of French literature at the University of Limoges. He has written extensively on popular culture, including studies on Erckmann-Chatrian and *Emile Guillaumin, homme de lettres, homme de la terre.*

CHARLES REARICK, professor of European history at the University of Massachusetts, Amherst, is the author of *Beyond the Enlightenment: Historians and Folklore in Nineteenth-Century France.* His recently completed book on popular entertainments and festivities during the Belle-Epoque will be published in 1985.

JUDITH WECHSLER is professor of art history at Rhode Island School of Design. Her writings include *A Human Comedy: Physiognomy and Caricature in 19th-Century Paris* and *The Interpretation of Cézanne.* Most recently she was guest editor of the *Art Journal* issue on caricature.

JEAN BORIE is professor of French literature at the University of Orléans. His books include *Zola et les mythes* (1971); *Le Célibataire français* (1976); and *Mythologies de l'hérédité au 19e siècle* (1981).

FAUSTA GARAVINI, professor of French at the University of Florence, has published several books on French literature, including *Il paese delle finzioni*; *La casa dei giochi*; *Itinerari a Montaigne,* and on Oc-literature, *L'Empèri dou Soulèu* and *Letterature occitanica moderna.* Author of the Italian translation of Montaigne's *Essais,* she has also published several novels.

PHILIPPE GARDY is a researcher at the Centre National de la Recherche Scientifique (University of Montpellier). Author and historian of Oc-literature, he has written *Cantas rasonablas* (1968); *Lo Païsatge endemic* (1982); *Langue et société en Provence au début du 19e siècle* (1972); and *Un Conteur provençal au 18e siècle: Jean de Cabanes* (1982). Editor-in-chief of the socio-linguistic journal *Lengas*, he is currently preparing a book on Oc-theater.

CHRISTOPHER PINET is professor of French at Montana State University, where he is an editor of *Contemporary French Civilization*. Author of numerous articles on French popular culture, he is currently working on a book about life in a working-class suburb of Paris.

JEAN-MARIE APOSTOLIDÈS is professor of French literature at Harvard University. He is the author of *Le Roi-machine* and *Les Métamorphoses de Tintin*. Currently finishing a book on neo-classical French theater, he has written several plays performed in Canada, the United States and France, and has published *La Nauf des fous*.

MICHEL DE CERTEAU is director of studies at the Ecole des Hautes Etudes en Sciences Sociales, Paris, and professor of French at the University of California, Los Angeles. He has published *L'Ecriture de l'histoire*; *La Culture au pluriel*; *L'Invention du quotidien*; *La Fable mystique*; and *Une Politique de la langue* (coed.).

MARC BERTRAND is professor of French at Stanford University and founding editor of the *Stanford French Review*. He is the author of *L'Oeuvre de Jean Prévost*, of articles on French literature and cultural history, and coeditor of a preceding volume in this series, *Popular Culture in France from the Old Regime to the Twentieth Century*.

STANFORD FRENCH AND ITALIAN STUDIES

Editor: Alphonse Juilland